Python
Tutorial

파이썬 튜토리얼

개발자를 위한 파이썬

장혜진 지음

홍릉과학출판사

서문

Python의 인기는 급 상승중이다. 특히 최근 몇 년 사이에 Python은 빅 데이터 분야나 딥 러닝 분야의 첫 번째 프로그래밍 언어로 자리 매김을 하고 있어 Python의 사용자 수는 더욱 빠르게 증가하고 있다. Python은 이미 Java, C/C++ 언어와 함께 가장 많은 개발자들이 사용하고 있는 언어가 되어 있다.

Python은 배우기 쉽다. Python은 코딩을 처음 접하는 사람들에게 적합한 언어이다. 또한 Python은 개발자에게 높은 생산성을 제공하는 언어이다. Python은 개발자의 생각을 쉽고 빠르게 코드로 바꿀 수 있게 한다. C 언어로 100줄 정도의 코드라면 Python 언어론 10줄 이내로 쉽게 표현할 수 있는 경우가 많을 것이다.

저자는 C/C++이나 Java 강의 뿐 아니라 Python 강의도 여러 번 해보았다. C/C++ 언어나 Java 언어와 같은 프로그래밍 언어들을 이미 잘 구사하는 전문 개발자들을 대상으로 강의를 해본 적도 있고, 프로그래밍 언어를 처음 배우는 컴퓨터 학과 1학년 학생들에게 Python 강의를 해본 적도 있다.

저자는 이 책을 "Python 개발자" 또는 "Python 개발자가 되려는 사람"을 위해서 집필하였다. 이미 많은 Python 책들이 있지만, 대부분 Python 언어에 대하여 너무 얕게 설명하고 있으며, Python 개발자 또는 개발자가 되려는 사람들에게 필요한 이론적 지식과 원리를 심도 있게 다루는 책은 아직 부족하다고 생각하기 때문이다. 저자는 이 책이 Python을 처음 접하는 사람들 뿐 아니라 Python 개발자들이 자신의 책상에 두고 수시로 참고하는 책이 되기를 바란다.

이 책은 프로그래밍 언어를 처음 배우는 이공계통 1학년 학생들을 위한 Python 강의 교재로 사용될 수 있다. 그런 경우 제 1부와 제 2부를 한 학기 강의 목표로 사용할 수 있다. 이미 Java나 C/C++ 같은 프로그래밍 언어에 어느 정도 경험을 가진 학생들이나 개발자들을 대상으로 하는 강의라면 제 3부 또는 제 4부의 13장까지를 한 학기 강의 목표로 하는 것이 적당하다고 생각된다.

이 책의 교정 사항과 예제 프로그램 등의 자료를 Naver 포스트
https://m.post.naver.com/hjchang0314에서 찾을 수 있을 것이다.

이 책이 출판되도록 해주신 홍릉과학출판사 사장님 및 도움을 주신 모든 분들께 감사드린다.

2019년 1월 방배동에서

차례

PART 1 따라하기

Chapter 01 Python 소개 및 설치

Chapter 02 자료형과 연산자

Chapter 03 입출력

Chapter 04 Python 문법

Chapter 05 제어문

Chapter 06 함수

PART 2

기초 다지기

Chapter 11 이름 공간

Chapter 12 반복자와 발생자

PART 4

심화하기

Chapter 13 함축과 함수적 프로그래밍

Chapter 14 Python 다중 쓰레드 프로그래밍

Chapter 15 네트워크 프로그래밍

Chapter 16 Python 언어의 기타 기능

APPENDIX

부록

PART

1

따라하기

HTTP://Python.org

A copycat is the mother of creation.

CHAPTER 01

Python 소개 및 설치

1.1 Python의 역사

Python은 네덜란드 개발자 Guido van Rossum이 만든 프로그래밍 언어이다. 그는 암스테르담 대학교에서 컴퓨터 과학과 수학을 전공했다. Guido는 2005년에 Google 사에 합류했으며, Google에서 약 7년 동안 Python 관련 프로젝트를 이끌었다. 다음은 Python 로고이다.

Guido van Rossum이 Python을 만들게 된 동기는 다음과 같이 알려져 있다: 1980년대 말에 그는 네덜란드 암스테르담에 있는 CWI(Centrum Wiskunde & Informatica) 연구 센터에서 분산 운영 체계를 구축하는 프로젝트를 수행하고 있었다. 그는 CWI에서 만든 언어인 ABC 언어를 이용하여 코딩을 하고 있었는데, ABC 언어에 대한 많은 사용 경험을 통해 ABC 언어의 장점들은 살리고 단점들을 죽인 그런 새로운 언어를 만들기로 결심하였다고 한다.

Guido van Rossum은 1989년부터 본격적으로 Python을 개발하기 시작하였다. 그리고 1991년 2월 20일 Guido는 Python 언어의 첫 버전 (버전 0.9.0)을 공개하였다. Python 0.9.0은 Python의 중요 특징인 예외 처리, 함수, 리스트, 딕셔너리, 문자열, 객체 지향적 특징들, 그리고 모듈 등을 이미 지원하고 있었다. Python 언어의 이후 발전 과정은 다음과 같다.

- Python 1.0은 1994년 1월에 발표되었다. Python 1.0은 함수적 언어의 특징인 lambda, map, 그리고 reduce 함수를 새롭게 지원하였다.
- 2000년 10월 Python 2.0이 발표되었다. Python 2.0은 완전한 이삭 수거기(garbage collector)와 유니코드의 지원을 특징으로 한다.

- Python 2.0이 발표된 뒤로부터 Python은 널리 쓰이기 시작하였다. 그러면서 Python 2의 문제점들에 대한 많은 논의들이 이루어졌다. 그런 논의들을 바탕으로 2008년에 Python 3.0이 발표되었다. Python 3은 Python 2 언어의 문제점들과 군더더기를 없애기 위하여 Python 2와의 하위 호환성을 일부 포기하였다.

Python 3이 발표되었을 때 Python 3이 Python 2에 대한 완전한 하위 호환성을 갖지 않는다는 사실은 많은 Python 개발자들의 심기를 불편하게 하였다. 하지만 Python을 보다 멋진 언어로 만들기 위한 불가피한 선택으로 보아야 할 것 같다.

2018년 현재 Python 3은 Python 2를 성공적으로 대치한 상태라 할 수 있다. 이제 Python 3 대신 Python 2를 써야만 하는 경우가 거의 없다. 특히 Python을 처음 시작하는 경우에는 당연히 Python 3만을 배우고 사용해도 문제없다. 대부분의 중요 Python 응용 프로그램들과 라이브러리들이 이미 버전 3에 맞추어 개정되어 있다.

1.2 왜 Python을 배워야 할까

Python은 인기가 높은 프로그래밍 언어이다. Python 언어의 특징을 요약해보면 다음과 같다.

- Python은 간단하고 배우기 쉬운 범용 프로그래밍 언어이다.
- Python은 기본적으로 절차적인 언어이지만 객체 지향 언어의 특징과 함수적 언어의 특징도 갖는다.
- Python은 자료 구조의 표현이 매우 간결하고 쉽다. Python은 언어 차원에서 리스트, 튜플, 딕셔너리 등의 자료 구조를 직접 지원한다.
- Python은 높은 생산성을 제공한다. Python은 개발자의 생각을 쉽고 빠르게 코드로 바꿀 수 있게 한다. C 언어로 100줄 정도의 코드라면 Python 언어론 10줄 이내로 쉽게 표현할 수 있는 경우가 많을 것이다.
- Python으로 작성된 코드는 C나 C++로 작성된 동일한 내용의 코드에 비해 속도가 크게 느리지 않다.
- C/C++ 언어로 작성된 함수를 Python 언어에 추가하는 것이 가능하다.
- Python 원시 코드는 바이트코드로 컴파일 되어 Python 인터프리터에 의해 수행된다.
- Python은 오픈 소스 소프트웨어이다.

- 고품질의 Python 표준 라이브러리와 외부 라이브러리들이 풍부하게 존재한다. 표준 라이브러리란 Python 언어를 설치하면 기본으로 설치되는 라이브러리들을 의미한다. 외부 라이브러리란 pip 명령등으로 설치한 후에 사용할 수 있는 라이브러리들을 의미한다.

Python은 과학 분야, 특히 기계 학습과 데이터 과학 분야에 널리 쓰이고 있다. 수치 계산을 위한 numpy와 그래프를 편리하게 그리기 위한 mathplotlib 같은 탁월한 Python 라이브러리들이 있으며, 딥 러닝(deep learning) 분야의 Cafe, TensorFlow와 같은 유명 프레임워크들이 Python API를 제공한다. 탁월한 영상 처리 프레임워크인 OpenCV도 Python 버전이 있다. 그래프를 편리하게 그릴 수 있는 matplotlib 라이브러리도 많이 사용되고 있다.

참고

▸ Python의 종류

Python은 구현 언어와 구현 방식에 따라 Cpython, Jython, IronPython, PyPy 등이 존재한다. CPython이란 python.org 사이트에서 배포하는 원형적인 Python을 의미한다. CPython은 C 언어로 구현되었으며 일반적으로 Python이란 CPython을 의미하는 경우가 많다. Jython은 이름에서 짐작할 수 있듯이 Java 언어로 구현한 Python이다. Java 가상 머신 상에서 사용할 수 있으며, Java 언어의 그래픽 라이브러리인 Swing이나 AWT 등을 사용할 수 있다. IronPython은 .NET과 Mono용으로 개발된 Python으로 C#으로 구현되었다. PyPy는 Python으로 구현한 Python이다. PyPy는 CPython보다 빠른 수행을 목표로 한다고 한다. 임베디드 분야를 위한 Python인 MicroPython도 있다.

1.3 Python 설치하기

Python 언어의 공식 사이트인 python.org에서 배포하는 Python을 내려 받고 설치하는 방법을 알아보자.

1.3.1 내려 받기

사이트 https://www.python.org/downloads/에 방문하면 다음과 같은 화면을 볼 수 있다.

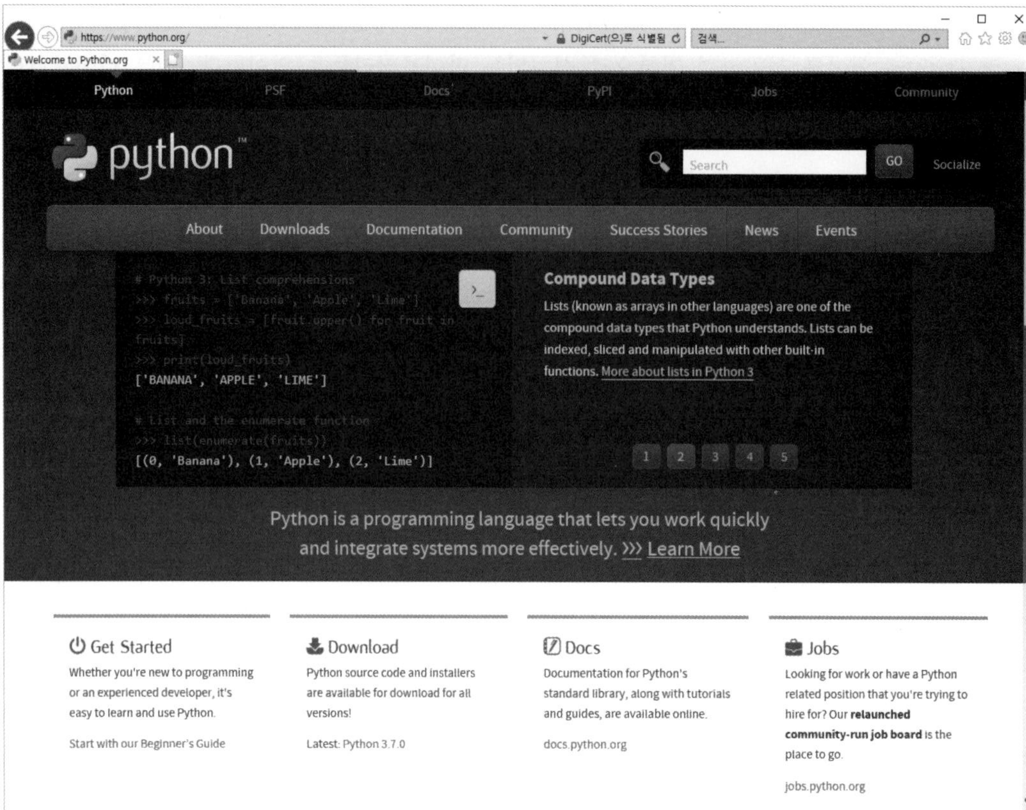

위 화면에서 Downloads 메뉴를 선택하여 Python 버전을 먼저 선택하면 다음과 같은 화면이 나온다.

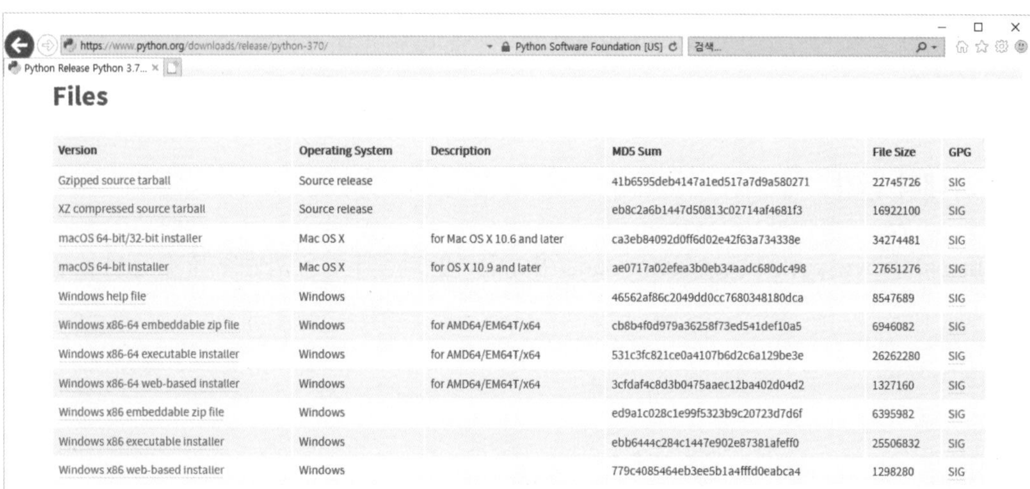

Version	Operating System	Description	MD5 Sum	File Size	GPG
Gzipped source tarball	Source release		41b6595deb4147a1ed517a7d9a580271	22745726	SIG
XZ compressed source tarball	Source release		eb8c2a6b1447d50813c02714af4681f3	16922100	SIG
macOS 64-bit/32-bit installer	Mac OS X	for Mac OS X 10.6 and later	ca3eb84092d0ff6d02e42f63a734338e	34274481	SIG
macOS 64-bit installer	Mac OS X	for OS X 10.9 and later	ae0717a02efea3b0eb34aadc680dc498	27651276	SIG
Windows help file	Windows		46562af86c2049dd0cc7680348180dca	8547689	SIG
Windows x86-64 embeddable zip file	Windows	for AMD64/EM64T/x64	cb8b4f0d979a36258f73ed541def10a5	6946082	SIG
Windows x86-64 executable installer	Windows	for AMD64/EM64T/x64	531c3fc821ce0a4107b6d2c6a129be3e	26262280	SIG
Windows x86-64 web-based installer	Windows	for AMD64/EM64T/x64	3cfdaf4c8d3b0475aaec12ba402d04d2	1327160	SIG
Windows x86 embeddable zip file	Windows		ed9a1c028c1e99f5323b9c20723d7d6f	6395982	SIG
Windows x86 executable installer	Windows		ebb6444c284c1447e902e87381afeff0	25506832	SIG
Windows x86 web-based installer	Windows		779c4085464eb3ee5b1a4fffd0eabca4	1298280	SIG

이제 32 비트 버전과 64 비트 버전을 선택하여 설치한다. 64 비트 버전의 경우 파일 이름에 amd64라는 문자열이 들어간다. 예를 들어 Python 3.7 버전이고 64 비트 버전인 설치 파일의 이름은 python3.7.0-amd64.exe와 같을 것이다.

1.3.2 첫 설치

64비트 버전을 설치하는 경우 내려 받은 Python-3.7.0-amd64.exe 파일을 수행한다. 이미 이전 버전의 Python이 설치되어 있다면 Upgrade 창이 나타난다. 개정(upgrade) 절차는 생략한다. 여기서는 Python을 처음 설치하는 경우를 살펴본다.

1 Python을 처음 설치하는 경우라면 다음과 같은 Install Python 창이 나타날 것이다.

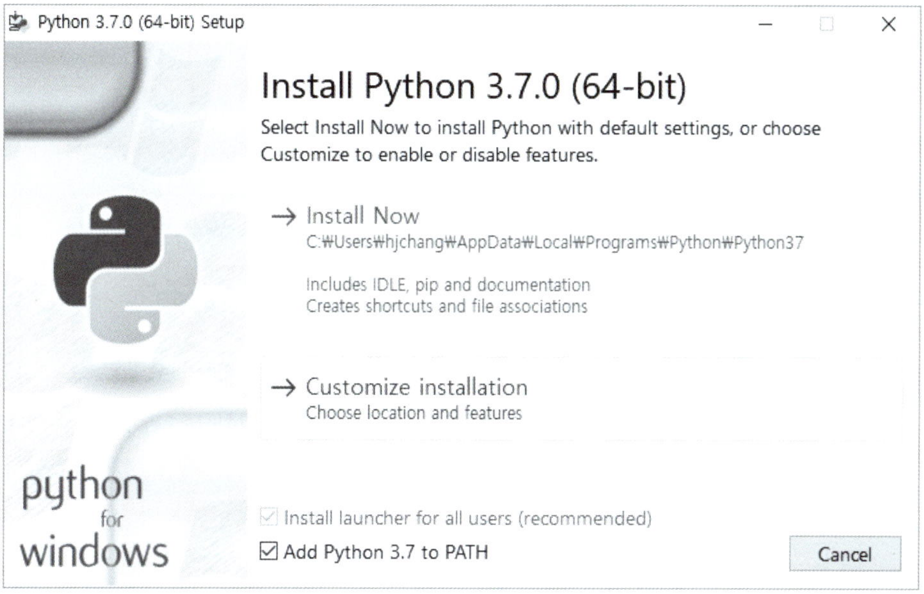

Python을 처음 설치하는 과정은 어렵지 않다. Python 설치 프로그램이 제시하는 과정을 따라 가면 된다. 하지만 다음과 같은 사항들을 먼저 고려하는 것이 좋다.

- Python 인터프리터를 어느 폴더에서나 수행할 수 있도록 할 것인가?

위 Install Python 창에서 "Add Python 3.7 to PATH"를 체크하면 Python 인터프리터 및 관련 명령들을 어느 폴더에서나 수행할 수 있게 된다. 체크해두는 것이 나중에 편하다.

• Python 설치 디렉터리를 어디로 정할 것인가?

Install Python 창에서 "Install Now"를 선택하면 Python 설치 프로그램이 제시하는 C:\Users\hjchang\AppData\Local\Programs\Python\Python37-32와 같은 깊숙한 위치의 기본 폴더에 Python이 설치될 수 있다. Python이 깊숙한 위치의 폴더에 설치되면 개발자 입장에서 불편할 수도 있다. Python 설치 폴더를 다른 곳으로 지정하려면 "Customize installation"을 선택한다.

2 Install Python 창에서 "Add Python 3.7 to PATH"를 체크하고, "Customize installation"을 선택하면 다음과 같은 Optional Features 창이 나타난다.

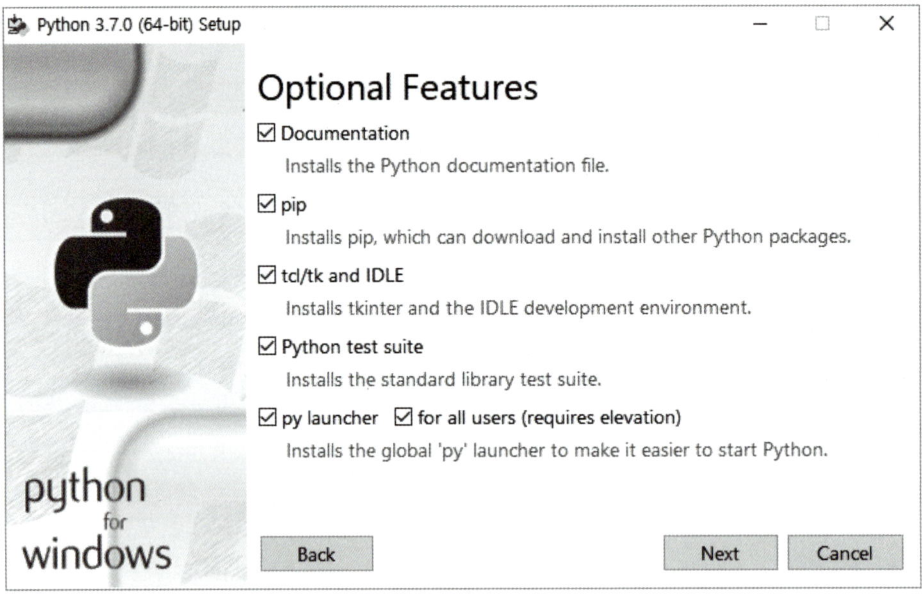

3 Optional Features 창의 "Next" 버튼을 누르면 다음과 같은 Advanced Options 창이 나타난다. Install for all users 체크 박스를 체크한다.

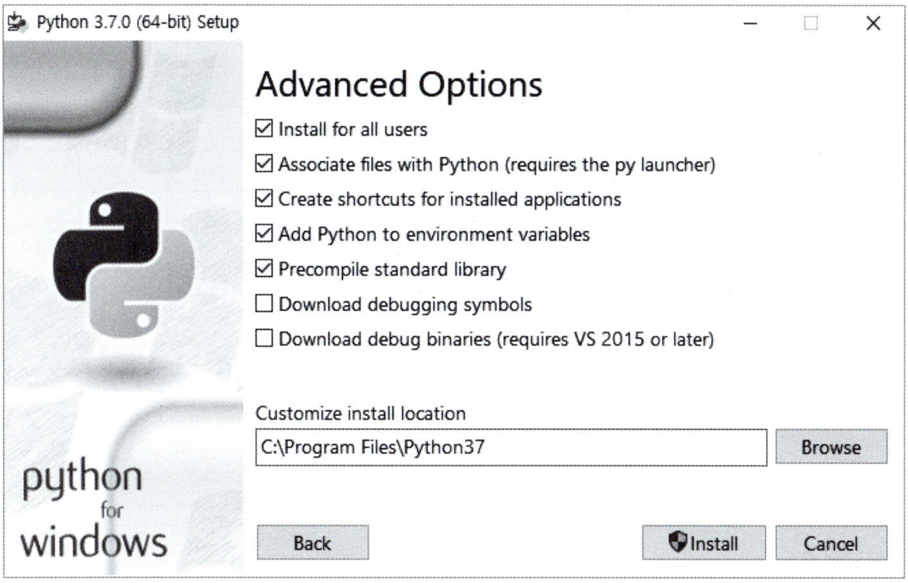

혹시 Python이 설치될 폴더를 바꾸고 싶으면 위 화면에서 폴더를 지정해주어도 된다. 이제 "Install" 버튼을 누르면 설치가 시작된다.

4 Python이 성공적으로 설치되고 나면, 다음과 같은 것들이 설치되어 있을 것이다.

- Python 3.7 (64-bit)
- IDLE (Python 3.7 64-bit)
- Python 3.7 Manuals (64-bit)
- Python 3.7 Module Docs (64-bit)

Python이 잘 설치되었는가를 확인하자. 명령 프롬프트 창을 띄운다. 명령 프롬프트 창은 cmd.exe 프로그램을 수행하면 나타난다. cmd.exe 파일의 위치를 모른다면 Windows 검색 기능으로 찾을 수 있다. 명령 프롬프트 창이 나타나면 다음과 같은 명령을 수행한다.

```
python -version
```

위 명령이 다음 그림과 같이 방금 설치한 Python 버전을 출력하면 설치가 잘 된 것이다. 명령 프롬프트 창의 기본 디렉터리는 사용자마다 다를 수 있다. 참고로 Python의 경우 여러 버전들을 동시에 설치하여 사용하는 것이 가능하다.

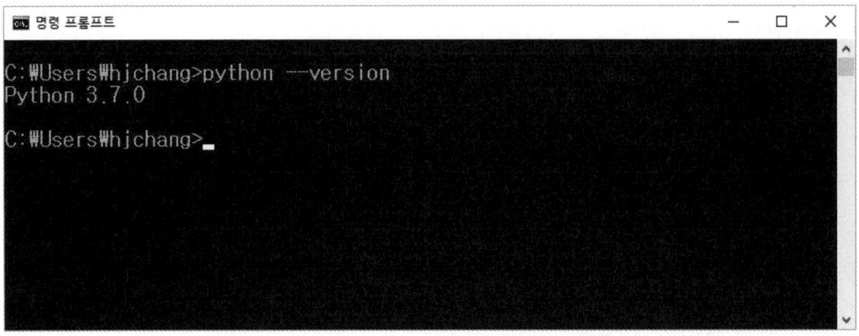

마지막으로 환경 변수 PYTHONPATH를 설정한다. 이후 Python을 공부하면서 직접 작성한 Python 프로그램들을 모아둘 디렉터리들을 정하고 그 디렉터리들을 PYTHONPATH에 등록해두면 편리하다. PYTHONPATH에 등록된 디렉터리들은 Python 인터프리터가 Python 프로그램들을 찾을 때 기본으로 검색하는 디렉터리들의 일부가 된다.

환경 변수 PYTHONPATH를 설정하려면 '제어판'에서 '시스템' 프로그램을 수행하고 '고급 시스템 설정'을 한 후 '환경 변수(N)...' 버튼을 눌러 PYTHONPATH의 값을 편집하면 된다. 다음 그림은 환경 변수 PYTHONPATH의 값을 D:\prj\python3 로 설정한 것을 보여준다. 환경 변수 PYTHONPATH에 여러 개의 디렉터리를 등록하려면 D:\prj\python3;D:\mypython; 식으로 디렉터리 뒤에 ;을 사용하면 된다.

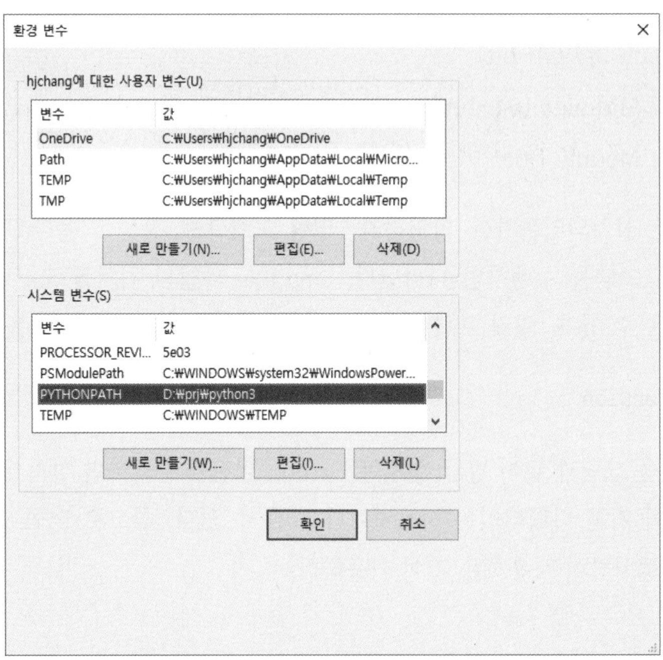

1.4 Python 사용 모드 - 대화형 모드와 스크립트 모드

대화형 모드 또는 스크립트(script) 모드로 Python을 사용할 수 있다. 각 모드에 대하여 살펴보자.

1.4.1 대화형 모드

대화형 모드란 Python 인터프리터가 출력하는 프롬프트 >>> 에 사용자가 직접 Python 문장을 입력하여 수행하는 모드를 의미한다. 간단한 Python 문장이나 짧은 프로그램을 직접 수행하고 결과를 확인해 보려면 대화형 모드가 편하다. 대화형 모드를 사용하려면 보통 "명령 프롬프트" 창이나 Python Shell을 사용한다. 대화형 모드는 REPL(Read-Eval-Print-Loop) 모드라고 불리기도 한다.

1 명령 프롬프트 창에서 Python 인터프리터 직접 호출

"명령 프롬프트" 창에서 Python 인터프리터 python.exe를 수행하면 다음과 같은 화면이 나타난다. "명령 프롬프트" 프로그램은 Windows 검색창에서 "명령 프롬프트" 또는 "cmd.exe" 키워드로 찾을 수 있다.

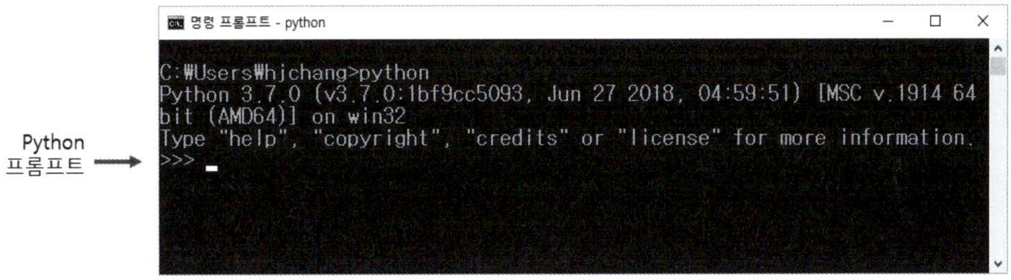

Python 인터프리터가 프롬프트 >>> 를 출력하고 커서를 프롬프트 다음에 놓고 기다린다는 것은 Python 인터프리터가 사용자의 입력을 받을 준비가 되었다는 표시이다. 사용자가 프롬프트 >>> 뒤에 Python 문장을 입력하고 엔터키를 치면 Python 인터프리터는 사용자가 입력한 문장을 읽어서 수행하고 그 결과를 출력한다.

다음 화면을 보자. Python 프롬프트에 사용자가 5+3을 입력하고 엔터키를 치면 Python 인터프리터는 사용자가 입력 문장 5+3을 읽어 들여 평가한 후 평가 결과 값 8을 출력한 뒤에 다시 프롬프트 >>> 를 출력하고 다시 사용자의 입력을 기다린다. 이제 사용자가 `print('Hello Python!')`이라는 새로운 문장을 입력하고 엔터키를 치면 Python 인터프리터는 `print`

('Hello Python!') 문장을 읽어 들여 수행하여 Hello Python!을 화면에 출력하고 프롬프트 >>> 를 출력한 뒤에 사용자의 다시 사용자의 입력을 기다린다.

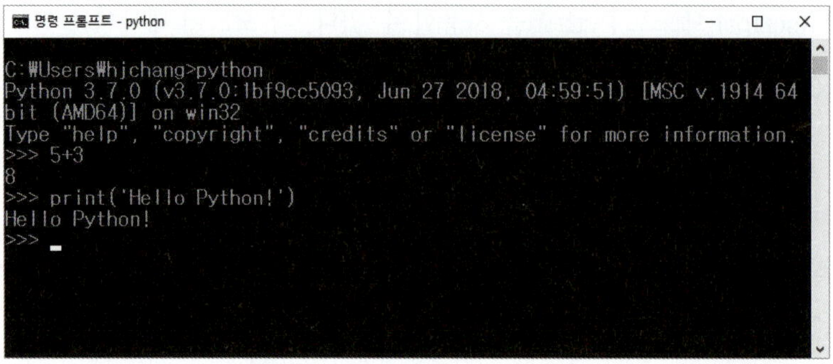

2 Python IDLE에서 Python Shell 사용

Python IDLE는 Python.exe의 GUI(Graphic User Interface) 버전이라고 할 수 있다. Python IDLE(Integrated Development and Learning Environment)를 수행하면 다음과 같은 창이 나타난다.

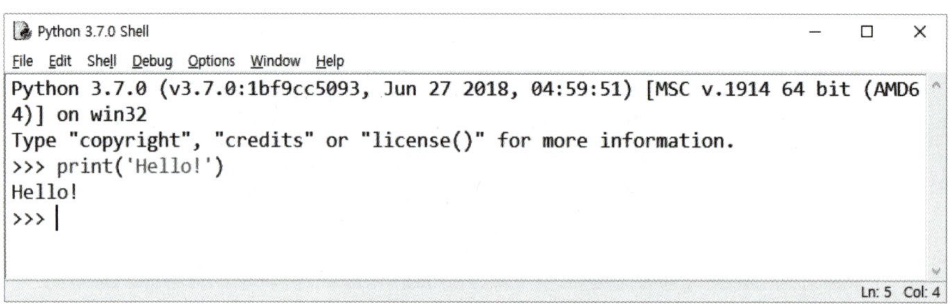

Python 프롬프트 >>> 에 print('hello!') 라고 입력하고 엔터키를 치면 hello!가 화면에 출력되는 것을 볼 수 있다. 텍스트 모드의 사용자 인터페이스를 제공하고 있는 python.exe보다 여러 메뉴와 기타 부가 기능을 제공하는 IDLE를 사용하는 것이 편리한 경우가 많다.

1.4.2 스크립트(script) 모드

대화형 모드는 간단한 Python 문장들을 바로 수행하고 결과를 확인하는 데는 편리하지만 문장들을 저장하였다가 다시 사용할 수 없다. 스크립트 모드란 Python 코드를 파일에 저장하고 그 파일을 Python 인터프리터의 입력으로 사용하여 수행하는 모드를 의미한다. Python 원시 코드가 들어있는 파일은 확장자 .py를 사용한다. Python 인터프리터는 .py 파일을 입력받으면 그 .py 파일에 들어있는 모든 Python 문장들을 차례로 모두 수행한다. 스크립트 모드로 Python을 사용해 보자.

1 명령 프롬프트 창을 사용할 때

명령 프롬프트 창을 연다. 그리고 notepad 등의 편집기로 다음과 같은 간단한 내용의 파일을 편집하고 예를 들어 test.py와 같은 원하는 이름의 .py 파일로 저장한다.

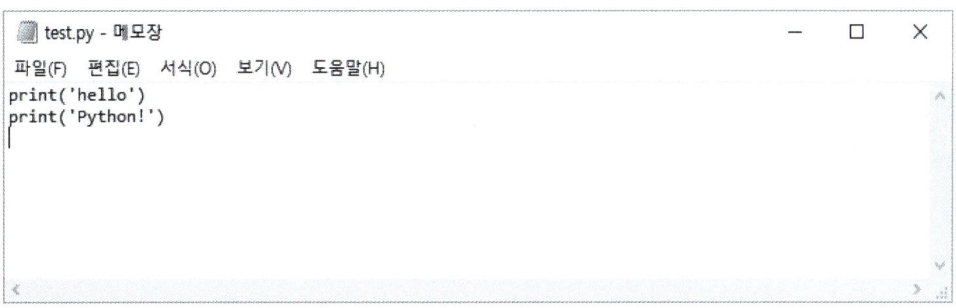

명령 프롬프트 창에서 다음과 같이 test.py 파일을 수행한다. 명령 프롬프트 창에 hello와 Python! 이 출력되는 것을 볼 수 있다. test.py 파일이 저장된 폴더는 사용자마다 다를 수 있다.

C:\Users\hjchang 〉 python test.py

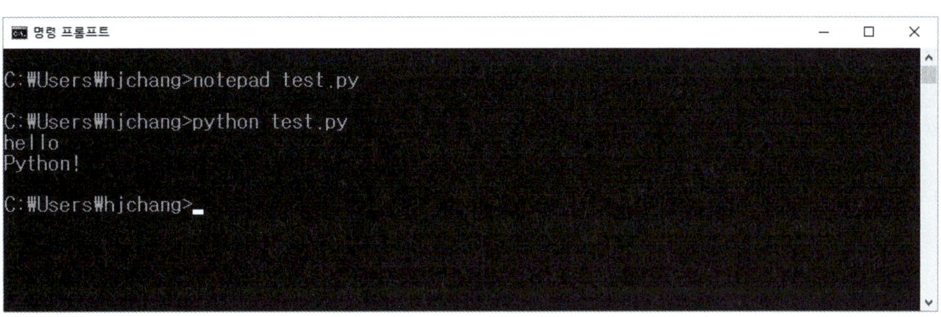

2 Python IDLE를 사용할 때

Python 스크립트를 작성하고 수행하기 위하여 notepad 같은 텍스트 편집기와 Python 인터프리터 python.exe를 사용해도 되지만, IDLE를 사용하는 것이 편하다.

IDLE를 수행한 후 “File” 〉 “New File” 메뉴를 선택하여 IDLE가 제공하는 Python 전용 편집기를 열어 다음과 같은 Python 문장들을 편집한다.

편집한 내용을 IDLE의 “File” 〉 “Save” 또는 “Save As...” 메뉴를 선택하여 예를 들어 test.py와 같은 원하는 이름의 .py 파일로 저장한다. 이제 “Run” 〉 “Run Module F5” 메뉴를 선택하면 스크립트 모드로 저장한 .py 파일을 수행할 수 있다. 다음은 수행 결과로 나타난 Python Shell 창이다.

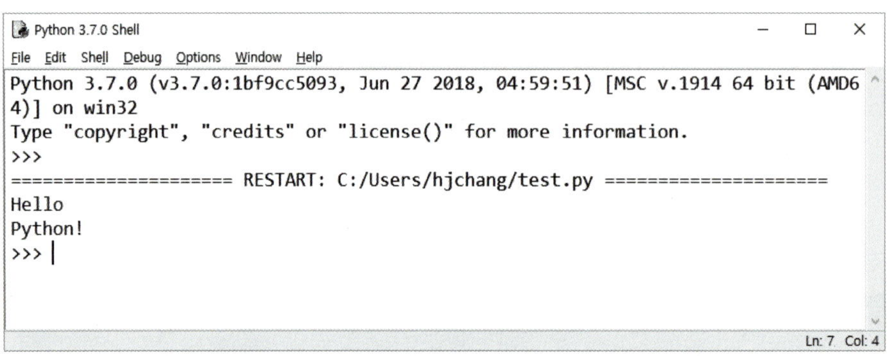

스크립트 모드에서는 작성한 Python 문장들이 파일에 저장되어 있으므로 필요시 재사용이 가능하다.

연습문제

1 노트북이나 PC에 Python을 설치하라. 이후 작성할 Python 원시 코드들을 저장하고 관리할 디렉터리(예를 들어, C:\prj\python3)를 정하고 그 디렉터리를 PYTHONPATH 환경 변수에 등록하라.

2 Python Shell을 시작시키고 다음 문장들을 Python 프롬프트 >>> 에 입력하여 수행해 보라.

- `print('hello python!')`
- `5 + 3`

3 Python Shell의 File 〉 New File 메뉴를 선택하여 편집 창을 열고 다음 코드를 입력한 후 Run 〉 Run Module 메뉴를 이용하여 위 연습 문제 1에서 PYTHONPATH 환경 변수에 설정한 디렉터리에 hello.py란 이름으로 저장하고 수행해 보라.

CHAPTER 02 자료형과 연산자

2.1 숫자와 산술 연산

Python은 정수, 실수, 2진수, 8진수, 16진수, 복소수 등의 다양한 종류의 숫자들을 지원한다. Python은 크기에 제약이 없는 무한 자릿수 정수(arbitrary precision integer)도 지원한다.

(1) 정수

Python은 정수에 대하여 +, -, *, /, **, %, // 연산을 지원한다.

```
>>> a = 7
>>> b = 5
>>> a + b # 덧셈
12
>>> a - b # 뺄셈
-2
>>> a * b  # 곱셈
35
>>> a / b  # 나눗셈. Python 2의 경우 정수들의 나눗셈은 정수이다.
1.4
>>> a ** b # a의 b 제곱
16807
>>> 2 ** 1024 # Python은 무한자릿수 정수를 지원한다.
179769313486231590772930519078902473361797697894230657273430081157732675805500963132708
477322407536021120113879871393357658789768814416622492847430639474124377767893424865485
276302219601246094119453082952085005768838150682342462881473913110540827237163350510684
586298239947245938479716304835356329624224137216
>>> a % b # 나머지 연산
2
>>> a // b # 몫 연산
1
>>>
```

(2) 8진수

```
>>> a = 0o177  # 8진수는 0o로 시작한다.
>>> a
127
>>>
```

(3) 16진수

```
>>> a = 0x10  # 16진수는 0x로 시작한다.
>>> a
16
>>> b = 0xABC
>>> b
2748
>>>
```

(4) 2진수

2진수는 0b로 시작하는 1또는 0의 나열이다. 내장 함수 bin(x)을 사용하면 정수x를 *2진수 문자열*로 바꿀 수 있다. Python에서 음의 2진수는 - 기호를 붙여 표현한다.

```
>>> 0b10 # 2진수 10
2
>>> 0b1000000000000000000000000000000
1073741824
>>> bin(10) # 문자열 반환
'0b1010'
>>> 0b1010
10
>>> bin(-10)
'-0b1010'
>>> -0b1010
-10
>>> bin(1024*1024*1024)
'0b1000000000000000000000000000000'
>>> bin(0xff) # 16진수 ff
'0b11111111'
```

```
>>> bin(0o77) # 8진수 77
'0b111111'
>>>
```

(5) 실수

```
>>> a = 1.2
>>> b = -3.45
>>> c = 3.45e10
>>> c
34500000000.0
>>>
```

내장 함수 float(x) 함수를 이용하면 숫자x에 대한 실수를 반환받을 수 있다. 양의 무한대와 음의 무한대는 각각 float('inf')와 float('-inf')로 표현된다. float('NaN')은 숫자가 아닌 값(Not a Number)을 표현한다.

```
>>> float('12.3')
12.3
>>> float(12)
12.0
>>> float('inf')
inf
>>> float('inf') + 1.0
inf
>>> float('-inf')
-inf
float('-inf') - 1.0
-inf
>>> float('NaN')
nan
>>> float('NaN') + 1.0
nan
>>>
```

(6) 복소수

복소수는 허수부에 j를 붙여 표현한다. Python 내장 함수 **complex()**를 이용하여 복소수를 생성할 수 있다.

```
>>> a = 1+2j
>>> b = 3-4j
>>> a + b
(4-2j)
>>> a.imag  # 허수부
2.0
>>> a.real  # 실수부
1.0
>>> complex(1, 2)
(1+2j)
>>> abs(b) # 복소수 x + yj의 절대 값은 sqrt(x*x + y*y)
5.0
>>>
```

이진수, 8진수, 16진수 등의 숫자들은 그대로 산술 연산에서 사용될 수 있다. 다음 예제는 8진수, 16진수, 2진수, 그리고 10진수 숫자들의 합을 계산한다.

```
>>> 0o77 + 0xff + 0b100000 + 100
450
>>>
```

2.2 문자열과 문자열 연산

Python은 문자열을 표현하는 4가지 방법을 지원한다. Python은 작은따옴표로 양쪽을 둘러싸는 문자열 표현방법을 기본으로 사용한다.

'This'	작은따옴표로 양쪽 둘러싸기
"This"	큰 따옴표로 양쪽 둘러싸기
'''This'''	작은따옴표 3개를 연속으로 써서 양쪽 둘러싸기
"""This"""	큰 따옴표 3개를 연속으로 써서 양쪽 둘러싸기

```
>>> s1 = "Python's favorite food is perl"
>>> s1
"Python's favorite food is perl"
>>> s2 = '"Python is very easy." he says.'
>>> s2
'"Python is very easy." he says.'
>>> s3 = '''
This
is a book.'''
>>> s3
'\nThis \nis a book'
>>> type(s3)
<class 'str'>
>>>
```

Python은 문자열에 대한 아주 풍부한 연산자들과 메소드들을 제공한다. Python에서 문자열은 str 객체로 표현된다.

2.2.1 문자열의 연산자

문자열 연산자에는 +, *, [], [:], 그리고 % 등이 있다.

(1) 문자열 결합(concatenation) 연산자 +

```
>>> head = 'Python'
>>> tail = ' is fun!'
>>> head + tail
'Python is fun!'
>>>
```

(2) 문자열 곱하기 연산자 *

```
>>> a = 'Python'
>>> a * 2
'PythonPython'
>>>
```

(3) 문자열 색인 연산자 [ ]

문자열의 색인(index)이란 문자열을 구성하는 각 문자의 위치를 의미한다. Python에서 문자열의 색인은 0부터 시작된다. 문자열 `'Life'`의 첫 번째 글자 `'L'`의 색인은 0이다.

index	0	1	2	3	4	5	6	7	8	9	10	11	12	13	14	15	16	17	18	19	20	21	22	23	24	25	26	27	28	29	30	31	32	33	34	35	36	37	38	39	40	41	42	43
	L	i	f	e		i	s		t	o	o		s	h	o	r	t	.		Y	o	u		n	e	e	d		t	o		l	e	a	r	n		P	y	t	h	o	n	.

```
>>> a = 'Life is too short. You need to learn Python.'
>>> a[3]
'e'
>>> a[0]
'L'
>>> a[-1] # 뒤에서 첫 번째
'.'
>>>
```

(4) 문자열 슬라이싱(slicing) 연산자 [:]

문자열 색인 연산자는 문자열을 구성하는 하나의 글자를 구하는 데 사용되지만, 슬라이싱 연산자는 문자열의 부분 집합을 구하는 데 사용된다.

```
>>> a = 'Life is too short. You need to learn Python.'
>>> a[0:4] # 색인 0에서 4 직전까지
'Life'
>>> a[5:7] # 색인 5~6
'is'
>>> a[5:] # 색인 5에서 끝까지
'is too short. You need to learn Python.'
>>> a[:17] # 처음부터 색인 16까지
'Life is too short'
>>> a[:8] + a[8:]
'Life is too short. You need to learn Python.'
>>> len('Life is too short. You need to learn Python.')
44
>>> len(a)
44
>>>
```

슬라이싱 연산자의 왼쪽 색인이 생략되면 0이 생략된 것을 의미하고, 오른쪽이 생략되면 문자열의 길이가 생략된 것을 의미한다. 따라서 문자열 a의 길이가 44라면 a[:8]은 a[0:8]과 같고 a[8:]는 a[8:44]와 같다.

(5) 문자열 모듈로 연산자 %

```
>>> 'I eat %d apples.' % 3
'I eat 3 apples.'
>>> 'I eat %s apples.' % 'five'
'I eat five apples.'
>>> 'I ate %d apples, and I was sick for %s days' % (3, 'five')
'I ate 3 apples, and I was sick for five days'
>>>
```

문자열 모듈로 연산자 %에 대한 자세한 내용은 제 3.3.1절에서 다룬다.

2.2.2 문자열의 메소드

이후에 배우게 되겠지만 Python에서 모든 것은 객체이다. 모든 메소드는 다음과 같은 형태로 호출된다.

객체. 메소드(인자들)

다음 [표 2-1]에 나오는 문자열의 메소드들에 대한 예제들은 `a = 'python is strong'`이라는 문장이 이미 수행되었다고 가정하고 있다. 표에서 투명 문자(whitespace character)란 표현은 공백 문자 `' '`, 탭 `'\t'`, 줄바꿈 문자 `'\n'`과 같이 문자열의 출력의 제어를 위해 사용되지만 보이지 않는 문자를 의미한다.

| 표 2-1 | 문자열 객체의 메소드들

메소드명	설명	예제

count(*str*)	문자열에서 인자로 주어진 *str*의 빈도를 센다.	`>>> a = 'Python is strong'`
		`>>> a.count('o')`
		`2`

find(*str*)	인자로 주어진 문자열 *str*이 처음 나타나는 색인을 반환한다. 인자로 주어진 문자열이 존재하지 않으면 -1을 반환한다.	`>>> a = 'Python is strong'`
		`>>> a.find('on')`
		`4`
		`>>> a.find('TH')`
		`-1`

format(**args*, ***kwargs*)	문자열 객체의 format() 메소드에 대한 자세한 내용은 제 3.3.2절에서 다룬다.	`>>> 'apples {0}.'.format(3)` `'apples 3.'`

index(*str*)	find(*str*) 함수와 같다. 단 인자로 주어진 문자열 *str*이 존재하지 않으면 오류를 낸다.	`>>> a.index('on')`
		`4`
		`>>> a.index('TH')`
		`ValueError: substring not found`
		`>>>`

x.join(*str*)	인자로 주어진 문자열 *str*의 각 문자 사이에 문자열 x를 삽입한다.	`>>> ','.join('this')`
		`'t,h,i,s'`
		`>>>`

upper()	문자열에 대한 대문자 문자열을 반환한다.	`>>> 'PYthon'.upper()`
		`'PYTHON'`
		`>>>`

lower()	문자열에 대한 소문자 문자열을 반환한다.	`>>> 'PYthon'.lower()`
		`'python'`
		`>>>`

lstrip()	문자열의 왼쪽에 나타나는 투명 문자들을 지운 문자열을 반환한다.	`>>> x = '\t hi '`
		`>>> x.lstrip()`
		`'hi '`
		`>>>`

<table>
<tr><td>rstrip()</td><td>문자열의 오른쪽에 나타나는 투명 문자들을 지운 문자열을 반환한다.</td><td><pre>>>> y = '\thi \t'
>>> y.rstrip()
'\thi'
>>></pre></td></tr>
<tr><td>strip()</td><td>문자열의 오른쪽과 왼쪽에 나타나는 투명 문자들을 지운 문자열을 반환한다.</td><td><pre>>>> x.strip()
'hi'
>>></pre></td></tr>
<tr><td>replace(str1, str2)</td><td>문자열에 나타나는 str1을 str2로 바꾼 문자열을 반환한다.</td><td><pre>>>> a = 'Python is strong'
>>> a.replace('Py', 'Java')
'Javathon is strong'
>>> a
'Python is strong'
>>></pre></td></tr>
<tr><td>split(seperator)</td><td>seperator를 기준으로 문자열을 나눈 결과를 리스트로 반환한다.</td><td><pre>>>> a.split(' ')
['Python', 'is', 'strong']
>>></pre></td></tr>
</table>

2.2.3 문자열 객체는 수정 불가 객체

Python 문자열은 생성된 후에 그 내용을 수정할 수 없는 수정 불가 객체(immutable object)이다. Python 문자열을 변경하려고 하면 오류가 난다. 다음 예제에서 'Pithon'의 한 글자를 고쳐서 'Python'으로 만들려고 하면 TypeError가 발생하는 것을 볼 수 있다. 만일 'Python'이란 문자열이 필요하다면 'Pithon'을 변경하는 것이 아니라 별개의 새로운 문자열 'Python'을 만들어야 한다.

```
>>> a = 'Pithon'
>>> a[1] = 'y'
Traceback (most recent call last):
  File "<pyshell#33>", line 1, in <module>
    a[1] = 'y'
TypeError: 'str' object does not support item assignment
>>> a[:1]+ 'y' + a[2:]
'Python'
>>>
```

2.3 리스트

Python이 개발자들에게 인기 있는 제일 큰 이유는 리스트(list)와 같은 자료 구조를 간결하면서도 강력하게 표현할 수 있다는 것일 것이다. Python은 리스트, 튜플(tuple), 딕셔너리(dictionary), 집합(set)과 같은 자료 구조들을 언어 수준에서 지원한다.

리스트는 Python의 가장 대표적인 자료 구조이다. 리스트의 형태를 알아보자. 리스트는 원소들을 대괄호로 감싸고, 원소들은 쉼표로 구분하여 표현한다. 다음은 여러 가지 리스트들의 예제이다. 리스트는 다른 리스트를 원소로 포함할 수 있다.

```
a = [] # 빈 리스트
b = [1, 2, 3] # 정수 원소 3개를 원소로 갖는 리스트
c = ['life', 'is', 'too', 'short'] # 문자열 원소 4개를 갖는 리스트
d = [1, 2, 'Life', 'is'] # 정수 2개와 문자열 2개를 원소로 갖는 리스트
e = [1, 2, ['life', 'is']] # 정수 2개와 문자열들의 리스트를 원소로 갖는 리스트
f = [a, b, c, d, e] # 리스트 a, b, c, d, e를 원소로 갖는 리스트
```

2.3.1 리스트 관련 연산자들

리스트는 +, *, [], [:] 등의 연산자를 지원한다.

(1) 리스트의 색인 연산자 [ ]

리스트 역시 문자열처럼 색인(index)을 적용할 수 있다. 리스트의 원소들의 색인도 0에서 시작한다. 색인 -i는 뒤에서 i번째 원소를 표현하는 색인이다.

```
>>> a = [1, 2, [3, 4]]
>>> a[0]
1
>>> a[2]
[3, 4]
>>> a[0] + a[1]
3
>>> a[-1]
[3, 4]
```

```
>> a[2][0]
3
>>>
```

(2) 리스트의 슬라이싱 연산자 [:]

리스트 역시 문자열처럼 슬라이싱을 적용할 수 있다. 슬라이싱 연산자의 왼쪽 색인이 생략되면 0이 생략된 것을 의미하고, 오른쪽이 생략되면 리스트의 길이가 생략된 것을 의미한다.

```
>>> a = [1, 2, 3, 4, 5]
>>> a[0:2]
[1, 2]
>>> a[:2] # a[0:2]
[1, 2]
>>> a[2:] # a[2:5]
[3, 4, 5]
>>> a[:] # a[0:5]
[1, 2, 3, 4, 5]
>>>
```

(3) 리스트 관련 연산 +, *, in

연산자 +는 인자로 주어진 두 개의 리스트들을 합친 새로운 리스트를 반환한다. 연산자 *는 리스트를 여러 번 반복해서 합친 리스트를 반환한다. 연산자 **in**은 리스트의 원소 여부를 판정한다.

```
>>> a = [1, 2, 3]
>>> b = ['a', 'b']
>>> a + b
[1, 2, 3, 'a', 'b']
>>> b * 1
['a', 'b']
>>> b * 3
['a', 'b', 'a', 'b', 'a', 'b']
>>> b * 0
[]
>>> 5 in [1, 2, 5]
True
```

```
>>> 3 in [1, 2, 5]
False
>>>
```

2.3.2 리스트 관련 메소드들

리스트 자료형이 갖고 있는 메소드들을 살펴보자. 다음 [표 2-2]의 모든 메소드들은 수행의 효과로 원래의 리스트의 내용을 변경할 수 있다.

| 표 2-2 | 리스트 객체의 메소드들

함수명	설명	예제

append(*e*)	리스트의 뒤에 원소 *e*를 추가한다.	>>> a = [1, 2, 3, 4, 5]
		>>> a.append(6)
		>>> a
		[1, 2, 3, 4, 5, 6]
		>>>

sort()	리스트의 원소들을 오름차순으로 정렬한다.	>>> b = [1, 3, 2]
		>>> b.sort()
		>>> b
		[1, 2, 3]
		>>>

reverse()	리스트를 역순으로 뒤집는다.	>>> a = [1, 2, 3, 4, 5]
		>>> a.reverse()
		>>> a
		[5, 4, 3, 2, 1]
		>>>

index(*e*)	인자로 주어진 원소 *e*가 존재하는 색인 값을 반환한다.	>>> a = [1, 2, 3, 4, 5]
		>>> a.index(3)
		2
		>>>

insert(*i*, *e*)	리스트의 *i* 번째 위치에 원소 *e*를 삽입한다.	>>> a = ['a', 'c', 'd']
		>>> a.insert(1, 'b')
		>>> a
		['a', 'b', 'c', 'd']
		>>>

remove(*e*)	리스트에서 첫 번째 나타나는 원소 *e*를 삭제한다.	>>> a = [1, 2, 3, 2]
		>>> a.remove(2)
		>>> a
		[1, 3, 2]
		>>>

pop()	리스트의 마지막 원소를 반환한다. 그 원소는 리스트에서 삭제된다.	>>> a = [1, 2, 3]
		>>> a.pop()
		3
		>>> a
		[1, 2]
		>>>

pop(*i*)	리스트의 *i*번째 원소를 반환한다. 그 원소는 리스트에서 삭제된다.	>>> a = ['a', 'b', 'c']
		>>> a.pop(1)
		'b'
		>>> a
		['a', 'c']
		>>>

count(*e*)	리스트에 포함된 원소 *e*의 개수를 반환한다.	>>> a = [1, 2, 3, 1]
		>>> a.count(1)
		2
		>>>

extend(*e*)	리스트에 리스트 *e*를 붙인다. *e*는 리스트이어야만 한다.	>>> a = [1, 2, 3]
		>>> a.extend([4, 5])
		>>> a
		[1, 2, 3, 4, 5]
		>>>

2.3.3 리스트의 수정 – 리스트 원소의 수정과 삭제

제 2.2절에서 기술된 Python 문자열은 수정 불가 객체이지만 리스트는 생성 후 내용의 수정이 가능한 수정 가능 객체(mutable object)이다. 색인과 **del** 키워드를 사용하여 리스트에 새로운 원소를 삽입하거나 리스트의 기존 원소를 삭제하거나 다른 원소로 수정할 수 있다.

```
>>> a = [1, 2, 3, 4]
>>> a[1] = 5 # 색인 1인 원소 수정
>>> a
[1, 5, 3, 4]
>>> del a[1] # 키워드 del 로 a의 색인 1인 원소 삭제
>>> a
```

```
[1, 3, 4]
>>> a[1:3] = [] # 색인 1에서 2까지의 서브 리스트를 []로 수정
>>> a
[1]
>>>
```

2.4 튜플

튜플은 리스트와 마찬가지로 다양한 원소들을 순서대로 담을 수 있으며 리스트와 유사한 연산자들과 메소드들을 지원하지만, 리스트와 달리 수정 불가 객체이다. 즉, 튜플(tuple)은 리스트의 수정 불가 버전이라고 할 수 있다. 튜플의 원소를 삭제하거나 추가하거나 수정하려는 시도는 오류를 낸다.

```
>>> t = (1, 2, '3') # 튜플
>>> t[1] = 0
Traceback (most recent call last):
  File "<pyshell#13>", line 1, in <module>
    t[1] = 0
TypeError: 'tuple' object does not support item assignment
>>>
```

2.4.1 튜플의 형태

튜플은 리스트와 달리 소괄호 ( )로 원소들을 둘러싼다. 다음 코드에서 t1, t2, t3, t4, t5는 모두 튜플이다.

```
t1 = ()
t2 = (27,)
t3 = (1, 2, 3)
t4 = (1, (2, 3), 4)
t5 = ('a', ('b', 'c'), 3)
```

튜플을 표현할 때 주의할 점은 튜플의 표현에 사용되는 소괄호 ()가 수식을 표현하는 데에도 사용된다는 것이다. 따라서 원소의 개수가 1개인 튜플을 (27)과 같이 표현한다면 수식 (27)과 구분할 수 없으므로 원소의 개수가 1개인 튜플은 콤마를 이용하여 (27,)과 같이 표현한다.

```
>>> x = (3)
>>> x
3
>>> len(x)
Traceback (most recent call last):
  File "<pyshell#22>", line 1, in <module>
    len(x)
TypeError: object of type 'int' has no len()
>>> y = (3,) # 원소가 1개인 튜플의 표현
>>> y
(3,)
>>> len(y)
1
>>>
```

2.4.2 튜플의 색인(indexing)과 슬라이싱(slicing)

튜플 역시 리스트처럼 색인을 적용할 수 있다. 리스트의 원소의 색인은 0에서 시작한다. 색인 -i는 뒤에서 i번째 원소에 대한 색인이다.

```
>>> t = (1, 2, '3', 4, '5')
>>> t[0]
1
>>> t[2]
'3'
>>>
```

튜플 역시 리스트처럼 슬라이싱을 적용할 수 있다. 다음 코드에서 t[:1]의 반환값은 원소의 개수가 1인 튜플이므로 (1)이 아니라 (1,)로 표현되고 있다.

```
>>> t = (1, 2, '3', 4, '5')
>>> t[1:]
(2, '3', 4, '5')
>>> t[:1]
(1,)
>>>
```

2.4.3 튜플 관련 연산자들: +, *, in

연산자 +는 두 튜플을 합친다. 연산자 *는 튜플을 여러 번 합친다. 연산자 in은 리스트 뿐 아니라 튜플의 원소 여부의 판정에도 사용된다.

```
>>> t1 = (1, 2, 3)
>>> t2 = (4, 5)
>>> t1 + t2 # 두 튜플을 합침
(1, 2, 3, 4, 5)
>>> t1 * 3 # t1을 3번 합침
(1, 2, 3, 1, 2, 3, 1, 2, 3)
>>> 2 * t2 # t2를 2번 합침
(4, 5, 4, 5)
>>> 5 in (1, 2, 5)
True
>>>
```

2.4.4 튜플 관련 메소드들

다음은 튜플 객체의 메소드들이다.

| 표 2-3 | 튜플 객체의 메소드들

함수명	설명	예제

index(*e*)	인자로 주어진 원소 *e*가 존재하는 첫 번째 색인 값을 반환한다.	`>>> a = ('a', 'b', 'c', 'a')`
		`>>> a.index('a')`
		`0`
		`>>>`

count(*e*)	튜플에 포함된 원소 *e*의 개수를 반환한다.	`>>> a = ('a', 'b', 'c', 'a')`
		`>>> a.count('a')`
		`2`
		`>>>`

2.5 집합

집합(set)은 Python 2.3부터 지원되기 시작한 자료형이다. 집합은 원소들이 서로 달라야 하며 원소들의 순서가 중요하지 않은 자료형이다.

```
>>> s1 = {1, 2, 3}
>>> s1
{1, 2, 3}
>>> s2 = {1, 2, 2, 3} # 동일한 원소를 넣음
>>> s2
{1, 2, 3}
>>> {1, 2, 3} == {3, 2, 1} # 원소들의 순서를 바꾸어도 같은 집합이다.
True
>>>
```

주의

집합 자료형은 원소들의 순서가 중요하지 않기 때문에 색인을 지원하지 않는다. 집합의 원소를 색인으로 접근하려면 집합을 리스트나 튜플로 변환한 후 접근한다. 집합, 리스트, 그리고 튜플간의 변환 방법은 제 2.7절에서 설명된다.

2.5.1 교집합, 합집합, 차집합

Python 집합 자료형은 교집합, 합집합, 차집합 연산을 지원한다. 다음과 같은 두 개의 집합을 사용하여 확인해 보자.

```
s1 = {1, 2, 3, 4, 5, 6}
s2 = {4, 5, 6, 7, 8, 9}
```

교집합은 연산자 &를 사용하거나 intersection() 메소드를 사용하여 구할 수 있다.

```
>>> s1 = {1, 2, 3, 4, 5, 6}
>>> s2 = {4, 5, 6, 7, 8, 9}
>>> s1 & s2
{4, 5, 6}
>>> s1.intersection(s2)
```

```
{4, 5, 6}
>>> s2.intersection(s1)
{4, 5, 6}
>>>
```

합집합은 연산자 | 또는 **union()** 메소드를 사용하여 구할 수 있다.

```
>>> s1 | s2
{1, 2, 3, 4, 5, 6, 7, 8, 9}
>>> s1.union(s2)
{1, 2, 3, 4, 5, 6, 7, 8, 9}
>>> s2.union(s1)
{1, 2, 3, 4, 5, 6, 7, 8, 9}
>>>
```

차집합은 연산자 - 또는 **difference()** 메소드를 이용해서 구할 수 있다.

```
>>> s1 - s2
{1, 2, 3}
>>> s2 -s1
{8, 9, 7}
>>> s1.difference(s2)
{1, 2, 3}
>>> s2.difference(s1)
{8, 9, 7}
>>>
```

2.5.2 집합 원소의 추가와 삭제

집합은 수정 가능 객체(mutable object)이다. 집합 원소를 추가할 때는 **add()** 메소드를 사용하거나 **update()** 메소드를 사용한다. 집합의 특정 원소를 삭제하려면 **remove()** 메소드를 사용하면 된다.

```
>>> s1 = {1, 2, 3, 4, 5, 6}
>>> s1.add(10) # 새로운 원소의 추가
>>> s1
```

```
{1, 2, 3, 4, 5, 6, 10}
>>> s1.add(4) # 이미 존재하는 원소의 추가
>>> s1
{1, 2, 3, 4, 5, 6, 10}
>>> s1.remove(10)
>>> s1
{1, 2, 3, 4, 5, 6}
>>> s1.remove(9) # 존재하지 않는 원소의 제거는 오류가 난다.
Traceback (most recent call last):
  File "<pyshell#38>", line 1, in <module>
    s1.remove(9)
KeyError: 9
>>>
```

2.6 딕셔너리(dictionary)

딕셔너리 자료 구조는 사전과 유사하다. 사전이 단어와 그 단어에 대한 설명의 쌍들을 담고 있는 것처럼 딕셔너리는 키(key)와 값(value)의 쌍들을 원소들로 갖는다. 딕셔너리 자료형은 해시(hash)라고 불리기도 한다. 집합과 마찬가지로 딕셔너리에서도 원소들의 순서는 중요하지 않다.

key : value

딕셔너리 자료형은 :로 구분된 키와 값의 쌍들을 중괄호 { }로 둘러싼 형태를 갖는다.

```
dic1 = { } # 빈 딕셔너리
dic2 = {'name': 'kim', 'age': 23, 'phone': '0103334444'} # 3개의 원소
dic3 = {1: 'first', 2: [5,6,7] } # 2개의 원소를 가진 딕셔너리
```

2.6.1 딕셔너리 키의 사용

딕셔너리는 리스트, 튜플, 집합과 달리 키를 사용하여 원소들에 접근한다는 특징을 갖는다.

(1) 키워드 in

딕셔너리에서 키에 대응하는 원소가 존재하는지 확인하려면 키워드 in을 사용한다.

```
>>> dic = {'name': 'kim', 'age': 23}
>>> 'name' in dic
True
>>> 'id' in dic
False
>>>
```

(2) 키에 대응하는 값 찾기

딕셔너리에서 *키*에 대응하는 값을 찾으려면 *딕셔너리이름[키]* 형태의 수식을 사용한다. 만일 딕셔너리에 키에 대응하는 원소가 존재하지 않는다면 그 수식은 KeyError 예외를 발생시킨다.

```
>>> dic = {'name': 'kim', 'age': 23}
>>> dic['name'] # 딕셔너리이름[키]
'kim'
>>> dic['id'] # 존재하지 않는 키
Traceback (most recent call last):
  File "<pyshell#26>", line 1, in <module>
    dic['id']
KeyError: 'id'
>>>
```

(3) 딕셔너리 원소의 삽입, 수정, 삭제

딕셔너리는 원소의 수정이 가능한 수정 가능 객체(mutable object)이다. 딕셔너리에 새로운 원소를 삽입하거나 기존 원소를 수정하거나 삭제하는 것이 가능하다.

```
>>> dic4 = {1: 'A', 'age': 23}
>>> dic4
{1: 'A', 'age': 23}
>>> dic4['name'] = 'kim' # 원소 삽입
>>> dic4
{1: 'A', 'age': 23, 'name': 'kim'}
>>> dic4[1] = 'B' # 원소 수정
>>> doc4
{1: 'B', 'age': 23, 'name': 'kim'}
>>> del dic4['age'] # 원소 삭제
```

```
>>> dic4
{1: 'B', 'name': 'kim'}
>>>
```

딕셔너리 원소의 삭제에는 키워드 **del**을 사용한다. 키워드 **del**을 사용하는 문장의 형태는 다음과 같다.

del *딕셔너리이름[키]*

2.6.2 딕셔너리에 대한 주의 사항

딕셔너리의 원소들은 서로 다른 키(key)를 가져야 한다. 동일한 키를 갖는 원소들이 하나의 딕셔너리 내에 여러 개 존재할 수 없다. 동일한 키를 갖는 원소들이 여러 개 존재하는 딕셔너리를 만들면 그들 중 가장 최근에 입력된 원소만 존재하게 된다.

```
>>> dic5 = {1: 'a', 2: 'b', 1: 'A'}
>>> dic5
{1: 'A', 2: 'b'}
>>>
```

딕셔너리의 키로는 수정 불가 객체를 사용해야 한다. 예를 들어, 튜플은 수정 불가 객체이므로 딕셔너리 원소의 키로 사용할 수 있지만 리스트는 수정 가능 객체이므로 딕셔너리의 키로 사용할 수 없다.

```
>>> dic6 = {1: 'a', (1,2): 3} # 튜플을 딕셔너리의 원소의 키로 사용
>>> dic6
{1: 'a', (1, 2): 3}
>>> dic7 = {1: 'a', [1, 2]: 3} # 리스트를 딕셔너리의 원소의 키로 사용하면 오류
Traceback (most recent call last):
  File "<pyshell#58>", line 1, in <module>
    dic7 = {1: 'a', [1, 2]: 3}
TypeError: unhashable type: 'list'
>>>
```

2.6.3 딕셔너리 관련 함수들과 메소드들

다음 [표 2-4]는 딕셔너리에 관련된 함수들이다.

| 표 2-4 | 딕셔너리 객체에 관련된 함수들

함수	설명	예제

len(*dict*)	인자로 주어진 딕셔너리 *dict*의 원소들의 개수를 반환한다.	>>> dict1 = {'Name': 'Suzi', 'Age': 28}
		>>> len(dict1)
		2
		>>>

str(*dict*)	인자로 주어진 딕셔너리 *dict*의 문자열 표현을 반환한다.	>>> dict1 = {'Name': 'Suzi', 'Age': 28}
		>>> str(dict1)
		"{'Name': 'Suzi', 'Age': 28}"
		>>>

다음 [표 2-5]는 딕셔너리 객체의 중요 메소드들이다.

| 표 2-5 | 딕셔너리 객체의 메소드들

메소드	설명	예제

clear()	딕셔너리 객체의 모든 원소들을 삭제한다.	>>> dict1 = {'Name': 'Suzi', 'Age': 28}
		>>> dict1.clear()
		>>> dict1
		{}
		>>>

copy()	딕셔너리 객체의 얕은 복사본을 반환한다.	>>> dict1 = {'Name': 'Suzi', 'Age': 28}
		>>> dict2 = dict1.copy()
		>>> dict2
		{'Name': 'Suzi', 'Age': 28}
		>>>

dict.fromkeys(*seq*[, *value*]))	키들의 목록 *seq*와 *value*로부터 딕셔너리 객체를 생성한다.	>>> seq = ('name', 'age', 'sex')
		>>> dict3 = dict.fromkeys(seq, 5)
		>>> dict3
		{'name': 5, 'age': 5, 'sex': 5}
		>>>

keys()	딕셔너리 객체의 모든 키들을 담은 dict_keys 객체를 반환한다.	>>> dict1 = {'Name': 'Suzi', 'Age': 28}
		>>> dict1.keys()
		dict_keys(['Name', 'Age'])
		>>>

values()	딕셔너리 객체의 모든 값들을 담은 dict_values 객체를 반환한다.	>>> dict1 = {'Name': 'Suzi', 'Age': 28}
		>>> dict1.values()
		dict_values(['Suzi', 28])
		>>>

얕은 복사본과 깊은 복사본에 대한 자세한 내용은 제 10.7절에 나온다. **dict_values** 객체나 **dict_keys** 객체를 리스트로 만들려면 다음 절에 나오는 **list()** 함수를 사용한다.

```
>>> dic = {'name': 'kim', 'age': 23}
>>> dic.keys()
dict_keys(['name', 'age'])
>>> list(dic.keys())
['name', 'age']
>>> dic.values()
dict_values(['kim', 23])
>>> list(dic.values())
['kim', 23]
```

2.7 리스트, 튜플, 집합, 딕셔너리, 문자열 간의 변환

Python은 리스트, 튜플, 집합, 딕셔너리, 문자열 간의 변환을 위한 생성자 **list()**, **tuple()**, **set()**, **dict()**, **str()**을 지원한다.

2.7.1 list()

리스트 생성자 **list()**를 이용하면 리스트, 튜플, 집합, 딕셔너리 그리고 문자열로부터 리스트를 생성할 수 있다. 다음 예제 코드를 보자. **list()**는 딕셔너리를 인자로 주면 딕셔너리의 키들의 리스트를 반환한다.

```
>>> t1 = [1, 2]
>>> t2 = (1, 2, 3)
>>> t3 = {1, 2, 3, 4}
>>> t4 = {'name': 'kim', 'age': 22}
```

```
>>> t5 = 'abc'
>>> list(t1)
[1, 2]
>>> list(t2)
[1, 2, 3]
>>> list(t3)
[1, 2, 3, 4]
>>> list(t4)
['name', 'age'] # 딕셔너리의 키들의 리스트
>>> list(t5)
['a', 'b', 'c']
>>>
```

2.7.2 tuple()

튜플 생성자 **tuple()**을 이용하면 리스트, 튜플, 집합, 딕셔너리 그리고 문자열로부터 튜플을 생성할 수 있다. 다음 예제 코드를 보자. **tuple()**은 딕셔너리를 인자로 주면 딕셔너리의 키들의 튜플을 반환한다.

```
>>> t1 = [1, 2]
>>> t2 = (1, 2, 3)
>>> t3 = {1, 2, 3, 4}
>>> t4 = {'name': 'kim', 'age': 22}
>>> t5 = 'abc'
>>> tuple(t1)
(1, 2)
>>> tuple(t2)
(1, 2, 3)
>>> tuple(t3)
(1, 2, 3, 4)
>>> tuple(t4)
('name', 'age') # 딕셔너리의 키들의 튜플
>>> tuple(t5)
('a', 'b', 'c')
>>>
```

2.7.3 set()

집합 생성자 **set()**을 이용하면 리스트, 튜플, 집합, 딕셔너리 그리고 문자열로부터 집합을 생성할 수 있다. 다음 예제 코드를 보자. **set()**은 딕셔너리를 인자로 주면 딕셔너리의 키들의 집합을 반환한다.

```
>>> t1 = [1, 2]
>>> t2 = (1, 2, 2, 3)
>>> t3 = {1, 2, 3, 4}
>>> t4 = {'name': 'kim', 'age': 22}
>>> t5 = 'abca'
>>> set(t1)
{1, 2}
>>> set(t2)
{1, 2, 3}
>>> set(t3)
{1, 2, 3, 4}
>>> set(t4)
{'name', 'age'}
>>> set(t5)
{'a', 'b', 'c'} # 중복 허용되지 않음. 원소들의 순서는 중요하지 않음
>>>
```

2.7.4 dict()

딕셔너리는 리스트, 튜플, 집합, 문자열과 달리 원소가 키와 값의 쌍들로 구성되어 있으므로 리스트, 튜플, 집합, 문자열로부터 딕셔너리를 생성하는 데에 제약이 있다. 생성자 **dict()**의 인자로 키와 값의 쌍을 나타내는 튜플들의 리스트를 사용하여 딕셔너리를 생성할 수 있다. 또한 키워드 인자들을 이용하여 딕셔너리를 생성할 수도 있다. 키워드 인자에 대한 자세한 기술은 제 6.3.2절에 나온다.

```
>>> t = dict([('two', 2), ('one', 1), ('three', 3)])
>>> t
{'two': 2, 'one': 1, 'three': 3}
>>> score = dict(math=80, physics= 90, programming='pass')
>>> score
{'math': 80, 'physics': 90, 'programming': 'pass'}
>>>
```

2.7.5 str()

생성자 str()을 이용하면 리스트, 튜플, 집합, 딕셔너리 그리고 문자열로부터 그에 대응하는 문자열을 생성할 수 있다. 다음 예제 코드를 보자.

```
>>> t1 = [1, 2]
>>> t2 = (1, 2, 3)
>>> t3 = {1, 2, 3, 4}
>>> t4 = 'abc'
>>> str(t1)
'[1, 2]'
>>> str(t2)
'(1, 2, 3)'
>>> str(t3)
'{1, 2, 3, 4}'
>>> str(t4)
'abc'
>>>
```

참고

list(), tuple(), set(), dict() 그리고 str()은 각각 리스트, 튜플, 집합, 딕셔너리, 그리고 문자열 객체의 생성자(constructor)이다. 객체 생성자에 대한 자세한 기술은 8장 객체 지향 프로그래밍에 나온다.

2.8 참과 거짓의 표현

Python은 참과 거짓을 나타내기 위한 키워드 **True**와 **False**를 지원한다.

```
>>> True
True
>>> False
False
>>>
```

참과 거짓을 표현하는 연산자에는 논리 연산자, 비교 연산자, 포함 연산자가 있다.

(1) 논리 연산자

| 표 2-6 | 논리 연산자들

논리 연산자	설명	예제

and	논리곱	>>> x = True
		>>> y = False
		>>> x and y
		False
		>>> x or y
		True
		>>> not x
		False
		>>>

or	논리합	
not	부정	

위 [표 2-6]의 논리 연산자들은 다음과 같은 객체들을 논리적으로 거짓으로 취급한다.

- False
- None
- 숫자 0에 해당하는 값들:
  0, 0.0, 0j, decimal.Decimal(0), 그리고 fractions.Fraction(0, 1)
- '', (), [], {}, set(), 그리고 range(0)

```
>>> not 0
True
>>> not 0.0
True
>>> not ''
True
>>> not ()
True
>>> not range(0)
True
>>> 0 and 2
0
>>> 0 or 2
2
>>> import decimal # import 문은 제 10장에서 기술된다.
>>> decimal.Decimal(0) == True
False
>>> import fractions
```

```
>>> fractions.Fraction(0, 1)
Fraction(0, 1)
>>> not fractions.Fraction(0, 1)
True
>>>
```

(2) 비교 연산자

다음 [표 2-7]은 비교 연산자들이다.

| 표 2-7 | 비교 연산자들

비교 연산자	설명	예제

<	작다	>>> x = 5
		>>> (x > 4)
		True
		>>> x < 4
		False
		>>> x >= 5
		True
		>>>

<=	작거나 같다	
>	크다	
>=	크거나 같다	

==	같다	>>> x = 5
		>>> x == 5
		True
		>>> (x != 5)
		False
		>>>

!=	같지 않다.	

비교 연산자 ==는 정수 1과 실수 1.0을 참의 의미로 사용하고 정수 0과 실수 0.0을 거짓의 의미로 사용한다.

```
>>> 0 == True
False
>>> 0 == False
True
>>> 0.0 == True
False
>>> 0.0 == False
True
>>>
```

비교 연산자 ==에게 숫자 0에 해당하는 값들 값들 0, 0.0, 0j, decimal.Decimal(0), 그리고 fractions.Fraction(0, 1)는 거짓으로 취급된다. 비교 연산자 ==에게 숫자 1에 해당하는 1, 1.0은 참으로 취급된다. 비교 연산자 ==에게 다른 숫자들은 참이나 거짓의 의미를 갖지 않는다. 비교 연산자 ==에게 그들은 그냥 숫자로 취급된다.

```
>>> 0.1 == False # 0.1은 참이나 거짓이 아니다. 그냥 숫자다.
False
>>> 0.1 == True # 0.1은 참이나 거짓이 아니다. 그냥 숫자다.
False
>>> 11 == False # 0.1은 참이나 거짓이 아니다. 그냥 숫자다.
False
>>> 11 == True
False
>>>
```

(3) 포함 연산자 in

포함 연산자 in은 원소여부를 판정한다.

함수명	설명	예제

in	리스트, 튜플, 또는 집합의 원소이면 True	>>> x = [1, 2, 3]
		>>> 2 in x
		True
		>>> 4 not in x
		True
		>>>

(4) 동일 객체 판정 연산자 is

연산자 is는 두 객체의 동일 객체 여부를 판정한다.

함수명	설명	예제

is	두 객체가 동일 객체라면 True를 반환하고 아니면 False 반환	>>> x = 'This is a book.'
		>>> y = x
		>>> x is y
		True
		>>>

2.9 바이트들의 열 - bytes 객체

Python에서 bytes 객체는 바이트들의 나열을 표현한다. Python 문자열 객체 즉 str 객체는 '코드 체계에 정의된 글자(character)들의 열'을 표현한다. 반면에 bytes 객체는 '바이트들의 열'을 표현한다. 바이트는 8개의 비트로 구성되므로 바이트는 이진수 00000000~ 11111111 사이의 모든 값을 표현할 수 있다. 즉 bytes 객체는 임의의 이진 데이터를 표현할 수 있다.

참고

▸ **표현 \x*hh***

문자열 안에 나오는 표현 \x*hh*는 16진수값 *hh*에 해당하는 글자를 의미한다. 예를 들어, '\x61'은 글자 'a'를 의미한다. 표현 \x*hh*는 이스케이프 시퀀스(escape sequence)의 한 종류이다. 이스케이프 시퀀스에 대한 자세한 내용은 제 4.7절에 나온다.

```
>>> '\x61' # 6 * 16 + 1 = 97, ASCII 코드 97은 a
'a'
>>> '\x61\x62\x63'
'abc'
>>>
```

bytes 객체는 str 객체와 유사하게 표현된다. 다만 다음 예제에서처럼 문자열 앞에 b를 붙여야 한다. bytes 객체는 문자열 객체와 마찬가지로 수정 불가 객체(immutable object)이다. bytes 객체에 담긴 바이트들을 변경하려면 오류가 난다.

```
>>> b'a' # 글자 'a'의 바이트 표현
b'a'
>>> b'\xff' # 16진수 값 ff에 해당하는 글자의 바이트 표현
b'\xff'
>>> b'\x97\x98\x99' # 16진수 값 97, 98, 99에 해당하는 문자열의 바이트 표현
b'\x97\x98\x99'
>>>
```

bytes 객체는 생성자 bytes()로도 생성할 수 있다. bytes 객체를 만들려면 0개 이상의 바이트 값들을 담은 리스트 또는 문자열을 인자로 사용하여 생성자 bytes()를 호출하면 된다. 만일 인자로 정수를 사용하면 바이트 \x00이 그 정수 길이만큼 채워진 bytes 문자열이 생성된다. 다음 예제를 보자.

```
>>> bytes(10)
b'\x00\x00\x00\x00\x00\x00\x00\x00\x00\x00'
>>> bytes([97])
b'a'
>>> bytes([97, 98, 99])
b'abc'
>>>
```

bytes 클래스의 클래스 메소드 fromhex() 메소드를 이용하여 16진수 문자열로부터 bytes 객체를 생성할 수도 있다. 그리고 bytes 객체의 인스턴스 메소드 hex()를 이용하여 bytes 객체를 16진수 문자열로 다시 변환할 수 있다.

```
>>> bytes.fromhex('ff') # b'\xff'
b'\xff'
>>> bytes.fromhex('ffff') # b'\xff\xff
b'\xff\xff'
>>> b'\xff'.hex()  # 16진수 ff의 16진수 ff
'ff'
>>> b'\xff\xff'.hex() # 'ffff'
'ffff'
>>>
```

2.10 바이트들의 배열 - bytearray 객체

Python의 bytearray 객체는 바이트들의 배열을 표현한다. bytearray 객체는 bytes 객체의 수정 가능 버전(mutable version)이라고 볼 수 있다. 다음은 리스트로부터 bytearray 객체를 생성하고 그 내용을 수정하는 것을 보여주는 예제 코드이다.

```
>>> elements = [0, 200, 50, 25, 10, 255]
>>> values = bytearray(elements)
>>> values
bytearray(b'\x00\xc82\x19\n\xff')
>>> values[0] = 5
>>> values[1] = 0
```

```
>>> values
bytearray(b'\x05\x002\x19\n\xff') # chr(50) == '2', chr(10) == '\n'
>>>
```

바이트 문자열로부터 bytearray 객체를 생성할 수도 있다.

```
>>> data = bytearray(b'abc')
>>> data
bytearray(b'abc')
>>> data[0]
97
>>> data[1]
98
>>>
```

bytearray 객체에 리스트와 유사하게 append(), insert() 메소드와 del 명령을 사용할 수 있다.

```
>>> vals = bytearray()
>>> vals.append(0)
>>> vals.append(1)
>>> vals.append(2)
>>> vals
bytearray(b'\x00\x01\x02')
>>> vals.insert(1, 3) # 인덱스 1에 3 삽입
>>> vals
bytearray(b'\x00\x03\x01\x02')
>>> del vals[0:1] # 인덱스 0에서 1 전까지 삭제
>>> vals
bytearray(b'\x03\x01\x02')
>>>
```

bytearray 객체는 수정 가능 객체이므로 replace() 메소드를 지원한다.

```
>>> val = b'aaabbb'
>>> val.replace(b'bbb', b'ccc') # bbb를 ccc로 대치
'aaaccc'
>>>
```

연습문제

1 다음 표의 빈 칸에 Python 10진수, 2진수, 8진수, 16진수를 채워라.

10진수	2진수	8진수	16진수
–53			
	0b000100010001		
		0o77	
			0x9F

2 Python 문자열을 표현하는 4가지 방법을 설명하라.

3 주민등록번호의 생일을 나타내는 6자리 문자열에서 년, 월, 일을 각각을 구하는 코드를 작성하라.

```
>>> birthday = '890317'
```

4 리스트 `[1, 3, 5, 4, 2]`를 `[5, 4, 3, 2, 1]`로 만드는 코드를 작성하라.

5 튜플 `(1, 2, 3)`에 4를 추가하여 `(1, 2, 3, 4)`를 만들어 출력하는 코드를 작성하라.

6 다음 리스트 `[1, 1, 2, 2, 3, 4, 5, 5]`에서 중복된 값들을 제거한 리스트를 만드는 코드를 작성하라.

7 다음 중 수정 불가 객체는 o을, 아니면 x로 표기하라.

① 문자열 [ ]
② 리스트 [ ]
③ 튜플 [ ]
④ 딕셔너리 [ ]
⑤ bytes 객체 [ ]

CHAPTER 03

입출력

입력과 출력은 프로그램의 기본적인 요소들이다. 일반적으로 프로그램은 키보드나 파일 등의 입력 장치들로부터 입력을 받아들여 처리하고 처리 결과를 디스플레이 장치나 파일 등의 출력 장치로 출력한다. Python은 입출력을 위하여 표준 입력 장치, 표준 출력 장치, 그리고 표준 오류 출력 장치를 표현하는 다음과 같은 객체들을 제공한다.

- 표준 입력 장치를 표현하는 sys.stdin 객체
- 표준 출력 장치를 표현하는 sys.stdout 객체
- 표준 오류 출력 장치를 표현하는 sys.stderr 객체

3.1 표준 입력 장치로부터의 입력 - input() 함수

표준 입력 장치(Standard input device)란 프로그램이 입력을 받아들이는 기본 장치를 의미한다. Python에서 표준 입력 장치는 sys.stdin 객체로 표현된다. 표준 입력 장치로부터 입력을 받으려면 내장 함수 input()을 사용한다. input() 함수는 줄 바꿈 문자 '\n'까지의 한 줄의 문자열을 입력으로 받아들인다. 기본 표준 입력 장치는 키보드이다. 즉, 표준 입력 장치를 별도로 지정하지 않으면 키보드가 표준 입력 장치가 된다.

```
>>> a = input()
Python is good!
>>> a
'Python is good!'
>>>
```

input() 함수는 사용자에게 입력에 대한 안내 문자열을 줄 수 있다. 다음 예제는 '정수를 입력하세요:'라는 안내 문자열을 출력한 후 사용자로부터 입력을 받고 있다.

```
>>> b = input('정수를 입력하세요: ')
정수를 입력하세요: 77
>>> b
'77'
>>>
```

주의

input() 함수는 입력되는 모든 것을 문자열로 취급한다. 위 코드에서 변수 b에 입력된 값은 정수 77이 아니라 문자열 '77'이다.

input() 함수로 입력받은 문자열을 정수로 바꾸려면 정수 생성자 int()를 사용하면 된다. 다음 문장들은 input() 함수와 생성자 int()를 이용하여 2개의 문자열들을 입력받고, 그들을 정수들로 바꾸어 그들의 합을 출력한다.

```
>>> b1 = input('정수를 입력하세요: ')
정수를 입력하세요: 12
>>> b2 = input('정수를 입력하세요: ')
정수를 입력하세요: 34
>>> print('합: ', int(b1) + int(b2))
합:  46
>>>
```

input() 함수는 표준 입력 장치로부터 EOF(End Of File)가 입력되면 EOFError 예외를 발생시킨다. 확인을 위해 다음과 같은 내용을 담은 temp.txt 파일을 미리 만들어 놓는다.

```
Hello
Python!
```

그리고, 다음 코드와 같이 표준 입력 장치를 temp.txt 파일로 설정하고 temp.txt 파일의 끝 즉 EOF까지 읽어보면 EOFError 예외가 발생하는 것을 확인할 수 있다. 파일 입출력에 대한 자세한 설명은 제 3.4절에 나온다.

```
>>> sys.stdin = open('temp.txt', 'r') # temp.txt 파일을 읽기 모드로 연다
>>> input() # temp.txt 파일로부터 한 줄을 읽는다.
'Hello'
>>> input() # temp.txt 파일로부터 한 줄을 읽는다.
```

```
'Python!'
>>> input() # 더 이상 읽을 내용이 없다. EOF를 만난다.
Traceback (most recent call last):
  File "<pyshell#18>", line 1, in <module>
    input()
EOFError: EOF when reading a line
>>>
```

3.2 표준 출력 장치로의 출력 - print() 함수

표준 출력 장치(Standard output device)란 프로그램이 출력을 내보내는 기본 장치를 의미한다. Python에서 표준 출력 장치는 sys.stdout 객체로 표현된다. 기본 표준 출력 장치는 디스플레이 장치이다. 즉, 표준 출력 장치를 별도로 지정하지 않으면 디스플레이 장치가 표준 출력 장치가 된다.

print() 함수는 콤마로 분리된 값들을 표준 출력 장치로 출력한다. 출력되는 값들 사이에는 기본으로 ' '가 들어간다. print() 함수는 마지막 값을 출력한 뒤에는 기본으로 줄 바꿈 문자 '\n'을 출력한다.

```
>>> a = 123
>>> print(a)
123
>>> b = 12.3
>>> print(b)
12.3
>>> c = 'Python'
>>> d = [1, 2, 3]
>>> e = (4,5,6)
>>> f = {'a': 1, 'b':2}
>>> print(a, b, c, d, e, f)
123 12.3 Python [1, 2, 3] (4, 5, 6) {'a': 1, 'b': 2}
>>>
```

print() 함수의 출력을 정교하게 제어하기 위해서는 다음 표에 나오는 매개 변수들을 이용할 수 있다.

| 표 3-1 | print 함수의 매개 변수들

매개 변수	기본 값	의미
sep	' '	출력할 값들을 분리(separation)하는 값을 지정하는 파라미터
end	'\n'	마지막 값을 출력한 뒤에 출력하는 값을 지정
file	sys.stdout	출력 파일(일반 파일 또는 디바이스 파일)을 지정
flush	False	출력 파일에 출력할 값들을 즉시 쓸 것인가 아니면 운영 체제나 Python 인터프리터에게 쓰는 시점을 맡겨둘 것인가를 지정

print() 함수의 완전한 형태는 다음과 같다. 매개 변수 sep, end, file, flush는 각각 기본 값 ' ', '\n', sys.stdout, False를 갖는다. flush 파라미터는 Python 3.3 이후부터 지원된다.

print(*value*$_1$, ..., *value*$_n$, sep=' ', end='\n', file=sys.stdout, flush=**False**)

키워드 인자들을 사용하는 예제 코드를 살펴보자. print() 문은 키워드 인자 sep을 생략하면 출력할 값들 *value*$_1$, ..., *value*$_n$을 기본값 ' '로 분리한다. 하지만 다음과 같이 인자 sep의 값을 명시적으로 지정하여 출력할 값들 *value*$_1$, ..., *value*$_n$을 지정된 문자열로 분리할 수 있다.

```
>>> print(192, 168, 0, 5, sep='.')
192.168.0.5
>>> print(a, b, c, sep=':')
123:12.3:Python
>>>
```

print() 문은 키워드 인자 sep을 생략하면 값들 *value*$_1$, ..., *value*$_n$을 모두 출력한 후 출력의 끝에 기본으로 줄 바꿈 문자를 붙인다. 하지만 다음과 같이 인자 end의 값을 명시적으로 지정하여 줄 바꿈 문자 대신 ' '와 같은 다른 글자를 붙일 수 있다.

```
for x in range(10):
    print(x, end=' ')
```

위 프로그램의 출력은 다음과 같다.

0 1 2 3 4 5 6 7 8 9

print() 문이 출력하는 내용은 기본으로 표준 출력 장치로 간다. 다음 예제 코드의 print() 함수는 인자 file의 값으로 표준 출력 장치가 아닌 out.txt 파일을 열어 생성된 파일 객체 fo를 사용하고 있다. 그렇게 하면 print() 함수가 출력하는 모든 내용이 out.txt 파일로 출력된다.

```
x = [1, 2, 3, 4]
y = '파이썬 출력 테스트'

fo = open('out.txt', 'w') # out.txt 파일을 쓰기 모드로 연다
print(x, file=fo)
print(y, file=fo)
fo.close() # out.txt 파일을 닫는다.
```

위 프로그램을 수행하면 표준 출력 장치 즉, 디스플레이 장치에는 아무런 출력이 나오지 않는다. 대신 프로그램이 존재하는 디렉터리에 out.txt 파일이 생성된다. 생성된 out.txt 파일을 열어보면 다음과 같은 내용이 들어있을 것이다.

```
[1, 2, 3, 4]
파이썬 출력 테스트
```

print() 함수의 파라미터 **flush**는 운영 체제의 버퍼링(buffering) 기법과 관련이 있다. 리눅스나 Windows 10과 같은 현대의 운영 체제들은 출력의 효율을 높이기 위하여 출력 내용들을 파일에 바로 쓰지 않고 운영 체제의 내부 버퍼에 모아 두었다가 한 번에 몰아서 출력 장치나 파일에 쓰는 버퍼링 기법을 지원한다. **flush** 파라미터 값이 기본 값 **False**이면 버퍼링 기법이 적용된다. 만일 **flush** 파라미터 값이 **True**이면 **print()** 함수를 부를 때마다 Python 인터프리터는 **print()** 함수의 출력 내용들을 출력 장치나 파일에 즉시 쓴다. **flush** 값이 **False**인 경우라도 **close()** 문으로 출력 장치를 닫으면 운영 체제의 내부 버퍼에 아직 쓰지 않고 모아둔 내용이 있다면 출력 장치나 파일에 모두 써진 후에 출력 장치나 파일이 닫힌다.

다음 예제 코드처럼 문자열 생성자인 **str()**과 문자열 결합 연산자인 **+**를 사용하여 출력 내용을 만들 수도 있다.

```
>>> p = 123
>>> q = 4.56
>>> print(str(p) + ', ' + str(q) + ', ' + str(p*q))
123, 4.56, 560.88
>>>
```

참고 Python 2에서 **print**는 Python 키워드였다. 하지만 Python 3에서는 **print()**가 내장 함수이다.

3.3 출력 문자열의 포맷 조정

Python에서 print() 함수의 출력을 세부적으로 조정하여 원하는 출력 결과를 얻는 방법에는 다음 두 가지가 있다.

- 방법 1 문자열 모듈로 연산자 %를 사용하는 방법
- 방법 2 문자열 객체의 format() 메소드를 사용하는 방법

첫 번째 방법은 C 언어에서의 printf() 함수가 사용하는 포맷과 유사하므로 C 언어를 사용하는 개발자들은 쉽게 사용할 수 있다. 두 번째 방법인 format() 메소드는 Python 2.6 이후로 지원된다. 두 방법 모두 많이 사용되고 있으나 format() 메소드를 사용하는 방법이 Python에 보다 어울리는 방법이라고 평가된다.

3.3.1 방법 1: 문자열 모듈로 연산자 %

연산자 %는 수식 5 % 3과 같이 피연산자들이 숫자일 때에는 모듈로 연산자(modulo operator)로 동작하며, 수식 'age: %3d' % (23,)과 같이 피연산자들이 문자열과 튜플(또는 숫자)일 때에는 문자열의 출력 포맷을 세부적으로 조정하기 위한 연산자로 동작한다. 후자를 문자열 모듈로 연산자(string modulo operator)로 부른다.

```
>>> 'height: %5d, weight: %8.2f' % (453, 59.078)
'height:   453, weight:    59.08'
>>> pi = 3.1415926535
>>> 'value: %10.4e' % pi
'value: 3.1416e+00'
>>>
```

다음 그림은 위 예제 코드에 나오는 수식 'height:%5d, weight:%8.2f' % (168, 55.073) 이 어떻게 평가되는가를 보여준다.

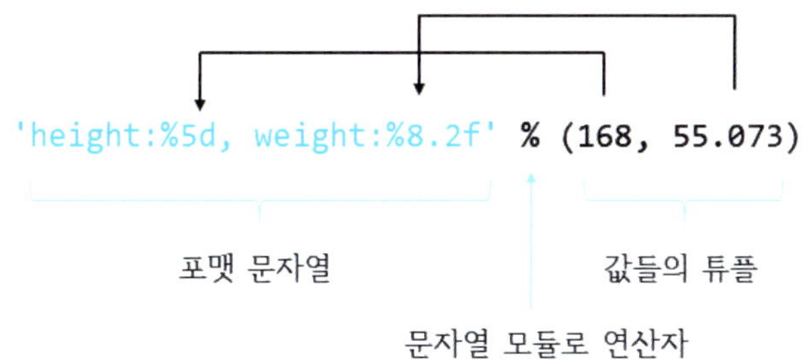

문자열 모듈로 연산자의 앞에 나오는 문자열을 **포맷 문자열**이라고 부른다. 위 수식에는 포맷 문자열(format string)에는 %로 시작되는 **플레이스 홀더**(placeholder) %5d와 %8.2f가 포함되어 있다. 플레이스 홀더는 출력 포맷에 대한 조정 정보를 담는다. 플레이스 홀더의 일반적 형태는 다음과 같이 *flags* 요소, *precision* 요소, 그리고 *type* 요소 등으로 구성된다. 아래 형태에서 []는 선택적인 요소임을 표현한다.

%[*flags*][*width*][.*precision*]*type*

플레이스 홀더의 요소들에 대하여 살펴보자. 예를 들어 플레이스 홀더 %5d는 10진수 정수를 총 5자 폭으로 출력하라고 규정한다. 그리고 플레이스 홀더 %8.2f는 실수를 폭이 8이고 소수점 이하 정밀도가 2인 형태로 출력하라고 규정한다.

플레이스 홀더의 요소들

따라서 수식 'height:%5d, weight:%8.2f' % (168, 55.073)를 평가하면 결과로 'height: 168, weight: 55.07'가 반환된다. 플레이스 홀더의 type 요소의 종류와 의미는 다음 [표 3-2]와 같다.

| 표 3-2 | 플레이스 홀더의 type 요소의 종류와 의미

type	의미
d	부호가 있는 10진수 정수
i	
o	부호가 없는 8진수
u	구식 방법이다. d와 같다.
x	부호가 없는 16진수 (소문자 사용)
X	부호가 없는 16진수 (대문자 사용)
e	지수 표현 형태의 실수 (소문자)
E	지수 표현 형태의 실수 (대문자)
f	10진수 실수
F	
g	지수가 -4보다 크거나 정밀도(precision) 보다 작으면 e와 같고, 아니면 f와 같음
G	지수가 -4보다 크거나 정밀도(precision) 보다 작으면 E와 같고, 아니면 F와 같음
c	단일 글자
r	문자열
s	문자열
%	%를 출력하려면 %%로 표현

다음은 플레이스 홀더의 type에 대한 예제 코드들이다.

```
>>> '%5.3d' % 43
'  043'
>>> '%7.3o' % 43
'    053'
>>> '%7.5o' % 43
'  00053'
>>> '%10o' % (43,)
'        53'
>>> '%5x' % 43
'   2b'
>>> '%6.3x' % 43
'   02b'
>>> '%6.3X' % 43
'   02B'
```

```
>>> '%10.3e' % (123.45678)
' 1.235e+02'
>>> '%10.3E' % (123.45678)
' 1.235E+02'
>>> '%6s' % 'Seoul'
' Seoul'
>>> '%-6s' % 'Seoul'
'Seoul '
>>> '%c' % 's'
's'
>>> 'Only one percentage sign: %% ' % ()
'Only one percentage sign: % '
>>>
```

플레이스 홀더의 **flags** 요소의 종류와 의미는 다음 [표 3-3]과 같다.

| 표 3-3 | 플레이스 홀더의 flags 요소의 종류와 의미

flag	의미
#	값의 앞에 0, 0o, 0O, 0x, 또는 0X를 붙인다.
0	남은 자리에 0을 채운다.
-	왼쪽 정렬을 한다.
	공백 문자이면, 값 앞에 ' '를 붙인다.
+	값에 + 또는 -를 붙인다.

다음은 플레이스 홀더의 **flags** 요소에 대한 예제들이다. 정수 43을 여러 가지 포맷으로 출력하는 방법들을 보여준다.

```
>>> '%#5X' % (43) # 값의 앞에 0X를 붙이고 16진수로 표현
' 0X2B'
>>> '%5X' % (43)
'   2B'
>>> '%#8.4X' % (43)
'  0X002B'
>>> '%#5o' % (43) # 값의 앞에 0o를 붙이고 8진수로 표현
' 0o53'
>>> '%+d' % (43)
'+43'
>>> '% d' % (43)
```

```
'  43'
>>> '%+4d' % (43)
' +43'
>>> '%+4d' % (-43)
' -43'
>>> '%-4d' % (43)
'43  '
>>> '% 4d' % (43)
'  43'
>>> '%4d' % (43)
'  43'
>>>
```

3.3.2 방법 2: 문자열 객체의 format() 메소드

원하는 정교한 출력 포맷을 만들기 위한 두 번째 방법은 문자열 객체의 **format()** 메소드를 사용하는 것이다.

```
>>> 'I have {0} apples.'.format(3)
'I have 3 apples.'
>>> 'You have {0} mangos.'.format('four')
'You have four mangos.'
>>> n = 4
>>> 'We have {0} apples and {1} mangos.'.format(3, n)
'We have 3 apples and 4 mangos.'
>>> 'We have {1} apples and {0} mangos.'.format(3, 'four')
'We have four apples and 3 mangos.'
>>> 'We have {} apples and {} mangos.'.format(3, 'four')
'We have 3 apples and four mangos.'
>>>
```

위 예제 코드는 **format()** 메소드의 위치 인자들이 출력될 위치를 **format()** 메소드 앞의 문자열에서 위치 번호 **{0}**, **{1}** 등으로 표현하고 있다. **{0}**은 첫 번째 인자를 의미하며 **{1}**은 두 번째 인자를 의미한다. { }안에 위치를 나타내는 숫자를 생략하면 0에서부터 차례로 위치가 지정된다.

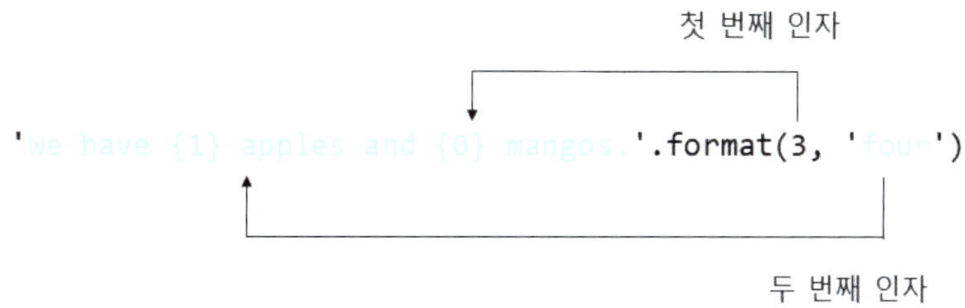

문자열 객체의 format() 메소드의 인자들이 출력될 위치를 숫자가 아니라 *인자이름 = 값* 식으로 지정할 수 있다. 다음 예제는 n1=4, n2=5 식의 표현으로 인자들이 출력될 위치를 지정하고 있다.

```
>>> 'I have {n1} apples, and you have {n2} mangos'.format(n1=4, n2=5)
'I have 4 apples, and you have 5 mangos.'
>>> 'I have {n2} apples, and you have {n1} mangos'.format(n1=4, n2=5)
'I have 5 apples, and you have 4 mangos.'
```

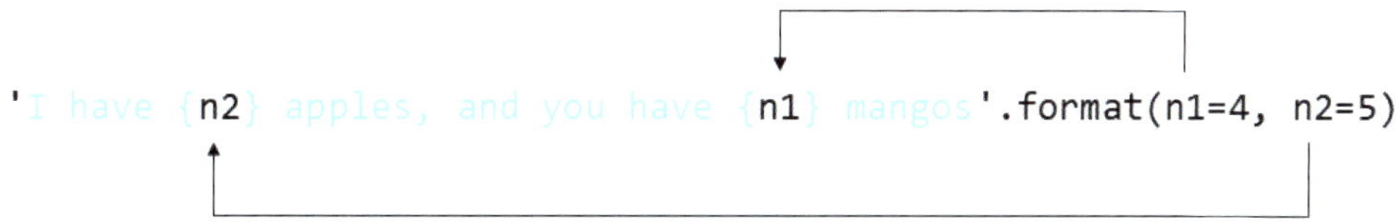

format() 메소드에서도 출력 형태를 정교하게 제어하기 위하여 앞 절에서 사용한 플레이스 홀더의 *type* 표현과 유사한 표현을 다음과 같이 사용할 수 있다.

```
>>> pi = 3.1415926535
>>> '{0:6.2f}'.format(pi) # 0 번째 인자를 6.2f 포맷으로 출력
'  3.14'
>>> '{n1:6.2f}'.format(n1=pi) # 키워드 인자 n1을 6.2f 포맷으로 출력
'  3.14'
>>>
```

format() 메소드의 일반적인 형태는 다음과 같다. *template*는 format() 메소드의 앞에 나오는 문자열을 의미한다. p_0, p_1, ... 는 위치 인자들이고 $k_0=v_0$, $k_1=v_1$, ... 는 키워드 인자들이다. 위치인자와 키워드 인자에 대한 자세한 설명은 제 6.3.2절에 나온다.

```
template.format(p0, p1, ..., k0=v0, k1=v1, ...)
```

다음 그림은 수식 'height:{0:%5d}, weight:{1:%8.2f}'.format(168, 55.073)이 어떻게 'height: 168, weight: 55.07'을 반환하는가를 보여준다.

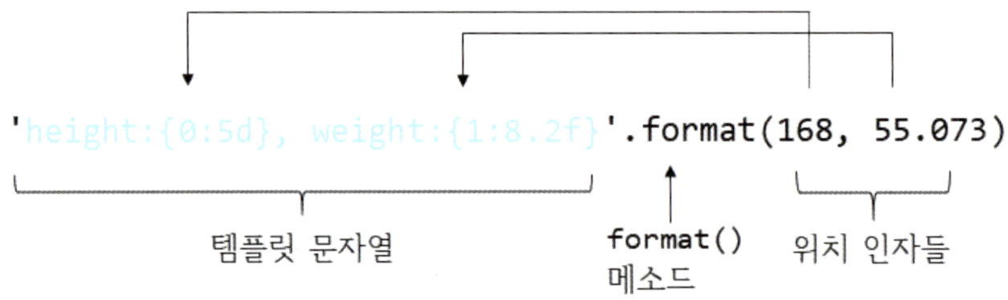

format() 메소드에서도 왼쪽 정렬, 오른쪽 정렬, 그리고 가운데 정렬이 가능하다. 다음은 예제 코드들이다.

```
>>> '{0:<20s} {1:6.2f}'.format('Spam & Eggs:', 6.99) # <는 왼쪽 정렬
'Spam & Eggs:           6.99'
>>> '{0:>20s} {1:6.2f}'.format('Spam & Eggs:', 6.99) # >는 오른쪽 정렬
'        Spam & Eggs:   6.99'
>>> '{0:^20s} {1:6.2f}'.format('Spam & Eggs:', 6.99) # ^는 가운데 정렬
'    Spam & Eggs:       6.99'
>>>
```

위 예제 코드를 수행하면 나오는 결과들은 다음 그림과 같다. 결과는 20글자 + 1글자 + 6글자를 총 길이로 사용하고 있다.

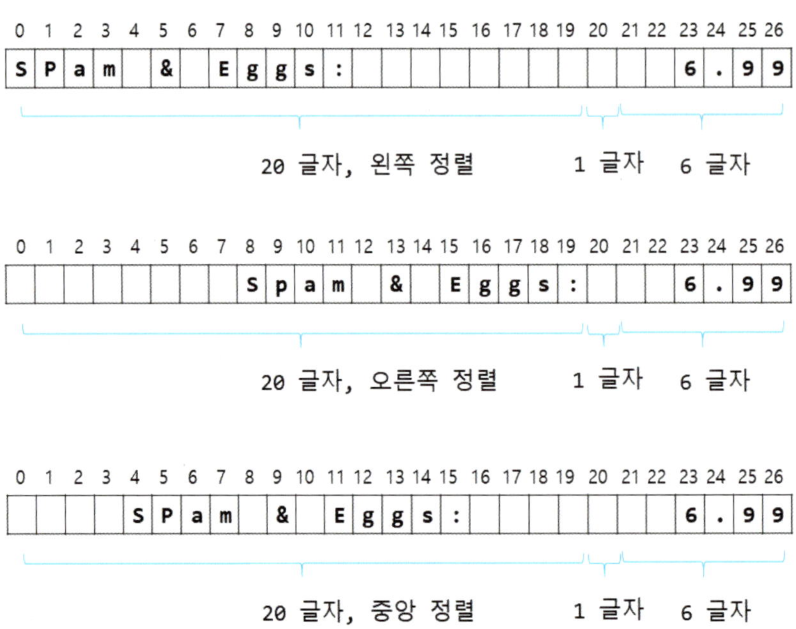

format() 함수를 이용하여 { 또는 } 자체를 출력하려면 다음과 같이 {{ 또는 }}을 사용한다.

```
>>> '{{ {0} apples }}'.format(3)
'{ 3 apples }'
>>>
```

3.4 파일 입출력

파일을 사용하는 데 필요한 현재 작업 디렉터리(current working directory), 절대 경로(absolute path), 상대 경로(relative path) 등의 기본 개념을 **os** 모듈을 통해 먼저 살펴보고 파일의 입력과 출력에 대하여 살펴본다.

3.4.1 모듈 os가 제공하는 파일 관련 메소드들

Python 인터프리터가 기본으로 제공하는 모듈들 중 하나인 **os**는 운영 체제와 관련된 여러 가지 기능들을 제공한다. 모듈 os가 제공하는 기능들 중에는 파일과 디렉터리를 다루는 데 필요한 다음과 같은 메소드들이 있다. 모듈 os가 제공하는 기능들을 사용하려면 모듈 **os**를 먼저 임포트하여야 한다. **import** 문장에 대한 자세한 내용은 제 10장에 나온다.

(1) os.getcwd()

이 메소드는 Python 인터프리터의 현재 작업 디렉터리(current working directory)의 위치를 반환한다. Python 인터프리터의 현재 작업 디렉터리란 Python 인터프리터가 현재 기본으로 사용하고 있는 디렉터리를 의미한다.

- 마우스로 더블 클릭하여 Python IDLE를 수행시킨 경우 Python 홈 디렉터리가 Python Shell의 현재 작업 디렉터리가 된다. Python 홈 디렉터리란 Python 인터프리터가 설치된 디렉터리를 의미한다. 다음은 Python 홈 디렉터리가 C:\Program Files\Python36인 경우에 Python IDLE를 수행하여 현재 작업 디렉터리를 확인한 화면이다.

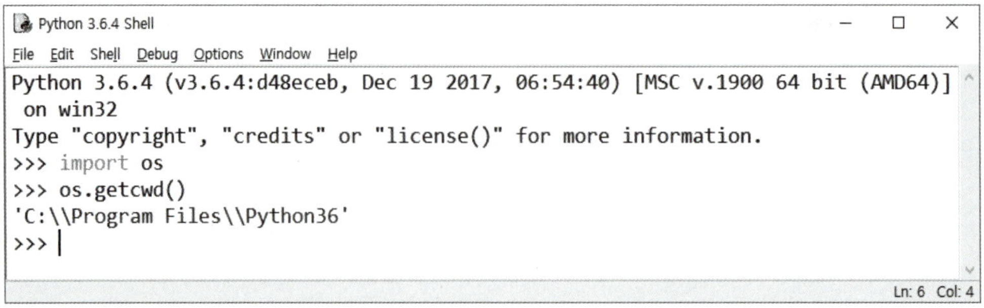

• 명령 프롬프트 창에서 Python 인터프리터를 시작한 경우 Python 인터프리터를 호출할 때의 디렉터리가 Python 인터프리터의 현재 작업 디렉터리가 된다. 다음은 Python 인터프리터를 D:\prj\python3 디렉터리와 C:\Users\hjchang 디렉터리에서 호출하였을 때의 현재 작업 디렉터리들을 보여준다.

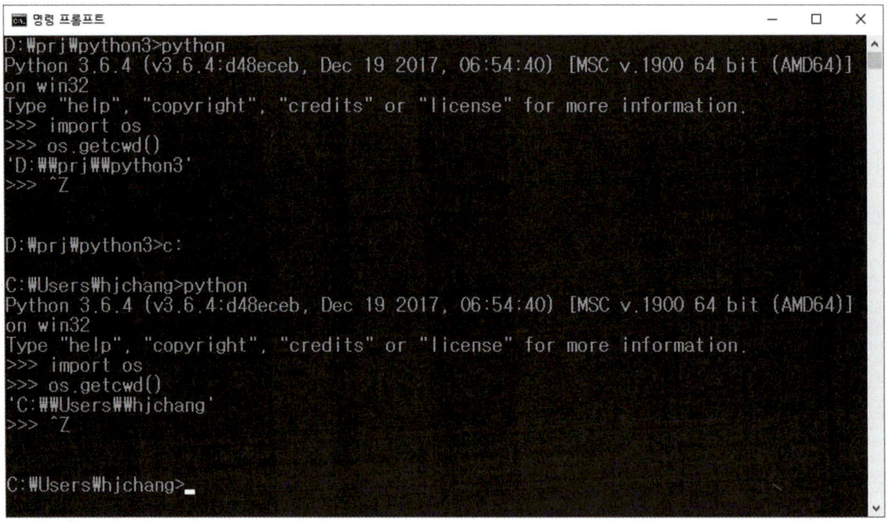

(2) chdir(*new_dir_name*)

이 메소드는 현재 작업 디렉터리를 인자가 지정하는 디렉터리로 변경한다. 다음 코드는 D:/prj/python3 디렉터리로 현재 작업 디렉터리를 변경한다. 만일 인자로 주어진 D:/prj/python3 디렉터리가 없으면 FileNotFoundError 오류가 난다.

```
import os
os.chdir('D:/prj/python3')
```

다음 그림은 `os.chdir()` 메소드를 사용하여 Python 인터프리터의 현재 작업 디렉터리를 변경하는 것을 보여준다. Python 인터프리터를 수행시킨 디렉터리가 Python 인터프리터의 현재 작업 디렉터리가 된다.

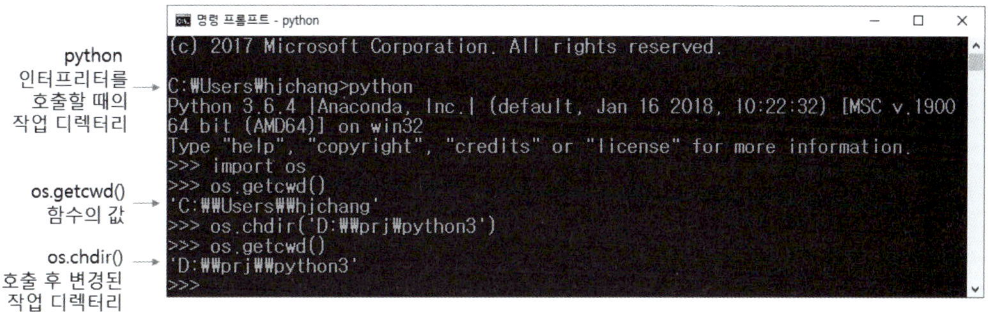

(3) `os.rename(`*current_file_name*`,` *new_file_name*`)`

이 메소드는 인자로 주어진 파일 이름 *current_file_name*을 *new_file_name*으로 변경한다. 다음 코드는 Python 인터프리터의 현재 작업 디렉터리에 존재하는 test1.txt 파일의 이름을 test2.txt로 변경한다. 만일 Python 인터프리터의 현재 작업 디렉터리에 test1.txt 파일이 없다면 `FileNotFoundError` 오류가 날 것이다. 편집기를 이용하여 Python 인터프리터의 현재 작업 디렉터리에 먼저 test1.txt 파일을 만든 후 다음 코드를 수행하라.

```
import os
os.rename('test1.txt', 'test2.txt')
```

(4) `os.remove(`*file_name*`)`

이 메소드는 인자로 주어진 이름의 파일을 삭제한다. 다음 코드는 Python 인터프리터의 현재 작업 디렉터리에 존재하는 test2.txt 파일을 삭제한다.

```
import os
os.remove('test2.txt')
```

만일 Python 인터프리터의 현재 작업 디렉터리에 test2.txt 파일이 없으면 `FileNotFoundError` 오류가 난다.

참고

▸ 파일 이름의 절대 경로 표현과 상대 경로 표현

파일 이름은 절대 경로(absolute path) 또는 상대 경로(relative path)로 표현할 수 있다. 파일 이름의 절대 경로 표현이란 파일 시스템의 루트(root)를 기준으로 해당 파일까지의 경로로 파일 이름을 표현하는 것을 의미한다. Windows에서는 파일의 절대 경로에 드라이브 이름이 포함된다. 예를 들어, D:/prj/python3/test2.txt는 Windows에서 절대 경로로 표현한 파일 이름이다.

파일 이름의 상대 경로 표현이란 파일 시스템의 루트(root)가 아닌 현재 작업 디렉터리를 기준으로 해당 파일까지의 경로로 파일 이름을 표현하는 것을 의미한다. 예를 들어, 다음과 같은 디렉터리들과 파일들이 있다고 하자.

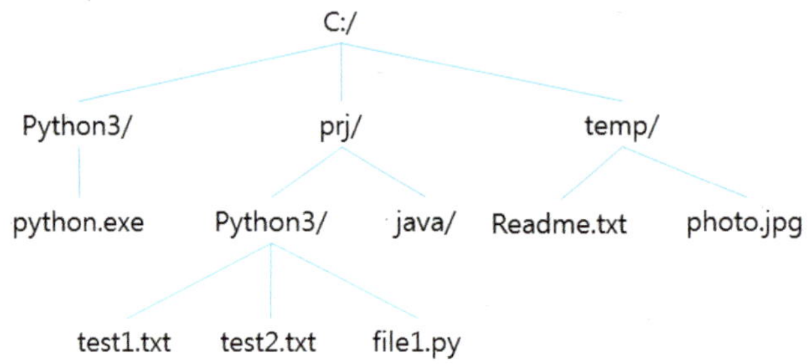

절대 경로 표현으로 C:/prj/Python3/test1.txt 파일은 현재 작업 디렉터리를 C:/prj/Python3라고 하면 상대 경로 표현으로 test1.txt 또는 ./test1.txt가 되고 현재 작업 디렉터리를 C:/Python3 라고 하면 ../prj/Python3/test1.txt 가 된다.

상대 경로 표현에서 ./ 와 ../는 현재 디렉터리와 차상위 디렉터리를 표현하는 데 사용된다. 예를 들어 현재 작업 디렉터리를 C:/prj/Python3이라고 하면 상대 경로 표현 ../../temp/ photo.jpg는 절대 경로 표현 C:\temp\photo.jpg을 의미한다.

다음은 절대 경로로 표현된 파일을 삭제하는 코드이다. 절대 경로를 사용하면 Python 인터프리터의 현재 작업 디렉터리에 무관하게 파일을 지정할 수 있다.

```
import os
os.remove('D:/prj/python3/test2.txt')
```

(5) os.mkdir(*new_dir_name*)

이 메소드는 인자로 주어진 이름의 디렉터리를 생성한다. 다음 코드는 Python 인터프리터의 현재 작업 디렉터리에 test 디렉터리를 생성한다.

```
import os
os.mkdir('test')
```

(6) os.rmdir(*dir_name*)

이 메소드는 인자로 주어진 이름의 디렉터리를 삭제한다. 다음 코드는 Python 인터프리터의 현재 작업 디렉터리에 존재하는 test 디렉터리를 삭제한다.

```
import os
os.rmdir('test')
```

(7) os.listdir(*path*)

이 메소드는 인자로 주어진 경로 path에 존재하는 모든 파일들과 디렉터리 이름들의 리스트를 반환한다.

```
import os
os.listdir('C:/prj/python')
```

3.4.2 파일 열기와 닫기

파일을 읽거나 파일에 쓰려면, 먼저 내장 함수 open()으로 파일을 열어 파일 객체를 반환받아야 한다. 그리고 그 파일 객체를 이용하여 파일을 읽거나 파일에 쓴다. 파일을 읽거나 파일에 쓰기가 끝나면 파일 객체를 닫아야 한다.

다음은 내장 함수 open()으로 C:/Windows/System32/drivers/etc/hosts 라는 텍스트 파일을 열고 그 내용을 읽어 디스플레이 장치에 출력하는 코드이다. 만일 해당 파일이 없다면 FileNotFoundError가 난다.

```
f = open('C:/Windows/System32/drivers/etc/hosts') # 파일 열기
contents = f.read() # 파일 객체 f를 이용하여 파일 내용 읽기
print(contents) # 읽어낸 파일 내용 출력하기
f.close() # 파일 객체 닫기
```

위 코드는 open() 함수의 반환 값인 파일 객체 f의 read() 메소드를 이용하여 파일의 모든 내용을 읽어 출력하고 파일을 닫고 있다. open() 함수는 파일 이름을 인자로 받는다. 파일 이름에는 위 예제 코드와 같이 파일의 절대 경로가 사용될 수도 있으며 다음 문장과 같이 상대 경로가 사용될 수도 있다.

```
hosts_file = open('test.txt') # Python 현재 작업 디렉터리 기준의 상대 경로 사용
```

상대 경로는 Python 현재 작업 디렉터리를 기준으로 하므로 Python 현재 작업 디렉터리가 C:\prj\python3이라면 위 문장에서 test.txt는 C:\prj\python3\test.txt 파일을 의미한다.

> **참고**
>
> Windows 용 Python 인터프리터를 사용할 때에는 디렉터리를 구분하는 구분자로 / 뿐 아니라 다음 문장과 같이 \를 사용할 수도 있다. 문자열 안에서 \는 이스케이프 시퀀스 \\로 표현해야 한다.
>
> ```
> hosts_file = open('C:\\Windows\\System32\\drivers\\etc\\hosts') # \ 사용
> ```

open() 함수의 일반적인 형태는 다음과 같다. *filename* 인자는 파일 이름을 받는다. *filename* 인자 이외의 인자들은 생략이 가능하다.

```
open(filename, mode='r', buffering=-1, encoding=None, newline=None, closefd=True,
opener=None)
```

인자 **mode**는 파일을 이진 파일 모드로 열 것인가 아니면 텍스트 파일로 열 것인가를 지정한다. 기본은 텍스트 파일 모드 't'이다. 인자 **mode**는 또한 파일을 읽기 모드로 열 것인가, 쓰기 모드로 열 것인가, 첨부하기 모드로 열 것인가 등을 지정한다. 기본은 읽기 모드 'r'이다. 인자 **mode**가 가질 수 있는 값들은 다음 [표 3-4]와 같다.

| 표 3-4 | open() 함수의 인자 mode가 가질 수 있는 값들

글자	의미
'r'	읽기 모드로 파일을 연다. 기본 모드이다. 파일이 열린 직후 파일 포인터는 파일의 시작 부분에 위치하게 된다. 파일 포인터에 대한 내용은 제 6.4.4절에 나온다.
'w'	쓰기 모드로 파일을 연다. 만일 열어야 하는 파일이 존재하지 않으면 빈 파일이 새로 생성된다. 열어야 할 파일이 이미 존재하면 기존 파일의 내용이 비워진다.
'x'	배타적으로 파일을 생성한다. 즉, 생성해야 하는 파일이 이미 존재하면 오류를 낸다.
'a'	*filename*에 해당하는 파일이 없으면 쓰기 모드로 파일을 연다. *filename*에 해당하는 파일이 이미 존재하면 덧붙여 쓰기 모드(append mode)로 기존 파일을 연다. 기존 파일을 열은 직후 파일 포인터는 기존 파일의 끝에 위치하게 된다.
'b'	이진 모드로 파일을 읽거나 쓰겠다는 의미
't'	텍스트 모드로 파일을 읽거나 쓰겠다는 의미. 기본 모드이다.
'+'	파일을 갱신(updating) 모드로 연다. 갱신 모드란 읽기와 쓰기가 모두 일어나는 모드를 의미한다.

내장 함수 **open()**은 부록 A3에서 48번째에 기술된다. 내장 함수 **open()**의 다른 인자들에 대한 설명이 필요하면 https://docs.python.org/3/library/functions.html 또는 부록 A3를 참조하라.

파일 객체의 close() 메소드는 열린 파일을 닫는 데 사용된다. close() 메소드는 운영 체제의 버퍼링 기능에 의하여 파일에 아직 덜 써진 내용이 있다면 모두 쓰고 파일을 닫는다. Python은 파일 객체를 참조하는 변수가 다른 파일 객체를 참조하게 되면 자동으로 이전 파일 객체를 닫아준다. 하지만 파일 객체의 사용이 끝나면 명시적으로 close() 메소드를 사용하여 파일을 명확하게 닫아주는 것이 바람직한 코딩 스타일이다.

3.4.3 파일의 속성 파악

open() 함수로 파일을 열면 반환되는 파일 객체는 다음과 같은 속성들을 지원한다.

속성	설명
file.closed	파일이 닫혀 있으면 True, 아니면 False를 반환한다.
file.mode	파일을 어떤 모드로 열었는가를 반환한다.
file.name	파일의 이름을 반환한다.

다음은 파일을 열고 파일의 속성들을 읽어내는 예제 코드이다. foo.txt 라는 이름의 파일을 이진 쓰기 모드로 열고 파일 이름, 파일이 닫힘 여부, 그리고 파일을 열 때의 모드를 출력하고 있다. Python 인터프리터가 foo.txt 파일을 찾을 수 없으면 오류가 난다.

```
fo = open("foo.txt", "wb")
print ("Name of the file: ", fo.name) # foo.txt 출력
print ("Closed or not : ", fo.closed) # False 출력
print ("Opening mode : ", fo.mode) # wb 출력
fo.close()
```

3.4.4 파일 읽기와 쓰기

파일에 내용을 쓸 때에는 파일을 쓰기 모드로 열고, 파일 객체의 write() 메소드를 사용한다. write() 메소드는 인자로 주어진 문자열을 파일에 쓴다.

```
# file1.py 모듈
# Open a file
fo = open("foo.txt", "w")
fo.write( "This is line one.\nThis is line two.\nPython is great!\n")
```

```
# Close opend file
fo.close()
```

위 코드를 편집하여 file1.py 모듈로 저장한 후 수행하면 위 모듈이 존재하는 디렉터리에 foo.txt 파일이 생성된다. foo.txt 파일을 열어보면 다음과 같은 내용이 보일 것이다.

```
This is line one.
This is line two.
Python is great!
```

파일의 내용을 읽을 때에는 파일 객체의 read() 메소드를 사용한다. read() 메소드는 아무런 인자를 사용하지 않으면 파일의 끝까지 읽으며, 양의 정수 값을 인자로 사용하면 파일을 텍스트 모드로 열었을 때는 그 정수만큼의 글자들을 읽고, 바이너리 모드로 열었을 때에는 그 정수만큼의 바이트들을 읽는다.

```
fo = open("foo.txt", "r")
contents = fo.read(10)
print("contents: ", contents)

# Close opend file
fo.close()
```

위 프로그램은 파일을 텍스트 모드로 열고 있으므로 다음과 같은 10자의 출력을 볼 수 있다.

```
This is li
```

3.4.5 파일 포인터

파일을 열면 내부적으로 파일 포인터(file pointer)가 생성된다. 파일 포인터는 파일의 시작에서 파일의 끝 사이의 위치를 가리킨다. 파일 포인터는 파일의 어디에서 내용을 읽을 것인지 또는 파일의 어디에 내용을 쓸 것인지를 제어하는 데 필요하다. 파일을 읽을 때에는 읽고자 하는 내용이 시작되는 위치에 파일 포인터를 위치시켜야 한다. 그리고 파일에 쓸 때에 쓰고자 하는 위치에 파일 포인터를 위치시켜야 한다.

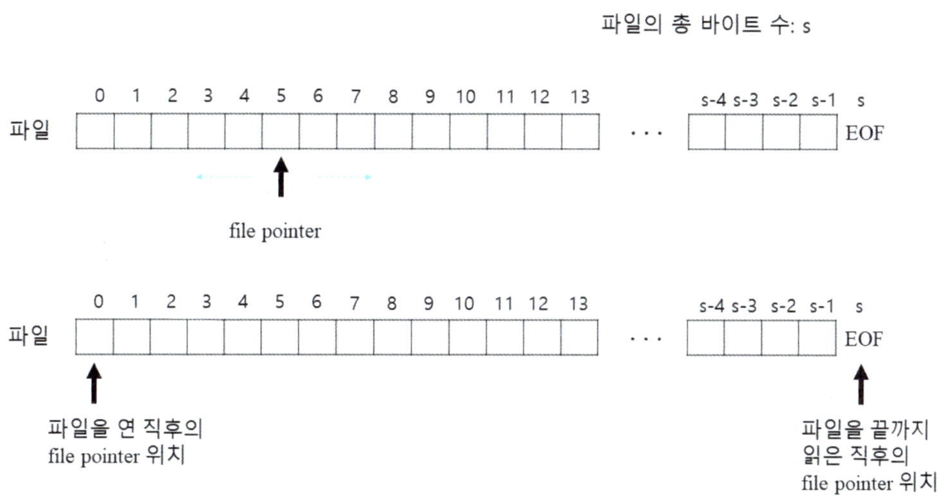

파일 객체의 `tell()` 메소드를 사용하면 파일 포인터가 파일의 어디를 가리키고 있는지 알 수 있다. 그리고 파일 객체의 `seek(`*index*`)` 메소드를 이용하면 *index* 값에 해당하는 위치로 파일 포인터를 이동시킬 수 있다. 다음 예제 코드를 보자. 앞 절에서 만든 파일 `foo.txt`를 사용한다.

```
1  f = open('foo.txt', 'r')
2
3  # 파일을 연 직후의 파일 포인터 값은 0이다.
4  print('파일 포인터 위치: ', f.tell())
5  contents1 = f.read()
6
7  # 파일을 끝까지 읽은 직후의 파일 포인터 값은 EOF의 색인이다.
8  print('파일 포인터 위치: ', f.tell())
9  contents2 = f.read();
10 print('contents2: [{}]\n'.format(contents2)) # 더 이상 읽을 것이 없다
11
12 f.seek(0)
13 print('파일 포인터 위치: ', f.tell())
14 contents3 = f.read()
15 print('contents3: [{}]\n'.format(contents3))
```

문장 5를 수행하여 파일의 끝까지 읽은 직후 파일 포인터는 파일의 EOF(end of file) 위치에 있다. 따라서 9번 문장을 수행하면 더 이상 읽을 것이 없으므로 `f.read()`는 빈 문자열 `''`를 반환한다. 12번 문장을 수행하면 다시 파일 포인터의 위치가 `0`으로 재설정되므로 14번 문장은 `foo.txt` 파일 전체를 읽게 된다. 따라서 위 코드의 출력은 다음과 같다.

```
파일 포인터 위치: 0
파일 포인터 위치: 56
contents2: []
파일 포인터 위치: 0
contents3: [This is line one.
This is line two.
Python is great!
]
```

3.5 pickle 모듈 - 객체 직렬화와 역직렬화

pickle 모듈은 객체의 직렬화와 역직렬화 기능을 제공한다. 객체 직렬화(object serialization)란 주기억 장치상의 객체를 파일의 형태로 저장하는 것이고 역직렬화(deserialization)란 파일의 형태로 저장된 객체를 주기억 장치상의 객체로 복원하는 것이다. Python에서는 직렬화와 역직렬화를 지원하는 모듈의 이름이 pickle이므로 직렬화 대신 피클링(pickling), 그리고 역직렬화 대신 언피클링(unpickling)이란 용어를 사용하기도 한다.

3.5.1 객체 직렬화

객체 직렬화를 사용하면 Python이 지원하는 리스트, 튜플, 딕셔너리 등과 같은 자료 구조들을 쉽고 편리하게 파일에 저장할 수 있다. 다음은 정수, 문자열, 리스트를 **x.bin**이라는 파일에 저장하는 예제이다. 직렬화에는 이진 파일이 사용되므로 파일을 열 때 이진 파일 쓰기 모드 'wb'를 사용해야 한다. 직렬화에 사용되는 파일의 확장자는 관례상 **.bin**을 많이 사용한다. 객체를 파일에 쓰려면 **pickle.dump()**를 사용한다.

```
# pickle_dump_demo.py
import pickle

x = 123
y = 'Python'
z = [1, 2, 3]

fp = open('x.bin', 'wb')
pickle.dump(x, fp)
```

```
pickle.dump(y, fp)
pickle.dump(z, fp)

fp.close()
```

위 코드를 수행하고 나면 정수 123, 문자열 'Python', 그리고 리스트 [1, 2, 3]이 담긴 이진 파일 x.bin이 생성된다.

3.5.2 역직렬화

역직렬화는 pickle.load() 함수를 사용한다. 역직렬화는 이진 파일을 읽기 모드로 읽어야 하므로 이진 파일 읽기 모드 'rb'를 사용해야 한다. 다음은 앞 절에서 생성된 파일 x.bin으로부터 객체들을 차례로 읽는 코드이다.

```
# pickle_load_demo.py
import pickle

fp = open('x.bin', 'rb')
x1 = pickle.load(fp)
y1 = pickle.load(fp)
z1 = pickle.load(fp)
fp.close()

print(x1, y1, z1)
```

위 코드를 수행하면 다음과 같은 출력이 나온다.

```
123 Python [1, 2, 3]
```

객체직렬화와 역직렬화는 데이터 통신에서 자주 사용된다. 송신자는 객체를 이진 파일로 직렬화하여 보내고, 수신자는 수신한 이진 파일로부터 역직렬화하여 객체를 복원한다.

3.6 명령행 인자의 처리

명령 프롬프트 창에서 Python 인터프리터를 수행시키면서 인자들을 함께 줄 수 있다. 그 인자들을 명령행 인자들(command line arguments)이라고 한다.

3.6.1 명령행 인자란

명령행 인자들에 대하여 알아보기 위하여 다음과 같은 cmdargs.py 파일을 작성한다. Python IDLE의 'File' 〉 'New File' 메뉴를 눌러 나오는 편집 창에서 다음 내용을 적고 'File' 〉 'Save' 메뉴를 눌러 저장한다. cmdargs.py 파일이 저장되는 디렉터리 위치를 기억한다.

```
import sys

print('명령행 인자의 수: ', len(sys.argv))
print('명령행 인자들의 목록: ', str(sys.argv))
```

Python 인터프리터를 수행시킬 때 명령행 인자들이 주어지면 **sys.argv** 변수에 자동으로 명령행 인자들의 목록이 저장된다. 따라서 **sys.args** 변수로부터 명령행 인자들의 개수와 값들을 알 수 있다. 명령 프롬프트 창을 열고 cmdargs.py 파일이 저장된 디렉터리로 이동한 후 python 인터프리터를 다음과 같이 수행하고 결과를 확인해 보자.

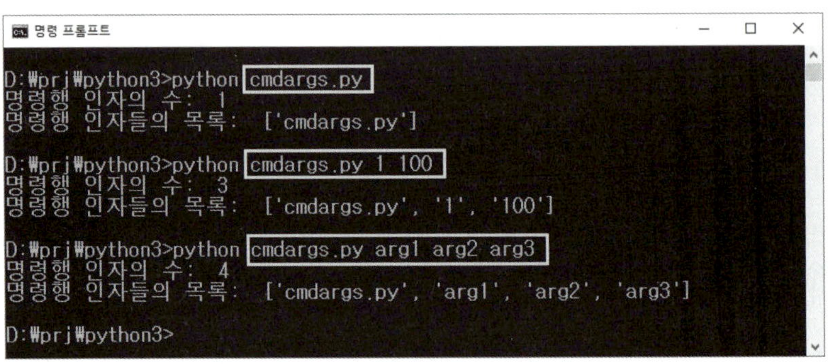

위 그림에서 박스로 싸인 부분이 명령행 인자들이다. 명령행 인자들은 콤마가 아니라 하나 이상의 공백 문자 ' '로 구분되어야 하며, Python 인터프리터는 명령행 인자들의 타입을 문자열로 취급함에 주의하라.

3.6.2 명령행 인자의 사용

명령행 인자들을 사용하는 예제 모듈 cmd_sum.py를 작성해 보자. cmd_sum.py는 두 개의 명령행 인자들을 사용하며, 두 번째 명령행 인자 `sys.argv[1]`에 해당하는 정수에서 세 번째 명령행 인자 `sys.argv[2]`에 해당하는 정수까지의 합을 구하는 모듈이다. 첫 번째 명령행 인자 `sys.argv[0]`에는 모듈의 이름이 들어있다.

```
# cmd_sum.py 모듈
import sys

sum = 0
if (len(sys.argv) != 3):
    print('Usage: python cmd_sum.py <정수1> <정수2>')
    sys.exit(1)
else:
    num1 = int(sys.argv[1])
    num2 = int(sys.argv[2])

    i = num1;
    while (i <= num2):
        sum = sum + i
        i = i + 1

print(sys.argv[0]) # 모듈 이름 출력
print(sys.argv[1], '+ ... +', sys.argv[2], '=', sum)
```

다음은 명령 프롬프트 창에서 cmd_sum.py 모듈을 수행한 결과를 보여준다.

```
명령 프롬프트

D:₩prj₩python3>python cmd_sum.py
Usage: python sum <정수1> <정수2>

D:₩prj₩python3>python cmd_sum.py 1 100
cmd_sum.py
1 + ... + 100 = 5050

D:₩prj₩python3>python cmd_sum.py 1 10
cmd_sum.py
1 + ... + 10 = 55

D:₩prj₩python3>
```

연습문제

1 3개의 정수를 입력받아 그 합을 구하는 코드를 작성하라.

2 구구단(3단에서 9단까지)을 예쁘게 출력하는 프로그램을 작성하라.

3 notepad 같은 문서 편집기로 다음과 같은 내용이 들어있는 foo.txt 파일을 편집하여 저장하고, 그 파일을 열어 내용을 출력하는 코드를 작성하라.

```
Hello Python!
I love Python.
```

4 PC에 들어있는 jpg 파일을 임의로 하나 선택해서 그 파일을 이진 읽기 모드로 열고 내용을 화면으로 출력하는 코드를 작성하라.

5 PC에 들어있는 임의의 jpg 파일을 명령행 인자로 입력받아 그 파일을 이진 읽기 모드로 열고 내용을 화면으로 출력하는 코드를 작성하라.

6 다음과 같이 동작하는 계산기 프로그램을 작성하라. 다음 예제와 같이 피연산자, 산술연산자, 피연산자 순으로 명령행 인자들을 사용하라.

```
C: prj python> python calc.py 3 + 4
7
C: prj python> python calc.py 5 x 3
15
C: prj python> python calc.py 6 / 3
2
```

7 제 3.4.5절의 예제 프로그램의 첫 문장을 `f = open('foo.txt', 'br')`로 바꾸고 수행한 결과는 무엇인가?

CHAPTER 04

Python 문법

4.1 식별자

식별자(identifier)란 프로그램에서 사용되는 모든 종류의 이름을 의미한다. 즉, 변수 이름, 함수 이름, 클래스 이름, 모듈 이름, 객체의 이름 등이 모두 식별자이다. Python에서 식별자는 다음과 같은 형태를 가져야 한다.

- 식별자는 A~Z, a~z, 또는 _로 시작해야 한다. Python 3에서는 한글 글자로 식별자를 시작할 수도 있다.
- 이어서 A~Z, a~z, _, 0~9가 0개 이상 나타날 수 있다. Python 3에서는 이어서 한글 글자들이 0개 이상 나타날 수도 있다.

다음은 식별자로 사용이 가능한 것들과 그렇지 못한 것들을 보여준다. 식별자는 디지트(digit)로 시작할 수 없다. 디지트란 숫자를 구성하는 글자인 0, 1, …, 9를 의미한다. 또한 식별자에는 $, %, &, @ 등의 특수 기호를 사용할 수도 없다.

식별자의 올바른 형태	잘못된 형태
x	999x
xPos99	3point
_xPos	x$
__xPos	xpos@aa
높이	x%position

Python 식별자는 영문 알파벳 대소문자를 구분한다. 예를 들어 식별자 xpos, Xpos, 그리고 xPos는 모두 다른 식별자이다.

다음 예제 코드는 식별자에 한글 글자를 사용하는 것을 보여준다. 하지만 식별자에 한글 글자를 사용하는 경우는 드물다. 한글을 모르는 개발자들에게는 한글 식별자가 사용된 코드가 읽기 어려운 코드가 될 수 있다는 점을 국제화의 관점에서 고려해야 한다.

```
>>> 국어 = 100
>>> 국어
100
>>> 영어 = 80
>>> 국어 + 영어
180
>>> def 합(과목1, 과목2):
...     return 과목1 + 과목2
...
>>> print(합(국어, 영어))
180
>>>
```

참고

▸ **식별자에 대한 관례**

Python 프로그래머들은 식별자에 대한 다음과 같은 관례를 사용한다. 이런 관례들은 다른 개발자들을 위해 지켜주는 것이 바람직하다.

- 사용자 정의 클래스 이름은 대문자로 시작한다.
- 변수 이름을 포함한 다른 이름들은 소문자로 시작한다. 중요한 의미를 가진 이름은 의미를 잘 전달할 수 있도록 충분히 길게 표현한다.

4.2 할당문과 변수

Python의 특징의 하나는 ***변수에 처음으로 값이 할당될 때에 그 변수가 생성된다***는 것이다. 이미 변수가 생성되어 있으면 그 변수에 대한 할당문이 수행되어도 변수가 생성되지 않는다. 변수 v에 대한 할당문의 형태는 다음과 같다.

v = *expression*

다음 그림은 변수가 생성되는 시점을 보여주는 예제이다. Python 인터프리터를 시작한 직후인 시점 ①에서는 변수 x가 아직 생성되지 않았으므로 변수 x를 참조하면 오류가 난다. 시점 ②에서는 변수 x에 처음으로 값이 할당되므로 변수 x가 생성되고 그 값은 100이 된다. 시점 ③에서는 이미 생성된 변수 x가 참조되므로 100이 출력된다. 시점 ④에서는 이미 생성되어 있는 변수 x에 값 200이 할당된다.

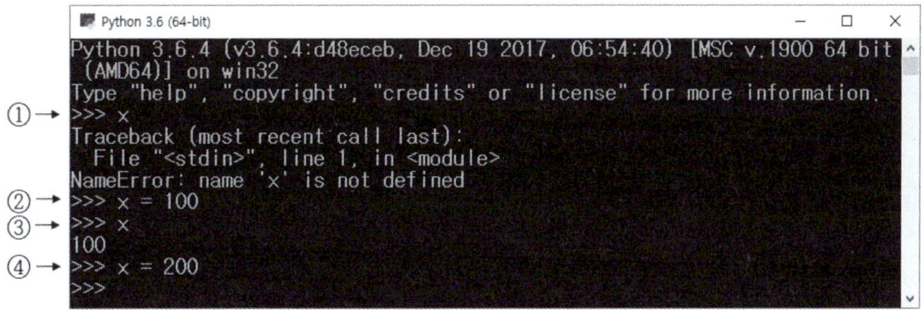

Python은 다중 할당문(multiple assignment statement)을 지원한다. 다음은 다중 할당문에 대한 예제이다.

```
>>> a = b = c = 1
>>> a
1
>>> x, y = 'a', 'b' # 다중 할당문
>>> x
'a'
>>> y
'b'
>>> z = x, y # 다중 값 할당
>>> z
('a', 'b')
>>>
```

변수를 소멸시키려면 키워드 **del**을 사용한다. 다음은 **del** 키워드의 예제 코드이다. **del** 키워드로 소멸시킨 이름은 정의되지 않은 이름이 된다.

```
>>> x, y = 'a', 'b'
>>> x
'a'
>>> del x
>>> x
Traceback (most recent call last):
  File "<pyshell#118>", line 1, in <module>
    x
NameError: name 'x' is not defined
>>> y
'b'
>>>
```

4.3 키워드

프로그래밍 언어에서 키워드란 미리 그 의미와 사용법이 정해져 있어 개발자가 다른 의미나 용도로 일절 사용할 수 없는 단어를 의미한다. 모든 Python 키워드는 소문자만을 사용하고 있다. Python 3.7의 키워드는 다음과 같이 35개이다. Python 키워드들은 Python 버전마다 조금씩 다르다. Python 3.6에서는 **async**와 **await** 키워드가 없었다.

| 표 4-1 | Python 3.7의 키워드들

False	await	else	import	pass
None	break	except	in	raise
True	class	finally	is	return
and	continue	for	lambda	try
as	def	from	nonlocal	while
assert	del	global	not	with
async	elif	if	or	yield

참고

Python 2에서는 **print**가 키워드이다. 하지만 Python 3에서는 **print**가 키워드가 아니고 내장 함수가 되었다. 따라서 Python 3에서는 다음 문장이 오류가 난다. Python 3에서는 **print(33)**과 같이 함수 형태로 **print** 문을 사용해야만 한다.

```
>>> print 33
File "<stdin>", line 1
print 33
       ^
SyntaxError: Missing parentheses in call to 'print'. Did you mean   print(33)?
>>>
```

Python 키워드를 다음과 같은 Python 코드로 확인해볼 수 있다. 아래 문장들은 Python 3.7에서 수행되었다.

```
>>> import sys
>>> sys.version
'3.7.0 (v3.7.0:1bf9cc5093, Jun 27 2018, 04:59:51) [MSC v.1914 64 bit (AMD64)]'
>>> import keyword
>>> print(keyword.kwlist)
```

```
['False', 'None', 'True', 'and', 'as', 'assert', 'async', 'await', 'break', 'class',
'continue', 'def', 'del', 'elif', 'else', 'except', 'finally', 'for', 'from', 'global',
'if', 'import', 'in', 'is', 'lambda', 'nonlocal', 'not', 'or', 'pass', 'raise', 'return',
'try', 'while', 'with', 'yield']
>>>
```

4.4 블록과 들여쓰기

Python은 들여쓰기(indentation)를 이용하여 문장들의 블록(block)을 규정한다는 특징을 갖는다. 참고로 Java 언어나 C 언어는 { }로 문장들의 블록을 규정한다. Python 프로그램에서 동일한 블록에 들어있는 문장들은 동일한 수준의 들여쓰기가 되어야 한다.

```
if True:
    print('Hello ')
    print('world!')
else:
    print('Goodbye ')
    print('World!)
```

위 코드는 문제가 없지만 다음 코드는 'unexpected indent' 오류가 난다. 왜냐하면 **else:** 다음의 두 **print()** 함수들의 들여쓰기가 깨져있기 때문이다.

```
if True:
    print('Hello ')
    print('world!')
else:
  print('Goodbye ')
    print('World!')
```

Python 인터프리터를 대화형 모드로 사용하는 경우에도 >>>와 Python 문장 사이에 하나 이상의 공백 글자가 존재하게 되면 들여쓰기 오류가 난다.

```
>>> x = 3
>>> y = 5
>>> print(x)
3
>>>  print(y)
  File "<stdin>", line 1
    print(y)
    ^
IndentationError: unexpected indent
>>>
```

들여쓰기를 위하여 탭(tab)을 사용하는 것을 Python에서는 권장되지 않는다. 탭 글자 대신 4자의 공백 글자 ' '를 사용하는 것이 권장된다. 왜냐하면 개발 환경이나 편집기에 따라 탭 설정이 4자 공백이 아닌 경우가 종종 있어서 개발 환경이나 편집기가 바뀌면 코드의 들여쓰기가 깨지면서 들여쓰기 오류가 발생할 수 있기 때문이다.

4.5 줄과 문장

Python에서 하나의 문장(statement)은 하나의 줄에 나타나는 것이 원칙이다. Python 문장의 끝은 줄 바꿈 문자 '\n'으로 끝나야하기 때문이다. 하지만 다음 코드와 같이 \를 사용하여 하나의 문장을 여러 줄로 나누어 표현할 수도 있다.

```
>>> item_one = 1
>>> item_two = 2
>>> item_three = 3
>>> total = item_one + \
            item_two + \
        item_three
>>> total
6
>>>
```

리스트, 튜플, 딕셔너리를 나타내는 표현은 여는 괄호와 닫는 괄호가 명확하므로 \ 없이도 여러 줄에 걸쳐 나타날 수 있다.

```
days = ['Mon', 'Tue', 'Wed'
    'Thu', 'Fri', 'Sat',
    'Sun']
```

Python에서 하나의 문장(statement)은 하나의 줄에 나타나는 것이 원칙이지만 세미콜론을 이용하여 여러 문장들을 하나의 줄에 표현할 수도 있다.

```
>>> print('Hello '); print('World!')
Hello
World!
>>>
```

4.6 주석

Python은 한줄 주석, 다중 줄 주석, 인코딩 주석 등의 다양한 주석들을 지원한다.

(1) 한줄 주석

Python 인터프리터는 # 이후부터 줄바꿈 문자 '\n' 까지를 무시한다. 즉, #는 한 줄 주석에 사용된다. #는 들여쓰기를 고려하지 않아도 된다. 한줄 주석은 주로 문장에 대한 주석으로 사용된다.

```
print('Hello World!') # Hello World!를 출력한다.

# This is a comment.
# This is a comment too.
```

(2) 다중 줄 주석

다중 줄 주석은 ''' *주석 내용* ''' 또는 """ *주석 내용* """의 형태로 사용한다. *주석 내용*에는 줄 바꿈 문자가 있어도 된다. 다중 줄 주석은 아래 코드에서처럼 들여쓰기를 지켜야 한다.

```
def factorial(n):
    '''
    이 코드는 재귀법을 사용하는
    factoral() 함수이다.
    '''

    if n == 1: # n==1 조건을 먼저 검사한다.
        return 1
    else:
        return n * factorial(n-1) # n! = n * (n-1)!

factorial(5)
```

(3) 인코딩 주석

인터넷 등에서 원시 코드의 첫 번째 줄에 다음과 같은 인코딩 주석을 사용하고 있는 Python 코드들을 종종 볼 수 있다.

```
# -*- coding: utf-8 -*-
```

위 주석은 Python 원시 코드의 인코딩 방식을 지정하는 특별한 주석으로 인코딩 주석이라 불린다. 인코딩 주석은 Python 2를 기준으로 작성된 Python 원시 코드에서 자주 사용되었지만 버전 3의 Python 인터프리터는 원시 코드가 기본으로 UTF-8 인코딩을 사용한다고 가정한다. 따라서 Python 3에서는 UTF-8 인코딩을 위해 위와 같은 인코딩 주석을 넣지 않아도 된다.

Python 3는 UTF-8 인코딩을 기본 인코딩으로 사용한다. 드문 경우가 되겠지만 만일 UTF-8 인코딩이 아닌 인코딩을 Python 3에서 사용한다면 해당 인코딩에 대한 정보를 첫 번째 줄의 주석에 꼭 표현해야 한다. 예를 들어, Windows-1252 인코딩을 사용한다면 다음과 같은 인코딩 주석이 꼭 필요하다.

```
# -*- coding: cp-1252 -*-
```

참고

▸ shebang 라인

인코딩 주석이 원시 코드의 첫 번째 줄에 와야 한다는 규칙에 예외가 있을 수 있다. BSD 계열의 Unix 시스템들에서는 Python 원시 파일의 첫 번째 줄에 shebang 라인을 넣어 Python 원시 파일을 마치 수행 파일인 것처럼 직접 수행할 수 있다. shebang 라인은 #!로 시작하며, 해당 파일에 들어있는 문장들을 어떻게 해석할 것인가를 규정한다. 예를 들어 sample.py 파일의 첫 번째 줄에 다음과 같은 shebang 라인을 넣었다고 하자.

```
#!/usr/bin/env python
```

그리고, sample.py 파일에게 수행 허가를 설정하면 sample.py 파일을 쉘(shell)에서 마치 명령처럼 바로 수행할 수 있다. 내부적으로는 /usr/bin/env 폴더에 존재하는 python 인터프리터가 호출되어 사용된다. Windows 환경에서는 shebang 라인을 사용하는 것이 별 의미가 없으며 shebang 라인은 그냥 주석으로 처리된다. Windows 운영 체계에서는 바로가기를 이용하면 sample.py 파일을 마우스로 더블클릭하여 수행되도록 할 수 있다. shebang 라인이 사용되는 경우 인코딩 주석은 두 번째 줄에 적게 된다.

4.7 이스케이프 시퀀스

이스케이프 시퀀스(escape sequence)란 문자열 내부에서 백슬래시 \로 시작하고 문자 또는 디지트들이 이어서 나오는 형태를 갖는 문자열을 의미한다. 이스케이프 시퀀스는 제어 등의 특별한 의미를 표현한다. 다음 표는 대표적인 이스케이프 시퀀스들의 형태와 의미를 보여준다.

| 표 4-2 | 이스케이프 시퀀스

이스케이프 시퀀스	의미	예제

`\newline`	백슬래시와 newline 글자를 무시한다. 하나의 문장을 여러 줄에 표현하는 경우 사용	`>>> print('line \`
		`line2 \`
		`line3')`
		`line line2 line3`
		`>>>`

`\\`	백슬래시 자체를 표현할 때 사용	`>>> print('\\')`
		`\`
		`>>>`

`\'`	홑 따옴표를 표현	`>>> print('\'')`
		`'`
		`>>>`

`\"`	쌍 따옴표를 표현	`>>> print("\"")`
		`"`
		`>>>`

`\n`	줄바꿈을 표현	`>>> print('Hello \n World!')`
		`Hello`
		` World!`
		`>>>`

\t	수평 탭을 표현	`>>> print('Hello \t World!')`
		`Hello  World!`
		`>>>`

\ooo	8진수로 글자를 표현	`>>> print('\110\145\154\154\157')`
		`Hello`
		`>>>`

\x*hh*	16진수로 글자를 표현	`>>> print('\x48\x65\x6c\x6c\x6f')`
		`Hello`
		`>>>`

\u*hhhh*	유니코드(Unicode) 글자를 표현. 내부에서 4개의 16진수 디지트(digit) *hhhh*를 사용	`>>> print('\u0074\u0068\u0065')`
		`the`
		`>>>`

\U*hhhhhhhh*	유니코드 글자를 8개의 16진수 디지트 *hhhhhhhh*로 표현	`>>> print('\U00000074')`
		`t`
		`>>>`

이스케이프 시퀀스는 Python뿐 아니라 C/C++, Java 등의 프로그래밍 언어들에서도 사용된다.

4.8 리터럴

리터럴(literal)이란 모양 자체가 어떤 상수 값을 표현하는 코드 내의 요소들(tokens)을 의미한다. 예를 들어 Python 코드 내에 나타난 27은 그 모양 자체가 상수 값 27을 표현하고 있으므로 리터럴이다. 리터럴의 종류에는 다음과 같은 것들이 있다.

(1) 숫자 리터럴

숫자 리터럴에는 십진수 정수, 8진수 정수, 16진수, 이진 정수, 실수, 허수 등이 있다. 예를 들어 27, −27, 27.0, 0x27, 0x27, 3.14e−10, 10j 등이 모두 숫자 리터럴이다.

(2) 문자열 리터럴

문자열 리터럴은 홑 따옴표 ' 또는 쌍 따옴표 " 또는 3개의 홑 따옴표 '''나 3개의 쌍 따옴표 """로 싸인 문자열을 의미한다. 다음 코드에는 문자열 리터럴들 'this'나 "that" 등이 나온다. 문자열 리터럴은 str 객체이다.

```
>>> x = 'this'
>>> y = "that"
>>> z1 = ''' this is
a book.
'''
>>> z1
' this is\na book.\n'
>>> type(z1)
<class 'str'>
>>> z2 = '한글'
>>> z2
'한글'
>>>
```

(3) 바이트 리터럴

바이트 리터럴의 형태는 문자열 리터럴과 유사하지만 앞에 bytes를 나타내는 b가 붙으며 내부의 바이트들을 \x*hh* 형태로 표현한다. \x*hh* 형태는 하나의 바이트를 16진수로 표현하는 이스케이프 시퀀스(escape sequence)이다. 다음 코드는 변수 bx, by, bz에 각각 바이트 리터럴들 b'\x61\x62\x63', b'\xed\x95\x9c\xea\xb8\x80', 그리고 b'abc'를 할당하고 있다. 바이트 리터럴들의 타입은 bytes이다.

```
>>> bx = b'\x61\x62\x63'
>>> bx
b'\x61\x62\x63'
>>> by = b'\xed\x95\x9c\xea\xb8\x80'
>>> by
b'\xed\x95\x9c\xea\xb8\x80'
>>> bz = b'abc'
>>> bz
b'abc'
>>> type(bx)
<class 'bytes'>
>>>
```

바이트 리터럴은 기본적으로 \x61 과 같은 형태의 16진수 값들을 담는다. 바이트 리터럴에는 유니코드(Unicode) 문자들이 직접 담길 수 없다. b'한글'과 같은 표현은 오류가 난다. 다만 예외적으로 원래 ASCII 코드표에 들어있었던 알파벳들과 특수 문자들은 바이트 리터럴에 직접 담길 수 있다. 예를 들어 b'abc'나 b'ab%$'와 같은 표현은 허용된다. Python은 b'abc'와 b'\x61\x62\x63'를 동일한 바이트 리터럴로 해석한다.

```
>>> z1 = b'한글'
SyntaxError: bytes can only contain ASCII literal characters.
>>> z2 = b'abc\x64'
>>> z2
b'abcd'
>>> b'ab%$'
b'ab%$'
>>>
```

(4) 유니코드 문자열 리터럴

Python에서 유니코드 문자열은 u로 시작하며 \u*hhhh* 형태의 유니코드 이스케이프 시퀀스들의 문자열로 구성된다.

```
>>> u'\u0074\u0068\u0065'
'the'
>>> u'\uD55C\uAE00'
'한글'
>>>
```

(5) 리스트 리터럴, 튜플 리터럴, 딕셔너리 리터럴

변수를 사용하지 않는 리스트, 튜플, 딕셔너리의 표현은 리터럴이다. 예를 들어, [1, 2, 3], (1, 2) 그리고 {'name': 'kim', 'age': 22}는 그 모양 자체가 값을 나타내므로 리터럴 들이다.

(6) None

상수 None은 값이 없음을 표현하는 특별한 상수이다. 참고로 Python의 None은 Java 언어에서 사용되는 null과 비슷하다고 할 수 있다.

```
>>> x = None
>>> if (x == None):
...     print('x == None!')
...
x == None!
>>> if (x is None):
...     print('x is None!')
...
x is None!
>>>
```

4.9 유니코드와 utf-8 인코딩

Python 3은 문자열의 표현 및 인코딩에 유니코드(Unicode)와 UTF-8 인코딩을 기본으로 사용하고 있다.

4.9.1 유니코드

유니코드는 알파벳뿐 아니라 한글, 한자, 가나 등의 전 세계의 중요 문자들을 16비트 정수들로 표현하는 약속 체계이다. 유니코드 체계는 16비트 체계이므로 총 2의 16제곱인 65536개의 문자들을 동시에 표현할 수 있다. 한글의 경우 16진수 AC00~D7AF에 해당하는 코드 포인트 공간을 배정받았다. 유니코드 체계에서 각 글자에 대응되는 16비트 정수 값을 유니코드 코드 포인트(code point)라고 한다. 다음 표는 Python 글자의 유니코드 코드 포인트와 유니코드 문자열 리터럴의 관계를 보여준다.

Python 문자	코드 포인트(16진수)	코드 포인트(10진수)	Python 유니코드 문자열
'A'	0x0041	65	u'\u0041'
'a'	0x0061	97	u'\u0061'
'가'	0xac00	44032	u'\uac00'
'안'	0xc548	50504	u'\uc548'
'\n'	0x000a	10	u'\u000a'

위 표를 보면 한글의 첫 글자인 '가'의 유니코드 코드 포인트는 0xac00이고, 알파벳의 첫 글자인 'A'의 유니코드 코드 포인트는 0x0041이다. Python 내장 함수 **ord()**는 인자로 주어진 글자에 대응하는 유

니코드 코드 포인트 값을 10진수 정수로 반환한다. 그리고 Python 내장 함수 chr()은 인자로 주어진 코드 포인트 값에 대응하는 유니코드 문자를 반환한다.

```
>>> ord('A') # 글자 'A'의 유니코드 값을 반환 (10진수)
65
>>> hex(65) # 16진수로 변환
'0x41'
>>> chr(65) # 코드 포인트 65가 표현하는 유니코드 글자를 반환
'A'
>>> chr(0x41)
'A'
>>> ord('\n')
10
>>> u'\u000a'
'\n'
>>>
```

4.9.2 UTF-8 인코딩이란

유니코드의 2바이트 코드 포인트를 그대로 사용하여 글자들을 표현한다면 ASCII 코드 상의 글자도 2바이트로 표현해야 하므로 유니코드 체계를 따르면서 ASCII 코드 상의 글자는 그대로 1 바이트로 표현할 수 있는 UTF-8 인코딩 방식이 많이 사용된다.

UTF-8 인코딩 방식은 유니코드 상의 글자들을 1바이트에서 4바이트 길이로 표현하는 가변 길이 표현 방식이다. ASCII 코드에 들어있던 글자들은 ASCII 코드 체계와 동일하게 이진수 0xxxxxxx 의 형태로 표현한다. 이때 x에는 7비트의 ASCII 코드 값이 그대로 들어간다. 하나의 한글 글자는 이진수 1110xxxx 10xxxxxx 10xxxxxx 형태의 3바이트로 표현된다. 이때 16개의 x 자리에는 16비트의 유니코드 값이 그대로 들어간다.

문자	ASCII 코드 값 (2진수)	유니코드 코드 값 (2진수)	utf-8 (2진수)
'A'	1000001	00000000 01000001	01000001
'가'		10101100 00000000	11101010 10110000 10000000

예를 들어, 'A'의 유니코드 값은 이진수로 00000000 01000001이고, ASCII 코드 값은 이진수 1000001이다. 따라서 'A'를 UTF-8로 인코딩한 값은 01000001이 된다.

```
00000000 01000001    'A'의 Unicode 값
         1000001     'A'의 ASCII 코드값

        01000001     'A'의 utf-8 encoding 값
```

한글 '가'의 경우 유니코드 값은 이진수로 **10101100 00000000**이다. 따라서 한글 '가'를 UTF-8로 인코딩한 값은 **11101010 10110000 10000000**이 된다.

```
   10101100 00000000           '가'의 Unicode 값

11101010 10110000 10000000     '가'의 utf-8 encoding 값
```

UTF-8 인코딩뿐 아니라 다양한 인코딩 방식들이 사용되고 있다. 인코딩 결과를 다시 원래의 유니코드 값으로 바꾸는 것을 디코딩(decoding)이라고 한다.

4.9.3 Python에서의 utf-8 인코딩과 디코딩

Python 문자열의 **encode()** 메소드를 이용하면 문자열을 UTF-8로 인코딩할 수 있다. 인코딩 결과는 **bytes** 객체로 표현된다. 그리고 **bytes** 객체의 **decode()** 메소드를 이용하여 그 **bytes** 객체를 UTF-8로 디코딩하면 다시 원래의 문자열을 구할 수 있다.

```
>>> 'the'.encode('utf-8') # 문자열 'the'의 utf-8 encoding
b'the'
>>> b'the'.decode('utf-8') # 바이트 리터럴 b'the'의 decoding
'the'
>>> '한글'.encode('utf-8') # 문자열 '한글'의 utf-8 encoding
b'\xed\x95\x9c\xea\xb8\x80'
>>> b'\xed\x95\x9c\xea\xb8\x80'.decode('utf-8') # 바이트 리터럴의 디코딩
'한글'
>>>
```

한글이 포함된 문자열들을 다루다 보면 개발자들은 골치가 아플 때가 많다. Python 3은 유니코드 체계를 기본으로 사용하고 있지만 유니코드 체계에서도 UTF-8, UTF-16 등의 여러 가지 인코딩 포맷에 따라 한글 문자열의 바이트 표현이 달라지기 때문이다.

```
>>> y = '한글'
>>> y.encode() # UTF-8
b'\xed\x95\x9c\xea\xb8\x80'
>>> y.encode('utf-16')
b'\xff\xfe\\\xd5\x00\xae'
>>> y.encode('utf-32')
b'\xff\xfe\x00\x00\\\xd5\x00\x00\x00\xae\x00\x00'
>>>
```

4.10 Python 코딩 스타일

Python 코딩 스타일에 대한 가이드로 PEP 8이 있다. PEP란 Python Enhencement Proposal의 약자이다. PEP는 Python 커뮤니티에 Python의 새로운 기능을 소개하거나 설계에 관련된 정보를 전달하는 목적으로 사용된다. 이 절에서는 PEP 8의 내용 중 중요한 것들만을 요약한다.

- 들여쓰기로 4개의 스페이스를 사용하고 탭(tab)을 사용하지 말라. 왜냐하면 개발 환경이나 편집기 마다 탭의 설정이 달라서 혼란을 일으킬 수 있다.
- 한 줄은 79자를 넘지 않도록 하라. 이 조건은 작은 디스플레이 화면을 사용하는 사용자를 돕고, 큰 화면을 사용하는 경우에는 여러 개의 코드들을 나란히 띄워놓고 볼 수 있도록 한다.
- 함수, 클래스, 함수 내의 큰 코드 블록 사이에 빈 줄을 넣어 분리하라.
- 가능하다면 주석은 별도의 줄로 넣어라.
- 주석 문자열을 사용하라.
- 연산자들 주변과 콤마 뒤에 스페이스를 넣고, 괄호 바로 안쪽에는 스페이스를 넣지 말라. 예를 들어, `a = f(1, 1) + g(3, 4)`와 같이 한다.
- 클래스들과 함수들에게 일관성 있는 이름을 붙여라. 인스턴스 메소드의 첫 번째 인자의 이름은 항상 `self`로 하라.
- 여러분의 코드를 국제적인 환경에서 사용하려고 한다면 특별한 인코딩을 사용하지 마라. 항상 Python 기본 인코딩인 UTF-8을 사용하라.
- 마찬가지로, 다른 언어를 사용하는 사람이 코드를 읽거나 관리할 가능성이 있다면, 식별자에 ASCII 이외의 문자를 사용하지 마라.

연습문제

1 다음 용어들의 의미를 설명하라.

a. 식별자
b. 키워드
c. 이스케이프 시퀀스
d. 리터럴

2 Python에서 변수가 언제 생성되는지 예제 코드와 함께 설명하라.

3 바이트 리터럴들의 형태에 대하여 설명하라.

4 유니코드 문자열 리터럴로 문자열 '한글'을 표현하라.

5 유니코드에 대하여 설명하라.

CHAPTER 05

제어문

이 장에서는 대화형 모드(REPL 모드)가 아니라 스크립트(script) 모드로 예제들을 수행해 보는 것이 편하다. Python Shell의 "File" 〉 "New File" 메뉴를 선택하여 편집기 창을 띄워놓고 예제들을 수행해 보자.

5.1 조건 선택 - if 문

다음 예제 코드는 **if**를 사용하는 간단한 조건문을 보여준다. 다음 예제 코드를 수행하면 변수 **score**의 값이 70보다 크므로 Good score!가 출력된다.

```
score = 80

if (score > 70): #  콜론 있음
    print('Good score!')
```

조건문은 **else** 절을 가질 수 있다. 다음 예제 코드는 조건 **(score > 70)**이 **True**이면 Good score!를 출력하고 아니면 Bad score!를 출력하는 **if-else** 문을 보여준다.

```
score = 80

if (score > 70):
    print('Good score!')
else:
    print('Bad score!')
```

조건문의 완전한 형태는 **if-elif-else** 문이다. 키워드 **elif**는 'else if'의 줄임 표현으로 과도한 들여쓰기를 피하는 데 유용하다. **if-elif-else** 문에서 **elif** 구문은 0번 이상 여러 번 반복될 수 있다.

if-elif-else 문은 다른 프로그램 언어의 switch나 case 문을 대신한다. 다음 예제는 두 개의 **elif** 구를 가진 **if-elif-else** 문이다.

```
score = 80

if (score > 80):
    grade = 'A'
elif (score > 70):
    grade = 'B'
elif (score > 60):
    grade = 'C'
else:
    grade = 'D'
```

if-elif-else 문에서 **else** 구문은 생략이 가능하지만 마지막에 꼭 **else** 구문을 사용하여 모든 조건이 빠짐없이 검사되도록 하는 것이 좋은 코딩 스타일이다.

5.2 반복 - while 문

while 문은 어떤 조건이 만족되는 동안 문장 또는 문장들의 블록을 반복하여 수행하는 제어 구조이다.

```
1 sum = 0
2 x = 1
3 while (x <= 100):
4     sum = sum + x
5     x = x + 1
6 
7 print(sum)
```

위 코드는 1에서 100까지의 정수의 합을 구하는 코드이다. 위 코드가 수행되는 과정을 살펴보자.

① 1번 문장에서 변수 **sum**이 생성되고 그 값이 0으로 설정된다.

② 2번 문장에서 변수 **x**가 생성되고 그 값이 1로 설정된다.

③ 3번 문장에서 **while** 문의 조건 **(x <= 100)**이 평가된다. 만일 평가 값이 **True**이면 4번 문장과 5번 문장이 차례로 수행되고 제어가 다시 3번 문장으로 돌아간다. 아니면 **while** 문이 종료되

어 제어가 7번 문장으로 간다.

④ 7번 문장에서 현재의 sum 값을 출력한다.

만일 while 문에 사용되는 조건을 True 라고 설정하면 while 문안의 문장들은 무한히 반복하여 수행될 것이다. 무한히 반복하여 수행되는 반복문을 무한 반복문이라고 한다. 다음 코드는 무한 반복문의 예제이다. 다음 코드를 Python Shell에서 수행시킨 후 무한 반복 수행을 중단시키려면 Control-C 키를 입력하여야 한다.

```
sum = 0
x = 1
while True:
    sum = sum + x
    x = x + 1
    print(sum)
```

다음은 while 문을 이용하여 입력된 수 i의 팩토리얼 값을 구하는 코드이다. 코드를 수행하고 5를 입력하면 factorial(5) = 120이 출력되는 것을 볼 수 있다.

```
i = int(input('정수: '))
t = 1
r = 1

while (t <= i):
    r = r * t
    t = t + 1

print('factorial({}) = {}'.format(i, r))
```

5.3 반복 - for 문

while 문뿐 아니라 for 문도 반복 처리를 위한 제어 구조이다. while 문은 어떤 조건이 만족되는 동안 반복하여 처리를 하는 데 사용되지만, for 문은 리스트, 튜플, 집합, 딕셔너리, 문자열 등과 같은 반복 가능 객체(iterable object)의 원소들을 대상으로 하는 반복 처리에 사용된다.

```
score_list = [77, 87, 65, 98]
for x in score_list:
    print(x)
```

위 프로그램은 리스트 score_list의 원소들을 앞에서부터 차례로 출력한다. 위 프로그램의 출력은 다음과 같다.

```
77
87
65
98
```

참고

▸ **반복 가능 객체**

리스트, 튜플, 딕셔너리, 문자열 객체들과 같이 내부에 여러 원소들을 담고 있으며 정수 또는 어떤 색인을 이용하여 내부의 원소에 접근할 수 있는 객체를 반복 가능 객체(iterable object)라고 한다. 반복 가능 객체에 대한 자세한 논의는 제 12.2절에 나온다.

다른 예제 코드를 보자. 1에서 10까지의 합인 55를 계산하기 위하여 다음과 같이 리스트를 사용할 수 있다.

```
sum = 0
for i in [1, 2, 3, 4, 5, 6, 7, 8, 9, 10]:
    sum = sum + i

print(sum)
```

for 문을 사용하여 반복 가능 객체에 포함된 원소들에 대한 반복 처리를 간결하고 우아하게 할 수 있다는 것은 Python 언어의 멋진 면의 하나이다.

```
dic1 = {'name': 'Kim', 'age': 18, 'height': 160}
for key, val in dic1.items():
    print('{}: {}'.format(key, val))
```

위 코드는 딕셔너리의 원소들을 for 문을 이용하여 출력하는 예제 코드이다. 위 코드의 수행 결과는 다음과 같다.

```
name: Kim
age: 18
height: 160
```

Python에서는 문자열도 반복 가능 객체이다. for 문에서 문자열의 각 원소들에 대하여 반복 처리를 하는 것도 가능하다. 다음은 예제 코드이다.

```
>>> for c in 'This':
...     print(c)
...
T
h
i
s
>>>
```

5.4 반복 - range() 함수를 사용하는 for 문

for 문에서 사용하기 위하여 많은 원소들을 갖는 반복 가능 객체를 직접 표현하는 것은 주기억 장치 공간을 많이 사용하며 불편할 수 있다. 예를 들어, 1에서 100까지의 정수들의 합을 구하기 위하여 다음과 같이 코드를 작성하는 것은 좀 번거롭다.

```
sum = 0
for i in [1, 2, 3, 4, 5, 6, 7, 8, 9, 10, 11, 12, 13, 14, 15, 16, 17, 18, 19, 20, 21, 22, 23,
24, 25, 26, 27, 28, 29, 30, 31, 32, 33, 34, 35, 36, 37, 38, 39, 40, 41, 42, 43, 44, 45, 46,
47, 48, 49, 50, 51, 52, 53, 54, 55, 56, 57, 58, 59, 60, 61, 62, 63, 64, 65, 66, 67, 68, 69,
70, 71, 72, 73, 74, 75, 76, 77, 78, 79, 80, 81, 82, 83, 84, 85, 86, 87, 88, 89, 90, 91, 92, 93,
```

```
94, 95, 96, 97, 98, 99, 100]:
    sum = sum + i

print(sum)
```

Python 표준 함수 range()를 이용하면 for 문에서 원소의 수가 많은 리스트를 편리하게 사용할 수 있다. 다음 예제 코드는 for 문에서 range() 함수를 사용하여 1에서 100까지의 합인 5050을 계산하고 있다.

```
sum = 0
for i in range(1, 101):
    sum = sum + i

print(sum)
```

다음 코드를 보자. range() 함수는 range 객체를 반환한다. 그 range 객체를 list() 함수의 인자로 사용하면 range 객체가 반복해서 생성할 모든 값들의 리스트를 볼 수 있다.

```
>>> r1 = range(0, 10)
>>> type(r1)
<class 'range'>
>>> list(r1) # range 객체 r1의 내용을 확인해 보고 싶으면 list() 함수를 씌운다.
[0, 1, 2, 3, 4, 5, 6, 7, 8, 9]
>>>
```

range() 함수는 인자에 따라 다음 3가지 방법으로 호출이 가능하다. 앞의 예제 코드에서는 두 번째 방법으로 range() 함수가 호출되었다.

① range(*start*, *stop*, *step*)

정수 *start*에서 *stop* 전까지 *step* 간격으로 정수들을 반환하는 반복자를 생성한다.

② range(*start*, *stop*)

*step*이 생략된 경우 *step*의 기본 값은 1이다.

③ range(*stop*)

*step*과 *start* 인자가 생략된 경우 *start*의 기본 값은 0이고, *step*의 기본 값은 1이다.

다음은 range() 함수의 여러 가지 예제 코드이다. range 객체의 내용을 확인하기 위하여 range 객체를 인자로 list() 함수를 사용하였다.

```
>>> list(range(10)) # 기본 값 0에서 10 전까지 간격은 기본 값 1로
[0, 1, 2, 3, 4, 5, 6, 7, 8, 9]
>>> list(range(1, 11)) # 1에서 11 전까지 간격은 기본 값 1로
[1, 2, 3, 4, 5, 6, 7, 8, 9, 10]
>>> list(range(0, 30, 5)) # 0에서 30 전까지 간격은 5로
[0, 5, 10, 15, 20, 25]
>>> list(range(0, 10, 3))
[0, 3, 6, 9]
>>> list(range(0, -10, -1))
[0, -1, -2, -3, -4, -5, -6, -7, -8, -9]
>>> list(range(10, 0, -1)
[10, 9, 8, 7, 6, 5, 4, 3, 2, 1]
>>> list(range(0)) # list(range(0, 0))와 같음
[]
>>> list(range(1, 0)) # {x | x is an integer, x >=1, and x < 0}
[]
>>>
```

range 객체는 리스트, 튜플 객체와 마찬가지로 색인(index)을 통한 접근을 지원한다. 다음은 예제 코드이다.

```
>>> r = range(0, 20, 2)
>>> r # 0에서 20 전까지 2 간격의 range 객체
range(0, 20, 2)
>>> list(r)
[0, 2, 4, 6, 8, 10, 12, 14, 16, 18]
>>> 11 in r
False
>>> 10 in r
True
>>> r.index(10) # 원소 10의 index는 5
5
>>> r[5] # index 5의 원소
10
>>> r[0:5]
range(0, 10, 2)
```

```
>>> r[-1] # 마지막 원소
18
>>>
```

range() 함수는 for 문과 함께 사용되곤 한다. Python 2에서 range() 함수는 정수들을 담은 리스트 자체를 반환하였었다. 하지만 이런 방식은 반환되는 리스트가 크면 메모리 소모가 많을 수 있어 비효율적이므로 Python 3에서는 range() 함수가 리스트 전체가 아니라 요청할 때마다 리스트의 다음 원소를 생성하여 반환할 수 있는 반복 가능 객체의 한 종류인 range 객체를 반환하도록 개정되었다. 다음 예제 코드를 보자.

```
>>> r = range(1, 3)
>>> r
range(1, 3)
>>> iter_r = iter(r)
>>> next(iter_r)
1
>>> next(iter_r)
2
>>> next(iter_r)
Traceback (most recent call last):
  File "<pyshell#20>", line 1, in <module>
    next(iter_r)
StopIteration
>>>
```

위 코드는 내장 함수 iter()를 이용하여 range(1, 3) 객체에 대한 반복자 객체 iter_r를 생성하고, 내장 함수 next()를 이용하여 iter_r 객체로부터 range(1, 3)의 원소를 하나씩 반환받고 있다. 반복 가능 객체와 반복자는 제 12장에서 자세히 기술되며, 여기서는 range 객체가 원소를 모두 담은 리스트를 반환하지 않고 다음 원소를 요청할 때마다 원소를 하나씩 생성하여 반환하는 방식으로 사용하도록 설계되었음을 보는 것으로 만족하자.

다음은 range() 함수와 for 문을 이용하여 팩토리얼 값을 구하는 코드이다. 코드를 수행하고 5를 입력하면 factorial(5) = 120이 출력되는 것을 볼 수 있다.

```
i = int(input('정수: '))
r = 1
for t in range(1, i+1):
    r = r * t

print('factorial({}) = {}'.format(i, r))
```

5.5 반복 흐름 제어 - continue 문과 break 문

continue 문과 break 문은 반복문 안에서 반복 흐름을 제어하는 데 사용할 수 있다. 다음은 for 문 안에서 continue 문을 사용하는 예제 코드이다.

```
1 score_list = [77, 87, 65, 98]
2 for x in score_list:
3     if (x < 80) :
4         continue # 제어를 2번 문장으로 이동시킨다.
5     print(x)
```

continue 문은 제어를 반복문의 시작으로 이동시킨다. 위 코드의 3번 문장에서 조건 x<80이 만족되면 5번 문장을 수행하지 않고 score_list의 다음 원소에 대하여 반복문을 수행한다. 위 코드의 수행 결과는 다음과 같다.

```
87
98
```

다음은 while 문 안에서 continue 문을 이용하여 1부터 100까지의 숫자들 중 7의 배수들만을 출력하는 코드이다.

```
i = 0
while (i < 100):
    i = i + 1
    if ((i % 7) != 0):
        continue
    print(i)
```

break 문은 제어가 루프의 바깥으로 빠져나오도록 한다. 다음은 break 문의 예제 코드이다. 아래 코드의 3번 문장에서 조건 (x < 70) 가 만족되면 제어는 for 루프를 빠져나온다.

```
1 score_list = [77, 87, 65, 98]
2 for x in score_list:
3    if (x < 70) :
4       break # 제어를 6번 문장으로 이동시킨다.
5    print(x)
6 print('done!')
```

위 코드의 출력은 다음과 같다.

```
77
87
```

다음은 for 문 안에서 break 문을 이용하여 주어진 문자열 안에 글자 'x'가 존재하는가를 판정하는 코드이다. 문자열 'Python!' 안에는 글자 'x'가 존재하지 않으므로 다음 코드의 수행 결과는 False가 된다.

```
s = 'Python!'

found = False
i = 0
while(True):
    if (len(s) <= i):
        break
    if (s[i] == 'x'):
        found = True
    i = i + 1

print(found)
```

5.6 pass 문

Python 키워드인 pass 문은 수행시키면 아무런 것도 하지 않는 문장이다. 문법적으로 문장이 필요하지만 아무 것도 수행할 필요가 없을 때 사용된다. pass 문은 제어를 그냥 다음 문장으로 넘긴다.

```
for letter in 'Python':
    if letter == 'h':
        pass
    else:
        print(letter)
```

위 프로그램의 출력은 다음과 같다. 문자열 'Python'의 각 글자에 대하여 조건 letter == 'h'가 만족되는 경우에는 pass 문을 수행하고 그렇지 않은 경우에는 print(letter) 문을 수행하기 때문이다.

```
P
y
t
o
n
```

pass 문은 다음 예제 코드에서와 같이 문장 또는 문장들이 들어갈 자리를 일단 비워 두는 데에도 종종 사용된다.

```
def f():
    pass # 함수 f()의 몸체를 나중에 구현하자
```

pass 문은 최소한의 클래스를 만들 때에도 종종 사용된다. 클래스에 대한 자세한 내용은 제 8장에 나온다.

```
class MyClass:
    pass
```

5.7 조건 수식

조건 수식(conditional expression)은 **if** 문을 보다 짧고 간결하게 표현할 수 있게 해준다.

```
def max2(x, y):
    if (x > y):
        return x
    return y
```

if 문을 사용하는 위 **max2()** 함수는 다음과 같이 조건 수식으로 표현될 수 있다.

```
def max2(x, y):
   return x if (x > y) else y
```

다음은 **if** 문을 사용하는 팩토리얼 함수의 정의이다. 재귀법을 사용하고 있다.

```
def factorial(n):
    if (n == 0):
        return 1
    else:
        return (n * factorial(n-1))
```

위 함수를 조건 수식을 이용하여 다음과 같이 표현할 수 있다.

```
def factorial(n):
    return (1 if (n == 0) else (n * factorial(n-1)))
```

위 함수를 풀어쓰면 다음 함수와 같다.

```
def factorial(n):
    r = 1 if (n == 0) else (n * factorial(n-1))
    return r
```

5.8 특별 변수 _

Python 코드를 보다보면 _가 변수로 사용되는 것을 볼 수 있다. _는 Python 인터프리터가 특별히 관리하는 변수이다. Python 인터프리터는 가장 최근에 평가한 수식의 값을 변수 _에 저장한다. 예제 코드를 보자.

```
>>> 10
10
>>> _
10
>>> _ * 3
30
>>> _ * 20
600
>>> _
600
>>>
```

변수 _의 원래의 의미는 가장 최근에 평가한 수식의 값이지만, 변수 _는 사용되지 않을 값을 표현하는 변수로 사용되기도 한다. 사용되지 않을 값을 특정한 이름의 변수에 저장하는 것이 의미가 없기 때문이다. 예제 코드를 보자.

```
>>> x, _, z = (1, 2, 3) # 튜플의 가운데 값 2는 사용하지 않을 것이다.
>>> (x, z)
(1, 3)
>>> x, *_, y = (1, 2, 3, 4, 5) # 튜플의 처음 값과 마지막 값만을 사용할 것이다.
>>> (x, y)
(1, 5)
>>> for _ in range(3): # 루프의 색인 변수를 사용하지 않을 것이다
    print('Hello!')

Hello!
Hello!
Hello!
>>> x = [(1, 2, 3), (4, 5, 6)]
```

```
>>> for (_, _, v) in x:  # x의 원소의 마지막 값만 사용할 것이다.
      print(x)

3
6
>>>
```

수식 x, *_, y = (1, 2, 3, 4, 5)의 *_를 확장 언패킹(extended unpacking)이라고 한다. *_는 _가 하나 이상의 원소들을 담은 리스트 값을 가져야 하는 경우를 표현한다.

```
>>> x, *_, y = (1, 2, 3, 4, 5)
>>> x
1
>>> y
5
>>> _
[2, 3, 4]
>>>
```

5.9 종합 예제 - 소수 판정하기

다음은 사용자로부터 입력받은 2 이상의 정수가 소수(prime number)인가 아닌가를 판정하는 예제 코드이다.

```
# 사용자로부터 입력받은 숫자 num이 소수인가 아닌가 판정하는 프로그램 prime.py
num = int(input('2 이상의 정수를 입력하세요: '))
is_prime = True;

for i in range(2, num):
    if ((num % i) == 0): # 자신보다 작은 숫자로 나누어지는가 검사
        print('{}은(는) {} x {} 이므로'.format(num, i, num//i), end = ' ')
        is_prime = False
        break

if (is_prime):
```

```
12     print('{}은(는) 소수입니다.'.format(num))
13 else:
14     print('소수가 아닙니다.')
```

위 코드의 6번 문장에서 주어진 수 num이 자신보다 작은 수 i로 나누어지는가를 검사하여 나누어진다면 num은 소수가 아니므로 8번 문장에서 is_prime 변수를 False로 만들고 9번 문장에서 break 문으로 for 반복문을 빠져나간다.

연습문제

1 if-else 문을 사용하여 입력한 숫자가 7의 배수인가 판정하는 프로그램을 작성하라. 내장 함수 input(), int() 그리고 나머지 연산자 %를 사용하라.

2 for 문과 range(start, stop, step) 함수를 이용하여 1부터 100 사이의 짝수들의 합을 구하는 프로그램을 작성하라. step의 값으로 2를 사용하라.

3 while 문을 이용하여 1부터 100 사이의 짝수들의 합을 구하는 프로그램을 작성하라.

4 다음 코드는 무한 반복을 수행한다. 0이 입력되면 무한 루프가 종료되도록 break 문을 이용하여 코드를 수정하라.

```
while (True):
    n = int(input('숫자를 입력하세요. 0이면 종료합니다: '))
    print('{} x {} = {}'.format(n, n, n*n))
```

5 0에서 100까지의 점수를 입력받고, 90이상~100점이면 A, 80 이상~90점 미만이면 B, 70 이상~80점미만이면 C, 60 이상~70점 미만이면 D, 60 미만이면 F를 출력하는 프로그램을 작성하라.

6 while 문과 continue 문을 이용하여 1부터 100 사이의 7의 배수들을 출력하는 프로그램을 작성하라.

7 리스트 [1, 2, 3, 4, 5, 0, 6, 7]의 원소들을 차례로 출력하다가 0이 나오면 수행을 종료하는 프로그램을 while 문과 break 문을 이용하여 작성하라.

CHAPTER 06

함수

함수는 정의된 기능을 제공하는 재사용 가능한 코드 블록이다. 개발자는 여러 번 반복되는 유사한 작업을 함수로 표현하여 코드를 간결하고 단단하게 만들 수 있다.

6.1 함수 정의와 호출의 형태

Python에서 함수는 다음과 같은 형태로 정의된다. 함수 정의는 함수 머리(head)와 함수 몸체(body)로 구성된다.

함수 머리(head) { **def** *function_name* **(** *parameters* **)** :

함수 몸체(body) { *function documention string* / *statements*

함수 머리는 키워드 **def**로 시작한다. 그 다음에 함수 이름(function name)이 나오고 ( )로 싸인 0개 이상의 매개 변수들(parameters)이 나온다. 함수 몸체는 함수 주석 문자열(*function document string*)과 1개 이상의 문장들(statements)로 구성된다. 다음 예제 코드는 인자 **x**와 인자 **y**의 합을 구하는 함수 **sum()**의 정의를 보여준다.

```
def sum(x, y):
    '''
    이 함수는 x와 y의 합을
    반환한다.
    '''
    sum = x + y
    return sum
```

함수가 정의되고 나면 함수를 호출하여 사용할 수 있다. 함수 호출은 다음과 같은 형태를 갖는다.

function_name (arguments)

다음은 앞에서 정의한 sum() 함수에 대한 함수 호출들이다. sum() 함수의 호출시 두 개의 인자들이 사용되고 있다.

```
x = sum(33, 44) # sum() 함수 호출
y = sum(77, 88)
```

6.2 함수 주석 문자열

함수 주석 문자열은 표현 그대로 함수에 대한 주석 역할을 하는 문자열이다. 함수 주석 문자열은 생략이 가능하지만 코드의 가독성을 위해 생략하지 않는 것이 좋다. 함수 주석 문자열에는 함수를 설명하는 Python 문자열이 나오면 된다.

함수 주석 문자열을 다음과 같이 작은따옴표 '를 사용하여 한 줄의 문자열로 정의할 수도 있다. 하지만 일반적으로 주석을 충분히 자세하게 다는 것이 바람직한 코딩 스타일이며, 이해하기 어려울 수 있는 복잡한 함수의 경우 함수 주석을 자세히 여러 줄로 작성하는 것이 권장된다.

```
def sum(x, y):
    '이 함수는 x와 y의 합을 반환한다.'
    sum = x + y
    return sum
```

함수 주석 문자열의 값은 *함수이름*.__doc__ 형태로 알아낼 수 있다. 다음 코드를 수행하면 sum() 함수의 함수 주석 문자열 '이 함수는 x와 y의 합을 반환한다. '가 출력되는 것을 볼 수 있다.

```
print(sum.__doc__)
```

6.3 함수의 매개 변수와 인자

함수 정의에서 () 안에 정의된 변수들을 **매개 변수**(parameter)라고 한다. 그리고 함수 호출에서 () 안에 사용된 값 또는 값을 담은 수식을 **인자**(argument)라고 한다.

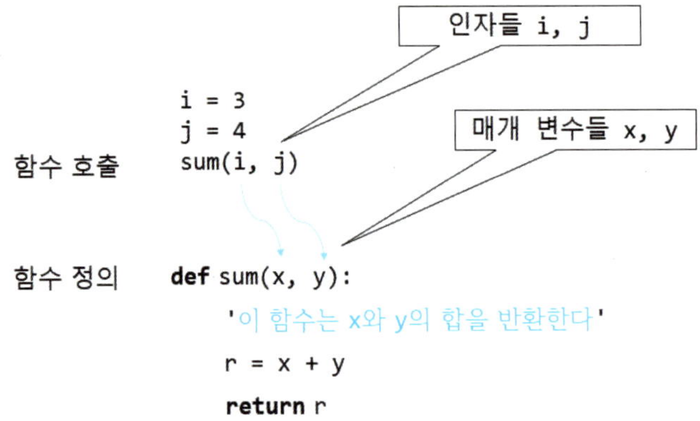

함수 정의는 0개 이상의 매개 변수들을 가질 수 있다. 다음 코드에서 hello() 함수 정의는 0개의 매개 변수를 가지며, sum() 함수의 정의는 2개의 매개 변수를 갖는다.

```
# 매개 변수가 없는 함수 정의
def hello():
    print ('Hello World')

# 2개의 매개 변수를 갖는 함수 정의
def sum(x, y):
    '이 함수는 x와 y의 합을 반환한다.'
    r = x + y
    return r
```

참고

▸ 형식 매개 변수와 실 매개 변수

매개 변수를 형식 매개 변수(formal parameters) 또는 형식 인자(formal argument)라고 표현하고, 인자를 실 매개 변수(real parameters) 또는 실 인자(real argument)라고 표현하는 경우도 있다. 하지만 일반적으로 매개 변수와 인자라는 표현이 사용된다.

6.3.1 매개 변수들과 기본 값

매개 변수는 기본 값을 가질 수 있다. 다음 코드에서 calc() 함수 정의는 4개의 매개 변수들을 가지며 그들 중 c와 d는 기본 값을 갖는 매개 변수이다.

```
# 4개의 매개 변수를 갖는 함수. c와 d는 기본 값을 갖는 매개 변수
def calc(a, b, c=0, d=0):
    return (a - b + c - d)
```

함수 정의에서 기본 값을 갖는 매개 변수(default parameter) 뒤에는 기본 값을 갖지 않은 매개 변수(non-default parameter)가 올 수 없다.

위 calc() 함수의 정의는 3번째 매개 변수 c부터 마지막 매개 변수 d까지 모두 기본 값을 갖는 매개 변수이므로 문제가 없다. 하지만 다음의 함수 정의 wrong_calc()는 두 번째 매개 변수 b가 기본 값을 갖는 매개 변수이지만 그 뒤의 3번째 매개 변수 c는 기본 값을 갖지 않은 매개 변수이므로 문법 오류가 발생한다.

```
# SyntaxError: non-default argument follows default argument
def wrong_calc(a, b=0, c, d=0):
    return (a - b + c - d)
```

6.3.2 위치 인자와 키워드 인자

함수를 호출할 때 키워드 인자(keyword argument) 또는 위치 인자(positional argument)를 사용할 수 있다.

(1) 위치 인자

위치 인자는 대부분의 프로그래밍 언어에서 사용되는 기본적인 방식이다. 함수 호출시 위치 인자들과 매개 변수들의 대응은 그들의 위치 순서에 의해 정해진다. 다음 그림에서 함수 호출 sum3(3, 4, 5)의 인자들은 위치에 따라 함수 정의 sum3(x, y, z)의 매개 변수들 x, y, z에게 위치 순서대로 전해진다.

```
a = 3
b = 4
c = 5
sum3(a, b, c) # 위치 인자들 사용
```

인자들의 값이 매개 변수들에게 위치에 따라 차례대로 전달된다.

```
def sum3(x, y, z):
    '이 함수는 x, y, z의 합을 반환한다'
    r = x + y + z
    return r
```

(2) 키워드 인자

위치 인자는 값을 담은 수식의 형태를 갖지만 키워드 인자는 매개 변수에 대한 할당문의 형태를 갖는다. 키워드 인자와 위치 인자는 모양에 의해 명확하게 구분된다. 키워드 인자가 사용되는 경우, 매개 변수의 이름에 대응하여 인자들의 값이 전해진다. 다음 그림은 키워드 인자를 사용하는 함수 호출의 예제이다.

```
a = 3
b = 4
c = 5
sum3(x=a, z=b, y=c) # 키워드 인자들 사용
```

매개 변수 이름에 대응하여 인자들이 전달된다.

```
def sum3(x, y, z):
    '이 함수는 x, y, z의 합을 반환한다'
    r = x + y + z
    return r
```

키워드 인자를 사용하는 경우 매개 변수의 이름들이 사용되므로 함수 호출에 사용되는 키워드 인자들의 순서와 매개 변수들의 순서가 달라도 된다. 다음은 예제 코드이다.

```
>>> def sum(x, y):
...     '이 함수는 x와 y의 합을 반환한다.'
...     r = x + y
```

```
...     return r
...
>>> sum(x=3, y=4) # 키워드 인자들 사용
7
>>> sum(y=4, x=3) # 키워드 인자들 사용. 인자의 위치와 매개 변수의 위치가 다르다.
7
>>>
```

함수를 호출할 때 위치 인자와 키워드 인자를 함께 사용할 수도 있다. 다음 예제 코드는 sum() 함수를 키워드 인자들만으로 호출하거나, 위치 인자들만으로 호출하거나, 위치 인자와 키워드 인자를 함께 사용하는 것을 보여준다.

```
def sum(x, y):
    '이 함수는 x와 y의 합을 반환한다.'
    r = x + y
    return r

r1 = sum(x=33, y=44) # 키워드 인자들만 사용
r2 = sum(33, y=44) # 위치 인자와 키워드 인자 함께 사용
r3 = sum(33, 44) # 위치 인자들만 사용
r4 = sum(y=44, x=33) # 키워드 인자들의 위치는 바뀔 수 있음
```

키워드 인자 다음에는 위치 인자가 나올 수 없다. sum(x=33, 44)와 같은 함수 호출은 문법 오류가 난다.

```
>>> r5 = sum(x=33, 44)
SyntaxError: positional argument follows keyword argument
>>>
```

주의

▸ 키워드 인자

키워드 인자라는 표현에서 키워드의 의미는 Python 키워드라는 표현에서의 키워드와는 별개의 의미이다.

키워드 인자를 사용하려면 매개 변수들의 이름을 기억해야 하지만 매개 변수들의 순서는 기억하지 않아도 된다. 가독성 면에서는 키워드 인자를 사용한 코드가 위치 인자를 사용한 코드보다 조금 나을 수 있다.

6.3.3 기본 값을 갖는 매개 변수에 대응하는 인자의 생략

매개 변수가 기본 값을 갖는 경우에는 함수를 호출할 때 그 매개 변수에 대응되는 위치 인자 또는 키워드 인자를 생략할 수 있다. 다음 예제를 보자. 생략된 인자에 대응하는 매개 변수의 값은 기본 값이 된다.

```
>>> def f(name, age = 23): # age는 기본 값을 갖는 매개 변수
...     print('Name:', name)
...     print('Age:', age)
...     return
...
>>> f('kim', 22) # 기본 값을 가진 인자를 생략하지 않는 경우
Name: kim
Age: 22
>>> f(name='park') # 키워드 인자를 사용. 기본 값을 가진 인자를 생략한 경우
Name: park
Age: 23
>>> f('park') # 위치 인자를 사용. 기본 값을 가진 인자를 생략한 경우
Name: park
Age: 23
>>>
```

위 코드의 수행 결과는 다음과 같다. 함수 호출 f(name='park')는 age에 대응하는 인자를 생략하였으므로 age 매개 변수의 값은 기본 값 23이 된다.

```
Name: kim
Age: 22
Name: park
Age: 23
```

키워드 인자를 사용하는 경우들과 위치 인자를 사용하는 경우들을 함께 보이는 예제 코드를 더 살펴보자.

```
>>> def calc(a, b, c=0, d=0):
...     return (a - b + c - d)
...
>>> calc(1,2,3,4) # 위치 인자들 사용
-2
>>> calc(a=1, b=2, c=3, d=4) # 키워드 인자 사용
-2
```

```
>>> calc(1,2,3) # 위치 인자 사용. 기본 값을 갖는 매개 변수에 대응하는 인자 생략
2
>>> calc(1, b=2, c=3) # 위치 인자와 키워드 인자 사용. 인자들 생략
2
>>> calc(1,2) # 위치 인자 사용. 기본 값을 갖는 매개 변수에 대응하는 인자들 생략
-1
>>> calc(a=1, b=2) # 키워드 인자 사용. 인자들 생략
-1
>>>
```

6.4 가변 길이 인자

Python에서는 매개 변수 앞에 * 또는 **를 붙여 인자들의 개수가 가변인 함수를 정의할 수 있다. 가변 길이 위치 인자들에 대응하는 매개 변수는 이름 앞에 *가 붙는다. 다음은 가변 길이 위치 인자들의 합을 구하는 var_sum() 함수이다.

```
>>> def var_sum(*args):
        sum = 0
        for i in args:
            sum = sum + i
        return sum

>>> var_sum()
0
>>> var_sum(1, 2)
3
>>> var_sum(1, 2, 3, 4, 5, 6, 7, 8, 9, 10)
55
>>>
```

가변 길이 위치 인자들을 표현하는 매개 변수는 위치 인자들을 모아 튜플에 담는다. 다음 printall() 함수는 가변 길이 위치 인자들이 담긴 튜플을 출력한다.

```
>>> def printall(*args):
        print(args) # args는 튜플

>>> printall(1, 2.0, 'a')
(1, 2.0, 'a')
>>>
```

다음 예제 코드는 가변 길이 위치 인자들을 받는 매개 변수 **args**의 값을 확인하기 위한 것이다.

```
1 def f(arg1, *args): # args 는 튜플
2     print(arg1)
3     print(args)
4     for x in args:
5         print(x)
6     return
7
8 f(20, 30, 40) # 20 (30, 40) 30 40
```

위 코드의 수행 결과는 다음과 같다. 8번 문장 **f(20, 30, 40)**이 호출되면 1번 문장에서 매개 변수 **arg1**은 **20**이 되고 매개 변수 **args**는 **(30, 40)**이 된다. 따라서 다음과 같은 수행 결과를 보게 된다.

```
20
(30, 40)
30
40
```

함수를 호출할 때 튜플이나 리스트를 담은 인자 앞에 *를 붙이면, 튜플이나 리스트의 원소들이 위치 인자들로 사용된다.

```
>>> divmod(7, 3) # x를 y로 나눈 몫과 나머지 반환
(2, 1) # 몫은 2, 나머지는 1
>>> t = (7, 3)
>>> divmod(t)
Traceback (most recent call last):
  File "<pyshell#40>", line 1, in <module>
    divmod(t)
TypeError: divmod expected 2 arguments, got 1
>>> divmod(*t)
(2, 1)
>>>
```

그리고 함수를 호출할 때 딕셔너리를 담은 인자 앞에 **를 붙이면 딕셔너리의 원소들이 키워드 인자들로 사용된다.

```
>>> def point(x, y):
        print('({}, {})'.format(x, y))


>>> p1 = {'x':1, 'y':2}
>>> p1
{'x': 1, 'y': 2}
>>> point(**p1)
(1, 2)
>>>
```

참고

‣ gather와 scatter

가변 길이 위치 인자들을 표현하는 매개 변수에 복수 개의 위치 인자들이 튜플에 모아져 담기는 것을 gather라고 표현한다. 그리고 튜플이나 리스트가 원소들로 나뉘어 매개 변수들로 전달되는 것을 scatter라고 한다.

max() 함수와 min() 함수와 같은 다양한 내장 함수들이 가변 길이 위치 인자들을 사용한다.

```
>>> max(1, 2, 3)
3
>>> min(1, 2, 3, 4, 5)
1
>>>
```

가변 길이 인자를 키워드 인자의 형태로 사용할 수도 있다. 가변 길이 키워드 인자들에 대응하는 매개 변수는 이름 앞에 **를 붙인다. 가변 길이 키워드 인자를 표현하는 매개 변수는 인자들을 딕셔너리 형태로 전달받게 된다.

```
1 def f(arg1, **kwargs): # kwargs 는 딕셔너리
2     print(arg1)
3     print(kwargs)
4     for key in kwargs:
5         print(key, kwargs[key])
6     return
7
8 f(20, key1=30, key2=40, v=50)
```

위 코드를 수행하면, 1번 문장은 20을 출력하고 3번 문장은 딕셔너리 {'key1': 30, 'key2': 40, 'v': 50}을 출력한다.

다음 예제 코드의 **printall2()** 함수는 가변 길이 위치 인자들을 담는 매개 변수와 가변 길이 키워드 인자들을 담는 매개 변수를 함께 사용한다. *가 붙은 매개 변수는 가변 길이 위치 인자들만을 모아 튜플에 담는다.

```
>>> def printall(*args):
        print(args)

>>> printall(1, 2.0, 'a')
(1, 2.0, 'a')
>>> printall(1, 2.0, third='3')
Traceback (most recent call last):
  File "<pyshell#46>", line 1, in <module>
    printall(1, 2.0, third='3')
TypeError: printall() got an unexpected keyword argument 'third'
>>> def printall2(*args, **kwargs):
        print(args, kwargs)


>>> printall2(1, 2.0, third='3')
(1, 2.0) {'third': '3'}
>>>
```

6.5 함수 인자 전달 방식

> **알림**
> 이 절에서 간단히 설명되는 Python의 함수 인자 전달 방식을 깊게 이해하려면 제 10장에서 기술되고 있는 객체의 개념과 객체의 도식화 표현 방법, 그리고 제 11장에서 기술되고 있는 이름 공간의 개념에 대한 이해가 필요하다. 따라서 이 절에 이해하기 어려운 부분이 있는 경우 일단 지나가도 된다.

Python에서 모든 것은 객체이다. 정수, 실수, 문자열, 리스트, 튜플, 딕셔너리, 함수 정의 등이 모두 객체로 표현된다. 그리고 함수 호출의 인자로 사용되는 것은 객체 자체가 아니라 객체에 대한 참조 값이다. 다음 예제 코드를 보자.

```
1  def swap(x, y):
2      temp = x
3      x = y
4      y = temp
5
6  a = 100
7  b = 200
8  swap(a, b)
9
10 print(a, b)
```

위 코드의 수행 결과는 다음과 같다. 다음과 같은 결과가 나오는 이유를 단계별로 살펴보자.

```
a: 100, b: 200
a: 100, b: 200
```

① 문장 6과 7이 수행되면 변수 a와 b는 각각 1과 2가 된다.

② 문장 8이 호출되어 문장 1이 수행되고 나면 매개 변수 x와 y의 값은 각각 1과 2가 된다.

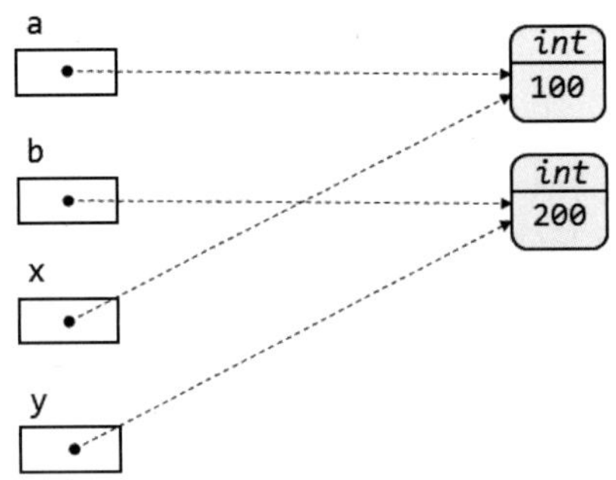

③ 문장 2가 수행되고 나면 다음과 같은 상태가 된다.

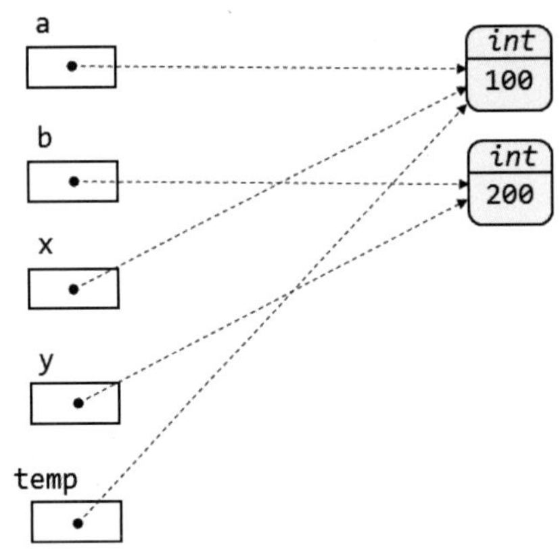

④ 문장 3, 4가 수행되고 나면 변수들의 값은 다음 상태가 된다.

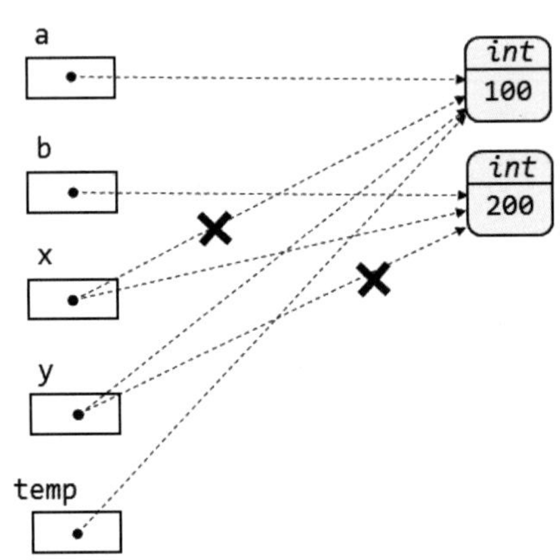

⑤ 따라서 10번 문장을 수행하면 결과로 100, 200이 출력된다.

이제 리스트를 인자로 사용하는 예제를 살펴보자.

```
1 def change(list1):
2     list1[2] = 0 # 인자로 전달된 [1,2,3] 이 수정된다.
3     return
4
5 x = [1, 2, 3]
6 change(x)
7 print(x) # [1, 2, 0]을 출력한다.
```

위 코드는 [1, 2, 0]을 출력한다. 왜 그런지 단계별로 살펴보자.

① 위 예제 코드는 5번 문장에서 변수 x에 리스트 [1, 2, 3]을 할당한다. 이 상황을 도식으로 그리면 다음 그림과 같다. 변수는 네모로 표현되며 객체는 모서리가 둥근 네모로 표현된다. 리스트의 도식화에 대한 자세한 내용은 제 10장에 나온다.

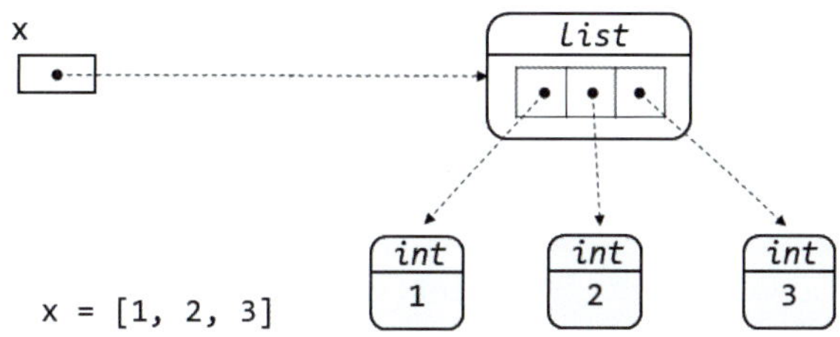

변수 x는 리스트 [1, 2, 3]에 대한 참조를 저장하고 있다.

② 6번 문장에서 x를 인자로 사용하여 change() 함수가 호출된다. 호출 직후 제어는 1번 문장으로 간다. 1번 문장에서 인자 x가 담고 있는 참조가 매개 변수 list1로 전달된다.

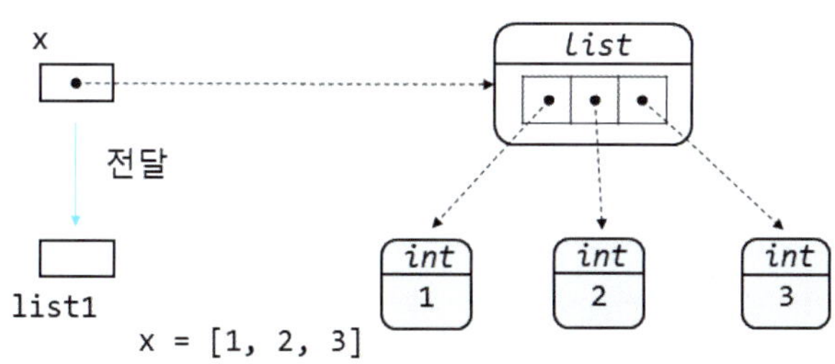

변수 x가 담고 있는 참조가 매개 변수 list1로 전달된다.

인자 x가 담고 있는 참조가 매개 변수 list1으로 전달되고 나면 다음과 같이 인자 x와 매개 변수 list1이 동일한 리스트 [1, 2, 3]을 참조하고 있는 상태가 된다.

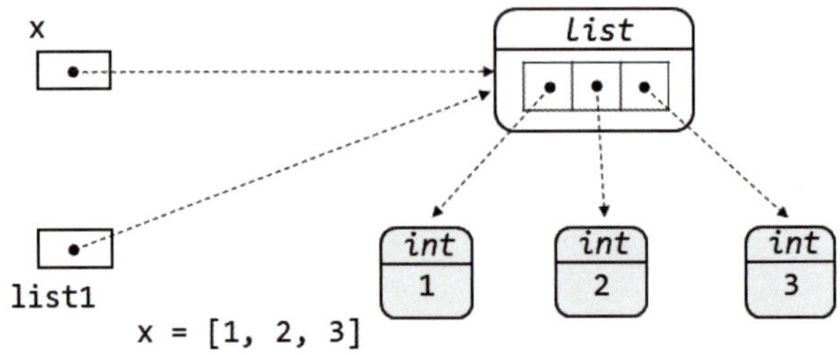

변수 x와 매개 변수 list는 동일한 리스트를 참조하고 있다.

③ 이제 2번 문장 **list1[2] = 0** 이 수행되고 결과적으로 인자 **x**와 매개 변수 **list1**이 함께 참조하고 있는 리스트의 값이 수정된다.

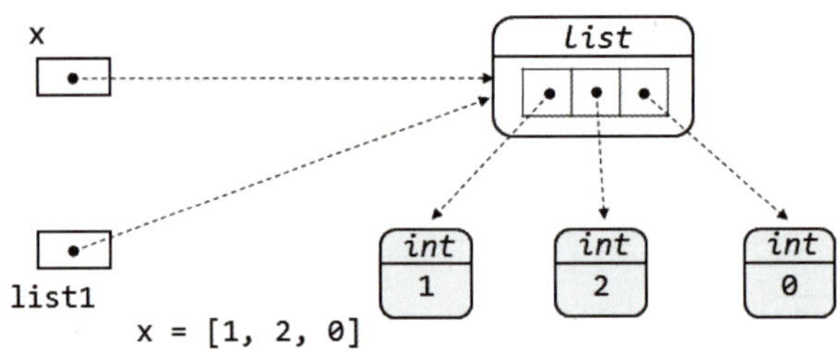

매개 변수 list가 참조하고 있는 리스트가 수정되었다.

④ 3번 문장을 수행하고 나면 제어가 7번 **print(x)** 문장으로 간다. 그리고 7번 문장은 **x**가 참조하고 있는 리스트의 값 **[1, 2, 0]**을 출력한다. 이 예제는 Python의 함수 인자 전달 방식을 잘 보여준다.

이제 앞에서 본 예제 코드를 살짝 수정한 다음 예제 코드를 단계별로 살펴보자. 다음 예제 코드의 수행 결과는 **[1, 2, 3]**이다.

```
def change( list1 ):
    print('list1 = ', list1)
    list1 = [5, 6] # 인자로 전달된 list1과 별개의 지역 변수 list1이 생성된다.
    return

x = [1, 2, 3]
change(x) # 바뀌지 않는다.
print(x) # [1, 2, 3]을 출력한다.
```

① 6번 문장에서 변수 x는 리스트 [1, 2, 3]에 대한 참조를 저장한다.

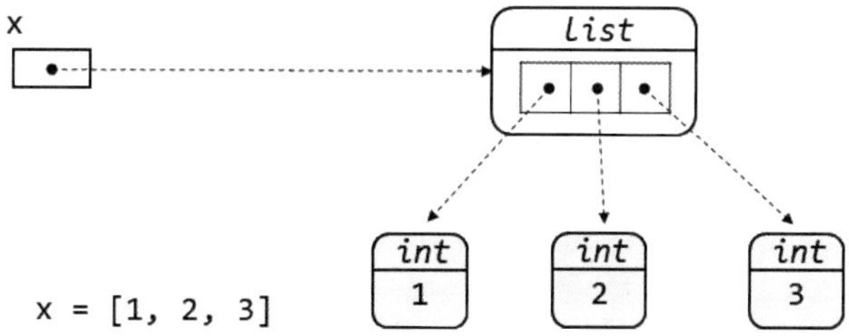

변수 x는 리스트 [1, 2, 3]에 대한 참조를 저장하고 있다.

② 7번 문장에서 x를 인자로 사용하여 change() 함수가 호출된다. 호출 직후 제어는 1번 문장으로 간다. 1번 문장에서 인자 x가 담고 있는 참조가 매개 변수 **list1**에 전달된다.

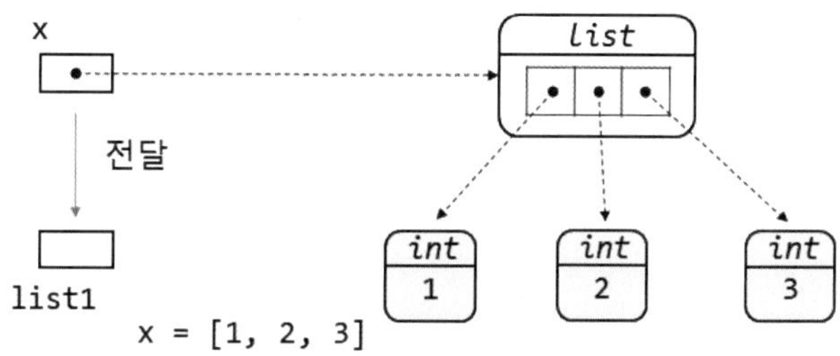

변수 x가 담고 있는 참조가 매개변수 list1으로 전달된다.

인자 x가 담고 있는 참조가 매개 변수 **list1**에 전달되고 나면 다음과 같이 인자 x와 매개 변수 **list1**이 동일한 리스트 [1, 2, 3]을 참조하고 있는 상태가 된다.

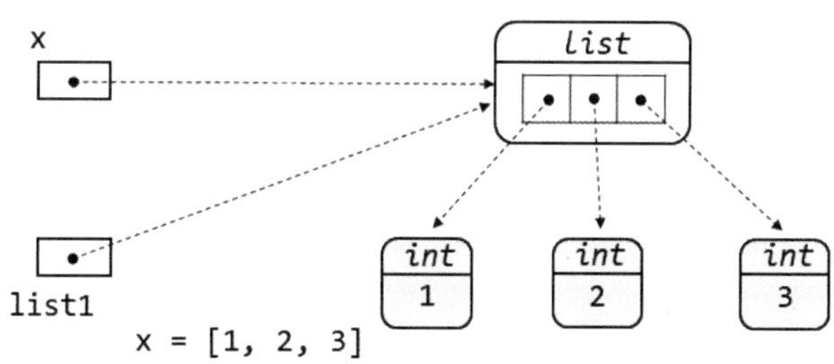

변수 x와 매개 변수 list는 동일한 리스트를 참조하고 있다.

③ 2번 문장이 수행되어 **list1 = [1, 2, 3]**을 출력한다.

④ 3번 문장이 수행되어 매개 변수 list1에 리스트 [5, 6]에 대한 참조가 할당된다. 변수는 하나의 값만을 저장할 수 있으므로 리스트 [1, 2, 3]에 대한 참조는 끊어진다. 현재의 상황을 도식화하면 다음과 같다.

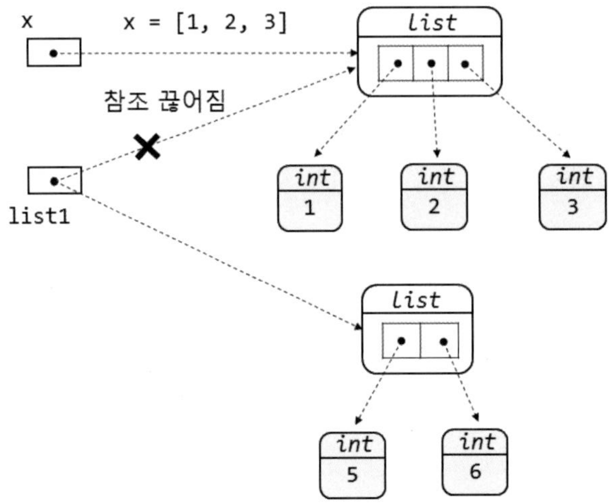

매개 변수 list가 리스트 [5, 6]을 참조하고 있다.

⑤ 4번 return 문장이 수행되면 함수 호출이 종료된다. 제어가 8번 문장으로 온다. print(x) 문장은 참조 변수 x가 참조하는 리스트 [1, 2, 3]을 출력한다.

Python의 함수 인자 전달 방식은 값에 의한 전달(pass by value)이다. 다만 Python에서는 모든 것이 객체이므로 함수 인자에서 매개 변수로 전달되는 값은 항상 객체 참조임에 주의해야 한다. Python의 함수 인자 전달 방식을 객체 참조에 의한 전달(pass by object reference)이라고 표현하기도 한다.

6.6 return 문

return은 Python 키워드이다. 함수 몸체에는 0개 이상의 return 문이 나타날 수도 있다. return 문의 형태는 다음 중 하나이다.

- return *expression*
- return

(1) return *expression* 문

return *expression* 문은 *expression*을 평가하여 그 결과 값을 반환하고 함수의 수행을 종료한다. 다음 예제 코드에서 sum(3, 4)는 수식 (x + y)의 평가 결과 값 7을 반환하고 함수의 수행을 종료한다.

```
def sum(x, y):
    '이 함수는 x와 y의 합을 반환한다.'
    return (x + y)

print(sum(3,4)) # sum(3, 4)가 반환하는 7을 출력한다.
```

(2) return 문

*expression*이 없는 return 문은 함수의 수행을 종료하고 None을 반환한다. 즉, *expression*이 없는 return 문은 return None 문장과 같다. 그리고 return 문이 없는 함수는 return None 문장이 함수 몸체의 마지막에 있는 것으로 취급된다. 다음 예제 코드의 함수들은 모두 None을 반환한다.

```
def my_func1():
    print ('Hello World')
    return None

def my_func2():
    print ('Hello World')
    return

def my_func3():
    print ('Hello World')
```

6.7 다중 값의 변환과 할당

Python에서는 여러 개의 값들을 인자로 사용하는 return 문을 가진 함수를 정의할 수 있으며, 할당문의 = 연산자의 왼쪽에 여러 개의 변수들을 선언할 수도 있다.

```
>>> def f(x):
        return x, x*x, x*x*x

>>> r1, r2, r3 = f(3)
>>> print(r1, r2, r3)
3 9 27
>>>
```

위 코드에 정의된 함수 f는 여러 개의 값을 반환하는 것처럼 보이지만 실제로는 여러 개의 값을 담은 하나의 튜플을 반환한다.

```
>>> f(3)
(3, 9, 27)
>>> f(4)
(4, 16, 64)
>>>
```

따라서 위 코드의 보다 정확한 표현은 다음과 같다.

```
>>> def f(x):
        return x, x*x, x*x*x # return x, x*x, x*x*x와 같음

>>> r1, r2, r3 = f(3) # r1, r2, r3 = f(3)와 같음
>>> print(r1, r2, r3)
3 9 27
>>>
```

연습문제

1 다음 용어들의 의미를 각각 50자 정도로 설명하라.

a. 매개 변수
b. 인자
c. 참조 변수
d. 키워드 인자와 위치 인자

2 다음 예제 코드의 출력은 무엇인가?

```
def no_return(x, y):
    c = x + y

res = no_return(4, 5)
print(res)
```

3 인자로 주어진 4개의 정수들의 평균을 구하는 함수 `aver4(n1, n2, n3, n4)`를 정의하라.

4 팩토리얼을 구하는 함수 `factorial(n)`을 작성하라.

5 가변 길이 인자를 사용하여 다음과 같이 1개 이상의 정수 인자들의 평균값을 실수로 구하는 함수 `aver()`를 작성하라.

```
>>> aver(10, 20, 30)
20.0
>>> aver(1)
1.0
>>> aver(33, 44, 55, 66)
49.5
>>>
```

6 1부터 `n` 사이에 존재하는 5의 배수의 합을 계산하는 함수 `sum_of_multiples_of_5(n)`를 작성하라. `n`은 1보다 큰 정수이다. 예를 들어 `sum_of_multiples_of_5(15)`는 5 + 10 + 15, 즉 30이다.

PART

2

기초 다지기

HTTP://Python.org

Train your Python programming muscles.

CHAPTER 07

모듈과 패키지

Python 프로그램이나 라이브러리는 모듈(module)이라는 단위로 구성된다. 모듈의 종류에는 파일 모듈과 패키지 모듈이 있다. 파일 모듈(file module)이란 하나의 .py 파일을 의미하고 패키지 모듈(package module)이란 모듈들을 디렉터리 구조에 담은 것을 의미한다. 패키지 모듈은 디렉터리 속에 .py 파일들 또는 패키지 모듈들을 포함할 수 있다. 패키지 모듈을 짧게 패키지라고 부르기도 한다. 패키지 안에 포함된 패키지를 부 패키지(subpackage)라고 한다.

- 모듈
  - 파일 모듈
  - 패키지 모듈
    - 이름 공간 패키지 모듈
    - 정규 패키지 모듈

패키지 모듈의 종류에는 이름 공간 패키지 모듈(namespace package module)과 정규 패키지 모듈(regular package)이 있다. Python 3.3에서 이름 공간 패키지 모듈의 지원이 추가되었다. 호환성을 위하여 Python 3.2 이전에 사용되던 패키지인 정규 패키지 모듈도 여전히 지원된다.

모듈은 Python 프로그래밍에서의 개발 및 재사용의 단위이다. Python 환경의 강점의 하나는 아주 풍부한 파일 모듈들과 패키지들을 사용할 수 있다는 것이다. Python을 설치하면 Python 표준 라이브러리가 기본으로 설치된다. https://docs.python.org/3/library 사이트에서 소개하고 있는 Python 표준 라이브러리는 Python 개발자를 위한 다양한 파일 모듈들과 패키지들을 제공한다. 인터넷에도 매우 다양한 파일 모듈들과 패키지들이 공개되어 있다. Python 공개 패키지들을 소개하고 있는 다음 PyPI(Python Package Index) 사이트에 가보면 십여만 개의 Python 공개 패키지들을 볼 수 있다.

https://pypi.python.org/pypi

참고

▸ 모듈러 프로그래밍

크고 복잡한 시스템을 여러 개의 모듈(module)들로 나누어 프로그래밍 하는 것을 모듈러 프로그래밍(modular programming)이라고 한다. 모듈은 독립적으로 제작되고 테스트 될 수 있는 프로그래밍 단위이다. 모듈러 프로그래밍이 지원되면 커다랗고 복잡한 프로그램을 여러 개의 모듈들로 나누어 개발하는 것이 용이해진다. Python은 모듈을 통해 모듈러 프로그래밍을 지원한다.

7.1 파일 모듈의 생성

파일 모듈을 생성해 보자. 파일 모듈을 생성할 디렉터리는 일단 Python 홈 디렉터리로 한다. Python 홈 디렉터리란 Python이 설치된 디렉터리를 의미한다. 예를 들어, Python을 C:\Python3 디렉터리에 설치하였다면 Python 홈 디렉터리는 C:\Python3이 된다.

Python IDLE를 수행시키고 File 〉〉 New File 메뉴를 선택하여 다음 [코드 7-1]과 같은 원시 코드를 편집하고 series.py라는 이름의 파일로 저장한다. 이제 파일 모듈 **series**가 생성하였다. Python 원시 코드 파일인 .py 파일을 생성하는 것이 파일 모듈을 생성하는 것이다.

```
# series.py 모듈
def geometric(n):
    ''' n까지의 등비 수열을 담은 리스트를 반환한다 '''
    result = []
    a = 1
    while True:
        r = a * a
        if (r > n):
            break
        result.append(r)
        a = a + 1

    return result

def fibonacci(n):
    ''' n까지의 피보나치 수열을 담은 리스트를 반환한다 '''
    result = []
    a, b = 0, 1
    while (b < n):
        result.append(b)
        a, b = b, a + b
    return result

# geometric() 함수와 fibonacci() 함수가 잘 동작하는지 테스트 해본다.
x = 100
_test = 'test'
print(geometric(x)) # [1, 4, 9, 16, 25, 36, 49, 64, 81, 100]
print(fibonacci(x)) # [1, 1, 2, 3, 5, 8, 13, 21, 34, 55, 89]
```

| 코드 7-1 | series 모듈

생성된 위 series 모듈은 geometric(n) 함수 정의, fibonacci(n) 함수 정의, 변수 x, 변수 _test 그리고 함수 호출들을 담고 있다.

geometric(n) 함수는 등비 수열(geometric series)을 구하는 함수이고, fibonacci(n) 함수는 피보나치 수열(Fibonacci series)을 구하는 함수를 정의하고 있다. 등비 수열이란 자연수들의 제곱들의 수열 1*1, 2*2, 3*3, ... 이며, 피보나치 수열이란 1, 1로 시작하며 이전 두 항의 합이 다음 항의 값이 되는 수열이다. 위 series 파일 모듈을 수행하면 다음과 같은 결과를 볼 수 있다.

```
[1, 4, 9, 16, 25, 36, 49, 64, 81, 100]
[1, 1, 2, 3, 5, 8, 13, 21, 34, 55, 89]
```

7.2 import *file_module* 문

어떤 모듈에서 다른 파일 모듈에 정의되어 있는 변수, 함수, 클래스 등을 사용하려면 import 문을 사용하여 필요한 파일 모듈을 임포트한다. 파일 모듈 *file_module*을 임포트하기 위한 import 문의 형태는 다음과 같다.

import *file_module*
import *file_module* **as** *file_module_nickname*

위 문장에서 **as** *file_module_nickname* 구문은 선택 사항이다. 임포트한 모듈의 이름을 다른 이름으로 표현하고 싶을 때 **as** *file_module_nickname* 구문을 사용한다. 다음 예제는 numpy 모듈을 임포트하여 np라는 다른 이름으로 사용하는 것을 보여준다.

```
import numpy as np

x = np.array([2.0, 3.0])
y = 2

print(x * y) # [4. 6.] 출력
```

import *file_module* 문으로 임포트한 모듈에서 정의된 변수나 함수를 사용하려면 다음과 같이 그 변수나 함수의 이름 앞에 변수나 함수가 정의된 모듈의 이름과 .을 붙여 사용해야 한다.

file_module.name
file_module.name()

(1) 내장 모듈 math의 임포트

내장 모듈을 임포트 하는 예제를 보자. 다음은 Python 표준 라이브러리에 포함되어 있는 내장 모듈들 중의 하나인 **math** 모듈을 임포트 하여 사용하는 예제 코드이다. **math** 모듈에는 수학에 관련된 다양한 함수들과 변수들이 정의되어 있다.

```
>>> import math
>>> print(math.pi)
3.141592653589793
>>> print(math.sin(math.pi/2))
1.0
>>> print(math.cos(math.pi/2))
6.123233995736766e-17
>>>
```

위 코드는 **import math** 문을 사용하여 파일 모듈 **math**를 임포트하였다. 그리고 **math** 모듈에 정의되어 있는 **pi** 변수, **sin()** 함수, **cos()** 함수를 다음과 같은 형태로 사용하고 있다.

```
math.pi # file_module.name
math.sin() # file_module.name()
math.cos() # file_module.name()
```

(2) 사용자 정의 모듈의 임포트

다음과 같은 p.py라는 파일 모듈을 만들고 그 모듈에서 [코드 7-1]의 사용자 정의 **series** 파일 모듈을 임포트하여 보자. series.py 파일 모듈이 이미 존재하고 있는 Python 홈 디렉터리에 **import series** 문을 포함하는 [코드 7-2]와 같은 p.py 파일 모듈을 생성한다.

```
# p.py 모듈
# series 파일 모듈의 fibonacci() 함수를 사용하는 모듈
import series # 코드 7-1

print('Hello Fibonacci!')
print('fibonacci(500) = ', series.fibonacci(500))
```

| 코드 7-2 | 파일 모듈 p

이제 파일 모듈 **p**를 Python Shell에서 수행해 보면 모듈 **p**의 3번 **import series** 문장에서 모듈 **series**가 수행되고 그 다음에 모듈 **p**의 5번과 6번 문장이 수행된 것을 알 수 있다.

```
Python 3.6.4 Shell
File Edit Shell Debug Options Window Help
Python 3.6.4 (v3.6.4:d48eceb, Dec 19 2017, 06:54:40) [MSC v.1900 64 bit (AMD64
)] on win32
Type "copyright", "credits" or "license()" for more information.
>>>
======================== RESTART: D:\prj\python3\p.py ========================
[1, 4, 9, 16, 25, 36, 49, 64, 81, 100]
[1, 1, 2, 3, 5, 8, 13, 21, 34, 55, 89]
Hello Fibonacci!
fibonacci(500) =  [1, 1, 2, 3, 5, 8, 13, 21, 34, 55, 89, 144, 233, 377]
>>>
                                                                Ln: 9  Col: 4
```

import series 문 수행 결과 (위 두 줄의 리스트 출력)
문장 5, 6의 수행 결과 (Hello Fibonacci!와 fibonacci(500) 출력)

만일 모듈 p에 문장 **import series** 문장이 없으면 6번 문장에서 **series**라는 이름이 정의되지 않았다는 다음과 같은 오류가 발생할 것이다. **import *file_module*** 문을 사용하지 않고 임포트된 파일 모듈에 정의된 이름들을 사용하였기 때문이다.

```
NameError: name 'series' is not defined
```

p.py 모듈에 **import series** 문장이 있어도 만일 함수 호출을 **series.fibonacci()**가 아닌 그냥 **fibonacci()**로 하면 다음과 같은 오류가 발생할 것이다. 임포트한 모듈에 정의된 함수 호출 앞에 ***file_module.name()*** 형태로 파일 모듈을 붙이지 않았기 때문이다.

```
NameError: name 'fibonacci' is not defined
```

7.3 from *file_module* 문

다른 파일 모듈에 정의되어 있는 변수들이나 함수들을 사용하기 위해서 **import** *file_module* 문 대신 **from** *file_module* 문을 사용할 수도 있다. **from** *file_module* 문의 형태는 다음과 같다.

형태 1 **from** *file_module* **import** $name_1$, $name_2$, …, $name_n$

형태 2 **from** *file_module* **import** *

형태 1의 **from** 문은 *file_module* 에 정의된 변수들, 함수들, 클래스들 등 중에서 $name_1$, $name_2$, …, $name_n$에 대응되는 이름을 가진 것들만 선별적으로 임포트한다.

그리고 형태 2의 **from** *file_module* **import** * 문은 *file_module*에 정의된 모든 변수들, 함수들, 클래스들 등을 임포트한다. 다만 이름이 _로 시작하는 것들은 임포트하지 않는다. 예를 들어, **from series import *** 문은 함수 **geometric()**, **fibonacci()** 그리고 변수 **x**를 임포트하지만 변수 **_test**는 임포트하지 않는다.

import *file_module* 문으로 임포트한 이름들과 **from** *file_module* 문으로 임포트한 이름들의 사용하는 방법이 다르다. **import** *file_module* 문을 사용하여 임포트한 모듈에 정의된 이름 *name*을 사용할 때에는 *file_module.name*의 형태를 사용해야 하지만 **from** *file_module* 문을 사용하여 임포트한 모듈의 이름들을 사용할 때에는 다음과 같이 이름 앞에 임포트한 파일 모듈의 이름을 붙이지 않아야 한다.

name
name( )

예를 들어 보자. 다음은 [코드 7-2]의 모듈 p.py의 **import** *file_module* 문을 **from** *file_module* 문으로 바꾼 p2.py이다. **from** *file_module* 문을 사용하였으므로 문장 6에서 **fibonacci()** 함수를 모듈 이름을 붙이지 않고 호출하고 있다.

```
1 # p2.py
2 # series 모듈의 함수들을 사용하는 모듈
3 from series import geometric, fibonacci
4 
5 print('Hello Fibonacci!')
6 print('fibonacci(500) = ', fibonacci(500))
```

| 코드 7-3 | 파일 모듈 p2

다음은 위 p2.py 모듈의 수행 결과이다. **from** *file_module* 문을 수행했을 때에도 **import** *file_module* 문과 마찬가지로 임포트되는 파일 모듈이 수행되는 것을 볼 수 있다.

```
Python 3.6.4 Shell
File Edit Shell Debug Options Window Help
Python 3.6.4 (v3.6.4:d48eceb, Dec 19 2017, 06:54:40) [MSC v.1900 64 bit (AMD64
)] on win32
Type "copyright", "credits" or "license()" for more information.
>>>
======================= RESTART: D:\prj\python3\p2.py =======================
[1, 4, 9, 16, 25, 36, 49, 64, 81, 100]
[1, 1, 2, 3, 5, 8, 13, 21, 34, 55, 89]
Hello Fibonacci!
fibonacci(500) =  [1, 1, 2, 3, 5, 8, 13, 21, 34, 55, 89, 144, 233, 377]
>>>
Ln: 9 Col: 4
```

p2.py의 3번 문장 수행 결과 (위 두 줄의 리스트 출력)

문장 5, 6의 수행 결과 (Hello Fibonacci! 및 fibonacci(500) 출력)

참고

import *file_module* 문과 from *file_module* 문의 차이를 깊게 이해하려면 Python의 이름 공간(namespace)의 개념을 이해하는 것이 필요하다. 이름 공간에 대한 자세한 내용은 제 11장에 나온다.

7.4 __name__ 변수와 __main__ 모듈

__name__은 Python 인터프리터가 관리하는 내장 변수(builtin variable)이다. Python 인터프리터는 __name__ 변수에 현재 수행되고 있는 모듈의 이름 또는 '__main__'을 저장한다.

참고

▸ **Python은 고정된 메인 함수가 없다.**
C/C++ 언어나 Java 언어는 프로그램의 수행이 항상 그곳에서 시작되는 고정된 메인 함수 main()을 갖는다. 하지만 Python에는 C/C++ 언어나 Java 언어의 main()과 같은 고정된 메인 함수가 없다.

Python 인터프리터는 다음과 같은 문장들을 __main__ 모듈의 문장으로 취급한다. 즉, 다음과 같은 문장들을 수행할 때 __name__ 변수의 값을 '__main__'으로 설정한다.

- Python 인터프리터가 스크립트 모드로 직접 수행하는 .py 파일의 문장들
- REPL 모드에서 입력되는 Python 문장들
- Python 인터프리터에 -c 옵션의 값으로 주어지는 문자열 문장들
- eval() 함수나 exec() 함수의 인자로 주어지는 문자열 문장

(1) 스크립트 모드로 직접 수행하는 모듈의 문장들

Python 인터프리터가 스크립트 모드로 어떤 모듈을 *직접* 수행하는 동안 __name__ 변수의 값은 '__main__'이 된다. 예제를 통해 살펴보자. 먼저 다음과 같은 간단한 모듈 print_name.py를 생성한다.

```
# print_name.py
print('__name__ : ', __name__)
```

그리고 Python IDLE에서 print_name.py를 직접 수행하면 __name__: __main__이 출력되는 것을 볼 수 있다.

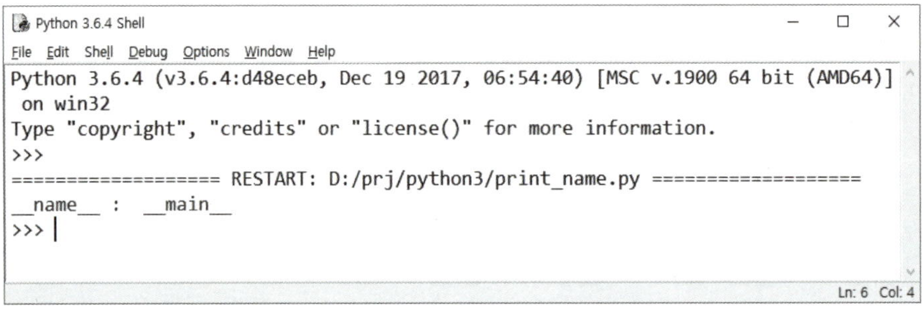

명령 프롬프트 창에서 다음과 같이 Python 인터프리터로 **print_name.py**를 직접 수행해도 같은 결과를 볼 수 있다.

(2) REPL 모드에서 입력되는 문장들

REPL 모드에서 입력되는 문장들은 **__main__** 모듈의 문장으로 취급된다. 다음 예제 코드를 보자.

```
>>> x = 1
>>> print(x, __name__)
1 __main__
>>>
```

(3) Python 인터프리터에 –c 옵션의 값으로 주어지는 문자열 문장들

CPython 인터프리터를 수행시킬 때 다음과 같이 명령 옵션들을 지정할 수 있다. Python의 구현 종류에 따라 명령 옵션이 다를 수 있다.

python [-bBdEhiIOqsSuvVWx?] [-c *cmd* | -m *module-name* | *script* | -] [*args*]

CPython 인터프리터의 **-c** 명령 옵션의 *cmd*에 Python 스크립트 형태의 문자열 문장을 인자로 사용할 수 있다. Python 인터프리터의 명령 옵션에 대한 자세한 내용은 사이트 https://docs.python.org/3/using/cmdline.html를 참조하라.

(4) eval()이나 exec() 함수의 인자로 주어지는 문자열 문장들

다음은 eval() 함수의 인자로 주어지는 문자열 문장들을 보여주는 예제 코드이다. 예제 코드의 eval() 함수의 인자로 주어지는 문자열 문장은 __main__ 모듈의 문장들로 취급되고 있다.

```
>>> x = 1
>>> eval('x + 1') # 전역 모듈 이름 공간 사용
2
>>> eval('__name__') # 전역 모듈 이름 공간 사용
'__main__'
>>> def f():
        y = 2
        print(eval('x + y + abs(-1)')) # 지역, 전역, 내장 이름 공간 사용

>>> f() # 4
```

Python 인터프리터가 수행하고 있는 __main__ 모듈이 import *file_module* 문장 또는 from *file_module* 문장을 수행하는 순간 __name__ 변수의 값은 임포트된 모듈의 이름으로 바뀐다. 그리고 import 문을 마치고 빠져나오는 순간 __name__ 변수의 값은 다시 import *module* 문장이나 from *file_module* 문장이 수행되기 직전의 값이 된다. 다음 예제 코드를 보자.

```
# import_name.py
print('module name1 = ', __name__) # import print_name문을 수행하기 전
import print_name
print('module name2 = ', __name__) # import print_name 문을 수행한 후
```

위 코드를 import_name.py 파일로 저장하고 Python 인터프리터로 직접 수행하면 다음과 같이 변수 __name__의 값이 '__main__'에서 'print_name'으로 바뀌었다가 import print_name 문의 수행이 종료되는 순간 다시 '__main__'으로 바뀌는 것을 볼 수 있다.

7.5 조건문 if (__name__ == '__main__'):

Python 코드들을 보다보면 조건문 if (__name__ == '__main__'):을 포함하는 문장들을 만나곤 한다. 제 7.1절의 [코드 7-1]의 series 파일 모듈을 이용하여 그 의미를 파악하여 보자.

```
# series.py
def geometric(n):
    ''' n까지의 등비 수열을 담은 리스트를 반환한다 '''
    result = []
    a = 1
    while True:
        r = a * a
        if (r > n):
            break
        result.append(r)
        a = a + 1

    return result

def fibonacci(n):
    ''' n까지의 피보나치 수열을 담은 리스트를 반환한다 '''
    result = []
    a, b = 0, 1
    while (b < n):
        result.append(b)
        a, b = b, a + b
    return result

# geometric() 함수와 fibonacci() 함수가 잘 동작하는지 테스트 해본다.
x = 100
print(geometric(x)) # [1, 4, 9, 16, 25, 36, 49, 64, 81, 100]
print(fibonacci(x)) # [1, 1, 2, 3, 5, 8, 13, 21, 34, 55, 89]
```

Python 인터프리터로 series 모듈을 직접 수행시키면 다음과 같은 Fibonacci 수열의 출력을 볼 수 있었다.

```
[1, 4, 9, 16, 25, 36, 49, 64, 81, 100]
[1, 1, 2, 3, 5, 8, 13, 21, 34, 55, 89]
```

이제 series 모듈을 임포트하여 사용하는 다음과 같은 use_series.py 모듈을 생성하고 Python 인터프리터로 직접 수행하여 보자.

```
# use_series.py
import series

# series 모듈의 fibonacci() 함수를 호출한다.
r = series.fibonacci(1000)
print(r)
```

Python 인터프리터로 직접 use_series 모듈을 수행하면 다음과 같이 use_series 모듈에 있는 print() 문의 출력뿐 아니라 series 모듈에 있는 print() 문의 출력도 보인다.

```
series 모듈의 출력
[1, 4, 9, 16, 25, 36, 49, 64, 81, 100]
[1, 1, 2, 3, 5, 8, 13, 21, 34, 55, 89]
use_series 모듈의 출력
[1, 1, 2, 3, 5, 8, 13, 21, 34, 55, 89, 144, 233, 377, 610, 987]
```

그런데, series 모듈을 임포트하는 입장에서는 series 모듈의 함수 정의들은 필요하지만 series 모듈의 문장 26, 27이 내보내는 출력은 필요하지 않을 수 있다. 이런 문제를 변수 __name__을 이용하여 풀 수 있다. 먼저 series.py를 다음과 같이 수정한다.

```
1 # 수정된 series.py
2 def geometric(n):
3     ''' n까지의 등비 수열을 담은 리스트를 반환한다 '''
4     result = []
5     a = 1
6     while True:
7         r = a * a
8         if (r > n):
9             break
10        result.append(r)
11        a = a + 1
12
13    return result
14
15 def fibonacci(n):
16    ''' n까지의 피보나치 수열을 담은 리스트를 반환한다 '''
17    result = []
18    a, b = 0, 1
```

```
19     while (b < n):
20         result.append(b)
21         a, b = b, a + b
22     return result
23
24 # geometric() 함수와 fibonacci() 함수가 잘 동작하는지 테스트 해본다.
25 if (__name__ == '__main__'):
26     x = 100
27     print(geometric(x)) # [1, 4, 9, 16, 25, 36, 49, 64, 81, 100]
28     print(fibonacci(x)) # [1, 1, 2, 3, 5, 8, 13, 21, 34, 55, 89]
```

이제 다시 모듈 `use_series`를 수행하면 수정된 `series` 모듈의 문장 25에서 `__name__` 변수의 값은 `'series'`이므로 수정된 `series` 모듈의 문장 26, 27, 28은 수행되지 않는다. 결과적으로 다음과 같이 `use_series` 모듈의 출력만을 볼 수 있다.

```
[1, 1, 2, 3, 5, 8, 13, 21, 34, 55, 89, 144, 233, 377, 610, 987]
```

모듈마다 다음과 같이 조건 `if (__name__ == '__main__'):` 을 사용하는 테스트 코드를 갖도록 하는 것은 Python 모듈을 작성할 때 널리 쓰는 기법이다.

```
if (__name__ == '__main__'):
  test_statement1
  test_statement2
```

위와 같은 코드를 포함하는 모듈을 Python 인터프리터로 *직접* 수행하면 *test_statement*$_1$과 *test_statement*$_2$ 문장이 수행될 것이다. 하지만 다른 모듈에서 위와 같은 코드를 포함하는 모듈을 임포트하는 경우에는 *test_statement*$_1$과 *test_statement*$_2$ 문장이 수행되지 않을 것이다.

따라서 Python 개발자들은 자신이 개발한 모듈을 다른 모듈에서 임포트하여 사용할 때를 고려하여 자신이 개발하는 모듈의 테스트 코드를 `if (__name__ == '__main__'):` 조건문 안에 넣는 습관을 들이는 것이 바람직하다. 다른 모듈에서 임포트하여 사용할 때 테스트 코드가 수행되지 않도록 항상 다음과 같은 형태로 모듈을 만드는 것을 권장한다.

```
import file_module1
import file_module2

# 변수들의 정의
...

# 함수들의 정의 또는 class들의 정의
def f():
    ...

def g():
    ...

# 이 모듈에서 정의된 변수, 함수, 클래스 등의 테스트 코드
if (__name__ == '__main__'):
   test_statement1
   test_statement2
```

7.6 파일 모듈의 재적재 - importlib.reload() 함수

Python 인터프리터를 시작하고 모듈을 임포트한 후 같은 파일 모듈을 다시 임포트하면 임포트되지 않는다. 확인을 위해 다음과 같은 **hello** 모듈을 생성한다.

```
# hello.py
def hello(name):
    print('Hello ', name + '!')

hello('Kim')
```

이제 다음 코드를 보자. **import hello** 문을 처음 수행하면 Hello Kim!이 출력된다. 하지만 다시 **import hello** 문을 수행하면 아무런 출력이 나타나지 않는다. 두 번째로 호출된 **import hello** 문은 **hello** 파일 모듈을 임포트하지 않기 때문이다.

```
>>> import hello
Hello  Kim!
>>> import hello # 임포트되지 않는다.
>>>
```

Python에서 이미 임포트된 파일 모듈을 **import** 문으로 다시 임포트할 수 없도록 하는 이유는 다음과 같다:

커다란 Python 프로그램을 작성하다 보면 여러 개의 **import** 문을 사용하게 되고, **import** 문에 의해 임포트된 모듈이 다시 여러 개의 **import** 문을 갖는 경우가 생길 수 있다. 그런데 만일 이미 임포트된 모듈이 **import** 문으로 다시 임포트된다면 그런 경우 개발자도 모르게 동일한 모듈에 대한 **import** 문이 여러 번 호출되어 동일한 모듈들이 여러 번 반복하여 임포트될 것이다. 하지만 Python 인터프리터가 파일 모듈을 임포트하는 작업은 상당히 많은 중앙 처리 장치와 주기억 장치 등의 자원을 사용하기 때문에 이미 임포트된 파일 모듈이 **import** 문으로 다시 임포트되는 것은 Python 인터프리터에 심한 부담이 될 수 있다.

따라서, 이미 임포트된 파일 모듈을 **import** 문으로 다시 임포트해도 기본적으로 Python 인터프리터는 그 파일 모듈을 다시 임포트하지 않는다. 하지만 이미 임포트한 파일 모듈의 코드 수정 등을 반영하기 위하여 파일 모듈의 재적재가 꼭 필요한 경우가 있다. 그런 경우, Python 인터프리터를 다시 시작하거나 **importlib** 모듈의 **reload(module)** 함수를 사용해야 한다. 다음 코드는 **importlib** 모듈의 **reload(module)** 함수를 사용하여 **hello** 파일 모듈을 재적재하는 것을 보여준다.

```
>>> import hello
Hello  Kim!
>>> import hello # 임포트되지 않는다.
>>> import importlib
>>> importlib.reload(hello)
Hello  Kim!
<module 'hello' from 'D:/prj/python3\\hello.py'>
>>>
```

참고

▸ imp.reload() 함수

모듈을 재적재하기 위하여 Python 3.4 이후부터는 **importlib.reload()** 함수를 사용하고 있지만, Python 3.4 이전에는 **imp.reload()** 함수를 사용했었다.

참고

▸ **Python IDLE에서의 모듈의 자동 재적재**

Python IDLE에서 File 〉 New File 메뉴를 선택하여 나타나는 Python 모듈의 편집 창에서 Run 〉 Run Module F5 메뉴를 선택하여 .py 파일을 저장하고 수행하면 그 때마다 해당 .py 파일은 자동으로 재적재되고 다시 수행된다. 모듈을 개발하는 단계에서는 수시로 모듈에 대한 수정이나 코드 추가가 일어나기 때문에 Python IDLE는 편집 창에서 모듈을 수행할 때마다 내부적으로 **importlib.reload()** 함수를 사용하도록 설계되어 있기 때문이다.

7.7 패키지 모듈의 생성

대부분의 Python 패키지들은 여러 개의 모듈들과 서브 패키지들을 포함한다. 여러 개의 관련된 파일 모듈들을 묶음으로 사용하려고 할 때 패키지를 생성한다. 예제로 사용할 **sample**이라는 간단한 패키지 모듈을 생성해 보자. 생성하려는 **sample** 패키지 모듈의 구조는 다음과 같다고 하자.

```
sample/
├── a.py
├── b.py
└── p/
    └── c.py
```

먼저 **sample** 패키지를 어느 디렉터리 안에 만들지 결정해야 한다. 일단은 파일 모듈의 경우와 마찬가지로 Python 홈 디렉터리 안에 **sample** 패키지를 만들자. 예를 들어 Python 홈 디렉터리가 C:\Program Files\Python36 라면 C:\Program Files\Python36 안에 sample 디렉터리를 만들자.

Python 홈 디렉터리에 sample 디렉터리를 만들었으면 이제 sample 디렉터리 안에 다음과 같은 내용의 모듈 a와 b를 생성한다.

```
# sample/a.py
def bar():
    print('sample 패키지의 모듈 a의 함수 bar()가 호출됨')
```

```
# sample/b.py
def foo():
    print('sample 패키지의 모듈 b의 함수 foo()가 호출됨')
```

그리고 sample 디렉터리 안에 디렉터리 p를 생성하고, 디렉터리 p 안에 다음과 같은 모듈 c를 생성한다.

```
# sample/p/c.py
z = 3
_test = 'Software is a team sports.'
def deep():
    print('sample.p.c 모듈의 함수 deep()이 호출됨')
```

이제 모듈들과 서브 패키지 p로 구성된 간단한 sample 패키지가 생성되었다. 패키지를 임포트하여 사용하는 방법은 다음 절에서 설명된다.

참고

▸ 이전 버전과의 호환성이 필요하면 __init__.py 파일 생성

Python 버전 3.3 이후에서는 패키지를 구성하는 디렉터리들에 __init__.py 파일이 없어도 된다. 하지만 그 전 버전들에서는 패키지를 구성하는 디렉터리마다 __init__.py 파일이 꼭 있어야 했으며 __init__.py 파일이 없으면 그 디렉터리를 패키지로 인식하지 않았다. 따라서 이전 버전과의 호환성을 위해 __init__.py 파일들을 만들어 주기도 한다.

Python 버전 3.3 이전의 패키지 모델을 정규 패키지(regular package) 모델이라고 부른다. 그리고 Python 버전 3.3 이후 추가된 __init__.py를 필요로 하지 않는 패키지 모델을 이름 공간 패키지(namespace package) 모델이라고 한다. 3.3 이후 버전의 Python에서는 정규 패키지와 이름 공간 패키지가 모두 지원된다.

추가적으로, Python 3.3 이전 버전과의 호환성이 필요하다면 sample 디렉터리 안에 __init__.py 파일을 만든다. __init__.py 파일은 일단 비어있는 파일로 만든다. __init__.py 파일은 패키지 초기화 파일(package initialization file)이라고 불린다.

7.8 import *package_path.file_module* 문

패키지에 들어있는 파일 모듈을 임포트하려면 다음과 같이 패키지 이름과 파일 모듈 이름이 포함된 import 문장을 사용할 수 있다.

import *package_path.file_module*

위 import 문장에서 *package_path* 요소는 subpackage1.subpackage2.subpackage3 식으로 0개 이상의 서브 패키지들이 .을 통해 연결된 경로를 의미한다.

import 문으로 패키지에 들어있는 파일 모듈을 임포트하였을 때에는, 임포트된 파일 모듈에 있는 변수, 함수, 클래스 등의 이름을 사용할 때 다음과 같이 그 이름 앞에 파일 모듈이 속한 패키지 경로(package path)를 꼭 붙여야 한다.

package_path.*file_module.name*
package_path.*file_module.name()*

sample 패키지를 예제로 import *package_path.file_module* 문을 사용해 패키지 내의 파일 모듈을 임포트하고 그 모듈의 변수나 함수를 사용해 보자. 다음 그림은 설명의 편의를 위해 sample 패키지 구조에 파일 모듈들 안의 변수나 함수 이름들까지 표현한 것이다. 변수나 함수 이름들은 청색으로 표현하였다.

```
sample/
├──a.py
│   └──bar()
├──b.py
│   └──foo()
└──p/
    └──c.py
         ├──z
         ├──deep()
         └──_test
```

다음 예제 코드는 import *package_path.module* 문으로 sample 패키지에 속한 모듈 a와 b, 그리고 sample.p 서브 패키지에 속한 모듈 c를 임포트하고 그 안에 정의된 함수들 foo(), bar(), 그리고 deep()과 변수들 z와 _test를 사용하는 것을 보여준다.

```
>>> import sample.a # sample 패키지 안의 파일 모듈 a를 임포트
>>> sample.a.bar() # sample 패키지 안의 파일 모듈 a에 정의된 bar() 호출
모듈 a의 함수 bar() 호출됨
>>> import sample.b
>>> sample.b.foo()
모듈 b의 함수 foo() 호출됨
>>> import sample.p.c # sample 패키지 안의 p 서브 패키지의 파일 모듈 c를 임포트
>>> sample.p.c.z # sample 패키지의 p 서브 패키지의 파일 모듈 c의 변수 z를 호출
3
>>> sample.p.c.deep() # sample의 p 서브 패키지의 파일 모듈 c의 함수 deep() 호출
sample.p.c 모듈의 함수 deep() 이 호출됨
>>> sample.p.c._test
'Software is a team sports.'
>>>
```

위 예 코드에서, **import sample.p.c** 문은 패키지 경로 **sample.p**에 존재하는 파일 모듈 **c**를 임포트한다.

파일 모듈

```
import sample.p.c
```

패키지 경로

그리고 **sample.p.c.deep()** 문은 패키지 경로 **sample.p**에 존재하는 파일 모듈 **c**에 정의된 함수 **deep()**을 호출한다.

파일 모듈 이름

```
sample.p.c.deep()
```

패키지 경로　　　파일 모듈에 정의된 함수

7.9 from ... import ... 문

다른 패키지에 정의되어 있는 변수들이나 함수들을 사용하기 위해서 **import** *package_path.file_module* 문 대신 다음과 같은 **from ... import ...** 문들을 사용할 수 있다.

> **from** *package_path* **import** $file\_module_1$, $file\_module_2$, ..., $file\_module_i$
>
> **from** *package_path.file_module* **import** $name_1$, $name_2$, ..., $name_i$
>
> **from** *package_path.file_module* **import** *

위 **from ... import ...** 문장에서 *package_path* 요소란 0개 이상의 패키지들이 .를 통해 연결된 package1.subpackage2.subpackage3와 같은 패키지 경로를 의미한다.

(1) from *package_path* import $file\_module_1$, $file\_module_2$, ..., $file\_module_i$ 문

from *package_path* **import** $file\_module_1$, $file\_module_2$, ..., $file\_module_i$ 문을 사용하여 패키지에 들어있는 파일 모듈들 $file\_module_1$, $file\_module_2$, ..., $file_module_i$를 임포트하였을 때, 임포트된 파일 모듈에 있는 변수, 함수, 클래스 등을 사용하려면 그 이름 앞에 파일 모듈의 이름만을 붙이고 패

키지 경로는 붙이지 않아야 한다.

다음 예제 코드는 from *package_path* import *file_module*$_1$, *file_module*$_2$, ..., *file_module*$_i$ 문으로 sample 패키지에 속한 모듈 a와 b, 그리고 sample 패키지의 서브 패키지 p를 임포트하고, 임포트된 파일 모듈들에 정의된 함수와 변수를 사용하고 있다.

```
>>> from sample import a, b # 패키지 sample에 존재하는 파일 모듈 a, b 임포트
>>> a.bar()
모듈 a의 함수 bar() 호출됨
>>> b.foo()
모듈 b의 함수 foo() 호출됨
>>> from sample.p import c #패키지 sample의 p 서브 패키지에 속한 모듈 c를 임포트
>>> c.z
3
>>> c.deep()
sample.d.deep 모듈의 함수 deep() 이 호출됨
>>> c._test
'Software is a team sports.'
>>>
```

위 코드에서 from sample.p import c 문장은 sample.p 즉, sample 패키지의 서브 패키지 p에 존재하는 파일 모듈 c를 임포트한다.

패키지 경로　　파일 모듈 이름

from sample.p import c

그리고 c.deep() 문은 from sample.p import c 문장으로 임포트된 파일 모듈 c에 정의된 함수 deep()을 호출한다.

(2) from *package_path.file_module* import *name*$_1$, *name*$_2$, ..., *name*$_i$ 문

from *package_path.file_module* import *name*$_1$, *name*$_2$, ..., *name*$_i$ 문장을 사용하여 패키지에 존재하는 어떤 파일 모듈에 정의된 이름들을 임포트하였을 때에는 파일 모듈 이름이나 패키지 이름을 붙이지 않고 임포트된 이름들을 사용해야만 한다. *name*$_1$, *name*$_2$, ..., *name*$_i$는 모듈 이름이 아니라 모듈에 정의된 함수, 변수, 클래스 등의 이름을 의미한다.

다음 예제 코드는 from *package_path.file_module import* $name_1$, $name_2$, ..., $name_i$ 문으로 sample 패키지에 들어있는 파일 모듈 a에 속한 함수 bar(), 그리고 sample 패키지의 서브 패키지 p에 들어있는 모듈 c에 정의된 변수 _test와 함수 deep()을 임포트하고 있다.

```
>>> from sample.a import bar # 패키지 sample내의 모듈a에 정의된 이름 bar 임포트
>>> bar()
모듈 a의 함수 bar() 호출됨
>>> from sample.b import foo
>>> foo()
모듈 b의 함수 foo() 호출됨
>>> from sample.p.c import deep, _test
>>> deep()
sample.p.c 모듈의 함수 deep() 이 호출됨
>>> from sample.p.c import z
>>> _test
'Software is a team sports.'
>>>
```

(3) from *package_path.file_module* import * 문

from *package_path.file_module* import * 문은 *package_path*에 존재하는 *file_module*에 정의된 모든 이름들을 임포트한다. 단 _로 시작하는 이름은 임포트하지 않는다. 다음 코드를 보면 from sample.p.c import * 문으로 변수 z와 함수 deep()은 임포트되었지만 _로 이름이 시작하는 변수 _test는 임포트되지 않았음을 알 수 있다.

```
>>> from sample.p.c import *
>>> deep()
sample.p.c 모듈의 함수 deep()이 호출됨
>>> z
3
>>> _test
Traceback (most recent call last):
  File "<pyshell#4>", line 1, in <module>
    _test
NameError: name '_test' is not defined
>>>
```

7.10 정규 패키지

지금까지 이름 공간 패키지를 다루었다. 이름 공간 패키지는 Python 3.3 버전 이후에만 지원된다. 이 절에서는 정규 패키지를 다룬다. 정규 패키지는 최신 버전 Python뿐 아니라 Python 2.7을 사용해도 동작한다. 이 절에서는 Python 2.7을 기준으로 하여 정규 패키지 예제 코드들을 사용한다.

정규 패키지를 만들기 위하여 앞 절에서 사용한 sample 디렉터리를 그대로 복사하여 sample2 디렉터리를 생성한다. 그리고 sample 디렉터리의 모듈들이 한글을 사용하므로 모듈들의 시작 부분에 인코딩 주석을 넣어준다. 인코딩 주석은 패키지와 별개의 개념이지만 Python 2.7에서는 한글을 포함하는 모듈을 수행하기 위해 필요하다.

주의

> ▸ **인코딩 주석**
> Python 2.7은 유니코드를 지원하지 않으므로 한글을 사용하는 모듈을 Python 2.7에서 수행하려면 모듈의 시작 부분에 다음과 같은 인코딩 주석을 달아야 한다.
>
> `#-*- coding: utf-8 -*-`

이제 Python 2.7로 **import sample2.a** 문을 수행하면 sample2 디렉터리에 **__init__.py** 파일이 없으므로 다음과 같이 오류가 난다. 버전 3.3 이전의 Python 인터프리터는 **__init__.py** 파일이 존재하는 디렉터리만 패키지를 위한 디렉터리로 인식하기 때문이다.

```
>>> import sample2.a

Traceback (most recent call last):
  File "<pyshell#1>", line 1, in <module>
    import sample2.a
ImportError: No module named sample2.a
>>>
```

주의

> 이 절에서는 Python 2.7에서 예제 코드들을 수행하고 있다. 만일 Python 3.3 이후 버전을 사용하고 있다면 위와 같은 오류가 나지 않는다.

Python 2.7을 사용할 때 나는 오류를 없애는 방법은 간단하다. **sample2** 패키지를 구성하는 디렉터리마다 **__init__.py** 파일을 만들어 주면 된다. **__init__.py** 파일의 내용은 비워두어도 된다. _

__init__.py 파일들을 갖는 **sample2** 패키지의 계층 구조는 다음과 같을 것이다. 모듈 안의 함수나 변수의 이름들을 청색으로 표현하였다.

```
sample2/
├──__init__.py
├──a.py
│  └── bar()
├──b.py
│  └── foo()
└──p/
   ├──__init__.py
   └──c.py
      ├──z
      ├──deep()
      └──_test
```

디렉터리 sample2/ 와 디렉터리 p/ 에 __init__.py 파일을 만들어 넣었다면 패키지에 대한 **import** 문은 다음과 같이 잘 수행될 것이다.

```
>>> import sample2.a
>>> sample2.a.bar()
모듈 a의 함수 bar() 호출됨
>>> import sample2.b
>>> sample2.b.foo()
모듈 b의 함수 foo() 호출됨
>>> import sample2.p.c
>>> sample2.p.c.deep()
sample.p.c 모듈의 함수 deep()이 호출됨
>>> sample2.p.c.z
3
>>>
```

sample2 패키지를 만들면서 비어있는 __init__.py 파일을 사용하였다. __init__.py 파일은 내용에 무관하게 그것이 존재하는 디렉터리가 패키지의 일부라는 것을 표현하므로 비어있는 상태로 사용되는 경우가 많다.

__init__.py 파일에 코드를 넣을 수도 있다. __init__.py 파일은 그것이 속한 디렉터리에 해당하는 패키지 또는 부 패키지가 임포트될 때 자동으로 수행된다. 해당 패키지나 부 패키지가 임포트되는 시점에 수행하고 싶은 문장들이 있으면 __init__.py 파일에 넣으면 된다.

7.11 모듈 탐색 경로와 sys.path 변수

지금까지의 예제 코드에서는 임포트되는 파일 모듈들과 패키지 모듈들을 Python 홈 디렉터리에 두었다. 하지만 임포트되어야 하는 파일 모듈이나 패키지들이 꼭 Python 홈 디렉터리에만 있어야만 하는 것은 아니다. 파일 모듈이나 패키지들은 Python 홈 디렉터리뿐 아니라 다른 디렉터리들에 존재할 수 있다. Python 인터프리터가 임포트해야 하는 모듈을 찾는 방법을 살펴보자.[1)]

① 임포트해야 하는 것이 내장 모듈인 경우에는 Python 인터프리터가 알아서 찾는다. Python 인터프리터는 내장 모듈들의 위치를 알고 있다.

② 임포트해야 하는 모듈이 내장 모듈이 아니면, Python 인터프리터는 해당 모듈을 발견할 때까지 **sys.path** 변수에 저장되어 있는 디렉터리들을 차례로 탐색한다. 만일 **sys.path** 변수에 저장되어 있는 모든 디렉터리들을 탐색해도 해당 모듈을 찾지 못하면 Python 인터프리터는 **ModuleNotFoundError**를 발생시킨다.

따라서 **sys.path** 변수에 저장되어 있는 디렉터리들 중의 하나에 모듈이 존재한다면 그 모듈은 임포트될 수 있다. **sys.path** 변수에 저장된 디렉터리들을 Python REPL 모드에서 다음과 같이 직접 확인할 수 있다. **sys.path** 변수의 값은 운영 체제 및 Python 설치 환경에 따라서도 세부적으로 달라질 수 있다.

```
>>> import sys
>>> sys.path
['', 'D:\\prj\\python3', 'C:\\Program Files\\Python36\\python36.zip',
'C:\\Program Files\\Python36\\DLLs', 'C:\\Program Files\\Python36\\lib',
'C:\\Program Files\\Python36', 'C:\\Program Files\\Python36\\lib\\site-packages']
>>>
```

Python 인터프리터는 수행을 시작하기 직전에 다음과 같은 디렉터리들 등을 **sys.path** 변수의 기본값으로 포함시킨다.[2)]

- 인터프리터로 .py 파일을 직접 수행한 경우에는 **sys.path[0]**에 그 .py 파일이 존재하는 디렉터리가 들어가며, REPL 모드로 인터프리터를 시작했을 때에는 **sys.path[0]**에 빈 문자열 ''가 들어간다. 빈 문자열 ''는 현재 작업 디렉터리를 의미한다.

---

1) https://docs.python.org/3/reference/import.html

2) https://docs.python.org/3/tutorial/modules.html

- Python 표준 라이브러리가 설치된 디렉터리
- 환경 변수 PYTHONPATH에 기술된 디렉터리들

필요에 따라 Python 사용자가 **sys.path** 변수에 새로운 디렉터리를 등록할 수도 있다. **sys.path** 변수에 새로운 디렉터리를 등록하는 방법에는 다음과 같은 것들이 있다.

- **환경 변수 PYTHONPATH에 새로운 디렉터리 등록**

  환경 변수 PYTHONPATH에 새로운 디렉터리를 등록해주고 Python 인터프리터를 다시 시작한다. 그러면 환경 변수 PYTHONPATH에 새로 등록한 디렉터리가 **sys.path** 변수에 추가되어 있을 것이다. 이 방법은 한 번 등록되면 Python 인터프리터를 재시작하거나 컴퓨터를 껐다가 켜도 효과가 지속된다. 환경 변수 PYTHONPATH의 설정 방법은 제 1.3.2절에서 설명되었다.

- **sys.path.append(directory) 함수를 호출하여 sys.path 변수에 새로운 디렉터리를 동적으로 등록**

  임포트해야 하는 모듈이 **sys.path** 변수에 등록되지 않은 디렉터리에 존재한다면, Python 원시 코드에서 먼저 **sys.path.append(*directory*)** 함수를 호출하여 **sys.path** 변수에 새로운 디렉터리를 등록한 후에 **import** 문이나 **from** 문을 호출하여 해당 모듈을 임포트할 수 있다. 이 방법은 Python 인터프리터를 종료하면 효과가 없어진다.

다음 코드는 **sys.path**에 등록되어 있지 않은 디렉터리인 D:\mydir 디렉터리에 존재하는 **my_mod** 모듈을 임포트하기 위하여 먼저 **sys.path.append('D:\\mydir')** 문장을 호출하는 것을 보여준다.

```
# 모듈 my_mod가 존재하는 D:\mydir 디렉터리는
# sys.path에 포함되어 있지 않은 디렉터리이다.
import sys
sys.path.append('D:\\mydir')

import my_mod
```

변수 **sys.path**에 포함되어 있는 lib\site-packages 디렉터리는 Python 인터프리터가 변수 **sys.path**에 기본 등록하는 디렉터리들 중 하나이다. lib\site-packages 디렉터리는 Python 홈 디렉터리 내에 존재한다. lib\site-packages 디렉터리는 pip 명령 등으로 인터넷 등으로부터 내려 받은 모듈들이 설치되는 디렉터리이다. 부록 A2에 pip 명령에 대한 간단한 요약이 있다.

파일 모듈과 마찬가지로 패키지 모듈을 생성할 디렉터리도 **sys.path** 변수가 담고 있는 디렉터리들 중 하나이어야 한다. 예를 들어 **sys.path** 변수가 디렉터리 D:\prj\python3을 담고 있다면 **sample** 디렉터리를 D:\prj\python3에 생성할 수 있다.

7.12 import 문과 from 문의 비교

소프트웨어 공학적인 관점을 가지고 판단한다면, 대개의 경우 **import** 문을 사용하는 것이 **from** 문을 사용하는 것보다 바람직하다. 왜냐하면 **import** 문으로 모듈을 임포트한 경우 임포트한 모듈에 들어있는 변수, 함수, 클래스 등의 이름을 사용할 때 모듈의 이름을 함께 사용해야 하므로 그 이름이 어떤 모듈에 정의되어 있는 이름인지를 명확하게 파악할 수 있기 때문이다.

from 문을 사용하는 경우 함수, 변수, 클래스 등의 이름을 표현할 때 패키지나 모듈의 이름이 없으므로 개발자에게 혼동을 줄 수 있다. 특히 **from** *file_module* **import** * 문이나 **from** *package_path.file_module* **import** * 문을 사용하면, 개발자가 잘 인식하지 못하는 상태에서 사용하지도 않을 수많은 함수, 변수, 클래스 등의 이름들이 개발자의 모듈로 임포트될 수 있으며, 또한 임포트된 이름과 같은 이름이 개발자의 코드에 존재하였다면 개발자가 인식하지 못하는 상태에서 이름의 정의가 다른 정의로 바뀔 수가 있다. 개발자가 의도하지 않거나 인식하지 못한 일들이 일어나는 것은 잠재적인 버그의 원인이 된다.

모듈의 몇 개의 이름만이 필요한데, 당장 귀찮다고 **from** ... **import** * 문을 사용하여 그 모듈의 모든 이름들을 임포트하는 것은 나쁜 습관이다. 다만 다른 모듈들과 이름들이 겹치는 일이 잘 일어나지 않도록 주의 깊게 설계된 모듈이나 패키지이고 개발자가 **from** 문을 사용하도록 권장하고 있는 경우에는 **from** 문을 사용해도 좋다. 예를 들어 Python GUI 패키지인 **tkinter** 패키지의 경우 **from** 문으로 임포트하여 사용하는 경우가 많다.

연습문제

1 다음 용어들의 의미를 설명하라.

a. 모듈러 프로그래밍
b. 파일 모듈과 패키지 모듈
c. __init__.py
d. 이름 공간 패키지와 정규 패키지

2 Python 인터프리터가 임포트 해야 하는 파일 모듈이나 패키지 모듈을 찾는 디렉터리들을 4가지 이상 나열하라.

3 `if (__name__ == '__main__'):` 문의 의미와 사용 이유에 대하여 설명하라.

4 Python Shell에서 다음 2개의 파일을 편집하여 저장하고, B.py를 수행한 결과를 적으시오. 왼쪽은 A.py, 오른쪽은 B.py 파일이다.

```python
def func():
    print('func() in A.py')

print('Hello A!')

if __name__ == '__main__':
    print('A.py 직접 실행')
else:
    print('A.py가 임포트되어 실행')
```

```python
import A

print('Hello B!')
A.func()

if __name__ == '__main__':
    print('B.py 직접 실행')
else:
    print('B.py가 임포트되어 실행')
```

5 개발자가 자신이 개발하고 있거나 개발한 모든 Python 모듈들이나 패키지들을 본인이 원하는 어떤 특정 디렉터리 예를 들어 C:\prj\python 디렉터리에 두고 싶다면 어떻게 해야 하는지 방법을 설명하라. 힌트는 PYTHONPATH 환경 변수이다.

6 `math` 모듈을 임포트하고, `math` 모듈이 제공하는 함수들 중 세 종류 이상의 함수들을 호출하는 코드를 작성하라.

7 Python 3.3 이후 버전을 사용한다고 하자. 그리고 다음과 같은 구조의 `test99` 패키지가 존재한다고 하자.

```
test99/
  ├─a.py
  ├─b.py
  ├─p1/
  │   └─ c.py
  └─p2/
      └─ d.py
```

그리고 a.py, b.py, c.py, d.py 파일의 내용은 각각 다음과 같다고 하자.

```
# test99/a.py
def bar():
    print('test99 패키지의 모듈 a의 함수 bar()가 호출됨')
```

```
# test99/b.py
def foo():
    print('test99 패키지의 모듈 b의 함수 foo()가 호출됨')
```

```
# test99/p1/c.py
z = 3
def deep():
    print('test99.p1.c 모듈의 함수 deep()이 호출됨')
```

```
# test99/p2/d.py
z = 4
def deep():
    print('test99.p2.d 모듈의 함수 deep()이 호출됨')
```

a. `import` *package_path.file_module* 문을 사용하여 다음과 같이 `test99.a` 모듈을 임포트하고 함수 `bar()`를 호출하는 코드를 작성하라.

```
import test99.a
```

b. `from` *package_path* `import` *file_module* 문을 사용하여 다음과 같이 `test99.b` 모듈을 임포트하고 함수 `bar()`를 호출하는 코드를 작성하라.

```
from test99 import b
```

c. **import** *package_path.file_module* 문을 사용하여 다음과 같이 모듈 c와 d를 임포트하고 모듈 c와 d의 변수 z의 값을 출력하고, deep() 함수를 호출하는 코드를 작성하라.

```
from test99.p1 import c
from test99.p2 import d
```

d. **from** *package_path.file_module* **import** * 문을 사용하여 test99.p2 모듈에 들어있는 모든 이름들을 임포트하고 그 이름들을 사용하는 예제 코드를 작성하라.

```
from test99.p2.d import *
```

CHAPTER 08

객체 지향 프로그래밍

객체 지향 언어에는 Java, C++, C#, Modula-3 등이 있다. Python도 객체 지향 언어이다. 객체 지향 언어들은 프로그램 개발의 생산성을 향상시킨다. Python은 C++와 Modula-3 언어의 객체 지향적 특징들의 영향을 받은 것으로 알려진다.

8.1 객체 지향 기본 개념 소개 - 객체 지향 정원

객체 지향 프로그래밍(object-oriented programming)은 "세상은 객체들로 구성되어 있으며 객체들은 서로 메시지들을 주고받으며 상호 작용한다"라는 관점을 사용한다. 즉, 객체 지향 프로그래밍이란 "소프트웨어 객체(object)들을 만들고 그 객체들이 메시지들을 주고받으며 상호 작용하도록 하여 원하는 어떤 결과를 만들어내는 프로그램을 작성하는 것"이라고 할 수 있다.

이 장에서는 객체 지향 프로그래밍에 관련된 개념들을 직관적으로 설명하기 위하여 다음 그림과 같은 간단한 객체 지향 정원을 인용한다.

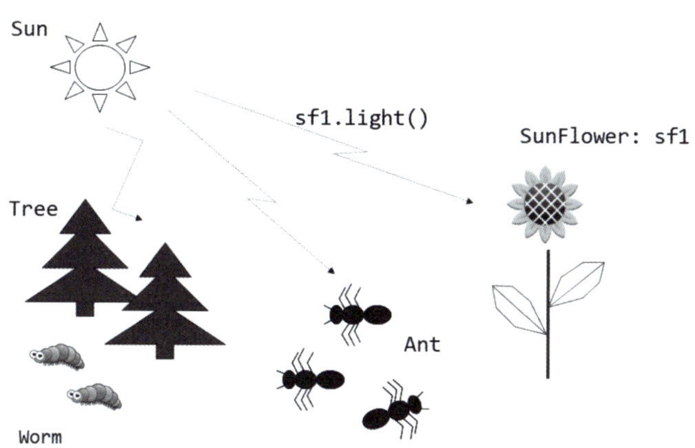

| 그림 8-1 | 객체 지향 정원

객체 지향 정원의 객체들이 상호 작용하는 시나리오는 다음과 같다: 객체 지향 정원에는 하나의 태양 객체, 두 그루의 나무 객체들, 세 마리의 개미 객체들, 2마리의 벌레 객체, 그리고 한 그루의 해바라기 객체가 존재한다. 태양 객체는 동쪽에서 떠서 서쪽으로 지는 동안 각도가 0에서 180으로 1도씩 변하며 그 때마다 다른 모든 객체들에게 햇빛 메시지를 보낸다. 햇빛 메시지를 받을 때마다 나무들은 광합성을 하여 0.01 cm 씩 성장하며, 개미들은 몸이 따뜻해져서 기어 다니는 속도가 빨라진다. 벌레는 나무를 갉아먹어 한 마리당 나무의 성장 속도를 3% 느리게 한다. 개미들은 기어 다니다가 벌레를 만나면 즉시 잡아먹는다. 그리고 해바라기는 햇빛 메시지를 받을 때마다 태양 객체의 방향을 인식하여 꽃 머리를 태양 객체 방향으로 회전시킨다.

프로그래머들은 현실 세계 속의 객체들을 소프트웨어 객체들로 표현해야 한다. 예를 들어 정원의 개미나 나무를 소프트웨어 객체로 표현해야 한다. 소프트웨어 객체는 상태 변수들과 메소드들을 가지며, 메시지 전송을 통해 상호 작용한다.

(1) 상태 변수와 메소드

소프트웨어 객체는 상태 변수들과 메소드들을 갖는다. 소프트웨어 객체의 상태 변수(state variables)는 실세계 객체의 상태(state)를 표현하는 데 사용된다. 그리고 소프트웨어 객체의 메소드는 실세계 객체의 행위(behaviors)를 표현하는 데 사용된다. 다음 [그림 8-2]는 실세계의 객체의 상태와 행위가 소프트웨어 객체에서는 상태 변수와 메소드로 표현된다는 것을 보여준다.

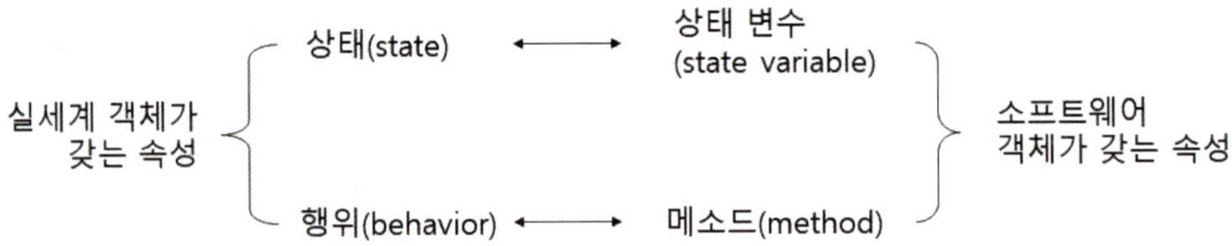

| 그림 8-2 | 소프트웨어 객체의 상태 변수와 메소드

예를 들어, 개미를 표현하는 소프트웨어 객체는 개미의 체온을 표현하는 상태 변수 **body_temperature**와 기어 다니는 동작에 해당하는 메소드 **move(x, y)**를 가질 수 있을 것이다. 나무를 표현하는 소프트웨어 객체는 나무 높이를 표현하는 상태 변수 **height**와 광합성 동작에 해당하는 메소드 **photosynthesize()**를 가질 수 있을 것이다. 또한 해바라기를 표현하는 소프트웨어 객체는 해바라기의 키를 나타내는 상태 변수 **height**와 태양을 향해 꽃 머리를 회전시키는 **rotate_flower_head()** 라는 메소드를 가질 수 있을 것이다.

(2) 메시지 전송

프로그래머들은 현실 세계 속의 객체들의 상호 작용을 소프트웨어 객체들이 메시지들(messages)을 주고받는 것으로 표현할 수 있다. 예를 들어, 자전거와 자전거를 타는 사람을 생각해 보자. 자전거는 혼자서는 움직이지 못한다. 사람이 페달을 밟아주어야 자전거는 움직일 수 있다. 여기서 사람이 자전거의 페달을 밟아주는 작용을 사람 객체가 자전거 객체에게 "페달 밟기" 메시지를 보내는 것으로 표현할 수 있다. [그림 8-1]에서 태양이 나무와 개미에게 햇빛을 보내는 작용은 태양 객체가 나무 객체나 개미 객체에게 "햇빛" 메시지를 보내는 것으로 표현할 수 있다. 다음 [그림 8-3]은 객체 α가 객체 β에게 메시지 m을 보내는 것을 표현한다.

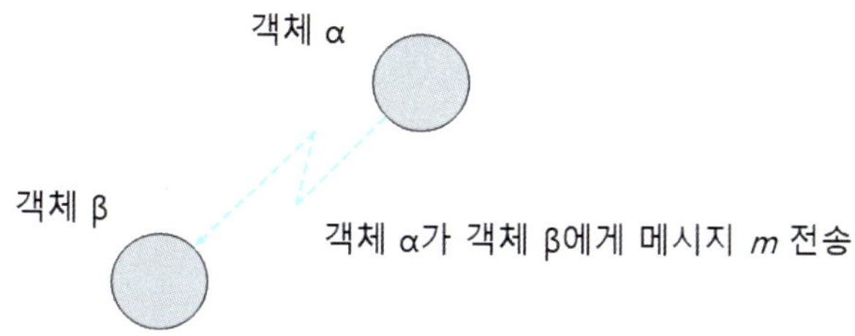

| 그림 8-3 | 객체 α가 객체 β에게 메시지 m을 전달

객체가 다른 객체에게 메시지를 보낸다는 표현은 매우 추상적이다. 객체 α가 객체 β에게 메시지 m을 보내는 것은 Python이나 Java와 같은 객체 지향 프로그래밍 언어의 수준에서는 객체 α가 객체 β의 메소드 $m()$을 호출하는 것으로 표현될 수 있다. 즉, [그림 8-3]은 다음 [그림 8-4]와 같은 의미를 갖는다.

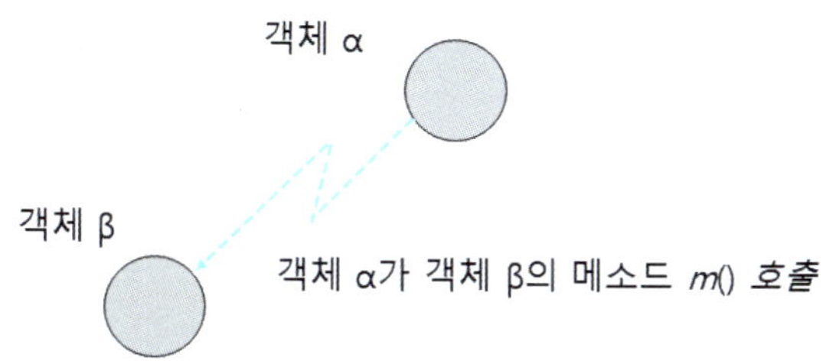

| 그림 8-4 | 객체 α가 객체 β의 메소드 $m()$을 호출

다음 [그림 8-5]는 태양 객체가 나무1 객체, 개미2 객체, 그리고 해바라기 객체에게 "햇빛" 메시지를 보내는 것이 소프트웨어적으로는 나무1 객체, 개미2 객체, 그리고 해바라기 객체의 light 메소드를 호출하는 것임을 표현하고 있다.

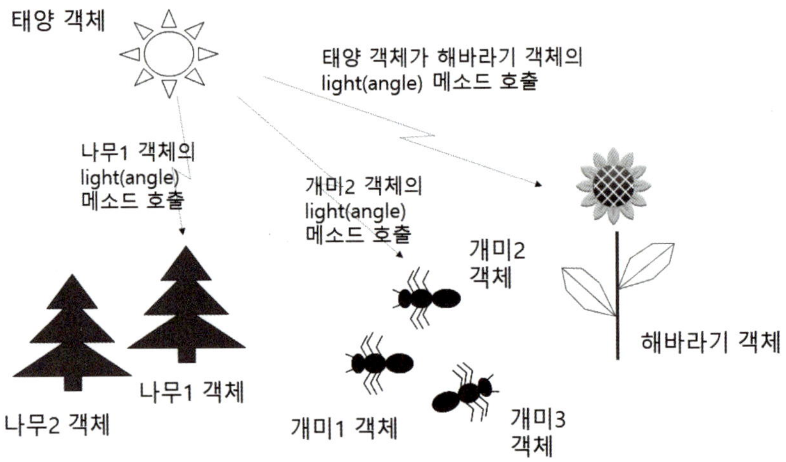

| 그림 8-5 | 메시지와 메소드 호출

예를 들어 햇빛 메시지에 해당하는 메소드를 light(angle)라고 할 때, 태양 객체가 개미2 객체에게 "햇빛" 메시지를 보내는 것은 태양 객체가 개미2 객체의 메소드 light(angle)를 호출하는 것으로 표현될 수 있다. 객체 지향 정원에서 태양을 제외한 모든 객체들이 태양으로부터 "햇빛" 메시지를 받아야한다면, 태양을 제외한 모든 객체들이 "햇빛" 메시지에 대응하는 light(angle) 메소드를 갖도록 프로그램을 작성해야 한다.

메시지가 전달될 때 부가적인 데이터가 함께 전달될 수 있다. 예를 들어, 태양이 보내는 "햇빛" 메시지에는 해바라기 객체가 꽃 머리를 회전하는 데 필요한 태양의 각도에 대한 정보가 포함되어 있을 수 있다. 메시지에 포함된 부가적인 정보는 프로그램에서 메소드의 인자들로 표현된다. 예를 들어, 태양 객체는 "햇빛" 메시지에 대응하는 light 메소드를 호출할 때 태양의 각도를 나타내는 angle 인자를 넣어 light(angle)을 호출할 수 있다.

8.2 클래스의 정의와 인스턴스의 생성

모든 객체 지향 프로그래밍 언어들은 클래스를 지원한다. 클래스(class)란 객체를 만들기 위한 설계도라고 할 수 있다. 즉, 객체를 만들려면 그 객체의 설계도에 해당하는 클래스를 먼저 정의하여야 한다.

클래스 X를 설계도로 하여 만들어지는 객체를 X 클래스의 인스턴스(instance)라는 용어로 표현한다. 예를 들어, "Ant 객체" 라는 표현과 "Ant 클래스의 인스턴스" 또는 "Ant 인스턴스"라는 표현은 모두 같은 의미를 갖는다.

Python에서 클래스의 정의는 키워드 class로 시작한다. 다음 코드는 Sun 클래스, Ant 클래스 그리고 Tree 클래스를 이름 요소만으로 정의하고 있다. Sun 클래스, Ant 클래스 그리고 Tree 클래스가 객체 지향 정원에 나오는 태양 객체, 개미 객체 그리고 나무 객체들을 생성하기 위한 제대로 된 설계도 역할을 하는 클래스들이 되려면 이후 클래스 정의에 객체들을 위한 상태 변수들과 메소드들을 정의해주어야 한다.

```
class Sun:
    pass

class Ant:
    pass

class Tree:
    pass
```

클래스의 인스턴스를 생성하는 방법은 다음과 같이 클래스 이름과 ()를 사용하는 것이다. 클래스 이름 뒤의 () 안에 인스턴스 변수를 초기화하기 위한 인자들이 들어갈 수도 있다.

- *클래스이름* ()
- *클래스이름* (*인자*$_1$, *인자*$_2$, ..., *인자*$_N$)

다음은 하나의 Sun 인스턴스, 두 개의 Ant 인스턴스 그리고 하나의 Tree 인스턴스를 생성하는 코드이다.

```
sun = Sun() # Sun 객체 sun 생성
ant1 = Ant() # Ant 객체 ant1 생성
ant2 = Ant() # Ant 객체 ant2 생성
tree1 = Tree() # Tree 객체 tree1 생성
```

다음 [그림 8-6]은 클래스 정의의 완전한 형태를 보여주는 그림이다. 클래스 정의는 클래스 헤더(header)와 몸체(body)로 구성된다. 클래스 헤더는 키워드 **class** 뒤에 클래스 이름이 나오고, 그 다음에 선택적으로 0개 이상의 슈퍼 클래스들 (*superclass*$_1$, ..., *superclass*$_N$)로 구성된다. 클래스 헤더의 끝에는 : 가 나오고 그 뒤에 클래스 몸체가 나온다.

```
class class_name(superclass1, ...,superclassN):          클래스 헤더
    '''class document string'''
    constructor # 생성자
    destructor # 소멸자
    class_variable_definitions # 클래스 변수들             클래스 몸체
    static_method_definitions # 정적 변수들
    class_method_definitions # 클래스 메소드들
    instance_method_definitions # 인스턴스 메소드들
```

| 그림 8-6 | 클래스 정의의 형태

클래스 몸체에는 클래스 주석 문자열(class document string), 생성자(constructor), 소멸자(destructor), 클래스 변수들(class variables), 클래스 메소드들(class methods), 인스턴스 메소드들(instance methods), 그리고 정적 메소드들(static methods)에 대한 정의들이 나타난다.

위 그림에서 클래스 몸체 안에 인스턴스 변수들(instance variables)에 대한 정의가 보이지 않는 이유는 Python에서는 인스턴스 변수들이 생성자 안에서 정의되기 때문이다. 다음 절부터 클래스 정의를 구성하는 요소들을 하나하나 살펴본다.

주의

▸ 인스턴트 변수들의 정의

위 그림에서 클래스 몸체 안에 인스턴스 변수들에 대한 정의가 보이지 않음에 주의하라. Python이 인스턴스 변수들을 정의하는 방식은 Java나 C++와 다르다. 제 8.3.2절에서 Python이 인스턴스 변수들을 정의하는 방법들이 설명된다.

주의

▸ 복수개의 생성자나 소멸자 금지

Java나 C++와 달리 Python에서는 클래스에 복수개의 생성자들이나 복수개의 소멸자들을 정의할 수 없다.

8.3 생성자 정의 __init__(*self*, ...)와 인스턴스 변수

8.3.1 생성자란

생성자는 객체 지향 언어들의 공통된 특징의 하나이다. 생성자(constructor)는 클래스의 인스턴스를 생성하고 초기화하는 기능을 갖는다. Python에서 생성자의 정의의 형태는 다음과 같다. 생성자는 1개 이상의 매개 변수들을 가지며 생성자의 첫 번째 매개 변수는 관례적으로 ***self***를 사용한다. 생성자의 다른 매개 변수는 기본 값을 갖는 매개 변수일 수 있다.

__init__(*self*, *인자*$_1$, .., *인자*$_N$)

생성자의 호출은 다음과 같은 형태를 사용한다.

- *클래스이름* ()
- *클래스이름* (*인자*$_1$, *인자*$_2$, .., *인자*$_N$)

생성자의 호출에서는 생성자 정의의 매개 변수 ***self***에 대한 인자를 사용하지 않는다. 따라서 생성자 호출의 인자들의 개수는 생성자 정의의 매개 변수의 개수보다 하나 작다. 다음은 생성자가 추가된 Sun 클래스, Ant 클래스 그리고 Tree 클래스의 코드이다.

```
# garden0.py
class Sun:
    def __init__(self):
        self.angle = 0  # 태양의 각도(0~180도)를 표현하기 위한 인스턴스 변수
        print('Sun 객체의 생성자가 호출됨')

class Ant:
    def __init__(self):
        self.body_temperature =10 # 개미의 체온을 표현하기 위한 인스턴스 변수
        self.speed = 5 # 개미의 속도를 표현하기 위한 인스턴스 변수
        print('Ant 객체의 생성자가 호출됨')

class Tree:
    def __init__(self, height):
        self.height = height # Tree 객체의 높이를 나타내기 위한 변수
        print('높이가 {}인 Tree 객체가 생성됨'.format(height))

sun1 = Sun() # Sun 클래스의 __init__() 이 자동 호출된다.
```

```
ant1 = Ant() # Ant 클래스의 __init__() 이 자동 호출된다.
ant2 = Ant() # Ant 클래스의 __init__() 이 자동 호출된다.
tree1 = Tree(500) # Tree 클래스의 __init__(500)이 자동 호출된다.
```

| 코드 8-1 | garden0.py

위 [코드 8-1]을 수행하여 보자. 다음과 같은 출력이 나올 것이다. 왜냐하면 *클래스이름*() 또는 *클래스이름*(*인자*$_1$, *인자*$_2$, ..., *인자*$_N$)를 호출하면 해당 클래스의 생성자가 *자동으로* 수행되기 때문이다.

```
Sun 객체가 생성됨
Ant 객체가 생성됨
Ant 객체가 생성됨
높이가 500인 Tree 객체가 생성됨
```

예를 들어, **Sun()**을 호출하면 **Sun** 클래스의 생성자 **__init__(*self*)**가 자동으로 수행되며, **Tree(500)**을 호출하면 **Tree** 클래스의 생성자 **__init__(*self*, height)**가 자동으로 수행된다.

Sun() 호출 → Sun 클래스에 정의된 __init__(*self*) 호출

Tree(500) 호출 → Tree 클래스에 정의된 __init__(*self*, height) 호출

위 예제코드에서 생성자 호출시 생성자 정의의 첫 번째 매개 변수 ***self***에 대응하는 인자는 사용되지 않음을 확인할 수 있다. 예를 들어 **Tree(500)** 호출에서 사용된 첫 번째 인자 500은 **Tree** 클래스의 생성자의 두 번째 매개 변수 **height**에 전달된다.

8.3.2 인스턴스 변수

인스턴스 변수(instance variable)란 인스턴스들의 상태를 표현하기 위한 변수를 의미한다. 예를 들어, **Sun** 객체의 **angle** 변수는 **Sun** 객체의 각도를 표현하기 위한 인스턴스 변수이며, **Ant** 객체의 **body_temperature** 와 **speed** 변수는 **Ant** 객체의 체온과 속도를 표현하기 위한 인스턴스 변수들이다.

Python에서 인스턴스 변수들은 생성자 안에서 정의될 수도 있고 생성자 밖에서 정의될 수도 있다.

(1) 생성자 내에서의 인스턴스 변수들의 정의

생성자의 주된 역할은 생성된 객체의 상태를 표현하기 위한 인스턴스 변수들을 정의하고 초기화하는 것이다. 예를 들어, 제 8.3.1절의 [코드 8-1]의 다음 4번 문장은 생성된 Sun 객체의 인스턴스 변수 angle을 정의하고 그 값을 0으로 초기화하고 있다.

```
self.angle = 0 # 태양의 각도(0~180도)를 표현하기 위한 인스턴스 변수
```

그리고 다음 9번과 10번 문장은 Ant 객체에 인스턴스 변수 body_temperature와 speed를 정의하고 10과 5로 각각 초기화하고 있다.

```
self.body_temperature = 10 # 개미의 체온을 표현하기 위한 인스턴스 변수
self.speed = 5 # 개미의 속도를 표현하기 위한 인스턴스 변수
```

또한 다음 15번 문장은 Tree 객체의 인스턴스 변수 height를 정의하고 그 값을 인자 height로 초기화하고 있다.

```
self.height = height # Tree 객체의 높이를 나타내기 위한 변수
```

제 8.3.1절의 [코드 8-1]에서 Sun 객체와 Ant 객체의 생성자 정의는 매개 변수 *self*를 가지며, Tree 객체의 생성자 정의는 매개 변수 self와 height를 갖고 있다. Python에서 모든 생성자 정의는 관례적으로 *self*로 표현되는 첫 번째 매개 변수에 현재 객체에 대한 참조를 담는다. *self*는 Python 키워드가 아니며 생성자의 첫 번째 매개 변수를 *self*가 아닌 다른 이름으로 사용해도 되지만 관례를 존중하는 것이 바람직하다.

예제 코드를 통하여 생성자의 세부 동작을 살펴보자. [코드 8-1]의 19번 문장 ant1 = Ant()가 수행되는 동안 내부적으로 다음과 같은 일들이 순서대로 일어난다.

① 새로운 Ant 인스턴스가 생성된다.

② 자동으로 Ant 객체의 생성자가 호출된다. 생성자 호출 직후 생성자의 첫 번째 매개 변수 *self*에는 방금 생성된 Ant 인스턴스에 대한 참조가 담기게 된다.

③ 생성자 내의 9번 문장 *self*.body_temperature = 10이 수행되면 방금 생성된 Ant 객체에 인스턴스 변수 body_temperature가 생성되고 그 값이 10으로 초기화된다.

④ 생성자 내의 10번 문장 *self*.speed = 5 가 수행되면 방금 생성된 Ant 객체에 인스턴스 변수 speed가 생성되고 그 값이 5로 초기화된다.

⑤ 생성자의 수행이 종료되면 생성되고 초기화된 Ant 객체에 대한 참조가 변수 ant1에 할당된다.

따라서 [코드 8-1]의 19번 문장이 수행되고 나면 각각 10과 5로 초기화된 상태 변수 **body_temperature**와 **speed**를 가진 **Ant** 객체가 만들어지고 그것을 참조 변수 **ant1**이 참조하는 다음과 같은 상태가 된다.

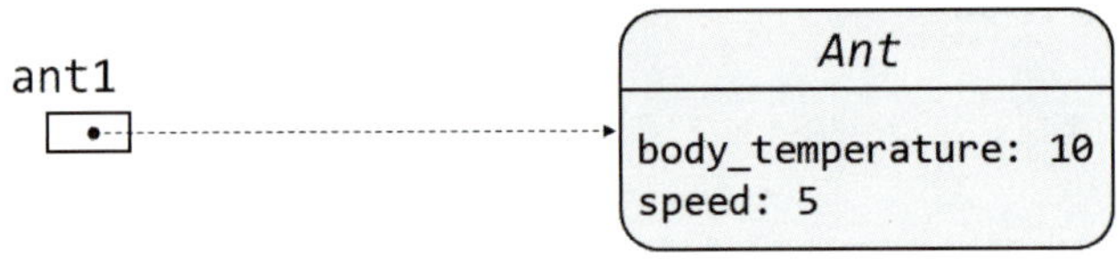

이제 [코드 8-1]의 다른 문장을 통하여 생성자의 세부 동작을 다시 살펴보자. 예제 코드의 21번 문장 **tree1 = Tree(500)** 문장이 수행되는 동안에도 **Sun** 객체를 생성할 때와 유사한 일들이 다음과 같이 순서대로 일어난다.

① 새로운 **Tree** 객체가 생성된다.

② 자동으로 **Tree** 객체의 생성자가 호출된다. 생성자 호출 직후 생성자의 첫 번째 매개 변수 ***self***에는 방금 생성된 **Tree** 객체에 대한 참조가 담기게 된다.

③ 생성자 내의 문장 ***self*.height = height**가 수행되면 방금 생성된 **Tree** 객체에 인스턴스 변수 **height**가 생성되고 그 값이 인자 **height**의 값인 500으로 초기화된다.

④ 생성자의 수행이 종료되면 방금 생성된 **Tree** 객체에 대한 참조가 변수 **tree1**에 할당된다.

따라서 [코드 8-1]의 21번 문장 **tree1 = Tree(500)**가 수행되고 나면 500으로 초기화된 인스턴스 변수 **height**를 갖는 **Tree** 객체가 생성되고 그것을 변수 **tree1**이 참조하는 상태가 된다.

(2) 생성자 밖에서의 인스턴스 변수들의 정의

객체의 인스턴스 변수를 그 객체의 클래스 정의에 포함된 생성자 내에서만 정의하고 초기화할 수 있는 것은 아니다. 인스턴스 변수를 생성자의 외부에서도 정의하고 초기화할 수 있다. 다음 예제 코드를 보자.

```
1 # ant.py
2 class Ant:
3     pass
4 
5 ant1 = Ant()
6 ant1.body_temperature = 10
7 ant1.speed = 20 # 이때 ant1 인스턴스 객체에 인스턴스 변수 speed가 정의된다.
8 
9 ant2 = Ant()
10 ant2.body_temperature = 11
11 ant2.speed = 21 # 이때 ant1 인스턴스 객체에 인스턴스 변수 speed가 정의된다.
12 
13 print('ant1.speed: %d' % ant1.speed)
14 print('ant2.speed: %d' % ant2.speed)
15 print('ant1.body_temperature: %d' % ant1.body_temperature)
16 print('ant2.body_temperature: %d' % ant2.body_temperature)
```

위 예제 코드의 5번, 6번 문장은 Ant 인스턴스 ant1의 인스턴스 변수 body_temperature와 speed를 Ant 클래스의 생성자 정의의 밖에서 정의하고 초기화하고 있다. 또한 9번, 10번 문장도 Ant 인스턴스 ant2의 인스턴스 변수 body_temperature와 speed를 Ant 클래스의 생성자 정의의 밖에서 정의하고 초기화하고 있다.

인스턴스 변수는 인스턴스마다 갖는 변수이므로 인스턴스 변수의 값은 인스턴스마다 다를 수 있다. 예를 들어 위 코드가 수행되면, ant1 객체의 인스턴스 변수 ant1.speed는 20으로 초기화되고 ant2 객체의 인스턴스 변수 ant2.speed는 21로 초기화된다. 위 예제 코드를 수행한 결과는 다음과 같다.

```
ant1.speed: 20
ant2.speed: 21
ant1.body_temperature: 10
ant2.body_temperature: 11
```

위 예제 코드에서와 같이 인스턴스 변수들을 생성자 밖에서도 정의하고 초기화할 수 있지만 그렇게 하는 것보다 인스턴스 변수들을 생성자 안에서 정의하고 초기화하는 것이 좋은 코딩 스타일이라 할 수 있다. 왜냐하면 인스턴스 변수들을 생성자 밖에서 정의하고 초기화하려면 각 인스턴스마다 매번 인스턴스 변수들을 정의하고 초기화하는 코드를 반복해야 하므로 번거롭기 때문이다. 또한 인스턴스 변수를 클래스 정의의 밖에서도 생성하고 초기화하는 것보다 생성자 내에서 인스턴스 변수들을 정의하는 것이 코드의 가독성이 높아지기 때문이기도 하다.

8.4 클래스 변수

Python에서 클래스 변수(class variable)란 클래스 정의의 몸체 안쪽에 그리고 생성자나 메소드 정의의 바깥쪽에 정의되는 변수를 의미한다. 클래스 변수는 다음과 같은 방식으로 접근할 수 있다.

클래스.클래스변수

인스턴스.클래스변수

다음 [코드 8-2]는 클래스 변수를 설명하기 위한 예제 코드이다.

```
1 # Tree.py
2 class Tree:
3     total = 0 # Tree 객체들의 총 수를 표현하기 위한 클래스 변수
4     def __init__(self, height):
5         self.height = height # 나무의 높이를 표현하기 위한 인스턴스 변수
6         Tree.total = Tree.total + 1 # Tree 인스턴스를 생성할 때마다 1 증가
7
8 t1 = Tree(100)
9 print('Tree.total: %d' % Tree.total) # 1 출력. 클래스.클래스변수
10
11 t2 = Tree(200)
12 print('Tree.total: %d' % Tree.total) # 2 출력. 클래스.클래스변수
13
14 print('t1.total:{}, t2.total:{}'.format( t1.total, t1.total))
```

| 코드 8-2 | Tree.py

위 [코드 8-2]의 3번 문장에서 정의된 변수 **total**은 클래스 몸체 안에 그리고 생성자나 메소드 정의의 바깥쪽에 정의되어 있으므로 클래스 변수이다. 9번과 12번 문장의 **Tree.total**은 *클래스.클래스변수* 형태이다. 14번 문장의 **t1.total**과 **t1.total**은 *인스턴스.클래스변수* 형태이다. 위 예제 코드를 수행하면 다음과 같은 출력을 볼 수 있다.

```
Tree.total: 1
Tree.total: 2
t1.total:2, t2.total:2
```

인스턴스 변수는 인스턴스마다 갖는 변수이지만 클래스 변수는 클래스 자체가 가진 변수이며 그 클래스의 모든 인스턴스들이 공유하는 변수이다. 따라서 [코드 8-2]의 8번 문장 **t1 = Tree(100)**가 수행된

직후 Tree 클래스의 클래스 변수 Tree.total의 값은 1이 된다.

그리고 11번 문장 t2 = Tree(200)가 수행된 직후에는 Tree 클래스의 클래스 변수 Tree.total의 값은 2가 된다.

따라서 14번 문장의 출력은 **t1.total:2, t2.total:2** 가 된다. Tree 클래스의 모든 인스턴스들은 Tree 클래스의 클래스 변수를 공유할 수 있다.

인스턴스 변수와 클래스 변수를 비교하여 정리하여 보자. Tree 객체의 height는 인스턴스마다 갖는 변수이므로 다음 표현은 서로 다른 값을 가질 수 있다.

```
t1.height # 100
t2.height # 200
```

하지만 클래스 변수인 total 변수는 Tree 클래스가 갖는 변수이며 모든 Tree 인스턴스들이 공유하여 사용하는 변수이므로 다음 표현들은 모두 동일한 값을 갖는다.

```
Tree.total # 2
t1.total # 2
t2.total # 2
```

8.5 클래스 메소드, 인스턴스 메소드, 정적 메소드

Python이 지원하는 메소드의 종류에는 클래스 메소드(class method), 인스턴스 메소드(instance method) 그리고 정적 메소드(static method)가 있다. 메소드들은 메소드 정의 앞에 붙는 데코레이터(decorator)에 따라 그 종류가 명확하게 구분된다.

- **클래스 메소드**: 메소드 정의 앞에 데코레이터 `@classmethod` 가 붙은 메소드
- **정적 메소드**: 메소드 정의 앞에 데코레이터 `@staticmethod` 가 붙은 메소드
- **인스턴스 메소드**: 메소드 정의 앞에 아무런 데코레이터도 붙지 않은 메소드

다음 예제 코드를 보자. 다음 예제 코드의 제 10~13번 문장에서 정의된 `print_total(cls)` 메소드는 데코레이터 `@classmethod`가 붙어 있으므로 클래스 메소드이다. 제 15~19번 문장에서 정의된 메소드 `light(self, sun_angle)`은 아무런 데코레이터도 붙어 있지 않으므로 인스턴스 메소드이다. 그리고 문장 21~23에서 정의된 `show_time(hour, minute)`는 데코레이터 `@staticmethod`가 붙어있으므로 정적 메소드이다.

```
1  # sunflower.py
2  class SunFlower:
3      total_sunflowers = 0 # SunFlower 클래스의 클래스 변수 total_sunflowers
4  
5      def __init__(self, name):
6          self.name = name # SunFlower 객체의 인스턴스 변수 name
7          self.head_angle = 0 # SunFlower 객체의 인스턴스 변수 head_angle
8          SunFlower.total_sunflowers = SunFlower.total_sunflowers + 1
9  
10     @classmethod
11     def print_total(cls):
12         print('cls: {}'.format(cls)) # cls는 항상 클래스를 참조
13         print('Total sunflowers = %d' % cls.total_sunflowers)
14 
15     def light(self, sun_angle): # 인스턴스 메소드
16         '''메시지를 받을 때마다 꽃 머리를 sun_angle로 돌린다'''
17         self.head_angle = sun_angle
18         print('SunFlower 객체 \"{}\"의 light({}) 메소드가 호출됨.'
19             .format(self.name, sun_angle))
20 
21     @staticmethod
```

```
    def show_time(hour, minute):
        print('{}시 {}분'.format(hour, minute))

if (__name__ == '__main__'):
    # 생성자의 호출
    sunflower1 = SunFlower('sunflower1')
    sunflower2 = SunFlower('sunflower2')

    # 클래스 메소드의 호출
    SunFlower.print_total() # 클래스.클래스메소드
    sunflower1.print_total() # 인스턴스.클래스메소드

    # 인스턴스 메소드의 호출
    sunflower1.light(31) # 인스턴스.인스턴스메소드
    sunflower2.light(32) # 인스턴스.인스턴스메소드
    SunFlower.light(sunflower1, 33) # 클래스.인스턴스메소드

    # 정적 메소드의 호출
    SunFlower.show_time(12, 30) # 클래스.정적메소드
    sunflower1.show_time(11, 30) # 인스턴스.정적메소드
```

| 코드 8-3 | sunflower.py

위 코드를 수행한 결과는 다음과 같다.

```
cls: <class '__main__.SunFlower'>
Total sunflowers = 2
cls: <class '__main__.SunFlower'>
Total sunflowers = 2
SunFlower 객체 "sunflower1"의 light(31) 메소드가 호출됨.
SunFlower 객체 "sunflower2"의 light(32) 메소드가 호출됨.
SunFlower 객체 "sunflower1"의 light(33) 메소드가 호출됨.
12시 30분
11시 30분
```

(1) 클래스 메소드

Python에서 클래스 메소드의 정의는 *관례적으로* *cls*라는 이름으로 표현되는 매개 변수를 첫 번째 매개 변수로 갖는다. 클래스 메소드의 첫 번째 매개 변수에는 클래스 메소드를 호출할 때 사용한 클래스에 대한 참조가 자동으로 담긴다. *cls*는 Python 키워드가 아니며 클래스 메소드의 첫 번째 매개 변수를 *cls*가 아닌 다른 이름으로 사용해도 되지만 관례를 존중하는 것이 바람직하다.

클래스 메소드는 클래스 변수를 사용하는 어떤 작업을 표현할 때 사용하면 편리하다. 클래스 메소드의 호출은 다음과 같은 형태를 갖는다.

클래스.클래스메소드(인자들)
인스턴스.클래스메소드(인자들)

위 [코드 8-3]의 31번 문장 **SunFlower.print_total()**이 호출되어 제 11~13번 문장이 수행될 때 매개 변수 ***cls***에는 **SunFlower** 클래스에 대한 참조가 전달되므로 ***cls*.total_ sunflowers**의 값은 **SunFlower.total_sunflowers**의 값인 2가 된다. 따라서 다음과 같은 결과가 출력되게 된다.

```
cls: <class '__main__.SunFlower'>
Total sunflowers = 2
```

만일 클래스 메소드를 *인스턴스.클래스메소드*(인자들) 의 형태로 호출해도 클래스 메소드의 첫 번째 매개 변수에는 클래스에 대한 참조가 전달된다. 예를 들어 [코드 8-3]의 32번 문장 **sun-flower1.print_total()**을 호출하는 경우에도 12번 문장의 매개 변수 ***cls***에는 **SunFlower** 클래스에 대한 참조가 전달되므로 ***cls*.total_sunflowers**의 값은 **SunFlower.total_sunflowers**의 값인 2가 된다. 따라서 다음과 같은 동일한 결과가 출력되게 된다.

```
cls: <class '__main__.SunFlower'>
Total sunflowers = 2
```

(2) 인스턴스 메소드

Python에서 인스턴스 메소드의 정의는 *관례적으로* ***self***라는 이름으로 표현되는 매개 변수를 첫 번째 매개 변수로 갖는다. ***self***는 Python 키워드가 아니며 인스턴스 메소드 정의의 첫 번째 매개 변수를 ***self***가 아닌 다른 이름으로 사용해도 되지만 관례를 존중하는 것이 바람직하다.

인스턴스 메소드는 인스턴스마다 필요한 어떤 작업을 표현할 때 사용한다. 인스턴스 메소드의 호출은 다음과 같은 형태를 갖는다.

인스턴스.인스턴스메소드(인자들)
클래스.인스턴스메소드(인스턴스, 인자들)

인스턴스 메소드를 *인스턴스.인스턴스메소드(인자들)*의 형태로 호출할 때 인스턴스 메소드의 첫 번째 매개 변수에는 인스턴스에 대한 참조가 자동으로 전달된다. 위 [코드 8-3]의 35번 문장 **sun-flower1.light(31)**가 호출되어 문장 15~19에 정의된 메소드 **light(*self*, sun_angle)**가 수행될 때, 매개 변수 *self*에는 인스턴스 **sunflower1**에 대한 참조가 자동으로 전달되고 매개 변수 **sun_angle**에는 31이 전달되므로 다음과 같은 결과가 출력되게 된다.

```
SunFlower 객체 "sunflower1"가 light(31) 메시지를 수신함.
```

인스턴스 메소드를 *클래스.인스턴스메소드(인스턴스, 인자들)*의 형태로 호출할 때에는 인스턴스 메소드의 첫 번째 매개 변수에 대응하는 *인스턴스*를 명시적으로 사용해야 한다. 위 [코드 8-3]의 37번 문장 **SunFlower.light(sunflower1, 33)**가 호출되어 15~19번 문장에 정의된 메소드 **light(*self*, sun_angle)**가 수행될 때, 매개 변수 *self*에는 인자로 주어진 인스턴스 **sunflower1**에 대한 참조가 전달되고 매개 변수 **sun_angle**에는 33이 전달되므로 다음과 같은 결과가 출력되게 된다.

```
SunFlower 객체 "sunflower1"가 light(33) 메시지를 수신함.
```

(3) 정적 메소드

정적 메소드(static method)란 클래스 정의 앞에 **@staticmethod**라는 데코레이터(decorator)를 사용하는 메소드를 의미한다.

생성자와 인스턴스 메소드는 첫 번째 매개 변수로 인스턴스 객체를 의미하는 **self** 매개 변수를 가져야 하며, 클래스 메소드는 첫 번째 매개 변수로 클래스를 의미하는 **cls** 매개 변수를 가져야 한다. 하지만 정적 메소드는 그런 제약이 없다. 위 [코드 8-3]의 21~23번 문장에 정의된 **show_time(hour, min)** 메소드는 정적 메소드이다.

정적 메소드는 클래스나 인스턴스와 직접적인 관련이 없지만 클래스에 필요한 어떤 작업을 표현하는데 사용하면 된다. 정적 메소드의 호출은 다음과 같은 형태를 갖는다.

클래스.정적메소드(인자들)
인스턴스.정적메소드(인자들)

위 [코드 8-3]의 40번 문장과 41번 문장은 정적 메소드를 호출하는 문장이다. 정적 메소드는 첫 번째 인자로 인스턴스나 클래스를 사용해야 한다는 제약이 없으며 문법이 Python의 함수와 같다. Python에서 정적 메소드가 꼭 필요한 것인가에 대한 논란이 있기도 하다.

8.6 속성 상속

8.6.1 속성 상속의 개념 소개

Python에서 모든 클래스들의 최상위 클래스인 **object** 클래스를 제외한 모든 클래스들은 하나 이상의 슈퍼 클래스들을 갖는다. 만일 클래스 정의에서 슈퍼 클래스들을 지정하지 않으면 자동으로 **object** 클래스가 그것의 슈퍼 클래스가 된다. 다음 예제 코드를 보자.

```
class Mammal:
    pass

class Fish:
    pass

class Cat(Mammal):
    pass

class Dog(Mammal):
    pass

class Whale(Mammal, Fish):
    pass
```

| 코드 8-4 | hierarchy0.py

위 코드에 나타난 클래스들의 구조를 UML 클래스 다이어그램으로 표현하면 다음 그림과 같다. 클래스 다이어그램에서 삼각형 머리를 갖는 화살표는 클래스와 그것의 슈퍼 클래스와의 일반화(generalization) 관계를 나타낸다.

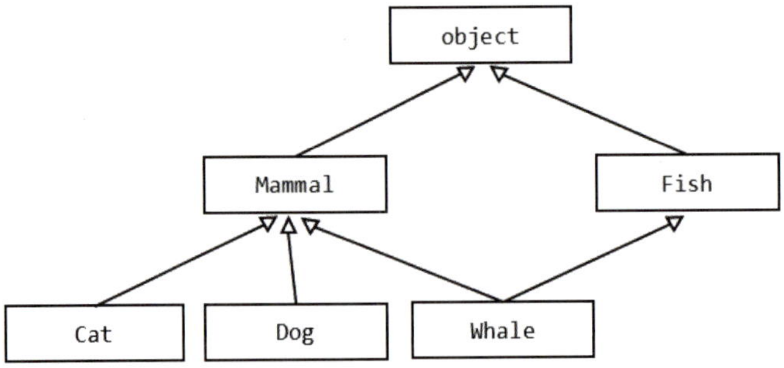

위 코드의 `Mammal` 클래스와 `Fish` 클래스는 슈퍼 클래스를 지정하지 않았으므로 `object` 클래스를 슈퍼 클래스로 갖게 된다.

참고

▸ UML 클래스 다이어그램

UML(Unified Modeling Language)이란 객체 지향 소프트웨어를 개발할 때 산출물을 명세화, 시각화, 문서화할 때 사용하는 통합 모델링 언어이며, 클래스 다이어그램(class diagram)을 비롯한 여러 가지 시각화 모델링 표준을 제공한다. 국제 표준 단체인 OMG(Object Management Group)에서 UML 표준 규격을 관리한다. 사이트 www.uml.org를 방문하면 UML에 관련된 자세한 자료들을 볼 수 있다.

속성 상속(property inheritance)이란 슈퍼 클래스에 정의된 속성들을 그것의 서브 클래스에서 자동으로 사용할 수 있는 것을 의미한다. 단 서브 클래스와 슈퍼 클래스 양쪽에 동일한 이름의 속성이 정의되어 있다면 그 속성은 슈퍼 클래스에서 서브 클래스로 상속되지 않는다. 다음은 [코드 8-4]에 `Mammal` 클래스와 `Dog` 클래스에 속성들을 추가한 코드이다.

```python
# hierarchy.py
class Mammal:  # class Mammal(object)와 같다.
    # 클래스 변수
    legs = 4

    # 생성자
    def __init__(self):
        print('A mammal is created!')

    # 인스턴스 메소드
    def walk(self):
        print('A mammal moves on {} legs.'.format(Mammal.legs))

    # 클래스 메소드
    @classmethod
    def print_legs(cls):
        print('legs = %d' % cls.legs)

class Dog(Mammal):
    # 생성자
    def __init__(self, name):
        self.name = name # name은 instance variable
        self.skills = [] # skill도 instance variable
        print('A dog \"{}\" is created!'.format(self.name))
```

```python

    # 인스턴스 메소드
    def add_skill(self, skill):
        self.skills.append(skill)

    # 인스턴스 메소드
    def walk(self):
        print('A Dog moves on {} legs.'.format(Mammal.legs))

print('Dog.legs:', Dog.legs)
pluto = Dog('Pluto')
pluto.walk() # 상속받은 속성 walk()
pluto.add_skill('칭흘리기')
print('pluto.skills:', pluto.skills)
Dog.print_legs()
```

| 코드 8-5 | hierarchy.py

다음은 위 코드를 반영하는 UML 클래스 다이어그램이다. 클래스 다이어그램에서 밑줄쳐진 변수와 메소드는 클래스 변수와 클래스 메소드를 의미하므로, 다음 클래스 다이어그램에서 밑줄 쳐진 변수 legs와 메소드 print_legs(cls)에는 밑줄이 쳐져 있다. Dog 클래스는 속성 legs, walk 그리고 print_legs를 갖고 있지 않으므로 슈퍼 클래스 Mammal로부터 클래스 변수 legs와 클래스 메소드 print_legs를 상속받는다. Mammal 클래스의 생성자와 walk() 메소드는 Dog 클래스로 상속되지 않는다. 왜냐하면 Dog 클래스에 생성자와 walk() 메소드가 정의되어 있기 때문이다.

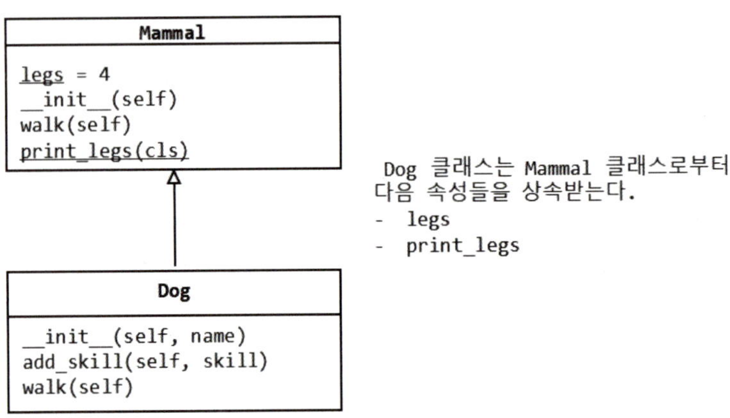

Dog 클래스는 자신이 정의하고 있는 속성 __init__, add_skill 그리고 walk 뿐 아니라 속성 상속에 의해 legs와 print_legs 속성들을 갖게 된다. 그리고 Dog 인스턴스의 생성자가 수행되면 인스턴스 변

수 **name**과 **skills**가 생성되게 된다. 따라서 [코드 8-5]를 수행하면 다음과 같은 출력을 볼 수 있다.

```
Dog.legs: 4
A dog "Pluto" is created!
A Dog moves on 4 legs.
pluto.skills: ['침흘리기']
legs = 4
```

속성 상속은 객체 지향 언어들의 공통적 특징의 하나이다. 하지만 속성 상속의 구체적인 메커니즘은 프로그래밍 언어마다 다르다.

참고

> **▸ Python 클래스의 속성들**
> Python은 인스턴스 변수를 정의하는 방법이 좀 특이하다. 인스턴스 변수는 다음과 같은 형태의 할당문을 통해 정의된다.
>
> 〈인스턴스 객체를 나타내는 변수〉.*인스턴스변수 = 초기값*
>
> 예를 들어, 생성자 안에서 *self*가 현재 인스턴스를 의미하는 인자라면 *self.인스턴스변수 = 초기값* 형태의 할당문을 넣어 인스턴스 변수를 정의할 수 있다. 또한 클래스 밖에서도 위와 같은 할당문을 사용하여 인스턴스 변수를 정의할 수도 있다. 두 방법 중 생성자 안에서 인스턴스 변수를 정의하는 것이 더 좋은 스타일이라고 할 수 있다.

8.6.2 속성 상속 메커니즘의 구현

Python에서 클래스는 복수개의 슈퍼 클래스들을 가질 수 있다. 즉, Python은 다중 상속을 지원하는 언어이다. 다중 상속의 경우, 객체의 메소드를 찾기 위해 탐색해야 하는 클래스들의 순서를 정하는 방법이 단순하지 않다. 그래서 Java와 같은 언어는 클래스들의 다중 상속을 금지하기도 한다.

주의

> 이 절에서는 클래스들이 단 하나의 슈퍼 클래스만을 갖는 단일 상속의 경우만을 설명한다. 다중 상속의 경우를 포함하는 일반적인 상속 메커니즘은 제 16.5절에서 자세히 기술된다.

Python의 속성 상속은 실제로는 자손 클래스들로 속성이 상속되는 것이 아니라 클래스들의 계층 구조에서 조상 클래스들을 따라 속성을 찾아가는 방식으로 구현된다. 즉, 클래스 X 또는 클래스 X의 인스턴스가 속성 A를 사용할 수 있는지 아닌지를 판단하는 메커니즘은 다음과 같다.

클래스 X 또는 클래스 X의 인스턴스는,

① 클래스 X에 속성 A가 정의되어 있으면 그 속성을 사용할 수 있다.

② 아니면, X의 슈퍼 클래스에 속성 A가 정의되었는가를 검색하여 그렇다면 그 속성 A를 사용할 수 있다.

③ 아니면, 다시 X의 슈퍼 클래스의 슈퍼 클래스에 속성 A가 정의되었는가를 검색하여 그렇다면 그 속성 A를 사용할 수 있다. 이런 과정은 속성 A를 찾을 때까지 계속된다.

④ 만일 **object** 클래스에도 속성 A가 없으면 Python 인터프리터는 **AttributeError** 오류를 발생시킨다.

[코드 8-5]를 통해 Python의 속성 상속 단일 메커니즘을 확인해 보자. **Dog** 클래스에는 **legs**, **walk**, 그리고 **print_legs** 속성이 정의되어 있지 않지만 **Dog** 클래스의 슈퍼 클래스인 **Mammal** 클래스에 정의되어 있으므로 **Dog** 클래스는 그 속성들을 자신의 속성들인 것처럼 사용할 수 있게 된다.

[코드 8-5]의 30번 문장 **print('Dog.legs:', Dog.legs)**의 속성 **legs**는 Dog 클래스에 정의되어 있지 않지만 **Dog** 클래스의 슈퍼 클래스인 **Mammal** 클래스에 정의되어 있으므로 속성 상속에 의해 **Dog** 클래스는 **legs** 속성을 갖는다. 따라서 30번 문장은 다음과 같은 출력을 낸다.

```
Dog.legs: 4
```

Dog 클래스에는 생성자가 정의되어 있으므로 31번 문장 **pluto = Dog('Pluto')**는 **Dog** 클래스에 정의된 생성자를 호출한다. 따라서 31번 문장은 다음과 같은 출력을 낸다.

```
A dog "Pluto" is created!
```

31번 문장이 수행되고 나면 다음 그림과 같은 pluto 객체와 그것에 대한 참조 변수가 생성된다. **Dog** 클래스의 생성자에서 인스턴스 변수 **name**과 **skills**를 정의하고 있으므로 pluto 객체는 인스턴스 변수 **name**과 **skills**를 갖게 된다.

[코드 8-5]의 32번 문장 **pluto.walk()**의 속성 **walk**는 **pluto** 인스턴스의 소속 클래스인 **Dog** 클래스에는 정의되어 있지 않지만 **Dog** 클래스의 슈퍼 클래스인 **Mammal** 클래스에 정의되어 있다. 따라서 32번 문장은 다음과 같은 출력을 낸다.

```
A mammal moves on 4 legs.
```

33번 문장 pluto.add_skill('침흘리기')의 속성 add_skill은 Dog 클래스에 정의된 속성이다. 따라서 33번 문장을 수행하면 27, 28번 문장이 수행되고 pluto 인스턴스의 인스턴스 변수 skills의 값은 ['침흘리기']가 된다. 따라서 34번 문장을 수행하면 다음과 같은 출력이 나온다.

```
pluto.skills: ['침흘리기']
```

마지막으로, [코드 8-5]의 35번 문장 Dog.print_legs()의 속성 print_legs는 Dog 클래스에는 정의되어 있지 않지만 Mammal 클래스에 정의되어 있으므로 34번 문장을 수행하면 다음과 같은 출력이 나온다.

```
legs = 4
```

8.7 메소드의 중복과 치환

메소드 중복이란 매개 변수들의 개수와 자료형이 다르면 동일한 이름의 메소드들이 클래스에 복수 개 존재할 수 있다는 것을 의미한다. 대표적인 객체 지향 언어인 Java 언어나 C++ 언어는 메소드 중복을 지원한다. 하지만 Python은 객체 지향 언어이지만 메소드 중복(method overloading)을 지원하지 않는다. Python에서는 하나의 클래스 정의에 동일한 이름의 속성들이 복수 개 존재할 수 없다.

8.7.1 메소드의 치환

Python은 메소드 치환(method overriding)은 지원한다. **메소드 치환**이란 슈퍼 클래스에 정의된 메소드와 같은 이름의 메소드가 서브 클래스에서 다시 정의되면, 슈퍼 클래스의 메소드가 서브 클래스로 계승되지 않는다는 것을 의미한다. 다음 [코드 8-6]을 보자.

```
class Animal:
    totals = 0; # Animal 객체의 총수

    def __init__(self, name):
        self.name = name
        Animal.totals =  Animal.totals + 1

    def move(self, speed):
        print('Animal \'{}\' moves at a speed of {} mpm.'
```

```
10            .format(self.name, speed))
11
12 class Dog (Animal):
13     def __init__(self, name):
14         super().__init__(name) # Animal 클래스의 생성자 호출
15         self.skills = [] # 인스턴스 변수 skills
16
17     def move(self, speed):
18         print('Dog \'{}\' runs at a speed of {} mpm.'
19             .format(self.name, speed))
20
21 a1 = Animal('a1')
22 fido = Dog('fido')
23
24 print(Animal.totals) # 2
25
26 a1.move(100)
27 fido.move(120)
```

| 코드 8-6 | hierarchy2.py

위 예제를 수행하면 다음과 같은 출력을 볼 수 있다. 왜냐하면 **Animal** 클래스와 **Dog** 클래스에 동일한 이름의 메소드 **move(*self*, speed)**가 정의되었으므로 메소드 치환에 의해 **Animal** 클래스의 **move(*self*, speed)**가 **Dog** 클래스로 상속되지 않기 때문에 26번 문장은 **Animal** 클래스의 **move** 메소드를 호출하지만, 27번 문장은 **Dog** 클래스의 **move** 메소드를 호출하기 때문이다.

```
Animal 'a1' moves at a speed of 100 mpm.
Dog 'fido' runs at a speed of 120 mpm.
```

생성자 **__init__(*self*, name)**도 **Animal** 클래스와 **Dog** 클래스 양쪽에 정의되어 있으므로 **Animal** 클래스의 생성자 **__init__(*self*, name)**도 치환에 의해 **Dog** 클래스로 상속되지 않는다.

8.7.2 super()

동일한 이름의 메소드가 슈퍼 클래스와 서브 클래스 양쪽에 있을 때에는 메소드의 치환 규칙에 의해 슈퍼 클래스의 그 메소드가 서브 클래스로 상속되지 않는다. Python에서는 모든 생성자의 이름이 **__init__**이므로 슈퍼 클래스의 생성자는 서브 클래스로 상속되지 않는다. 상속되지 않은 슈퍼 클래스의 생성자나 메소드는 서브 클래스에서 직접 호출할 수 없다. 상속되지 않은 슈퍼 클래스의 생성자나 메소드를 서브 클래스에서 호출하려면 **super()** 문을 사용하면 된다.

[코드 8-6]의 Dog 클래스의 생성자 안의 14번 문장 super().__init__(name)은 Dog 클래스의 슈퍼 클래스인 Animal 클래스에 정의된 생성자 __init__(*self*, name)을 호출하여 name 속성을 초기화하고 Animal.totals 속성의 값을 1만큼 증가시킨다. 따라서 Dog 클래스의 생성자에서는 더 이상 name 속성과 Animal.totals 속성의 값을 설정할 필요가 없어진다. 결과적으로 24번 문장 print(Animal.totals)의 출력은 2가 된다.

8.8 캡슐화

캡슐화란 객체가 가진 변수나 메소드들 중에서 외부에 공개해야 하는 것들만 공개하고 나머지는 외부에서 보이지 않도록 하는 것을 의미한다. 대표적인 객체 지향 언어인 Java나 C++은 캡슐화를 지원하고 있다. 캡슐화는 객체가 외부의 다른 객체들과 만나는 부분을 줄일 수 있도록 하여 객체들 간의 커플링(coupling)을 줄여주는 기능을 한다. 객체들 간의 커플링을 줄이면 많은 객체들을 사용하는 큰 프로그램의 개발 비용을 줄일 수 있다고 알려져 있다.

Python은 언어 차원에서 캡슐화를 지원하지 않는다. 다만 프로그래머들에게 다음과 같은 관례를 권장하고 있다.

- 서브 클래스에서만 사용하고 다른 데에서는 사용하지 않기를 원하는 속성의 이름은 _로 시작하는 관례가 존재한다. _로 시작되는 인스턴스 변수, 클래스 변수, 메소드들은 그것들이 정의된 클래스 또는 그 클래스의 서브 클래스에서만 사용하는 것이 그 클래스의 개발자의 의도를 존중해주는 것이다.
- 클래스 내부의 다른 메소드에서만 사용되고 외부에서는 사용하지 않기를 원하는 속성의 이름은 __로 시작하는 관례가 존재한다. __로 시작되는 멤버 변수들과 메소드들은 그 속성이 정의된 클래스의 외부에서는 일절 사용하지 않는 것이 그 클래스의 개발자의 의도를 존중해주는 것이다.

용어

▸ **dunder 메소드**
Python에서 사용되는 변수나 메소드 중에 __로 시작하고 __로 끝나는 것들을 편의상 간단하게 dunder 변수 또는 dunder 메소드라고 부른다. dunder는 double underscore의 약자이다.

다음 예제 코드를 보자. Cup 클래스의 인스턴스 변수 _color 는 관례에 따르면 Cup 클래스의 서브 클래스에서만 사용해야 한다. 인스턴스 변수 __content 는 관례에 따르면 Cup 클래스 외부에서는 일절 사용하지 않는 것이 바람직하다.

```
1 class Cup:
2     __price = 100
3 
4     def __init__(self, color):
5         self._color = color # _로 시작하면 서브 클래스에서만 사용을 권장
6         self.__content = None  # __로 시작하면 name mangling 대상
7 
8     def fill(self, beverage):
9         self.__content = beverage
10 
11     def empty(self):
12         self.__content = None
13 
14 cup1 = Cup('red')
15 cup1.fill('black tee')
16 
17 print(cup1.__content) # 오류
18 print(cup1._Cup__content) # OK
19 
20 print(cup1.__price) # 오류
21 print(cup1._Cup__price) # OK
```

| 코드 8-7 | Cup.py

캡슐화에 대한 Python 언어의 관례는 꼭 지켜야 하는 것은 아니다. 하지만 관례를 지키는 것이 다른 개발자의 의도를 존중해주는 것이라고 할 수 있다.

Python 인터프리터는 클래스 안에서 __로 시작하는 이름이 나타나면 내부적으로 그 이름에 대한 이름 맹글링(name mangling)을 수행한다. 이름 맹글링이란 이름 앞에 _*클래스이름* 을 붙여 "__*이름*"을 "__*클래스이름*__*이름*"으로 바꾸는 것을 의미한다. 예를 들어, [코드 8-7]의 Cup 클래스에 정의된 클래스 변수 __price와 인스턴스 변수 __content는 이름 맹글링에 의해 각각 _Cup__price와 _Cup_content로 이름이 바뀐다. 따라서 [코드 8-7]의 17번 문장과 20번 문장은 오류가 난다. 18번 문장과 21번 문장이 올바른 문장이다.

이름 맹글링을 객체 지향 프로그래밍의 원칙인 캡슐화라고 할 수는 없다. 왜냐하면 이름 맹글링은 __로 시작하는 이름을 그대로는 사용하지 못하게 하지만 이름 맹글링의 원리를 이해하면 언제라도 그 이름을 사용할 수 있으므로 이름 맹글링은 진정한 캡슐화라고 할 수 없다.

8.9 메타 클래스

메타 클래스(meta class)란 "클래스의 클래스"라는 의미를 갖는 표현이다. 메타 클래스는 Java, Smalltalk와 같은 객체 지향 언어들이 지원하는 중요한 객체 지향 개념의 하나이다. 메타 클래스는 객체 지향 언어가 "모든 것이 객체다"라는 명제를 만족시키려고 할 때, "클래스 객체의 클래스는 무엇인가"라는 질문에 답하기 위한 약간 현학적인 개념이다. Python에서 메타 클래스란 type 클래스를 의미한다.

Python에서 모든 것은 객체이다. 클래스로부터 만들어진 인스턴스 객체도 객체이지만 클래스 자체도 객체이다. 모든 클래스는 내부적으로 type 클래스의 인스턴스로 표현된다. 다음 코드를 보자.

```
>>> type(123)
<class 'int'>
>>> type('abc')
<class 'str'>
>>> class Animal:
...     pass
...
>>> a1 = Animal()
>>> type(a1)
<class '__main__.Animal'>
>>> type(Animal)
<class 'type'>
>>> type(object)
<class 'type'>
>>> type(type)
<class 'type'>
```

정수 123은 int 클래스의 인스턴스이다. 즉, 정수 123의 타입은 int 클래스이다. 문자열 'abc'의 타입은 str 클래스이다. Animal 클래스의 인스턴스 a1의 타입은 __main__ 모듈에서 정의된 Animal 클래스이다.

그러면 위 코드의 Animal 클래스의 타입은 무엇인가? type(Animal)의 값은 type이다. 즉 Animal 클래스는 type 클래스의 인스턴스 객체이다. Python은 type 클래스 자체도 type 클래스의 객체로 규정하고 있다.

8.10 인스턴스 객체의 소멸과 이삭 수거

대부분의 객체 지향 언어들은 생성자와 소멸자(destructor)를 지원한다. 생성자는 객체가 생성된 직후 자동으로 호출된다. 소멸자는 객체가 소멸되기 직전 자동으로 호출된다. 프로그램 수행 중에 생성된 객체들은 주기억 장치에 존재한다. 만일 객체들이 아주 많아져서 주기억 장치를 많이 소모한다면 사용이 끝난 객체들을 빨리 소멸시켜 주기억 장치 공간을 확보하는 것이 필요할 수 있다.

어떤 객체가 소멸자를 가지고 있다면 **del** 문장으로 객체를 소멸시키기 직전에 자동으로 소멸자가 호출된다. Python에서 소멸자는 **__del__(*self*)** 의 형태를 갖는다. 다음 코드를 보자.

```
class Animal:
    def __init__ (self, name):
        self.name = name
        print('객체 %s이 생성되었다.' % self.name)

    def __del__(self):
        print('객체 %s이 소멸된다.' % self.name)

a1 = Animal('a1')
del a1
```

위 코드가 수행되면, **Animal** 클래스의 인스턴스 객체 **a1**이 생성된 직후 자동으로 생성자 **__init__(*self*)**가 호출되고, **del a1** 문장이 수행되어 객체 **a1**이 소멸되기 직전에 자동으로 소멸자 **__del__(*self*)**가 호출된다. 위 코드의 출력은 다음과 같다.

> 객체 **a1**이 생성되었다.
> 객체 **a1**이 소멸된다.

소멸자는 객체가 소멸되기 직전에 호출되므로 객체가 소멸되기 직전에 정리해야 할 코드를 넣으면 된다. 예를 들어, 소멸되는 객체가 파일을 열었거나 소켓을 열었다면 그 파일을 닫거나 그 소켓을 닫는 코드를 넣으면 된다.
Python 인터프리터는 이삭 수거기(garbage collector)를 내장하고 있다. 이삭 수거기는 더 이상 사용되지 않는다고 판단되는 객체들이 차지하는 주기억장치 공간을 자동으로 회수한다.

8.11 종합 예제 - 객체 지향 정원 프로그램

다음은 Sun 객체가 동쪽(angle: 0)에서 떠서 서쪽(angle: 180)으로 질 때까지 정원의 모든 객체들에게 햇빛 메시지 light(angle)를 보내서 정원의 객체들의 상태가 변하는 과정을 보여주는 객체 지향 정원 프로그램이다.

```
# oo_garden.py
class Sun:
    # 정원의 모든 객체들의 리스트를 표현하는 class 변수
    things_in_garden = []

    @classmethod
    def print_things(cls):
        ''' 정원에 존재하는 모든 객체들의 이름을 출력함 '''
        print('Things in the garden:', end = ' ')
        len_of_things = len(cls.things_in_garden)
        for i in range(0, len_of_things-1):
            print(cls.things_in_garden[i].name, end = ', ')
        print(cls.things_in_garden[len_of_things-1].name)

    def circle(self):
        ''' sun 객체가 동에서 떠서 서쪽으로 질 때까지
           정원의 모든 객체들에게 햇빛 메시지 보냄
        '''
        Sun.print_things()
        for angle in range(0, 181):
            print('\n---------- Sun angle: {} ---------- '.format(angle))
            for t in Sun.things_in_garden:
                t.light(angle)

class Ant:
    def __init__(self, name):
        self.name = name
        self.body_temperature = 10    # 개미 객체의 초기 체온
        Sun.things_in_garden.append(self)

    # 햇빛을 받는 메소드
    def light(self, angle):
```

```
        self.body_temperature = self.body_temperature  + 0.1
        print('Body temperature of \'{0}\': {1:4.2f}'
             .format(self.name, self.body_temperature))

class Sunflower:
    def __init__(self, name):
        self.name = name
        self.face_angle = 0  # 해바라기 꽃 머리의 초기 방향
        Sun.things_in_garden.append(self)

    # 햇빛을 받을 때마다 해 방향으로 꽃 머리를 돌림
    def light(self, angle):
        self.face_angle = angle
        print('Face angle of \'{}\': {}'
            .format(self.name, self.face_angle))

class Tree:
    def __init__(self, name, height):
        self.name = name
        self.height = height # 나무의 초기 높이
        Sun.things_in_garden.append(self)

    # 햇빛을 받을 때마다 0.01 cm씩 키가 자람
    def light(self, angle):
        self.height = self.height + 0.01
        print('Height of \'{0}\': {1:6.2f}'.format(self.name, self.height))

if (__name__ == '__main__'):
    # Sun 객체 생성
    sun = Sun()

    # 정원의 객체들 생성
    ant1 = Ant('ant1')
    ant2 = Ant('ant2')
    tree1 = Tree('tree1', 200)
    tree2 = Tree('tree2', 150)
    sunflower = Sunflower('sunflower1')

    # sun 객체는 동에서 떠서 서쪽으로 질 때까지 정원의 모든 객체들에게 햇빛 보냄
    sun.circle()
```

객체 지향 정원 프로그램을 수행시키면 다음과 같은 출력을 볼 수 있다. 전체 출력은 지면 관계상 생략한다.

```
Things in the garden: ant1, ant2, tree1, tree2, sunflower1

---------- Sun angle: 0 ----------
Body temperature of 'ant1': 10.10
Body temperature of 'ant2': 10.10
Height of 'tree1': 200.01
Height of 'tree2': 150.01
Face angle of 'sunflower1': 0

---------- Sun angle: 1 ----------
Body temperature of 'ant1': 10.20
Body temperature of 'ant2': 10.20
Height of 'tree1': 200.02
Height of 'tree2': 150.02
Face angle of 'sunflower1': 1

---------- Sun angle: 2 ----------
Body temperature of 'ant1': 10.30
Body temperature of 'ant2': 10.30
Height of 'tree1': 200.03
Height of 'tree2': 150.03
Face angle of 'sunflower1': 2
...
```

객체 지향 정원 프로그램은 객체 지향 개념을 설명하기 위한 간단한 코드이다. 객체 지향 정원 프로그램은 코드가 너무 복잡해지는 것을 피하기 위하여 **light(angle)** 메시지를 이용하여 **Sun** 객체와 정원 안의 다른 객체들이 상호 작용하는 것만을 표현하고 있다. Sun 객체가 정원의 다른 객체들에게 메시지 **light(angle)** 메시지를 보내는 것에 의해 이 객체 지향 정원은 돌아간다. 하지만 객체 지향 정원 프로그램에 **Sun** 객체가 아닌 정원 안의 객체들 간의 상호 작용을 추가할 수 있다. 예를 들어 **Bug** 객체들을 생성하고, **Bug** 객체가 **Tree** 객체를 갉아먹어 **Tree** 객체의 성장을 방해하는 상호 작용을 추가하거나, 정원의 객체들에게 위치 정보를 표현하는 인스턴스 멤버 변수들을 추가하여 **Ant** 객체와 **Bug** 객체가 1 cm 이내로 위치가 가까워지면 **Ant** 객체가 **Bug** 객체를 잡아먹는 상호 작용을 추가할 수도 있을 것이다.

연습문제

1 다음 용어들의 뜻을 예제를 통해 비교하여 설명하라.

a. 상태 변수와 메소드
b. 메시지와 메소드
c. 클래스와 인스턴스
d. 생성자와 소멸자
e. 클래스 변수와 인스턴스 변수
f. 클래스 메소드, 인스턴스 메소드, 정적 메소드
g. 캡슐화와 이름 맹글링(name mangling)
h. 클래스와 메타 클래스

2 Python 클래스에서 정의되는 속성들의 종류를 모두 나열하라.

3 Python에서 인스턴스 변수를 정의하는 두 가지 방법을 예제 코드를 사용하여 설명하라.

4 Python에서 클래스 변수를 사용하는 두 가지 형태를 예제 코드를 사용하여 설명하라.

5 UML 클래스다이어그램에 대하여 예제 코드와 그에 대응하는 다이어그램을 그려 설명하라.

6 다음 코드에서 속성 상속에 의해 `Cat` 인스턴스 `blacky`가 사용할 수 있는 속성들을 종류별로 나열하라. 해당 속성이 없으면 없음이라고 표기하라.

```python
class Animal:
    # 클래스 변수들
    total = 0; # Animal 객체의 총수

    # 생성자
    def __init__(self, name):
        self.name = name
        self.speed = 0

    # 인스턴스 메소드
    def move(self, speed):
        self.speed = speed
        print('%s moves at the speed of %d.' % (self.name, self.speed))

    # 클래스 메소드
    @classmethod
    def print_total(cls):
        print('total:  %d' % cls.total)

class Cat(Animal):
    def __init__(self, name, color):
        super().__init__(name)
        self.color = color

# 생성자 호출
blacky = Cat('Blacky', 'black')
```

생성자:

클래스 변수:

클래스 메소드:

인스턴스 변수:

인스턴스 메소드:

소멸자:

7 메소드 치환(method overriding)을 예제 코드를 사용하여 설명하라.

8 소멸자를 사용하는 예제 코드를 만들고 설명하라.

CHAPTER 09

예외의 처리

Python 프로그램을 개발하다가 보면 다양한 종류의 예외들을 만나게 된다. 예를 들어, Python 문장의 문법을 검사할 때 발생하는 문법 오류(syntax error)를 만나거나 길이가 10인 리스트의 11번째 원소를 읽으려고 할 때 발생하는 `IndexError` 예외를 만날 수 있다.

9.1 문법 오류와 예외

Python 인터프리터가 원시 코드를 수행하는 과정을 요약하면 다음 [그림 9-1]과 같다. Python 원시 코드를 Python 인터프리터로 수행시키면, Python 인터프리터는 먼저 원시 코드의 문법을 검사하고 문법에 문제가 없으면 원시 코드를 컴파일하여 바이트코드(bytecode) 파일을 생성한다. 만일 문법 검사 과정에서 문법 오류가 발견되면 Python 인터프리터는 문법 오류(syntax error) 메시지를 출력하고 프로그램의 수행을 중단한다.

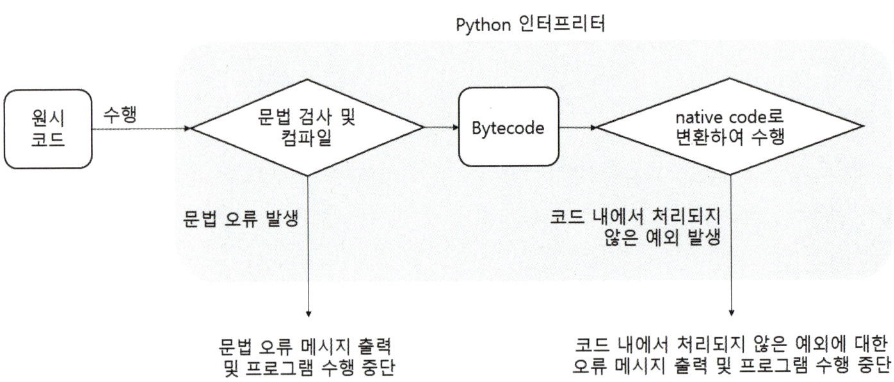

| 그림 9-1 | Python 인터프리터가 원시 코드를 수행하는 과정

문법에 문제가 없어 원시 코드로부터 바이트코드 파일이 성공적으로 생성되었다면 Python 인터프리터는 바이트코드 파일에 들어있는 명령들을 네이티브 코드(native code)로 변환하여 수행한다. 바이트

코드의 수행 중에 발생된 예외가 프로그램 내에서 자체적으로 처리되지 않는 경우 Python 인터프리터는 예외(exception) 메시지를 출력하고 프로그램의 수행을 중단한다.

9.1.1 바이트코드와 네이티브 코드

예외들에 대하여 설명하기 전에 바이트코드와 네이티브 코드에 대하여 알아보자. 여러분의 PC나 노트북에 장착되어 있는 인텔의 i5나 i7 CPU와 같이 물리적인 실체가 존재하는 CPU의 기계어들을 네이티브 코드라고 한다. 그리고 바이트코드란 기계어 규격만 존재하고 실제로 반도체로 제작되지 않는 가상 기계(virtual machine)의 기계어이다. 바이트코드라는 표현의 유래는 가상 기계의 기계어 명령들의 동작 코드(opcode)가 바이트 단위이기 때문이라고 한다. Python뿐 아니라 Java, C# 등의 언어가 바이트코드를 사용한다.

다음은 `hello()` 함수 정의와 그것으로부터 생성된 바이트코드를 `dis` 모듈이 제공하는 디스어셈블리(disassembly) 기능을 이용하여 사람이 이해하기 쉬운 어셈블리 포맷으로 출력한 것을 보여준다. `hello()` 함수 정의가 6개의 바이트코드 명령으로 컴파일된 것을 볼 수 있다.

```
>>> def hello():
        print('Hello!')

>>> import dis
>>> dis.dis(hello)
  2           0 LOAD_GLOBAL          0 (print)
              2 LOAD_CONST           1 ('Hello!')
              4 CALL_FUNCTION        1
              6 POP_TOP
              8 LOAD_CONST           0 (None)
              10 RETURN_VALUE
>>>
```

Python 3.6이 사용하는 바이트코드의 동작 코드(opcode)들은 모두 2바이트 길이를 갖는 이진 규격을 사용한다고 한다.

Python 원시 파일로부터 생성된 바이트코드 파일의 확장자는 .pyc이다. Python Shell에서 어떤 .py 파일을 임포트하면 그 .py이 존재하는 디렉터리 아래의 __pycache__ 디렉터리에 해당 .py 파일에 대한 바이트코드 파일인 .pyc 파일이 생성된다.

다음과 같은 내용의 hello.py 파일을 생성하여 저장한다. 그리고 Python Shell에서 `import hello` 문을 수행하고 난 후 hello.py 파일이 존재하는 디렉터리의 서브 디렉터리 __pycache__를 살펴보면 hello.cpython-36.pyc 파일이 생성되어 있음을 확인할 수 있다.

```
def hello():
    print('Hello!')
```

Python 바이트코드에 대한 보다 자세한 내용은 Python 공식 사이트의 온라인 문서 https://docs.python.org/3/library/dis.html을 참고하라.

9.1.2 문법 오류의 발생

Python 3에서 REPL 모드로 다음 문장을 수행하면 문법 오류가 발생하는 것을 볼 수 있다. 발생된 문법 오류는 **print** 문에 ()가 없어서 발생한 것이다. Python 3에서는 **print**가 키워드가 아니고 함수이기 때문이다.

```
>>> print 'Hello!'
SyntaxError: Missing parentheses in call to 'print'. Did you mean print('Hello!')?
>>>
```

다음은 스크립트 모드에서 모듈을 수행할 때 문법 오류가 발생하는 예제 코드이다. 두 번째 줄을 **for x in [1, 2, 3]:** 으로 수정해야 오류가 없어진다.

```
sum = 0
for x in [1, 2, 3]
    sum = sum + x

print('sum = ', sum)
```

문법 오류가 발생하면 문법에 맞도록 Python 코드를 수정해야 한다. 문법 오류는 Python 문법을 잘 숙지하고 있으면 어느 정도 쉽게 해결할 수 있는 종류의 예외이다.

9.1.3 예외의 발생

Python 원시 코드가 문법적으론 문제가 없어 문법 오류가 발생하지 않더라도 코드를 수행하는 중에 다양한 예외들이 발생할 수 있다. 만일 수행 중인 코드가 발생된 예외에 대한 처리를 하고 있지 않다면 Python 인터프리터는 발생된 예외에 대한 오류 메시지를 출력하고 대개의 경우 Python 코드의 수행을 중단한다.

예외가 발생하는 경우를 몇 가지 살펴보자. 먼저 숫자를 0으로 나누는 경우이다. 정수는 나눗셈의 피연산자들로 사용될 수 있으므로 문장 1/x는 문법적으론 문제가 없다. 하지만 0으로 나누는 나눗셈 연산은 수행될 수 없으므로 `ZeroDivisionError` 예외가 발생한다.

```
>>> x = 0
>>> 1/x
Traceback (most recent call last):
  File "<stdin>", line 1, in <module>
ZeroDivisionError: division by zero
>>>
```

다음은 범위가 넘어가는 색인을 사용하여 리스트의 원소를 구하는 경우이다. 리스트 x의 원소의 색인 값이 0~9인데 문장 6에서 색인(index) 값으로 10을 사용하는 경우가 발생한다. 그런 경우에는 `IndexError` 예외가 발생한다.

```
1 x = [1, 2, 3, 4, 5, 6, 7, 8, 9, 10]
2 sum = 0
3 index = 0
4
5 while (index <= 10):
6     sum = sum + x[index]
7     index = index + 1
8
9 print('sum = ', sum)
```

개발자의 부주의나 실수로 인해 코드에 남아있는 버그 때문에 예외가 발생하는 경우라면, 그 버그를 잡아서 예외가 발생하지 않도록 해야 한다. 예를 들어 위 코드의 경우 5번째 줄을 `while (index < 10):`로 수정하여 `IndexError` 예외가 발생하지 않도록 해야 한다.

개발자의 부주의나 실수로 인해 예외가 발생하는 경우가 아닌 경우도 있다. 개발자가 아무리 꼼꼼하게 프로그램을 작성해도 발생을 완전히 막을 수는 없는 예외들도 있다. 예를 들어 다음 open('x.txt', 'r') 문장은 문법적으로는 문제가 없다. 하지만 파일 x.txt가 어떤 이유로 존재하지 않거나 열 수 없는 경우 다음과 같이 FileNotFoundError 예외가 발생된다.

```
>>> open('x.txt', 'r')
Traceback (most recent call last):
  File "<stdin>", line 1, in <module>
FileNotFoundError: [Errno 2] No such file or directory: 'x.txt'
>>>
```

FileNotFoundError 예외는 발생을 완전히 차단할 수 없다. 예를 들어 open() 함수로 열어야 하는 파일이 존재했었는데 어떤 이유로 지워져서 현재는 그 파일이 존재하지 않는 경우가 있을 수 있고, 열어야 하는 파일이 존재하지만 하드 디스크의 노후로 방금 전 그 파일이 위치한 하드디스크의 섹터가 파손된 경우도 있을 수 있다. 즉, 개발자가 아무리 프로그램을 꼼꼼하게 작성한다고 해도 open() 함수에서 FileNotFoundError 예외가 발생할 가능성이 완전히 없어지지는 않는다.

어떤 이유건 프로그램이 비정상적으로 종료하는 경우가 생긴다면 그 프로그램은 잘 작성된 것이라고 할 수 없다. 개발자는 코드에 존재하는 버그들을 잡아 버그들로 인한 예외가 발생되지 않도록 해야 하며, 개발자의 책임이 아닌 어떤 이유로 발생될 수 있는 예외들에 대해서도 그것들에 대처하는 코드를 작성하여 예외가 발생했을 때 프로그램의 수행이 갑작스럽게 중단되거나 예상하지 못했던 이상 동작이 나타나지 않도록 해야 한다.

9.2 예외 클래스들의 계층 구조와 사용자 정의 예외

다음 [그림 9-2]는 사이트 https://docs.python.org/3/library/exceptions.html에 기술된 Python 예외들의 계층 구조이다. BaseException은 모든 예외의 최상위 클래스이다. Exception 클래스는 BaseException 클래스와 SystemExit, KeyboardInterrupt, GeneratorExit 클래스를 제외한 모든 예외 클래스들의 조상 클래스이다. 문법 오류에 해당하는 예외 클래스에는 SyntaxError, IndentationError, 그리고 TabError 클래스가 있음을 볼 수 있다.

```
BaseException
 ├── SystemExit
 ├── KeyboardInterrupt
 ├── GeneratorExit
 └── Exception
      ├── StopIteration
      ├── StopAsyncIteration
      ├── ArithmeticError
      │    ├── FloatingPointError
      │    ├── OverflowError
      │    └── ZeroDivisionError
      ├── AssertionError
      ├── AttributeError
      ├── BufferError
      ├── EOFError
      ├── ImportError
      │    └── ModuleNotFoundError
      ├── LookupError
      │    ├── IndexError
      │    └── KeyError
      ├── MemoryError
      ├── NameError
      │    └── UnboundLocalError
      ├── OSError
      │    ├── BlockingIOError
      │    ├── ChildProcessError
      │    ├── ConnectionError
      │    │    ├── BrokenPipeError
      │    │    ├── ConnectionAbortedError
      │    │    ├── ConnectionRefusedError
      │    │    └── ConnectionResetError
      │    ├── FileExistsError
      │    ├── FileNotFoundError
      │    ├── InterruptedError
      │    ├── IsADirectoryError
      │    ├── NotADirectoryError
      │    ├── PermissionError
      │    ├── ProcessLookupError
      │    └── TimeoutError
      ├── ReferenceError
      ├── RuntimeError
      │    ├── NotImplementedError
      │    └── RecursionError
      ├── SyntaxError
      │    └── IndentationError
      │         └── TabError
      ├── SystemError
      ├── TypeError
      ├── ValueError
      │    └── UnicodeError
      │         ├── UnicodeDecodeError
      │         ├── UnicodeEncodeError
      │         └── UnicodeTranslateError
      └── Warning
           ├── DeprecationWarning
           ├── PendingDeprecationWarning
           ├── RuntimeWarning
           ├── SyntaxWarning
           ├── UserWarning
           ├── FutureWarning
           ├── ImportWarning
           ├── UnicodeWarning
           ├── BytesWarning
           └── ResourceWarning
```

| 그림 9-2 | Python 예외들의 계층 구조

[그림 9-2]를 보면 앞 절에서 나왔던 예외들인 SyntaxError, FileNotFoundError, ZeroDivision Error, 그리고 IndexError 예외가 모두 예외들의 계층 구조에 들어있음을 확인할 수 있다.

예외들의 계층 구조상에 존재하는 예외 클래스들이 표현하지 못하는 어떤 새로운 오류 상황을 표현하기 위해 개발자는 새로운 예외 클래스를 정의할 수 있다. 개발자가 정의하는 새로운 예외 클래스를 사용자 정의 예외 클래스(user-defined exception class)라고 한다. 사용자 정의 예외 클래스는 Exception 클래스 또는 Exception 클래스의 자손 클래스를 슈퍼 클래스로 해야 한다.

다음 코드는 사용자 정의 예외 클래스들인 ValueSizeError 클래스, ValueTooSmallError 클래스, 그리고 ValueTooLargeError 클래스를 정의하고 있다. ValueSizeError 클래스는 Exception 클래스의 서브 클래스이고, ValueTooSmallError 클래스와 ValueTooLargeError 클래스는 ValueSizeError 클래스의 서브 클래스들이다.

```
class ValueSizeError(Exception):
    pass

class ValueTooSmallError(ValueSizeError):
    pass

class ValueTooLargeError(ValueSizeError):
    pass
```

9.3 예외 발생시키기 - raise 문

제 9.1.3절에서 Python이 제공하는 나누기 연산자 /와 내장 함수 open() 등이 예외를 발생시킬 수 있음을 보았다. Python이 제공하는 연산자들과 내장 함수들만이 예외를 발생시킬 수 있는 것은 아니다. 사용자 정의 함수나 사용자 정의 연산자도 예외를 발생시킬 수 있다. 예외를 발생시키려면 raise 키워드를 사용하면 된다. 다음은 raise 문으로 사용자 정의 예외 ValueSizeError와 내장 예외 FileNotFoundError를 발생시키는 코드이다.

```
>>> class ValueSizeError(Exception):
	pass

>>> raise ValueSizeError
Traceback (most recent call last):
  File "<pyshell#3>", line 1, in <module>
    raise ValueSizeError
ValueSizeError
>>> raise FileNotFoundError
Traceback (most recent call last):
  File "<pyshell#4>", line 1, in <module>
    raise FileNotFoundError
FileNotFoundError
>>>
```

위 코드에는 raise 문이 발생시킨 예외를 처리하는 코드가 없으므로 raise 문이 발생시킨 예외는 Python 인터프리터로 바로 전달되고 예외를 전달받은 Python 인터프리터는 화면에 오류 메시지를 낸다. raise 문의 형태는 다음과 같다.

raise *instance*	예외 *instance*를 발생시킨다.
raise *class*	예외 클래스의 인스턴스를 발생시킨다.
raise	가장 최근에 발생된 예외를 다시 발생시킨다.

예를 들어 내장 예외인 IndexError 예외를 발생시키는 raise 문은 다음과 같다.

- raise IndexError
- raise IndexError() # IndexError 인스턴스 생성

다음 함수 multiple_of_three(x)는 인자가 정수인 경우 3의 배수이면 True를 아니면 False를 반환하고, 인자가 정수가 아니면 raise TypeError() 문을 이용하여 TypeError 예외를 발생시킨다.

```
def multiple_of_three(x):
    if (isinstance(x, int)): # x가 정수이면
        return ((x % 3) == 0)
    else:
        raise TypeError()

```

```
7 print(multiple_of_three(99)) # True
8 print(multiple_of_three(100)) # False
9 print(multiple_of_three('this')) # TypeError 예외 발생
```

위 코드를 수행시키면 7번과 8번 문장에서는 예외가 발생하지 않는다. 하지만 9번 문장에서는 `multiple_of_three()` 함수 호출에 사용된 인자 `'this'`가 `int` 타입이 아니므로 `TypeError` 예외가 발생한다.

```
True
False
Traceback (most recent call last):
  File "D:\prj\python3\mul_of_three.py", line 13, in <module>
    print(multiple_of_three('this')) # TypeError 예외 발생
  File "D:\prj\python3\mul_of_three.py", line 9, in multiple_of_three
    raise TypeError()
TypeError
```

9.4 예외의 처리

개발자에게 예외는 아주 성가신 존재이다. 개발자들은 예외 처리에 많은 노력과 시간을 소모한다. 하지만 프로그램을 개발할 때 발생할 수 있는 모든 예외들이 깔끔하게 처리되도록 코드를 작성하는 것은 쉽지 않은 일이다.

Python은 예외들의 계층 구조를 제공할 뿐 아니라 예외 처리를 위한 try/finally 문과 try/except/else/finally 문을 지원하여 개발자들이 예외들에 대처하는 코드를 효과적으로 작성할 수 있도록 한다. Python뿐 아니라 Java, C++ 등의 다양한 언어들이 예외 처리에 관련된 기능들을 제공하고 있다.

9.4.1 try/finally 문

try/finally 문은 다음과 같은 형태를 갖는다. try/finally 문은 `except` 절이나 `else` 절을 갖지 않는다. 어떤 코드가 예외를 발생시킬 가능성이 있다면 그 코드를 `try` 블록에 넣어야 한다. `try` 블록이란 `try:` 다음부터 `finally:` 사이에 존재하는 문장들을 의미한다.

```
try:
    statements # try 블록
finally:
    statements # finally 블록
```

finally 블록은 try 블록에서 예외가 발생하던 아니던 무조건 수행된다. 만일 try 블록에서 아무런 예외가 발생되지 않는다면 try 블록의 수행 후 finally 블록이 수행된다. 만일 try 블록의 어떤 문장에서 어떤 예외 e가 발생된다면 Python 인터프리터는 예외 e를 잠시 저장해두고 finally 블록을 먼저 수행한 뒤에 e가 발생되도록 한다. 다음 예제 코드를 보자.

```
# divide.py
x = int(input('숫자1: '))
y = int(input('숫자2: '))

result = None
try:
    result = x/y
finally:
    print('finally 블록 수행됨.')

print('result:', result)
```

위 코드를 수행하고 숫자 10과 2를 입력하면 try 블록에서 아무런 예외가 발생하지 않으므로 try 블록 수행 후 finally 블록이 바로 수행되어 다음과 같은 수행 결과가 나온다.

```
숫자1: 10
숫자2: 2
finally 블록 수행.
result: 5.0
```

위 코드를 수행하고 10과 0을 입력하면 try 블록에서 ZeroDivisionError 예외가 발생하므로 Python 인터프리터는 ZeroDivisionError 예외를 잠시 저장해두고 finally 블록을 먼저 수행한 뒤에 ZeroDivisionError 예외가 발생되도록 한다. 따라서 다음과 같은 수행 결과를 볼 수 있다.

```
숫자1: 10
숫자2: 0
finally 블록 수행.
Traceback (most recent call last):
  File "D:/prj/python3/divide.py", line 22, in <module>
```

```
    result = x/y
ZeroDivisionError: division by zero
```

위 예제 코드에는 발생된 ZeroDivisionError 예외를 처리하는 코드가 없으므로 Python 인터프리터는 ZeroDivisionError 예외가 발생하면 예제 코드의 수행을 중단시킨다. 따라서 위 코드를 수행하고 10과 0을 입력하면 11번 문장 print('result:', result)는 수행되지 않는다.

finally 문은 어떤 경우에도 수행된다. 만일 try 블록에 try/finally 문을 빠져나가는 return, break, 또는 continue 문이 있다면 그 return, break, 또는 continue 문을 수행하기 전에 먼저 finally 블록이 수행된다. try 블록에 return 문이 있는 다음 예제 코드를 보자.

```
1  # divide.py
2  x = int(input('숫자1: '))
3  y = int(input('숫자2: '))
4
5  def divide(x, y):
6      try:
7          result = x/y
8          return result
9      finally:
10         print('finally 블록 수행.')
11
12 print('divide({}, {}): {}'.format(x, y, divide(x, y)))
```

위 예제 코드를 수행하고 10과 2를 입력하면 8번 return 문장이 수행되기 전에 10번 finally 블록이 먼저 수행된다. 따라서 다음과 같은 수행 결과를 볼 수 있다.

```
숫자1: 10
숫자2: 2
finally 블록 수행.
divide(10, 2): 5.0
```

9.4.2 try/except/else/finally 문

try/except/else/finally 문의 형태는 다음 그림과 같다. try/except/else/finally 문은 try/finally 문과 달리 하나 이상의 except 절을 가지며 else 절과 finally 절을 선택적 요소로 갖는다.

try 절	**try**: *statements* # try 블록

1개 이상의 except 절	**except** *name1*:
	    statements
	except (*name2*, *name3*):
	    statements
	except *name4* **as** *v*:
	    statements
	except:
	    statements

선택적 요소 else 절	**else**: *statements*
선택적 요소 finally 절	**finally**: *statements*

try 블록의 수행 중에 예외가 발생되면, Python 인터프리터는 except 절을 차례대로 분석하여 그 예외를 처리할 수 있는 첫 번째 except 절을 찾아 그 절의 문장들을 수행한다. 만일 발생된 예외를 어떤 except 절도 처리할 수 없다면 Python 인터프리터에게 그 예외가 전달되고 Python 인터프리터는 예외의 종류에 따라 오류 메시지를 내고 프로그램의 수행을 종료시키거나 Python 인터프리터 자체의 수행을 종료한다.

(1) 예외를 처리할 수 있는 except 절의 판정

try 블록에서 예외 *e*가 발생되었을 때 어떤 except 절이 그 예외를 처리할 수 있는가에 대한 판정 기준은 다음 표와 같다.

except 절	처리하는 예외 객체 e
except *name*: *statements*	예외 *e*가 *name* 클래스 또는 *name* 클래스의 자손 클래스의 인스턴스이면 *statements* 수행.
except (*name1*, *name2*): *statements*	예외 *e*가 *name1* 클래스 또는 name2 클래스의 인스턴스이거나 *name1* 클래스 또는 name2 클래스의 자손 클래스의 인스턴스이면 *statements* 수행.
except *name* **as** *v*: *statements*	예외 *e*가 *name* 클래스 또는 *name* 클래스의 자손 클래스의 인스턴스이면 변수 *v*에 e를 할당하고 *statements* 수행. 즉 except *name*: 과 같으나 변수 *v*의 값이 *e*가 된다.
except Exception: *statements*	예외 *e*가 Exception 클래스 또는 Exception 클래스의 자손 클래스의 인스턴스이면 *statements* 수행.
except: *statements*	예외 *e*가 어떤 종류의 예외이던 *statements* 수행.

위 표의 네 번째와 다섯 번째의 except 절의 차이는, [그림 9-2]의 Python 예외들의 계층 구조에 나타난 바와 같이, SystemExit 예외 클래스, KeyboardInterrupt 예외 클래스 그리고 GeneratorExit 예외 클래스 또는 그들의 자손 클래스들의 인스턴스들을 처리하지 않는지 처리하는지에 있다.

다음은 ZeroDivisionError 예외를 발생시키는 예제 코드이다.

```
y = [1, 3, 0, 2]

for v in y:
    r = 100/v
    print('r = %f' %r)
```

위 코드를 수행하면 다음과 같은 출력을 볼 수 있다. 100을 y[2]로 나누는 순간 ZeroDivisionError가 발생하고 프로그램의 수행은 중단된다.

```
r = 100.000000
r = 33.333333
Traceback (most recent call last):
  File "<stdin>", line 2, in <module>
ZeroDivisionError: division by zero
```

다음 코드들은 0으로 나누기를 수행할 때 발생되는 ZeroDivisionError 예외를 except 절들을 사용하여 처리하는 방법들을 보여준다. 첫 번째 코드를 보자.

```
1 # 첫 번째 코드
2 y = [1, 3, 0, 2]
3 for v in y:
4     try:
5         r = 100/v
6         print('r = %f' %r)
7     except ZeroDivisionError as e:
8         print('Error: %s' %e)
```

첫 번째 코드를 수행하면 다음과 같은 결과를 볼 수 있다.

```
r = 100.000000
r = 33.333333
Error: division by zero
r = 50.000000
```

첫 번째 코드의 4번 문장에서 ZeroDivisionError 예외가 발생되더라도 6, 7번 문장의 except 절에서 ZeroDivisionError 예외를 처리하므로 위 코드는 끝까지 수행되고 정상 종료하게 된다. 이제 두 번째 코드를 보자.

```
# 두 번째 코드
y = [1, 3, 0, 2]
for v in y:
    try:
        r = 100/v
        print('r = %f' %r)
    except:
        print('Error!')
```

두 번째 코드는 모든 종류의 예외를 처리하는 except: 절을 가지고 있으므로 두 번째 코드도 끝까지 수행되고 정상 종료하게 된다. 이제 세 번째 코드를 보자.

```
# 세 번째 코드
y = [1, 3, 0, 2]
for v in y:
    try:
        r = 100/v
        print('r = %f' %r)
    except Exception as e:
        print('Error: %s' % e)
```

세 번째 코드는 Exception 클래스의 인스턴스 또는 Exception 클래스의 자손 클래스의 인스턴스를 처리하는 except 절을 가지고 있고 ZeroDivisionError 예외 클래스는 Exception 클래스의 자손 클래스이므로 세 번째 코드도 끝까지 수행되고 정상 종료하게 된다. 네 번째 코드를 보자.

```
# 네 번째 코드
y = [1, 3, 0, 2]
for v in y:
    try:
        r = 100/v
        print('r = %f' %r)
    except  OverflowError as e:
        print('Error: %s' % e)
```

네 번째 코드는 ZeroDivisionError 예외를 처리할 수 있는 except 절을 갖고 있지 않다. 왜냐하면 ZeroDivisionError 예외는 OverflowError 예외 클래스 또는 OverflowError 예외 클래스의 자손 클래스의 인스턴스가 아니기 때문이다. 따라서 네 번째 코드를 수행하면 다음과 같은 결과를 보게 된다.

```
r = 100.000000
r = 33.333333
Traceback (most recent call last):
  File "D:/prj/python3/except3.py", line 4, in <module>
    r = 100/v
ZeroDivisionError: division by zero
```

이 절에서는 단 하나의 except 절만을 사용하였다. 다음 절에서 여러 개의 except 절을 갖는 try/except/else/finally 문을 살펴본다.

(2) 여러 개의 except 절의 사용

ExceptionC는 ExceptionB의 서브 클래스이고 ExceptionB는 ExceptionA의 서브 클래스라고 하자. 그리고 ExceptionA를 Exception 클래스의 서브 클래스라고 하자. 다음은 ExceptionA, ExceptionB, 그리고 ExceptionC 클래스에 대한 UML 클래스 다이어그램이다.

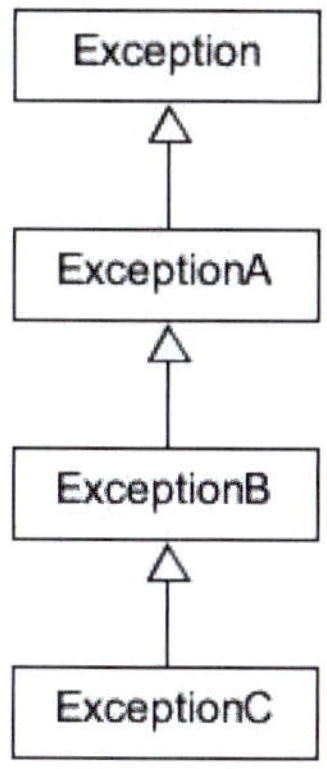

| 그림 9-3 | 예외 클래스들의 계층 구조

이제, 여러 개의 **except** 절을 사용하는 다음 예제 코드를 보자.

```
# multiple_except.py
class ExceptionA(Exception):
    pass

class ExceptionB (ExceptionA):
    pass

class ExceptionC (ExceptionB):
    pass

for c in [ExceptionA, ExceptionB, ExceptionC]:
    try:
        raise c() # 예외 객체를 발생시킨다.
    except ExceptionC: # ExceptionC 처리 가능
        print('ExceptionC!')
    except ExceptionB: # ExceptionB 처리가능
        print('ExceptionB!')
    except ExceptionA: # ExceptionA 처리가능
        print('ExceptionA!')
```

try/except/else/finally 문에 **except** 절이 여러 개 있는 경우 **try** 블록에서 발생한 예외를 처리할 수 있는 제일 처음의 **except** 절이 선택되어 수행된다. 위 코드를 수행하면 **try** 블록에서 **ExceptionA** 예외, **ExceptionB** 예외, 그리고 **ExceptionC** 예외가 차례대로 한 번씩 발생된다. 위 코드를 수행한 결과는 다음과 같다.

```
ExceptionA!
ExceptionB!
ExceptionC!
```

ExceptionA 예외가 발생한 경우 위 코드의 첫 번째 except 절은 ExceptionA 예외를 처리할 수 없다. ExceptionA 예외는 ExceptionC 또는 ExceptionC의 자손 클래스의 인스턴스가 아니기 때문이다. 따라서 두 번째 except 절이 분석된다. 하지만 두 번째 except 절도 ExceptionA 예외를 처리할 수 없으므로 세 번째 except 절이 분석된다. 그리고 세 번째 except 절이 ExceptionA를 처리할 수 있으므로 18번 문장이 수행되어 다음이 출력된다.

```
ExceptionA!
```

ExceptionB 예외가 발생한 경우 위 코드의 첫 번째 except 절은 ExceptionB 예외를 처리할 수 없다. ExceptionB 예외는 ExceptionC 또는 ExceptionC의 자손 클래스의 인스턴스가 아니기 때문이다. 따라서 두 번째 except 절이 분석된다. 그리고 두 번째 except 절이 ExceptionB 예외를 처리할 수 있으므로 16번 문장이 수행되어 다음이 출력된다.

```
ExceptionB!
```

ExceptionC 예외가 발생한 경우 위 코드의 첫 번째 except 절에서 ExceptionC 예외를 처리할 수 있으므로 14번 문장이 수행되어 다음이 출력된다.

```
ExceptionC!
```

다음 코드는 위 예제 코드의 except 절의 순서를 바꾼 버전이다.

```
# multiple_except2.py
class ExceptionA(Exception):
    pass

class ExceptionB (ExceptionA):
    pass

class ExceptionC (ExceptionB):
    pass

for c in [ExceptionA, ExceptionB, ExceptionC]:
```

```
try:
    raise c() # 예외 객체를 발생시킨다.
except ExceptionA: # ExceptionA, ExceptionB, ExceptionC 처리 가능
    print('ExceptionA!')
except ExceptionB:
    print('ExceptionB!')
except ExceptionC:
    print('ExceptionC!')
```

위 코드를 수행하면 다음 결과와 같이 ExceptionA 예외, ExceptionB 예외, 그리고 ExceptionC 예외가 모두 첫 번째 except 절에서 처리되는 것을 볼 수 있다.

```
ExceptionA!
ExceptionA!
ExceptionA!
```

[그림 9-3]의 계층 구조를 참고하면, 이런 결과는 첫 번째 except 절의 ExceptionA 클래스가 ExceptionB와 ExceptionC의 조상 클래스이기 때문이다. 발생되는 예외를 세분화하여 정확하게 처리하기 위해서는 예외 클래스 계층 구조의 세부적인 예외 클래스들을 처리하는 except 절을 먼저 배치하고 보다 일반적인 예외 클래스들을 처리하는 except 절을 나중에 배치하는 것이 바람직하다.

(3) else 절과 finally 절

else 절과 finally 절이 존재하는 경우 try 블록에서 예외가 발생하고 그 예외가 어떤 except 절에 의해 처리되면 제어는 finally 절로 넘어간다. 만일 try 블록에서 아무런 예외가 발생하지 않으면 else 절로 제어가 넘어 갔다가 finally 절로 제어가 넘어간다. 즉, finally 절은 try 블록에서의 예외 발생 여부에 무관하게 항상 수행된다. else 절과 finally 절에 대한 예제 코드를 살펴보자.

```
def divide(x, y):
    try:
        result = x / y
    except ZeroDivisionError:
        print('division by zero!')
    else:
        print('result is', result)
    finally:
```

```
 9        print('executing finally clause')
10
11 divide(4, 5)
12 divide(4, 0)
```

위 코드의 11번 문장 divide(4,5)를 수행하면 try 블록이 수행되는 동안 아무런 예외가 발생하지 않으므로 제어는 else 절로 넘어갔다가 finally 절로 넘어가므로 다음과 같은 출력이 나온다.

```
result is 0.8
executing finally clause
```

12번 문장 divide(4, 0)을 수행하면 try 블록에서 ZeroDivisionError 예외가 발생하므로 제어가 except 절로 넘어갔다가 finally 절로 넘어가므로 코드를 수행한 결과는 다음과 같다.

```
division by zero!
executing finally clause
```

9.5 호출 스택과 예외의 처리

예외를 처리하는 방법은 호출 스택(call stack)의 개념과 관련이 있다. 이 절에서는 호출 스택의 개념과 호출 스택이 예외 처리를 하는 데 어떻게 사용되는지 살펴본다.

9.5.1 호출 스택의 개념

호출 스택이란 Python 인터프리터가 내부적으로 관리하는 스택 형태의 동적 자료 구조이다. 호출 스택은 활성화 레코드(activation record)라고 불리는 원소들을 담는다. 함수가 호출될 때마다 활성화 레코드가 생성되어 호출 스택에 쌓이며, 함수의 수행이 종료될 때마다 그 함수의 활성화 레코드가 호출 스택에서 제거된다. 활성화 레코드는 다음 두 가지 정보를 저장한다.

- 함수 인자들이나 지역 변수들에 대한 정보
- 함수의 수행이 종료됐을 때 제어가 이동해야 하는 위치 정보

Python 인터프리터가 아무런 모듈을 수행하고 있지 않다면 호출 스택은 비어있다. Python 인터프리

터가 __main__ 모듈의 수행을 시작하면 __main__ 모듈에 대한 활성화 레코드(activation record)가 생성되고 호출 스택에 추가된다. 이후 어떤 함수가 호출된다면 그 함수의 수행이 시작되기 전에 그 함수에 대한 활성화 레코드가 생성되어 호출 스택에 추가된다.

함수의 수행이 종료할 때마다 그 함수에 대한 활성화 레코드가 호출 스택에서 삭제된다. 그리고 __main__ 모듈의 수행이 종료할 때 __main__ 모듈에 대한 활성화 레코드가 호출 스택에서 삭제된다. 모듈의 수행이 끝나면 호출 스택은 다시 비어있는 상태가 된다. 활성화 레코드에는 호출된 __main__ 모듈이나 함수에 대한 다음과 같은 정보가 들어있다.

- 함수 인자들이나 지역 변수들에 대한 정보
- 수행 문맥에 대한 정보

다음 예제 프로그램 call_stack_test.py를 통해 호출 스택의 개념을 구체적으로 살펴보자. 프로그램 call_stack_test.py는 함수 f()와 g()를 사용한다.

```
# call_stack_test.py
def g():
    print('g()가 호출됨')

def f():
    print('f()가 호출됨')
    g()

f()
```

다음 그림은 Python 인터프리터가 위 프로그램의 수행을 시작하여 수행을 마칠 때까지의 호출 스택의 상태 변화를 보여준다.

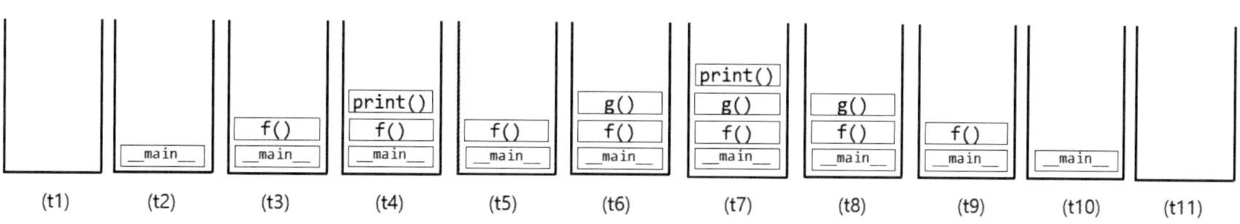

호출 스택의 시간에 따른 상태 변화

위 그림의 호출 스택의 상태 변화를 단계별로 살펴보자. 호출 스택의 상태는 비어있는 상태로 시작하여 비어있는 상태로 끝난다.

(t1) Python 인터프리터가 __main__ 모듈을 수행되기 직전의 호출 스택의 상태는 비어 있다.

(t2) __main__ 모듈의 수행이 시작된 직후의 호출 스택에는 __main__ 모듈에 대한 활성화 레코드가 추가되어 있다.

(t3) __main__ 모듈에서 함수 f()를 호출한 직후의 호출 스택에는 함수 f()에 대한 활성화 레코드가 추가되어 있다.

(t4) 함수 f()가 print('f()가 호출됨') 함수를 호출한 직후의 호출 스택의 상태이다

(t5) 함수 f()가 호출한 print('f()가 호출됨') 문의 수행이 종료된 직후의 호출 스택의 상태이다.

(t6) 함수 f()가 함수 g()를 호출한 직후의 호출 스택의 상태이다.

(t7) 함수 g()가 print('g()가 호출됨') 함수를 호출한 직후의 호출 스택의 상태이다.

(t8) 함수 g()가 호출한 print('g()가 호출됨') 함수의 수행이 종료된 직후의 상태이다.

(t9) 함수 f()가 호출한 함수 g()의 수행이 종료된 직후의 상태이다.

(t10) 함수 f()의 수행이 종료된 직후 호출 스택에는 __main__ 모듈에 대한 활성화 레코드만 남아있다.

(t11) __main__ 모듈의 수행이 종료되고 호출 스택은 다시 비어있는 상태로 돌아가 있다.

이 책에서는 호출 스택 및 활성화 레코드에 대한 자세한 내용을 다루지 않는다. 호출 스택이 언제 어떤 함수가 어떤 함수나 모듈로부터 호출되었는가에 대한 정보를 표현하는 스택 형태의 자료 구조라는 정도의 지식만을 사용한다.

참고

python 언어만 호출 스택을 사용하는 것은 아니다. 세부적 구현 측면에서는 차이가 있을 수 있지만 C나 Java와 같은 다른 프로그래밍 언어도 호출 스택을 사용한다. 호출 스택은 프로그래밍 언어들에서 널리 쓰이는 개념이다.

9.5.2 호출 스택과 예외의 처리

예외가 발생하면 Python 인터프리터는 예외 발생 당시의 호출 스택의 스택 탑(stack top)의 활성화 레코드에서 시작하여 해당 예외를 처리할 수 있는 except 절을 가진 함수에 대한 활성화 레코드를 찾을 때까지 호출 스택의 활성화 레코드들을 위에서 아래로 차례대로 분석한다.

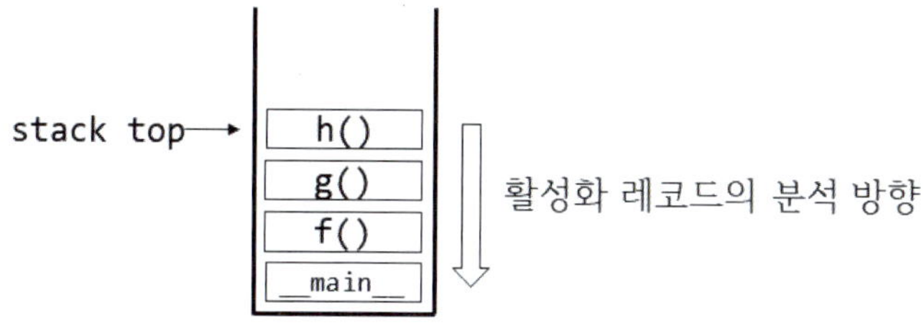

발생된 예외를 처리할 수 있는 except 절을 갖고 있는 함수에 대한 활성화 레코드를 찾으면 그 except 절을 수행하여 예외를 처리한다. 만일 호출 스택에 발생된 예외를 처리할 수 있는 except 절을 가진 함수에 대한 활성화 레코드가 존재하지 않는다면 그 예외는 Python 인터프리터에게 직접 전달되고 Python 인터프리터는 예외의 종류에 따라 예외 메시지를 출력하고 프로그램의 수행을 중단시킨다.

발생된 예외를 처리하는 가장 직접적인 방식은 예외를 발생시킨 함수 내에서 그 예외를 처리하는 것이다. 앞 절에 나온 예제 코드들은 모두 예외를 발생시킨 함수 내에서 그 예외를 처리할 수 있는 except 절을 갖고 있다. 다음 예제 코드도 함수 g() 내부에서 발생되는 FileNotFoundError 예외를 처리할 수 있는 except 절을 갖고 있다.

```
1  # exception_chain1.py
2  # 함수 g() 내부에서 발생된 예외를 g() 내부에서 처리
3
4  def g(file_name):
5      try:
6          file1 = open(file_name, 'r', encoding='utf-8')
7          content = file1.read()
8          print(content)
9          file1.close()
10     except FileNotFoundError:
11         print('g() 자체에서 g()에서 발생한 FileNotFoundError 처리' )
12
13 def f(file_name):
14     print('Function f({}) is called!'.format(file_name))
15     g(file_name)
16
17 f('not_exist.txt') # 존재하지 않는 파일
```

위 코드는 파일 not_exist.txt 파일이 존재하지 않음을 가정하고 있다. 위 모듈을 수행하면 6번 문장에서 FileNotFoundError 예외가 발생한다. 6번 문장을 수행할 때의 호출 스택은 다음과 같다.

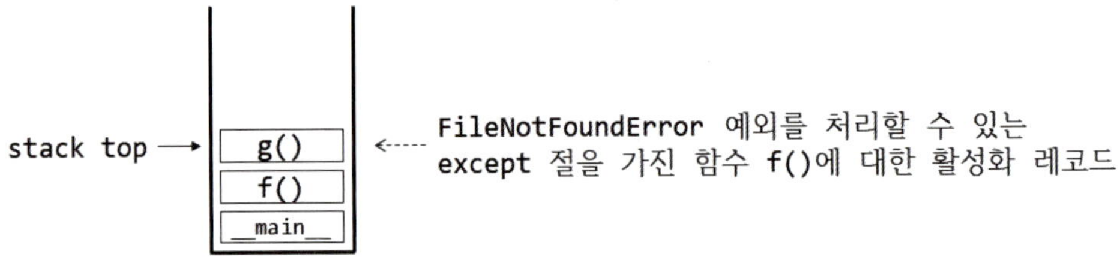

6번 문장에서 FileNotFoundError 예외가 발생했을 때의 호출 스택의 스택 탑에 있는 활성화 레코드가 표현하는 함수 g()가 그 예외를 처리할 수 있는 except 절을 가지고 있으므로 11번 문장이 수행되어 예외가 처리된다. 따라서 위 코드의 수행 결과는 다음과 같다.

```
Function f(not_exist.txt) is called!
g() 자체에서 g()에서 발생한 FileNotFoundError 처리
```

다음은 함수 g() 내에서 발생한 FileNotFoundError 예외를 처리할 수 있는 except 절이 g()를 호출하는 함수 f()에 존재하는 예제 코드이다.

```
1 # exception_chain2.py
2 # g()에서 예외가 발생하고 f()에서 처리
3
4 def g(file_name):
5     file1 = open(file_name, 'r', encoding='utf-8')
6     content = file1.read()
7     print(content)
8     file1.close()
9
10 def f(file_name):
11     print('Function f({}) is called!'.format(file_name))
12     try:
13         g(file_name)
14     except FileNotFoundError:
15         print('f()에서 g()에서 발생한 FileNotFoundError 예외 처리' )
16
17 f('not_exist.txt') # 존재하지 않는 파일
```

위 코드에서 5번 문장이 수행되어 FileNotFoundError 예외가 발생하였을 때의 호출 스택의 상태는 다음 그림과 같다.

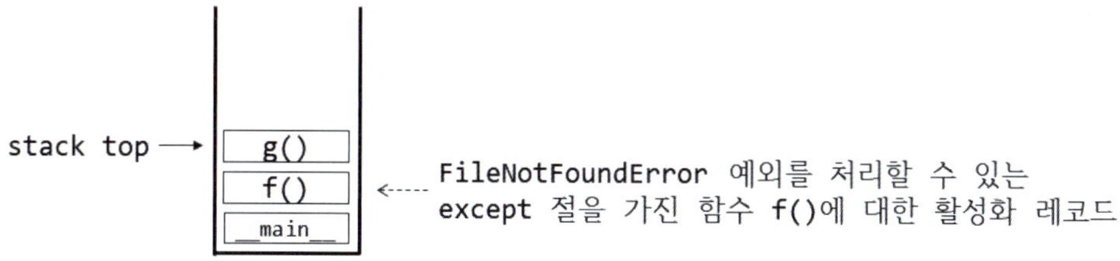

5번 문장에서 FileNotFoundError 예외가 발생했을 때의 호출 스택의 스택 탑(stack top)에 있는 활성화 레코드가 표현하는 함수 g()는 그 예외를 처리할 수 있는 except 절을 가지고 있지 않으므로 Python 인터프리터는 호출 스택의 활성화 레코드들을 위에서 아래로 차례로 분석하여 그 예외를 처리할 수 있는 except 절을 가지고 있는 함수를 찾아 그 except 절을 호출한다. 결과적으로 위 코드를 수행하면 다음과 같은 출력을 볼 수 있다.

```
Function f(not_exist.txt) is called!
f()에서 g()에서 발생한 FileNotFoundError 예외 처리
```

다음은 함수 g() 내에서 발생한 FileNotFoundError 예외를 처리할 수 있는 except 절이 __main__ 모듈에 존재하는 예제 코드이다.

```
1  # exception_chain2.py
2  # g()에서 예외가 발생하고 __main__ 모듈에서 처리
3
4  def g(file_name):
5      open(file_name, 'r')
6      content = f.read()
7      print(content)
8      f.close()
9
10 def f(file_name):
11     print('Function f({}) is called!'.format(file_name))
12     g(file_name)
13
14 try:
15     f('not_exist.txt')
16 except FileNotFoundError:
17     print('__main__ 모듈에서 g()에서 발생한 FileNotFoundError 처리' )
```

위 코드를 수행하면 함수 g() 내부에서 발생한 FileNotFoundException 예외가 16, 17번 except 절에서 처리된다. 출력 결과는 다음과 같다.

```
Function f(not_exist.txt) is called!
__mian__ 모듈에서 g()에서 발생한 FileNotFoundError 처리
```

9.5 with 문장

with 문장은 Python 2.5에서 도입되었다. with 문장은 다음과 같은 형태를 갖는다. as *var* 부분은 선택적이다.

with *expression* **as** *var*
    block

with 문장의 *expression*은 문맥 관리자(context manager) 객체를 반환하는 수식이어야 한다. Python은 다양한 문맥 관리자 객체를 지원하고 있으며, 개발자가 새로운 사용자 정의 문맥 관리자를 정의하는 것도 가능하다. 문맥 관리자 객체란 다음과 같은 메소드들을 제공하는 객체를 의미한다. 설명의 편의상 이후 *expression*이 반환하는 문맥 관리자 객체를 *cmgr*이라고 표현하기로 하자.

- __enter__(*self*):
  *block*의 수행이 시작되기 직전에 *cmgr*.__enter__() 메소드가 자동 호출되고 with 문장에 as *var* 구가 존재하면 그 반환 값이 *var*에 할당된다.

- __exit__(*self, type, value, traceback*):
  *block*의 수행 중에 예외가 발생하던 아니던 *block*의 수행을 마치기 직전에 *cmgr*.__exit__(*type, value, traceback*) 메소드가 자동 호출된다. *block*을 수행하는 도중에 예외가 발생하였다면 메소드 인자 *type*, *value*, 그리고 *traceback*에 발생된 예외에 대한 정보가 사용되고, 그렇지 않다면 *type*, *value*, 그리고 *traceback*에 모두 None이 전달된다.

9.5.1 파일 객체

내장 함수 open()이 반환하는 파일 객체는 대표적인 문맥 관리자 객체이다. 다음 예제 코드를 보자.

```
with open('output.txt', 'w') as f:
    f.write('Hello Python!')
```

open() 함수의 결과로 반환되는 파일 객체의 __enter__() 메소드는 파일 객체 자신을 반환한다. 따라서 위 코드의 f에는 output.txt 파일에 대한 파일 객체가 할당된다.

open() 함수의 결과로 반환되는 파일 객체의 __exit__() 메소드는 open() 함수에 의해 열려진 파일 객체 f를 닫는다. 따라서 f.write('Hello Python!') 문장을 수행하는 도중에 예외가 발생하던 아니던 위 with 문의 수행을 마친 후에는 파일 객체는 자동으로 닫힌 상태가 된다.

9.5.2 threading.Lock 객체

다중 쓰레드를 지원하는 threading 모듈의 Lock 객체는 쓰레드들이 사용하고 있는 공유 자원에 대한 배타적인 접근 권한을 구현하는 데 사용된다. Lock 객체에 대한 자세한 설명은 제 14.4.2절에 나온다.

다음은 Lock 객체를 문맥 관리자 객체로 사용하는 with 문을 이용하는 SyncCounter 클래스의 예제이다. 이 SyncCounter 클래스는 여러 쓰레드들이 동시에 사용할 수 있도록 설계되어 있다.

```
1 from threading import Lock
2
3 class SyncCounter:
4     def __init__(self):
5         self.lock1 = Lock() # 해제 상태의 Lock 객체 생성
6         self.count = 0
7
8     def inc(self):
9         with self.lock1:
10            self.count = self.count + 1
11
12    def dec(self):
13        with self.lock1:
14            self.count = self.count - 1
```

Lock 객체는 문맥 관리자 객체이며 __enter__() 메소드와 __exit__() 메소드를 지원한다. Lock 객체의 __enter__() 메소드는 Lock 객체를 획득한다. 그리고 __exit__() 메소드는 그 Lock 객체를 해제한다. 따라서 위 코드의 9번 문장이 수행될 때, lock1.__enter__() 메소드가 수행되어 자동으로 lock1 객체가 획득되고, 10번 문장이 수행된 직후에는 lock1.__exit__(None, None, None)이 호출되어 lock1 객체가 자동으로 해제된다.

9.5.3 문맥 관리자 클래스 정의하기

문맥 관리자 클래스를 정의하는 것은 __enter__() 메소드와 __exit__(*self, type, value, traceback*) 메소드를 지원하는 클래스를 정의하는 것이다. 문자열에 여는 태그와 닫는 태그를 자동으로 붙이는 간단한 문맥 관리자 클래스를 정의하여 보자.

```
1  # with_tag.py
2  class Tag:
3      def __init__(self, tag_name):
4          self.name = tag_name
5
6      def __enter__(self):
7          print('<%s>' % self.name, end= ' ')
8
9      def __exit__(self, type, value, traceback):
10         print('</%s>' % self.name, end= ' ')
11
12 with Tag('h1'):
13     print('hello', end= ' ')
14
15 print()
```

위 코드를 수행하면 다음과 같은 출력을 볼 수 있다. 11번 문장이 수행될 때 __enter__() 메소드가 자동 호출되어 'hello' 앞에 여는 태그 <h1>이 붙고 12번 문장이 수행된 직후 __exit__(None, None, None)이 자동 호출되어 그 뒤에 닫는 태그 </h1>이 붙어 결과가 만들어진다.

```
<h1> hello </h1>
```

9.5.4 @contextmanager 데코레이터

문맥 관리자는 with 블록의 처음과 끝에 부가적인 처리를 하므로 문맥 관리자는 데코레이터 패턴(decorator pattern)과 유사하다. 그런데 Python은 데코레이터 패턴을 contextlib 모듈에서 지원하고 있으며, 데코레이터 @contextmanager와 발생자 함수를 이용해서 문맥 관리자를 정의할 수도 있다. 다음 예제 코드는 바로 앞 절의 예제 코드의 Tag 클래스와 동일한 기능을 제공하는 데코레이터 함수를 정의하고 있다.

```
from contextlib import contextmanager

@contextmanager
def tag(name):
    print('<%s>' % name, end=' ')
    yield
    print('</%s>' % name, end= ' ')

with tag('h1'):
    print('hello', end= ' ')

print()
```

발생자 함수에 데코레이터 @contextmanager를 붙이면, 발생자 함수의 yield 문을 기준으로 그전의 문장들이 **with** 블록을 시작하기 전에 수행되며, **with** 블록의 수행이 종료되기 직전에 **yield** 다음의 문장들이 자동 수행된다.

9.6 종합 예제 - 스무 고개 게임

다음은 스무 고개 게임을 Python으로 구현한 것이다. 스무 고개 게임 프로그램은 1에서 100 사이의 난수를 내부적으로 생성하여 number 변수의 값을 정하고 사용자가 그 값을 몇 번에 맞추는지 센다. 프로그램은 사용자가 제시한 추측 값이 생성된 정수보다 큰지 작은지에 대한 정보를 준다. 스무 고개 게임이 사용하는 random 모듈의 randrange(a, b) 함수는 a 이상 b 미만의 정수 난수를 반환한다.

```
# twenty_questions_game.py
import random

class ValueSizeError(Exception):
    ''' Base class for other exceptions'''
    pass

class ValueTooSmallError(ValueSizeError):
    '''Raised when the input value is too small'''
    pass
```

```
class ValueTooLargeError(ValueSizeError):
    '''Raised when the input value is too large'''
    pass

# 숫자를 추측하여 맞추기
number = random.randrange(1, 101) # 1에서 101 미만의 정수 난수 발생

print('1에서 100사이에 있는 숫자를 맞추세요.')

count = 0
while True:
    count = count + 1
    try:
        i_num = int(input('숫자를 입력하세요: '))
        if i_num < number:
            raise ValueTooSmallError
        elif i_num > number:
            raise ValueTooLargeError
        else:
            break
    except ValueTooSmallError:
        print('너무 작은 숫자입니다. 더 큰 숫자를 입력하세요.\n')
    except ValueTooLargeError:
        print('너무 큰 숫자입니다. 더 작은 숫자를 입력하세요.\n')
    except ValueError:
        print('숫자가 아닙니다. 숫자를 입력하세요.\n')

print('축하합니다. {}번 만에 숫자를 맞추셨습니다.'.format(count))
```

위 코드를 수행하여 number 변수가 54로 설정되었을 때의 게임의 진행은 다음과 유사하다.

```
1에서 100사이에 있는 숫자를 맞추세요.
숫자를 입력하세요: 50
너무 작은 숫자입니다. 더 큰 숫자를 입력하세요.

숫자를 입력하세요: 75
너무 큰 숫자입니다. 더 작은 숫자를 입력하세요.
```

숫자를 입력하세요: 62
너무 큰 숫자입니다. 더 작은 숫자를 입력하세요.

숫자를 입력하세요: 55
너무 큰 숫자입니다. 더 작은 숫자를 입력하세요.

숫자를 입력하세요: 52
너무 작은 숫자입니다. 더 큰 숫자를 입력하세요.

숫자를 입력하세요: 54
축하합니다. 6번 만에 숫자를 맞추셨습니다.]

연습문제

1 다음 용어들의 의미를 설명하라.

a. 문법 오류
b. 네이티브 코드와 바이트코드
c. 사용자 정의 예외
d. 호출 스택과 활성화 레코드

2 발생되는 예외를 처리하는 코드를 만들지 않으면 어떤 일이 일어나는지 예제 코드를 이용하여 설명하라.

3 함수 action()을 수행하면 ExceptionA, ExceptionB, ExceptionC 그리고 ExceptionD 예외가 발생할 수 있다고 하자. ExceptionA, ExceptionB, ExceptionC 그리고 ExceptionD 클래스는 다음과 같은 계층 구조를 갖는다고 하자.

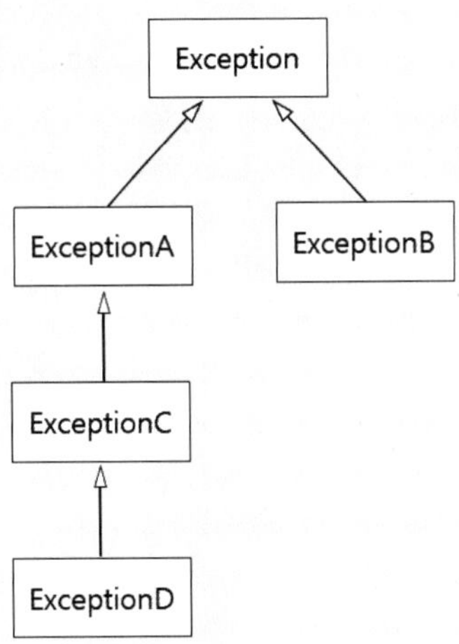

다음 코드에서 ________ 자리에 예외들이 올바르게 처리되도록 예외 클래스들의 이름을 넣어라. 다음 코드에서 ...은 생략을 의미한다.

```
try:
    action()
except ________:
    ...
except ________:
    ...
except ________:
   ...
except ________:
   ...
finally:
  ...
```

4 다음 예제 코드의 수행 결과를 적어라.

```
try:
    raise IndexError()
except:
    print('propagating ...')
    raise
```

5 다음 예제 코드의 수행 결과를 적고, 왜 그런 결과가 나오는지 설명하라.

```
def action2():
    print(1 + []) # TypeError 발생

def action1():
    try:
        action2()
    except TypeError:
        print('action1 except!')

try:
    action1()
except TypeError:
    print('__main__ except!')
```

PART

3

이해하기

HTTP://Python.org

Understanding is the most important matter in everything.

CHAPTER 10

모든 것이 객체이다

Python에서는 모든 것이 객체이다. 정수 123, 실수 12.3, 문자열 'this', 리스트 [1, 2, 3], 튜플 (1, 2, 3), 딕셔너리 {'name': 'kim', 1: 'a'} 등 모든 것이 객체이다. 클래스도 객체이고, 클래스의 인스턴스도 객체이다. 모듈도 객체이다. 함수도 객체이다.

10.1 내장 함수 type(*object*)

Python의 내장 함수 type(*object*)는 인자 *object*의 자료형을 반환한다. type(*object*) 함수를 이용하여 Python에서는 모든 것이 객체라는 사실을 확인해 보자.

```
>>> type(123)
<class 'int'>
>>> type('this')
<class 'str'>
>>> type([1,2,3])
<class 'list'>
>>> type((1,2,3))
<class 'tuple'>
>>> type({'name':'kim', 'age':23})
<class 'dict'>
>>> def f(x, y):
        return (x + y)

>>> type(f)
<class 'function'>
>>> import math
>>> type(math)
<class 'module'>
>>>
```

type(*object*) 함수를 이용하면, 정수, 문자열, 리스트, 튜플, 딕셔너리, 함수 정의, 그리고 모듈의 자료형이 모두 클래스인 것을 확인할 수 있다. 위 코드에서 정수 **123**의 자료형은 **int** 클래스이고, 문자열 'this'의 자료형은 **str** 클래스이고, 함수 정의 **f**의 자료형은 **function** 클래스이며, 모듈 **math**의 자료형은 **module** 클래스임을 확인할 수 있다.

10.2 자료 구조의 도식화

Python 인터프리터가 프로그램을 수행할 때 Python 인터프리터의 내부에서 일어나는 일들을 잘 이해하려면 Python 인터프리터가 사용하는 주기억 장치 공간에서 객체들이 어떻게 표현되고 있는지에 대한 이해가 필수적이다. 이 절에서는 주기억 장치 공간에서 객체들이 어떻게 표현되고 있는지를 설명하기 위하여 도식을 사용한다.

클래스의 경우 UML(Unified Modeling Language) 표준의 하나인 클래스 다이어그램을 그대로 사용한다. 클래스는 각진 네모로 표현하고, 슈퍼 클래스와 서브 클래스 간의 IS_A 관계는 삼각형 머리를 가진 화살표로 표현한다.

주기억 장치 상의 Python 객체들과 변수들의 경우 그것들을 표현하기 위한 적합한 표준 도식을 찾을 수 없었다. 그래서 필자는 객체들과 변수들을 표현하기 위한 간단한 도식을 고안하였다. 필자가 고안한 도식을 소개한다.

변수는 각진 네모 위에 변수 이름을 붙여 표현한다. 객체는 그것이 소속한 클래스 이름이 적힌 둥근 모서리 네모로, 그리고 객체에 대한 참조는 점선 화살표로 나타내기로 한다. 참조의 쌍은 :로 칸이 구분되는 각진 네모로 표현하기로 한다.

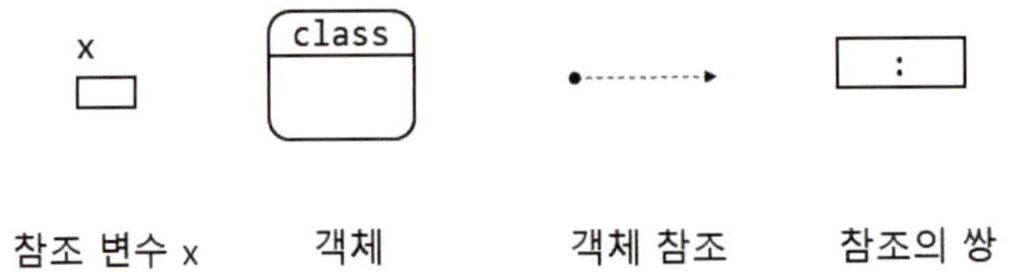

10.2.1 기본 도식들

Python에서 할당문 x = 27을 수행한 결과를 도식화해 보자. C 언어나 Java 언어에서는 27이 객체가 아니므로 할당문 x = 27; 을 수행하고 나면 변수 x에 해당하는 주기억 장치 공간에 27이 담긴다. C 언어나 Java 언어에서 변수 x가 값 27이 담겨있는 것을 도식으로 표현하면 다음과 같다.

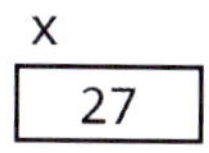

하지만 Python에서는 모든 것이 객체이고 변수는 객체에 대한 참조를 담으므로, 문장 x = 27을 수행하면 변수 x에 정수 27 자체가 아니라 정수 객체 27에 대한 참조가 담긴다. 따라서 Python에서는 문장 x = 27의 수행 결과가 위와 같은 도식이 아니라 변수 x가 정수 객체 27을 참조하고 있는 다음과 같은 도식으로 표현된다.

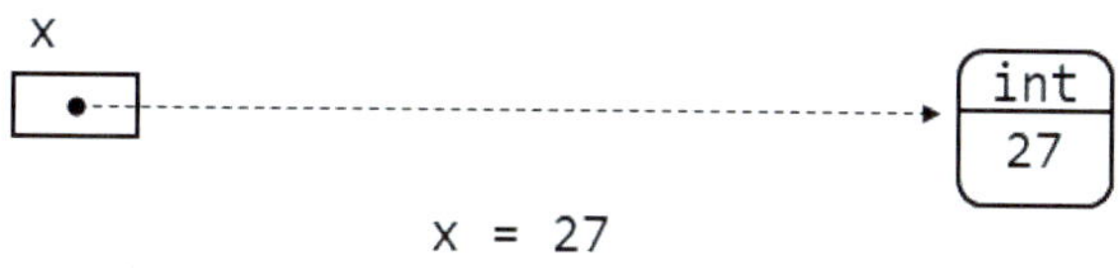

마찬가지로 변수 x가 문자열 'this'에 대한 참조를 저장하고 있는 것은 다음과 같은 도식으로 표현된다.

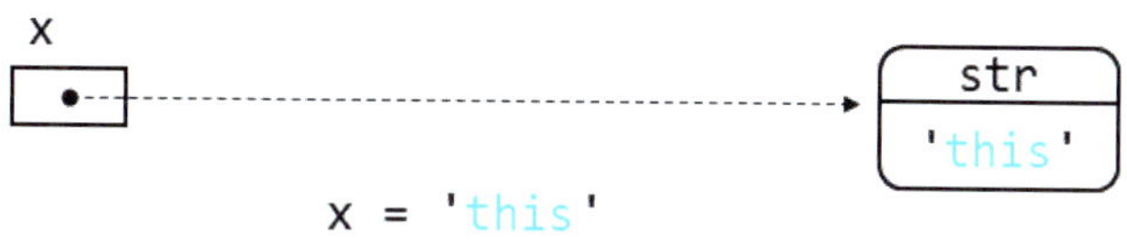

리스트 객체는 내부에 원소들을 담고 있다. 예를 들어 리스트 [1, 2, 3]은 3개의 정수를 담고 있는 객체이다. Python에서 모든 것은 객체이므로 리스트 객체는 객체들을 원소로 갖는 객체이다. 리스트 객체는 원소들에 대한 참조들을 담고 있다. 문장 x = [1, 2, 3]을 수행한 결과를 도식으로 표현하면 다음과 같다.

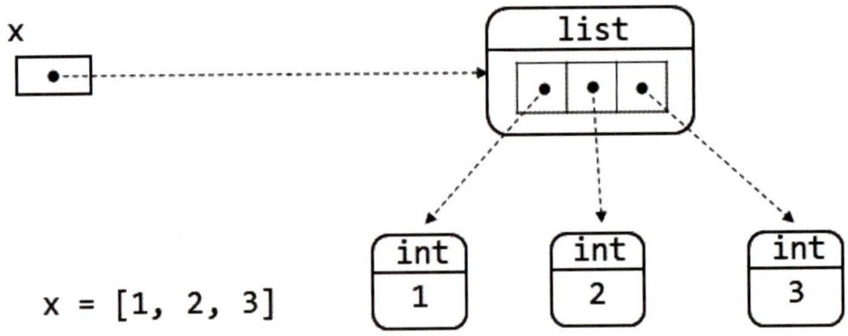

튜플 객체는 리스트 객체와 유사하게 표현된다. 다음은 x = (1, 2, 3)의 수행 결과를 도식으로 표현한 것이다.

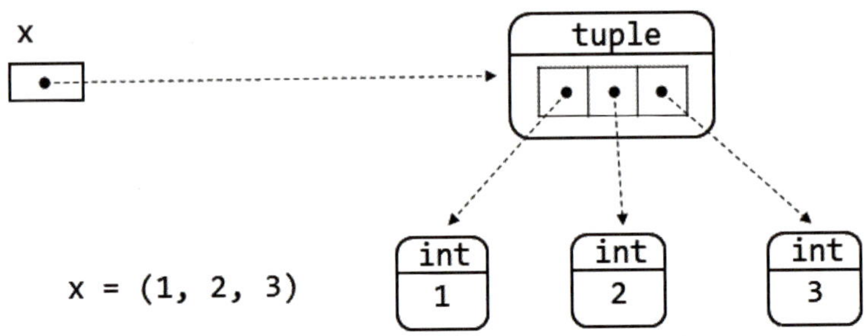

집합 객체도 리스트 비슷하게 표현된다. 문장 x = {1, 2, 3}의 수행 결과는 다음과 같은 도식으로 표현된다.

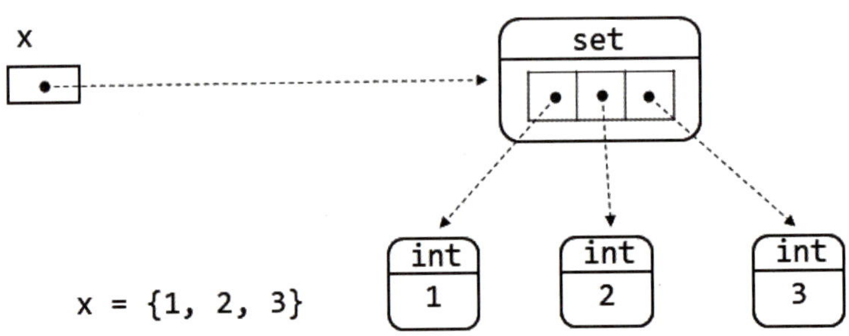

마지막으로 다음은 딕셔너리 객체를 사용하는 할당문 z = {'age': 12, 'name': 'Suzi', 'grade': 5}의 수행 결과는 참조의 쌍의 도식을 이용하여 다음과 같이 표현된다.

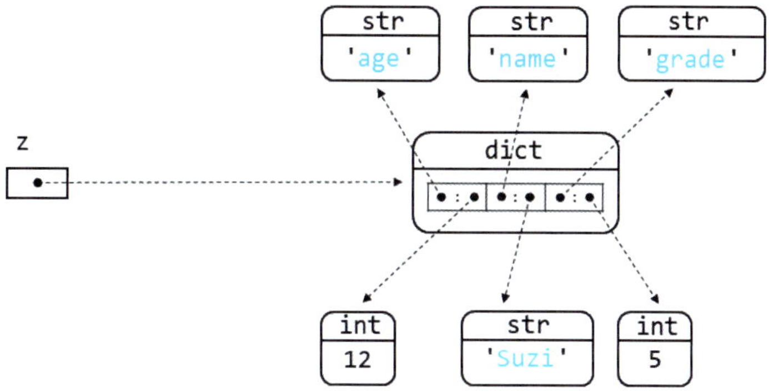


```
z = {'age': 12, 'name': 'Suzi', 'grade': 5}
```

참조의 쌍들은 옆으로 긴 모양을 하고 있으므로 도식이 옆으로 너무 길어지는 경우 세로 방향으로 참조의 쌍들을 배열한다. 다음 그림은 위 그림을 세로 방향으로 참조의 쌍들이 배열되도록 그린 것이다.

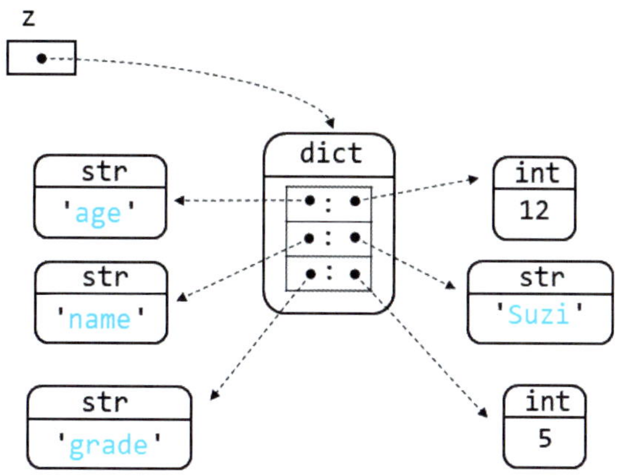

도식은 의미를 직관적으로 전달해야 할 뿐 아니라 그리기 쉬워야 한다. 딕셔너리 객체가 Python에서 사용되는 자료 구조 중 가장 복잡한 편이므로 딕셔너리 객체를 조금 간단하게 그리는 방법을 살펴보자. 다음 그림은 딕셔너리 객체의 원소 'age': 12를 표현하는 도식이다.

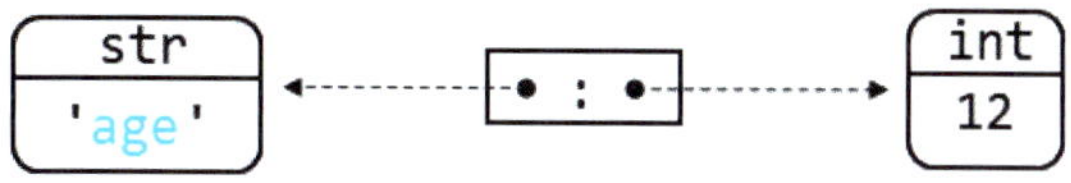

수정 불가 객체만 사용될 수 있는 키 부분을 참조로 연결하지 않고 직접 참조의 쌍을 표시하는 네모의 왼쪽 칸에 적고, 객체를 모서리가 둥근 사각형에 넣지 않고 직접 표시할 수 있다. 다음은 위 그림의 간

단 버전이다.

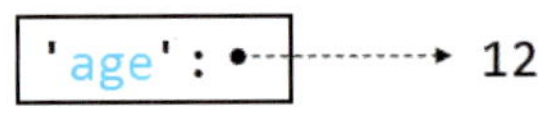

다음 그림은 할당문 z = {'age': 12, 'name': 'Suzi', 'grade': 5} 의 수행 결과의 간단 버전 도식이다.

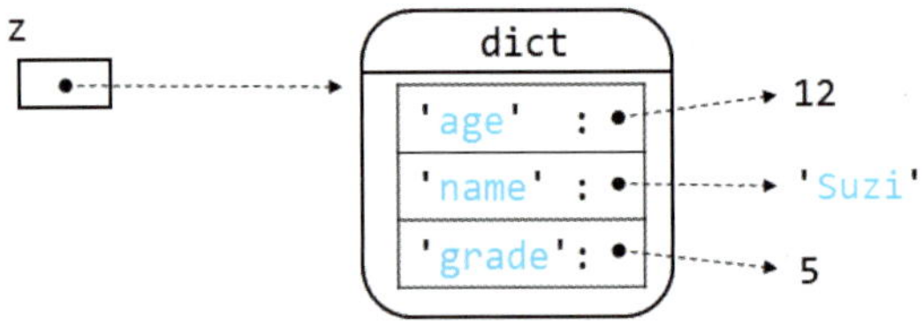

10.2.2 일반적 도식들

리스트 [2, 3]을 두 번째 원소로 갖는 중첩 리스트 [1, [2, 3], 4] 에 대한 할당문 x = [1, [2, 3], 4]를 수행한 결과는 다음과 같이 표현된다.

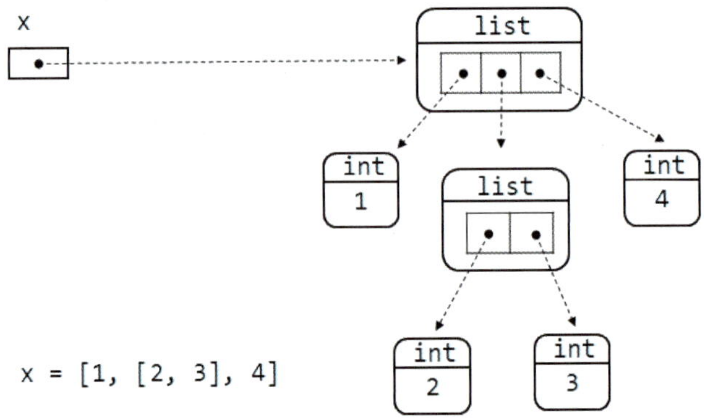

리스트 객체를 값으로 갖는 원소를 갖는 딕셔너리 {'age': 22, 'favorites': ['apple', 'mango']}에 대한 할당문 x = {'age': 22, 'favorites': ['apple', 'mango']}의 수행 결과는 다음과 같이 표현된다.

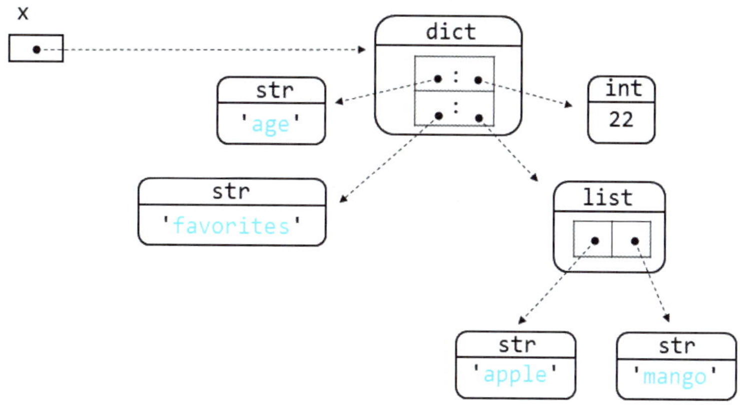

x = {'age':22, 'favorites':['apple', 'mango']}

이 절에서 소개한 도식들은 이후 코드들의 동작 및 결과를 명확하게 설명하는 데 사용된다. 주기억장치 공간의 객체들을 도식으로 그려 분석해보는 것은 코드의 의미를 정확하게 이해하는 데 도움이 된다.

10.3 내장 함수 id(object)와 키워드 is

Python의 내장 함수 `id(`*`object`*`)`는 인자 *`object`*의 식별 값(identity)을 반환한다. 객체의 식별 값은 다음을 보장 받는 상수 정수이다.

- 객체의 식별 값은 객체가 생성될 때 Python 인터프리터에 의해 부여된다.
- 객체의 식별 값은 그 객체가 소멸될 때까지 변하지 않는다.

객체의 식별 값을 객체에 대한 참조(reference)라고 표현하기도 한다. 다음은 내장 함수 `id(`*`object`*`)`에 대한 예제 코드이다.

```
>>> id(27)
1797026080
>>> id(27.0)
1484979573096
>>> id(28)
```

```
1797026112
>>> id('this')
1484985386968
>>> id([1,2,3])
1484984366344
>>>
```

객체가 주기억 장치 공간에 생성되어 소멸될 때까지의 기간을 그 객체의 생애(lifetime)라고 부른다.

id(*object*) 함수는 생애가 겹치는 두 객체가 동일한 하나의 객체인가 아닌가를 판정하는 데 사용할 수 있다. 만일 생애가 겹치는 두 객체 o_1과 o_2의 식별 값 id(o_1)과 id(o_2)가 같다면 o_1과 o_2는 하나의 객체이다. 두 객체의 생애가 겹치지 않는다면 우연히 그 두 객체의 식별 값이 같을 수도 있다.

참고

CPython의 경우 객체의 식별 값을 객체가 생성된 주기억 장치 공간의 주소를 이용하여 구현하였다고 한다. 따라서 CPython에서는 객체의 식별 값이 그 객체의 존재하는 주기억 장치 공간의 주소라고 생각할 수 있다. 하지만 Python의 종류나 버전에 따라 객체의 식별 값을 구현하는 방법은 다를 수 있다.

id(*object*) 함수에 대한 다음 코드를 수행해 보자.

```
1 foo = 32767
2 bar = foo
3 baz = bar
4
5 print(id(foo), id(bar), id(baz))
```

위 코드를 수행한 결과는 다음과 같다. 위 코드를 수행한 결과는 변수 foo, bar, 그리고 baz가 모두 동일한 식별 값을 가진다는 것을 보여준다.

```
2540141542736 2540141542736 2540141542736
```

이런 결과는 위 코드의 1~3번 문장을 수행한 직후의 변수 foo, bar 그리고 baz가 모두 다음 그림과 같이 동일한 객체를 참조하고 있다는 것을 의미한다.

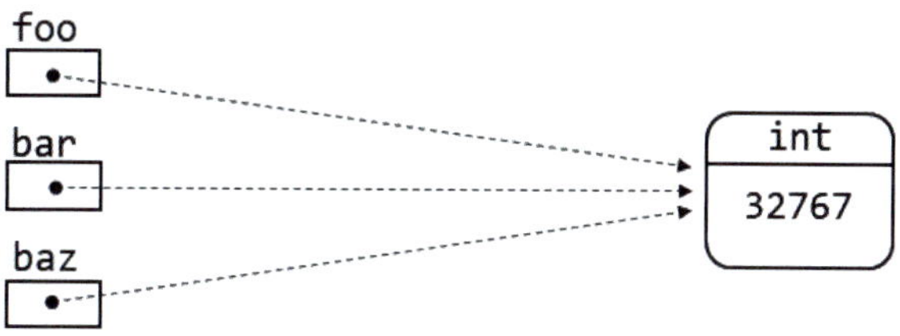

Python 키워드 **is**는 두 객체의 식별 값을 비교하는 데 사용된다. 만일 두 객체 o_1과 o_2의 식별 값 id(o_1)과 id(o_2)가 같다면 수식 o1 is o_2는 True가 된다.

```
a = 257
b = 257

print(id(a) == id(b)) # True
print(a is b) # True
```

위 코드를 스크립트 모드로 수행하면 다음과 같은 출력을 볼 수 있다. 이런 결과는 변수 a와 b가 동일한 객체를 참조하고 있다는 것을 의미한다.

```
True
True
```

주의

내장 함수 id()와 키워드 **is**의 동작은 REPL 모드인지 스크립트 모드인지에 따라 다를 수 있다. 다음은 REPL 모드에서 위 코드를 수행한 결과이다.

```
>>> a = 257
>>> b = 257
>>> print(id(a) == id(b))
False
>>> print(a is b)
False
>>>
```

REPL 모드와 스크립트 모드에서 내장 함수 id()와 키워드 **is**의 동작이 다를 수 있는 이유는 다음 절에서 설명된다.

10.4 리터럴에 대응하는 객체의 생성

Python 인터프리터는 객체의 생성과 관련된 부담을 가능한 한 줄일 수 있는 방식으로 설계되고 구현되어 있다. 왜냐하면 객체를 생성하는 것은 주기억 장치와 CPU 자원을 많이 사용하는 부담스런 작업이기 때문이다.

예제 코드를 통해 실제로 Python 인터프리터가 리터럴로부터 객체를 생성하는 방식을 살펴보자.

```
foo = 32767
bar = 32767
baz = 32767

print(id(foo), id(bar), id(baz))
```

위 코드를 수행하면 다음과 같이 동일한 식별 값들이 출력된다. 출력되는 식별 값은 수행할 때마다 변할 수 있다.

```
2841580337680 2841580337680 2841580337680
```

이런 결과를 통해 위 코드에 정수 리터럴 32767이 3번 나왔지만 리터럴 32767에 대응하는 정수 객체는 다음 그림과 같이 단 하나만 생성되었음을 확인할 수 있다.

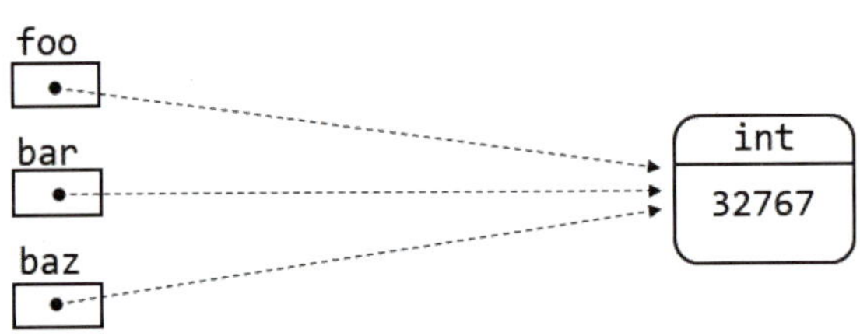

Python 인터프리터가 리터럴을 만났을 때 그에 대응되는 객체를 생성하는 방법은 Python 인터프리터의 버전, 리터럴의 종류, 그리고 코드의 수행 모드에 따라 조금씩 다를 수 있다. 이 절의 내용은 CPython 버전 3.7을 기준으로 한다.

Python 인터프리터가 리터럴을 만났을 때 다음과 같은 리터럴의 종류와 코드의 수행 모드에 따라 객체들의 생성이 달라진다.

리터럴의 종류
- -5에서 256까지의 작은 정수 리터럴
- 작은 정수를 제외한 정수, 실수, 문자열 리터럴
- 리스트, 튜플, 딕셔너리, 집합 그리고 복소수 리터럴

코드의 수행 모드
- REPL 모드
- 스크립트 모드

10.4.1 -5에서 256까지의 작은 정수 리터럴

Python 인터프리터는 내부적으로 -5에서 256 사이의 정수 객체들을 미리 만들어 배열에 저장해두고 사용한다. REPL 모드이거나 스크립트 모드이거나 관계없이 코드에 -5에서 256 사이의 정수 리터럴이 나타나면 Python 인터프리터는 그에 대응하는 정수 객체를 생성하지 않고 미리 만들어 둔 정수 객체를 그대로 사용한다.

다음은 스크립트 모드에서 작은 정수 리터럴 256에 대한 식별 값을 비교하는 예제 코드이다.

```
print(id(256) == id(256)) # True
x = 256
y = 256
print(id(x) == id(y)) # True
```

위 코드에 나오는 리터럴 256은 작은 정수이므로 그에 대응되는 객체는 항상 Python 인터프리터가 내부에 가지고 있는 정수 객체 256이다. 따라서 위 코드의 결과는 다음과 같다.

```
True
True
```

다음은 REPL 모드에서 작은 정수 리터럴 256에 대한 식별 값을 비교하는 예제 코드이다.

```
>>> id(256) == id(256)
True
>>> x = 256
>>> y = 256
>>> id(x) == id(y)
True
>>>
```

위 예제 코드를 수행하면 리터럴 256이 나올 때마다 Python 인터프리터는 미리 만들어 둔 정수 객체 256을 사용하므로 다음과 같은 결과를 볼 수 있다.

```
True
True
```

Python 인터프리터가 자신의 내부에 자주 사용하는 작은 정수 객체들을 미리 만들어두고 사용하는 방식은 플라이웨이트 패턴(flyweight design pattern)과 관련이 있다. 플라이웨이트 패턴은 자주 쓰이는 객체들을 미리 만들어두고 그것들을 공유하여 자원의 소모를 줄이는 패턴이다. 생성되는 객체의 수가 줄면 객체들이 점유하는 주기억 장치 공간이 절약되며 객체들을 생성하는 데 필요한 부담이 줄어든다.

10.4.2 정수, 실수, 문자열 리터럴

Python 인터프리터가 작은 정수 리터럴을 제외한 정수 리터럴, 실수 리터럴 또는 문자열 리터럴에 대응하는 객체를 생성하는 방법은 수행 모드에 따라 조금 달라진다.

Python 스크립트 모드에서는 *하나의 스크립트 내에* 동일한 정수 리터럴, 실수 리터럴 또는 문자열 리터럴들이 여러 번 나타나도 그 리터럴들에 대응하는 객체는 단 하나만 생성된다. 다음 코드를 보자.

```
1 a1 = 257 # 정수 리터럴
2 b1 = 257
3 print(a1 is b1) # True
4
5 a2 = 42.0
6 b2 = 42.0
7 print(a2 is b2) # True
8
9 a3 = 'This'
10 b3 = 'This'
11 print(a3 is b3) # True
```

위 코드의 1~3번 문장을 수행한 결과는 **True**이므로 작은 정수가 아닌 정수인 정수 리터럴 257에 대응하는 객체가 다음 그림과 같이 하나만 생성되었음을 알 수 있다.

위 코드의 5~11번 문장을 수행한 결과는 **True**, **True**이다. 결과로부터 실수 리터럴 42.0과 문자열 리터럴 'This'가 코드에 각각 두 번씩 나왔지만 실제로 생성된 것은 다음 그림과 같이 실수 객체 하나와 문자열 리터럴 객체 하나임을 확인할 수 있다.

REPL 모드에서는 *한 번에 입력되는 문장(들)내에* 동일한 정수, 실수 또는 문자열 리터럴이 여러 번 나타나면 그 리터럴들에 대응하는 객체가 하나만 생성된다.

```
>>> x = 100; y = 100
```

하지만 동일한 리터럴이 여러 번 나타나더라도 아래 코드에서처럼 그 리터럴들이 Python 인터프리터에게 입력된 시점이 다른 경우에는 매번 다른 객체가 생성된다.

```
>>> x = 100
>>> y = 100
```

다음 코드를 보자.

```
>>> id(257) == id(257)
True
>>> x = 257
>>> y = 257
>>> id(x) == id(y) # 스크립트 모드와 다른 결과
False
>>> s1 = 'This is a book.'
>>> s2 = 'This is a book.'
>>> id(s1) == id(s2)
False
>>> r1 = 3.1415
>>> r2 = 3.1415
>>> r1 is r2
```

```
14 False
15 >>> x = 257;y=257 # 한 번에 두 개의 문장을 입력
16 >>> id(x) == id(y)
17 True
18 >>>
```

위 코드의 1번 문장 **id(257) == id(257)** 의 값은 **True**이다. 왜냐하면 정수 리터럴 257이 두 번 나왔지만 한 번에 입력되는 문장 내에서 나왔으므로 Python 인터프리터는 1번 문장에서 하나의 정수 객체만 생성하기 때문이다. 참고로, 1번 문장이 수행되어 **True**가 반환된 직후 사용이 끝난 정수 객체 257은 참조할 수 없는 상태가 되어 이삭 수거의 대상이 된다.

REPL 모드에서 3번 문장 **x = 257**이 입력되어 수행되면 정수 객체 257이 다시 생성되고, 4번 문장이 입력되어 수행되면 또다시 정수 객체 257이 생성된다. 3, 4번 문장이 수행된 직후의 주기억 장치 공간의 상태는 다음과 같다. 1번 문자에서 만들어진 정수 객체 257이 이삭 수거기(garbage collector)에 의해 아직 수거되지 않았다면 그 객체도 Python 인터프리터가 사용하는 주기억 장치 공간에 아직 존재하고 있을 것이다.

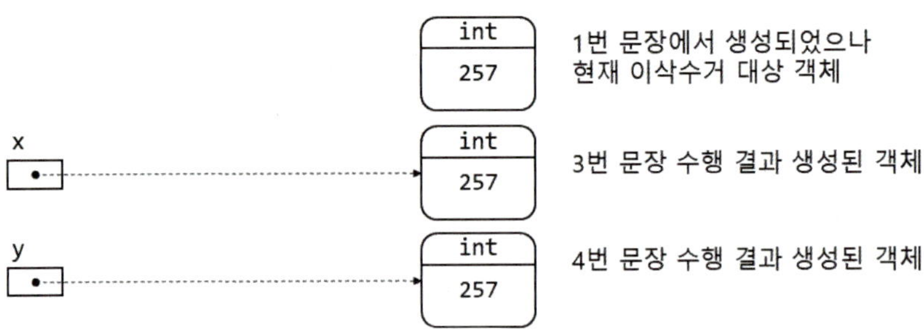

5번 문장이 수행될 때 **id(x)**의 값과 **id(y)**의 값이 다르므로 5번 문장은 **False**를 반환한다.

9번 문장의 결과가 **False**이므로 7번, 8번 문장이 수행된 직후 Python 인터프리터가 사용하는 주기억 장치 공간에는 다음과 같이 두 개의 문자열 객체들이 생성되어 있음을 알 수 있다.

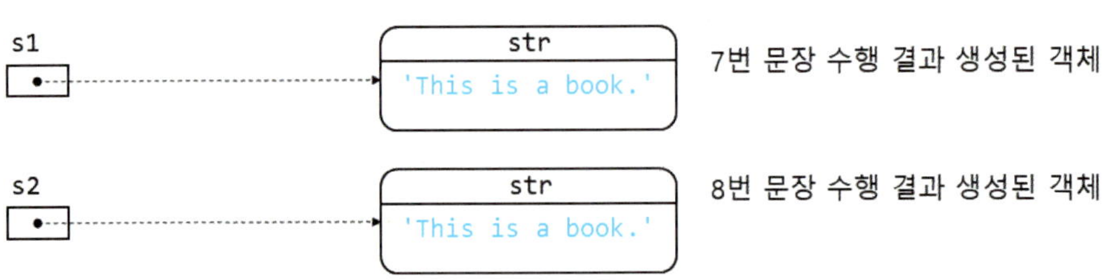

13번 문장의 결과가 **False**이므로 11번, 12번 문장이 수행된 직후 Python 인터프리터가 사용하는 주 기억 장치 공간에는 다음과 같이 두 개의 **float** 객체들이 생성되어 있음을 알 수 있다.

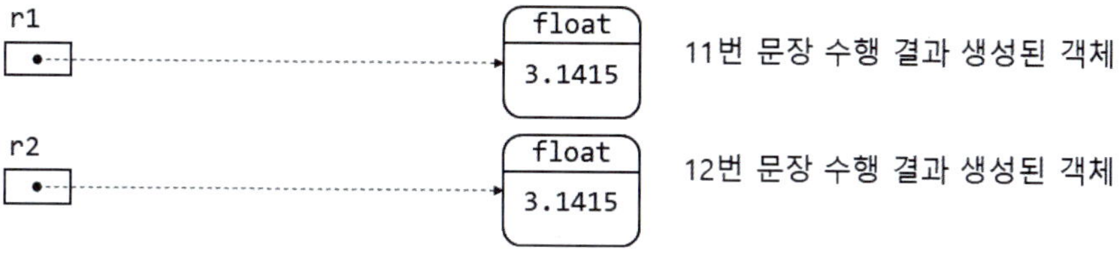

문장 15, 16의 수행 결과를 보면 REPL 모드에서도 *여러 문장이 한 번에 입력되면* 그 문장들 상의 동일한 리터럴들에 대응하는 객체가 하나만 생성됨을 확인할 수 있다.

10.4.3 리스트, 튜플, 딕셔너리, 집합 리터럴, 또는 복소수 리터럴

리스트, 튜플, 딕셔너리, 집합 또는 복소수에 대한 리터럴이 나타나는 경우 Python 인터프리터는 수행 모드와 무관하게 매번 그에 대응하는 새로운 객체를 만든다. 다음 예제 코드를 보자. 다음 예제 코드의 **print** 함수는 모두 **False**를 출력한다.

```
a1 = 31 + 2j
b1 = 31 + 2j
print(a1 is b1) # False

a2 = [1, 2, 3]
b2 = [1, 2, 3]
print(a2 is b2) # False

a3 = (1, 2, 3)
b3 = (1, 2, 3)
print(a3 is b3) # False

a4 = {'name': 'kim', 'age': 20}
b4 = {'name': 'kim', 'age': 20}
print(a4 is b4) # False

a5 = {1, 2, 3}
b5 = {1, 2, 3}
print(a5 is b5) # False
```

> **주의**
>
> id(*object*) 함수가 반환하는 식별 값은, Python 종류나 버전에 무관하게, 객체마다 고유하며 그 객체가 생성되어 소멸될 때까지 변하지 않는 것이 보장된다. 하지만 작은 정수에 대한 리터럴들이나 동일 리터럴들에 대한 객체 생성에 대한 세부적 구현은 Python의 종류나 버전에 따라 변경될 수 있다. 따라서 id 함수나 키워드 is에 세부적으로 의존하는 프로그래밍은 바람직하지 않다.

10.5 수정 불가 객체와 수정 가능 객체

Python 객체들을 내용의 수정 가능 여부에 따라 수정 불가 객체들(immutable objects)과 수정 가능 객체들(mutable objects)로 구분할 수 있다. 수정 불가 객체란 객체가 생성된 후 그 내용을 수정할 수 없는 객체를 의미한다. 그리고 수정 가능 객체란 객체가 생성된 후 그 내용을 수정할 수 있는 객체를 의미한다.

10.5.1 수정 불가 객체

수정 불가 객체들의 종류는 다음과 같다.

- 숫자 객체들: int 객체, float 객체, decimal 객체, complex 객체
- bool 객체
- str 객체
- bytes 객체
- tuple 객체
- range 객체
- frozenset 객체

수정 불가 객체를 수정하려고 하면 오류가 난다. 다음 예제 코드는 수정 불가 객체인 Python 문자열의 내용을 수정하려고 하면 오류가 발생하는 것을 보여준다.

```
>>> a = 'apple' # str 객체는 수정 불가 객체
>>> a
'apple'
>>> a[0] = 'A'
Traceback (most recent call last):
```

```
  File "<pyshell#3>", line 1, in <module>
    a[0] = 'A'
TypeError: 'str' object does not support item assignment
>>>
```

frozenset 객체는 set 객체의 수정 불가 버전이다. frozenset 객체도 내용을 수정할 수 없다.

```
>>> s = {1, 2, 3}
>>> s
{1, 2, 3}
>>> fs = frozenset(s)
>>> fs
frozenset({1, 2, 3})
>>> s.add(5)
>>> s
{1, 2, 3, 5}
>>> fs.add(5)
Traceback (most recent call last):
  File "<pyshell#20>", line 1, in <module>
    fs.add(5)
AttributeError: 'frozenset' object has no attribute 'add'
>>>
```

10.5.2 수정 가능 객체

다음은 수정 가능 객체들의 종류이다. 수정 가능 객체들은 객체가 저장하고 있는 내용을 수정할 수 있다. 사용자 정의 클래스의 객체는 기본적으로 수정 가능 객체이다. 다만 특별하게 수정 불가 클래스로 작성되는 경우가 있을 수 있다.

- list 객체
- dict 객체
- set 객체
- bytearray 객체
- 사용자 정의 클래스의 객체 (클래스가 특별하게 수정 불가로 작성되지 않은 경우)

수정 가능 객체인 리스트의 원소들을 삭제하거나 추가하거나 수정하는 다음 예제 코드를 보자.

```
>>> b = [1, 2, 3]
>>> b
[1, 2, 3]
>>> id(b)
2264670371464
>>> b[0] = 0
>>> b
[0, 2, 3]
>>> id(b)
2264670371464
>>>
```

위 코드에서 리스트 b가 [1, 2, 3]에서 [0, 2, 3]으로 수정되었지만 객체 b의 식별 값은 변하지 않음을 볼 수 있다. 수정 가능 객체를 수정하면 그 객체 자체가 수정되며 수정을 반영하는 새로운 객체가 생성되지 않는다.

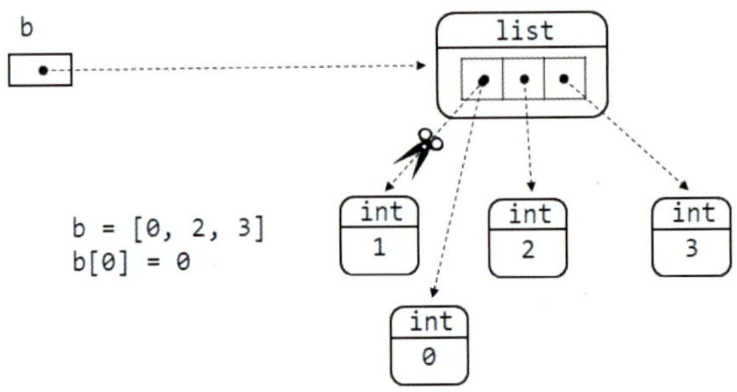

10.5.3 수정 불가 객체의 생성에 대한 주의

수정 불가 객체는 내용을 수정할 수 없으므로 수정된 내용을 갖는 객체가 필요한 경우 객체를 새로 생성해야만 한다. 예를 들어, 수정 불가 객체인 문자열의 결합 연산자 +를 이용하여 두 개의 문자열을 결합하여 새로운 문자열을 만들 수 있다.

```
>>> x = 'This is a '
>>> y = 'book'
>>> z = x + y
>>> id(x)
2616097028592
```

```
>>> id(y)
2616097032152
>>> id(z)
2616097029616
>>>
```

위 코드를 수행한 결과를 도식으로 그리면 다음과 같다.

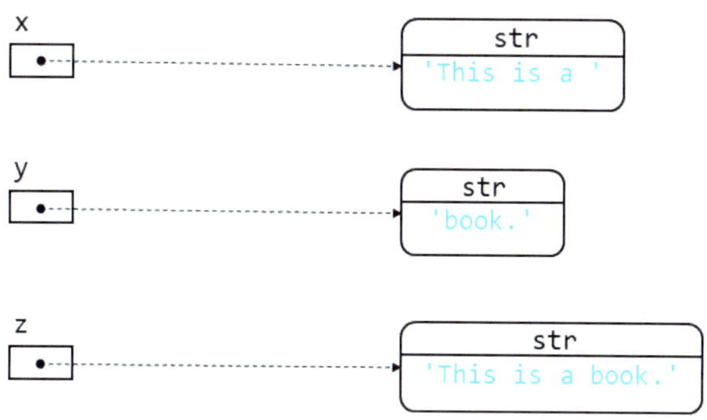

수정 불가 객체를 부주의하게 다루면 많은 객체들이 생성되어 결과적으로 많은 자원이 소모되는 경우가 있다. 다음 코드를 보자.

```
data = ['Because', 'strings', 'are', 'immutable,', 'this', 'is',
  'a', 'very', 'inefficient', 'code', 'when', 'data', 'becomes', 'big.']

result = ''
for item in data:
    result = result  + ' ' + item # 수행될 때마다 2개의 str 객체가 생성된다.
    print(result)
```

위 코드를 수행하면 다음과 같은 결과를 볼 수 있다.

```
Because
Because strings
Because strings are
Because strings are immutable,
Because strings are immutable, this
Because strings are immutable, this is
Because strings are immutable, this is a
```

```
Because strings are immutable, this is a very
Because strings are immutable, this is a very inefficient
Because strings are immutable, this is a very inefficient when
Because strings are immutable, this is a very inefficient when data
Because strings are immutable, this is a very inefficient when data becomes
Because strings are immutable, this is a very inefficient when data becomes big.
```

위 코드가 몇 개의 문자열 객체를 생성하는지 살펴보자. 먼저 첫 번째 문장에서 14개의 문자열 객체를 담은 리스트 객체가 생성된다. 리스트 data 안의 모든 문자열 객체는 모두 서로 다르다. 그리고 4번 문장에서 ''에 해당하는 문자열 객체가 생성된다. for 루프 안의 6번 문장은 두 번의 문자열 결합 연산자 +를 수행하므로 6번 문장이 한 번 수행될 때마다 2개의 새로운 str 객체가 생성된다. 따라서 data가 n개의 항목을 포함하고 있다면 위 코드는 2*n 개의 str 객체들을 생성한다.

```
result = result + ' ' + item
```

새로운 str 객체 생성

새로운 str 객체 생성

다만, for 루프를 첫 번째 반복할 때에는 6번 문장에서 ' '에 해당하는 문자열 객체가 생성되므로 6번 문장이 수행될 때 총 3개의 문자열 객체가 생성된다. 위 코드는 루프를 14번 반복하므로 위 코드가 생성하는 문자열 객체의 총 수는 다음과 같다.

- 1~4번 문장에서 15개
- for 루프의 첫 번째 반복에서 3개
- for 루프의 나머지 반복에서 13 * 2개

루프 안에서 객체의 생성이 일어나는 경우 상당히 많은 문자열 객체가 생성될 수 있으므로 주의해야 한다. 위 코드를 다음과 같이 바꾸면 루프를 돌며 객체들이 반복적으로 생성되는 것을 피할 수 있다.

```
data = ['Because', 'strings', 'are', 'immutable,', 'this', 'is',
   'a', 'very', 'inefficient', 'code', 'when', 'data', 'becomes', 'big.']

result = ' '.join(data) # 단어 사이에 ' '
print(result)
```

10.6 할당문의 이해

할당문이란 할당 연산자 = 을 사용하는 문장이다. 할당문의 의미를 잘 이해하는 것은 프로그래밍 실력을 키우는 데 아주 중요하다. Python의 할당문의 의미는 Python에서는 모든 것이 객체라는 사실과 관련된다.

(1) 정수의 할당

변수에 정수를 할당하는 다음 예제 코드를 보자.

```
1 >>> a = 100
2 >>> b = a
3 >>> a = a + 1
4 >>> print(a, b)
5 101 100
6 >>>
```

① 1번 문장을 수행하면 변수 a에 정수 객체 100에 대한 참조 값이 할당된다.

② 2번 문장을 수행하면 변수 b에 변수 a의 값(즉 정수 100에 대한 참조)이 할당된다.

③ 3번 문장을 수행하면 정수 객체 1과 정수 객체 101이 생성되고 a는 정수 객체 100 대신 101에 대한 참조를 저장하게 된다.

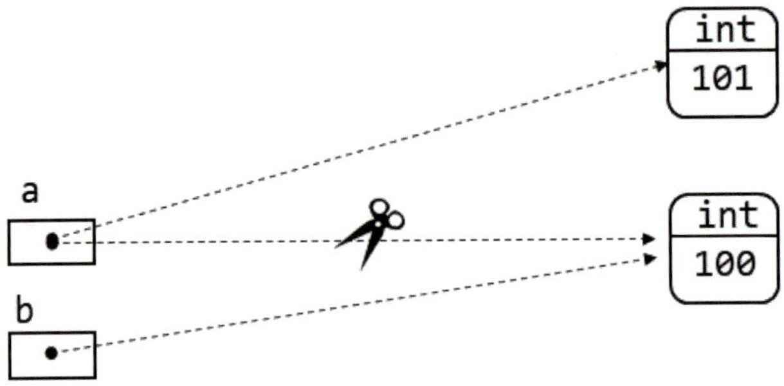

④ 따라서 4번 문장을 수행하면 101 100이 출력된다.

변수에 정수를 할당하는 예제 코드를 하나 더 살펴보자.

```
1 x = 27 # 객체 27이 생성된다.
2 print(x) # 27을 출력
3 y = 27 # 객체 27을 다시 생성하지 않는다.
4 z = y
5 print(z) # 27을 출력
6 y = 1024
7 print(x, y, z) # 27 1024 27
```

위 코드는 27을 두 번 출력하고 다시 **27 1024 27**을 출력한다. 단계별로 코드를 자세히 살펴보자. 작은 정수 리터럴 27에 해당하는 객체가 Python 인터프리터내에 이미 생성되어 있음에 주의하라.

① Python 인터프리터는 1번 문장을 만나면 참조 변수 x에 정수 객체 27에 대한 참조를 저장한다.

② Python 인터프리터는 두 번째 문장 print(x)를 만나면 변수 x가 참조하고 있는 객체의 값인 27을 출력한다.

③ Python 인터프리터는 세 번째 문장 y = 27을 만나면 작은 정수 리터럴 27에 대응하는 객체가 이미 존재하므로 그 객체에 대한 참조를 변수 y에 저장한다. 따라서 변수 y도 기존 객체 27을 참조하게 된다. 도식으로 그려보면 다음과 같다.

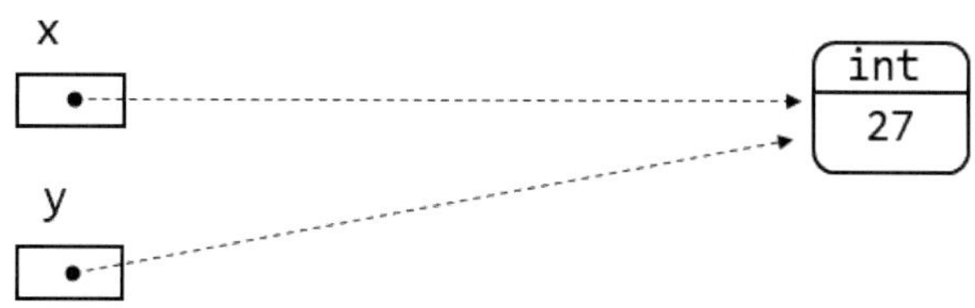

④ 네 번째 문장 z = y를 수행하면 변수 z는 변수 y가 저장하고 있는 참조 값을 할당받게 된다. 따라서 변수 z도 기존 객체 27을 참조하게 된다. 도식으로 표현하면 다음과 같다.

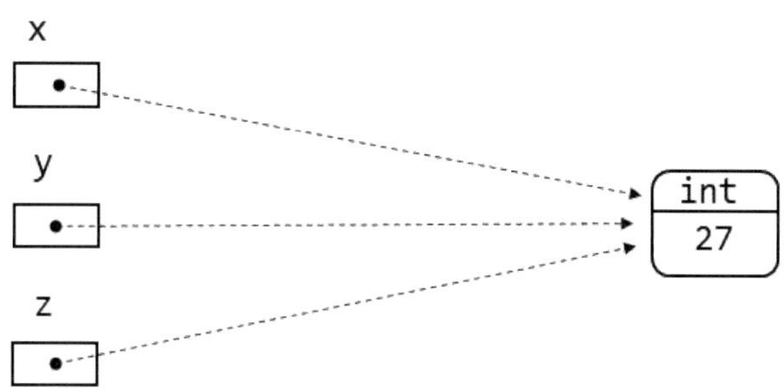

⑤ 다섯 번째 문장에서는 변수 z가 참조하고 있는 객체의 값 27이 출력된다.

⑥ 여섯 번째 문장에서는 정수 객체 1024가 생성되고, 생성된 정수 객체 1024에 대한 참조가 y에 저장된다. 1024는 작은 정수 객체가 아니기 때문이다. 결과를 도식으로 표현하면 다음과 같다.

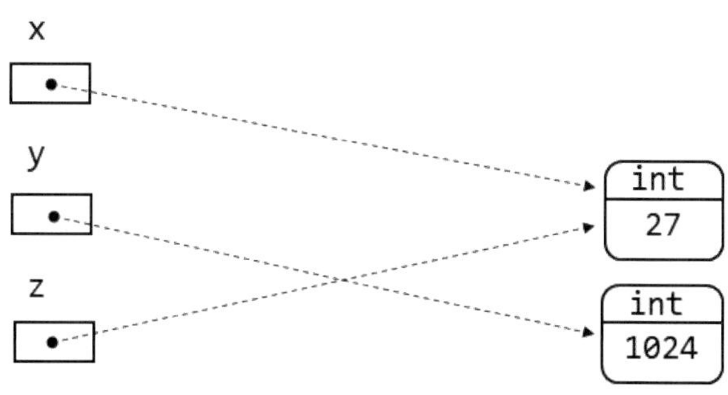

⑦ 7번 문장에서는 변수 x, y, z의 값을 찍는다. 출력 결과는 27 1024 27 이다.

(2) 리스트의 할당

변수에 리스트를 할당하는 예제를 보자. 예제에서 리스트의 메소드들 append()와 extend(), 그리고 리스트 결합 연산자 +가 사용된다.

```
1 x = ['a', 'b']
2 y = x
3 print(x, y, id(x), id(y))
4
5 x.append('c')
6 print(x, y, id(x), id(y))
7
8 x.extend(['d', 'e'])
9 print(x, y, id(x), id(y))
10
11 x = x + ['f', 'g'] # + 연산자는 두 리스트를 결합한 새로운 리스트를 생성한다.
12 print(x, y, id(x), id(y))
13 print(id(x[0]) == id(y[0]), id(x[1]) == id(y[1]), id(x[4]) == id(y[4]))
```

① 위 예제의 1번 문장 x = ['a', 'b']가 수행되고 나면 변수 x는 리스트 객체 ['a', 'b']에 대한 참조 값을 담는다.

② 그리고 2번 문장 y = x가 수행되고 나면 다음과 같이 변수 y도 변수 x가 참조하는 리스트에 대한 참조 값을 담게 된다.

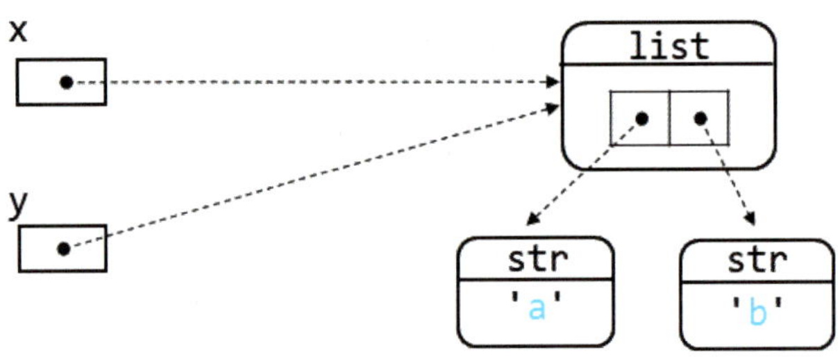

따라서 3번 문장 print(x, y, id(x), id(y))를 수행하면 다음과 같은 출력을 볼 수 있다. x와 y의 식별 값은 동일함을 확인할 수 있다.

```
['a', 'b'] ['a', 'b'] 2983053482376 2983053482376
```

③ 5번 문장 x.append('c') 가 수행되고 나면 다음과 같이 리스트 x의 뒤에 원소 'c'가 추가된다.

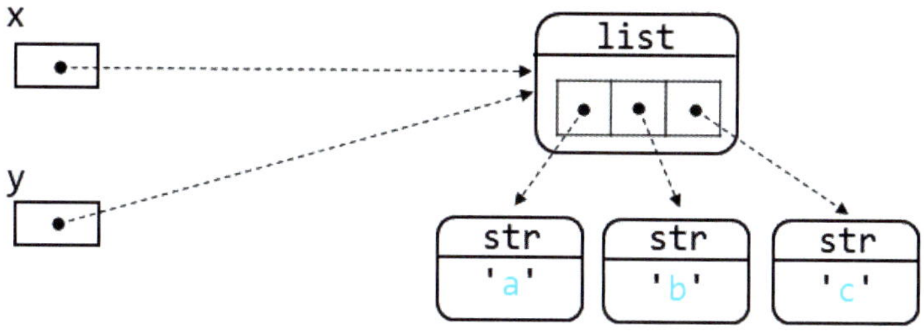

따라서 6번 문장은 다음과 같은 결과를 출력한다. 리스트 x와 y의 길이는 증가했지만 x와 y의 식별 값은 바뀌지 않았음을 확인할 수 있다.

```
['a', 'b', 'c'] ['a', 'b', 'c'] 2983053482376 2983053482376
```

④ 8번 문장 x.extend(['d', 'e'])는 다음 도식과 같이 리스트 x에 인자 ['d', 'e']의 원소들을 추가하여 x를 확장한다.

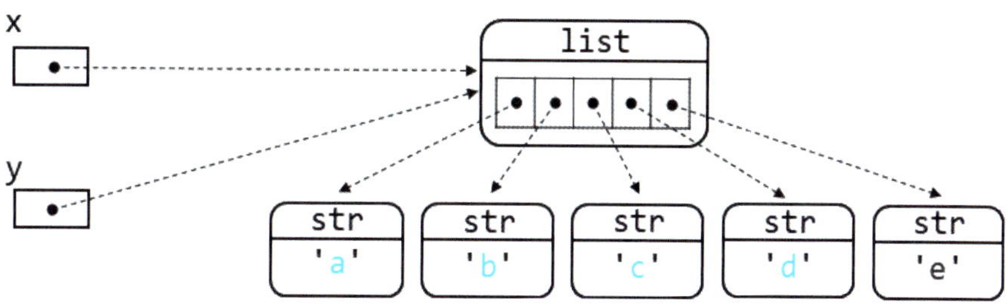

따라서 9번 문장 print(x, y, id(x), id(y))를 수행하면 다음과 같은 출력을 볼 수 있다. x와 y의 식별 값은 여전히 동일함을 확인할 수 있다.

```
['a', 'b', 'c', 'd', 'e'] ['a', 'b', 'c', 'd', 'e'] 2983053482376 2983053482376
```

⑤ 11번 문장 x = x + ['f', 'g']에서 사용되는 연산자 +는 인자로 두 개의 리스트가 주어지면 그 두 개의 리스트들의 모든 원소들을 담은 새로운 리스트를 반환한다. 11번 문장을 수행한 직후 객체들의 상태는 다음 도식과 같다.

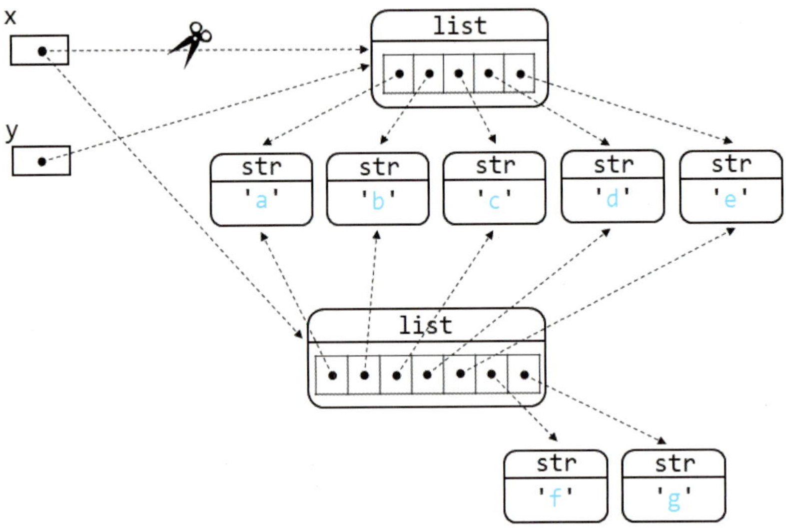

12번 문장의 출력은 다음과 같다. x의 참조 값이 변경되었음을 알 수 있다. + 연산자가 새로운 리스트 객체를 생성하기 때문이다.

```
['a', 'b', 'c', 'd', 'e', 'f', 'g'] ['a', 'b', 'c', 'd', 'e'] 2983053481096
2983053482376
```

⑥ 13번 문장의 출력은 True True True 이다. 이 출력 결과는 + 연산자가 인자로 주어진 두 리스트의 원소들을 결합하는 새로운 리스트를 생성하지만 인자로 주어진 리스트의 원소 객체들은 그대로 사용한다는 사실을 보여준다.

변수에 리스트를 할당하는 다른 예제를 보자. 여기서 사용되는 정수 1, 2, 3은 Python 인터프리터가 미리 만들어두고 사용하는 작은 정수 리터럴들임에 주의하라.

```
x = [1, 2, 3]
y = [1, 2, 3]
print(id(x), id(y)) # 서로 다른 식별 값 출력
print(id(x[0]), id(y[0]), id(1)) # 모두 동일한 식별 값들 출력
x[1] = 0
z = x
print(x) # [1, 0, 3] 출력
print(y) # [1, 2, 3] 출력
print(z) # [1, 0, 3] 출력
y = 'this'
```

이 예제의 7~9번 문장은 [1, 0, 3]과 [1, 2, 3]과 [1, 0, 3]을 출력한다. 단계별로 자세히 살펴보자.

① Python 인터프리터는 1번 문장을 만나면 변수 x와 리스트 객체 [1, 2, 3]을 생성하고 리스트 객체 [1, 2, 3]에 대한 참조를 변수 x에 저장한다.

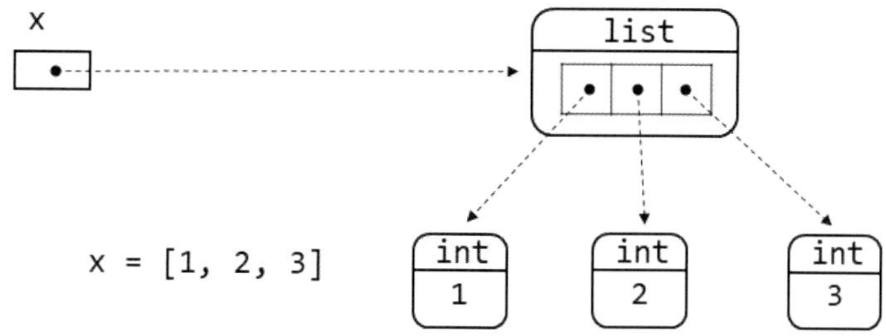

② Python 인터프리터는 2번 문장을 만나면 변수 y와 리스트 객체 [1, 2, 3]을 생성하고 생성된 리스트 객체 [1, 2, 3]에 대한 참조를 변수 y에 저장한다.

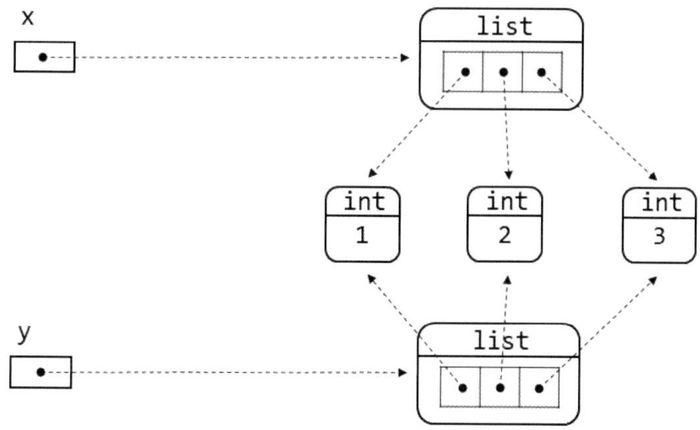

이때, x가 참조하는 리스트 [1, 2, 3]과 y가 참조하는 리스트 [1, 2, 3]은 서로 다른 리스트이지만 두 리스트가 사용하는 정수 객체 1, 2, 3은 동일 정수 객체들이다. 따라서 다음과 같이 3번 문장은 서로 다른 식별 값을 출력하지만 4번 문장은 모두 같은 식별 값들을 출력한다.

```
1724843449800 1724835026760
1876389344 1876389344 1876389344
```

③ Python 인터프리터는 5번 문장 `x[1] = 0`을 만나면, 리스트 `x`의 두 번째 원소에 정수 객체 0의 참조 값을 저장한다. 그 결과는 다음 도식과 같다.

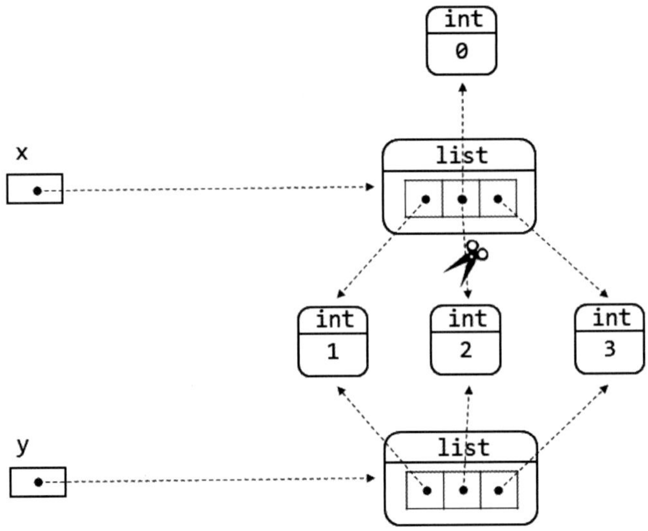

④ 6번 문장 `z = x`를 만난 Python 인터프리터는 변수 `z`를 생성하고 변수 `z`에 변수 `x`의 참조 값을 저장한다.

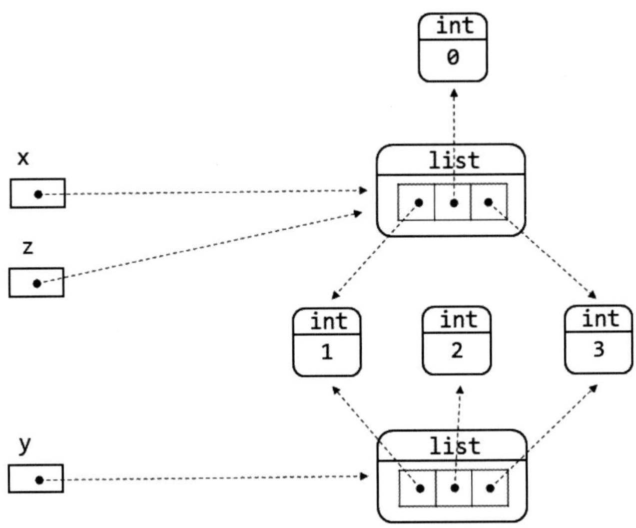

⑤ 7번 문장 `print(x)`를 수행하면 `[1, 0, 3]` 이 출력된다.

⑥ 8번 문장 `print(y)`를 수행하면 `[1, 2, 3]` 이 출력된다.

⑦ 9번 문장 `print(z)`를 수행하면 `[1, 0, 3]` 이 출력된다.

⑧ 10번 문장 `y = 'this'`를 수행하면 그 결과는 다음 도식과 같다.

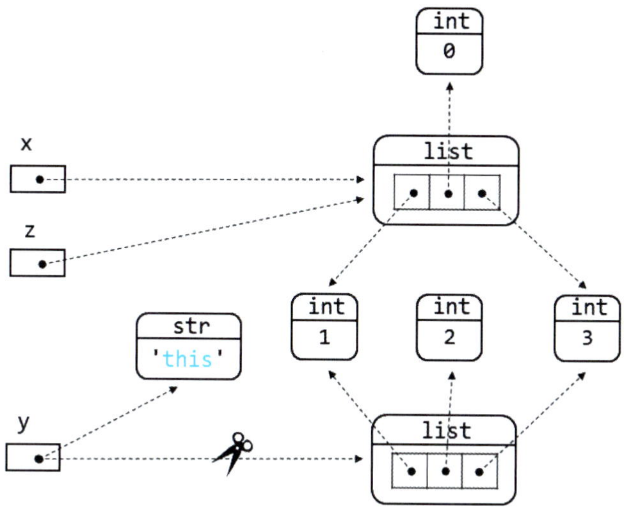

프로그램의 수행 상태를 보여주는 도식을 그려보는 것은 까다로운 버그를 찾으려고 하거나 효율적인 자료 구조를 설계하려고 할 때 유용하다. 도식을 그려보면 Python 프로그램의 내부적 동작을 정확하게 이해할 수 있게 된다.

10.7 얕은 복사와 깊은 복사

리스트, 튜플 등의 객체들은 객체 안에 객체 참조들을 가지고 있고 그 객체 참조들을 통하여 다시 객체들이 연결되어 있는 중첩 구조를 가질 수 있다. 따라서 리스트, 튜플, 딕셔너리 등과 같은 객체를 복사할 때에는 어느 깊이까지 복사할 것인가를 잘 선택해야만 한다.

중첩 리스트 객체 `[1, 2, [3, 4]]`를 원본 예제로 사용해보자. 다음 그림은 할당문 `x = [1, 2, [3, 4]]`를 수행한 결과를 도식으로 그린 것이다.

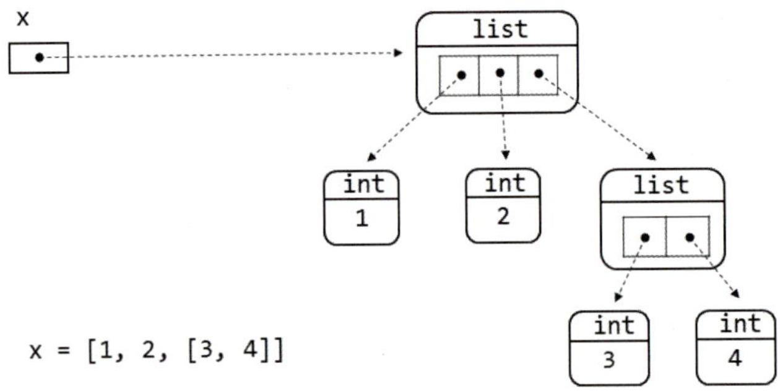

x = [1, 2, [3, 4]]

이제 변수 copy_of_x에 x가 가리키고 있는 [1, 2, [3, 4]]를 복사하려고 한다. 복사하는 방법들을 살펴보자.

10.7.1 변수의 참조 값의 복사를 이용한 얕은 복사

다음 코드는 변수의 참조 값을 다른 변수에 복사하는 방식으로 이루어지는 얕은 복사(shallow copy)이다. 이런 복사는 복사본과 원본이 동일한 자료 구조를 공유하므로 복사본을 고치면 원본이 고쳐지고 원본을 고치면 복사본이 고쳐진다.

```
1 x = [1, 2, [3, 4]] # 원본
2 copy_of_x = x # 얕은 복사
3 print(x)
4 print(copy_of_x)
5 copy_of_x[2] = 'a' # 복사본의 수정
6 print(x) # [1, 2, 'a']
```

위 코드의 2번 문장이 수행된 결과를 도식화 하면 다음과 같다. 수식 id(x) == id(copy_ of_x)가 True인 상황이다.

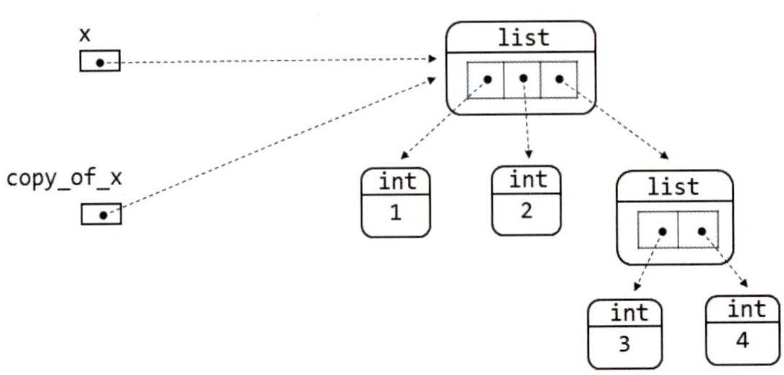

위 코드의 5번 문장이 수행된 결과를 도식화하면 다음과 같다. 변수 x와 변수 copy_of_x가 동일한 리스트를 참조하고 있으므로 copy_of_x가 참조하고 있는 리스트를 수정하면 x가 참조하고 있는 리스트도 수정되기 때문이다.

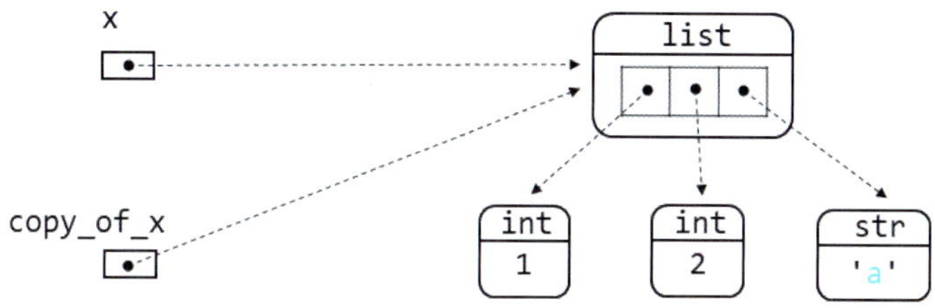

변수의 참조 값을 복사하는 복사는 깊이 0의 복사라고 할 수 있다. 변수의 참조 값을 복사하는 복사는 원본과 복사본이 서로의 수정에 서로 영향을 받는다는 부수적 영향(side effect)을 갖는다.

참고

▸ **부수적 영향(side effect)**

얕은 복사에 의해 복사본을 수정하면 자동으로 원본도 수정되는 현상은 초보 개발자들을 혼란스럽게 만들 수 있다. 원본을 복사한 복사본만을 수정했다고 착각할 수 있지만 얕은 복사로 복사본을 만들었다면 실제로는 복사본의 수정이 원본에 영향을 미칠 수 있기 때문이다. 어떤 것을 수정하면 의도하지 않은 다른 것이 함께 수정되는 그런 효과를 일반적으로 부수적 영향이라고 부른다.

10.7.2 리스트 슬라이싱 연산자를 이용한 복사

리스트 슬라이싱 연산자는 리스트를 복사하는 데 사용될 수 있다. 다음 예제 코드를 살펴보자.

```
x = [1, 2, 3]
copy_of_x = x[:]
print(x) # [1, 2, 3] 출력
print(copy_of_x) # [1, 2, 3] 출력
copy_of_x[2] = 'a'
print(x) # [1, 2, 3] 출력
print(copy_of_x) # [1, 2, 'a'] 출력
print(id(x), id(copy_of_x)) # 서로 다른 값을 출력
```

리스트 슬라이싱 연산자는 원본 리스트의 모든 원소들에 대한 참조들을 담은 리스트 객체를 생성한다. 따라서 문장 1과 2를 수행한 결과는 다음과 같다. 이때부터 **id(x)**와 **id(copy_of_x)**의 값은 서로 다르다.

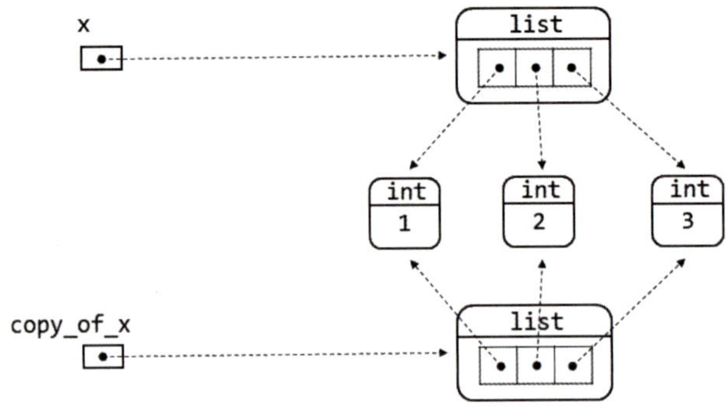


```
x = [1, 2, 3]
copy_of_x = x[:]
```

문장 5를 수행한 결과는 다음 그림과 같다. 따라서 문장 6과 7의 출력이 달라진다. 복사본 **copy_of_x**의 수정이 원본 **x**에 영향을 주지 않았다.

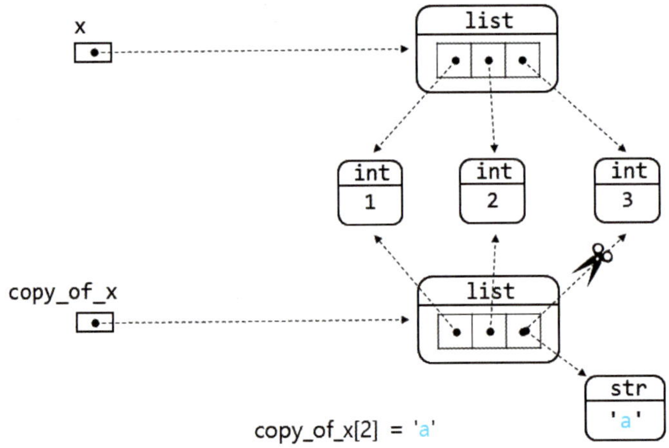

copy_of_x[2] = 'a'

리스트 슬라이싱 연산을 이용한 복사는 원본이 중첩 리스트가 아닌 경우 원본과 복사본이 서로의 수정에 영향을 받지 않는 복사를 할 수 있다. 하지만 원본이 중첩 리스트인 경우에는 원본과 복사본이 서로의 수정에 부수적 영향(side-effect)을 받을 수 있다. 예제 코드를 보자.

```
1 x = [1, 2, [3, 4]]
2 copy_of_x = x[:]
3 copy_of_x[2][0] = 'a'
4 print(x)
5 print(copy_of_x)
```

문장 1과 2를 수행한 결과는 다음과 같다. 리스트 슬라이싱 연산자를 이용한 복사는 깊이 1의 복사라고 할 수 있다.

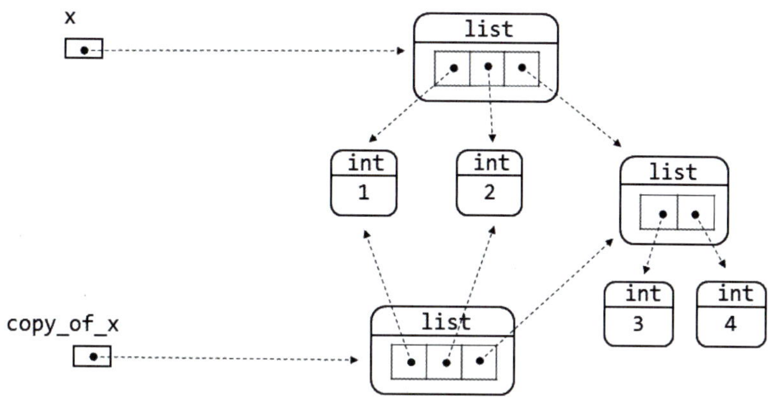

3번 문장 `copy_of_x[2][0] = 'a'`을 수행한 결과는 다음과 같으며, 따라서 문장 4와 5는 모두 수정된 리스트 `[1, 2, ['a', 4]]`를 출력한다. 즉, 리스트 슬라이싱 연산자를 사용하는 복사는 원본이 중첩 리스트의 경우에는 원본과 복사본이 서로의 수정에 영향을 받을 수 있다.

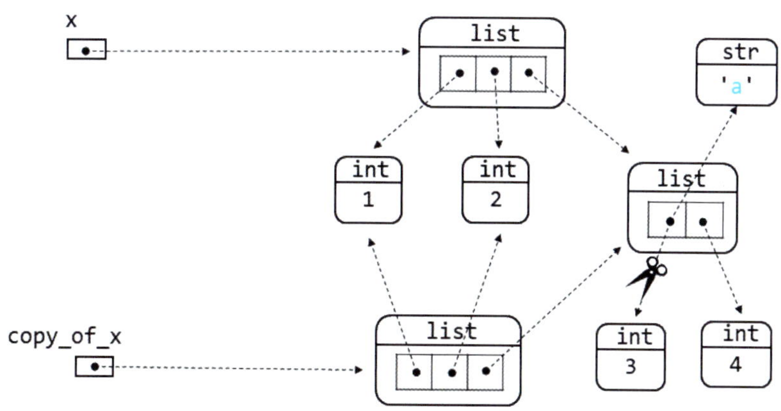

`copy_of_x[2][0] = 'a'`

10.7.3 copy 모듈의 deepcopy() 함수를 이용한 깊은 복사

copy 모듈의 deepcopy() 함수는 원본과 복사본이 서로의 수정에 완전히 독립적인 깊은 복사 기능을 제공한다. 예제 코드를 보자.

```
1 import copy
2 
3 x = ['a', 'b', ['c', 'd']]
4 deep_copy_of_x = copy.deepcopy(x)
5 deep_copy_of_x[2][0] = 'm'
6 print(x) # ['a', 'b', ['c', 'd']]
7 print(deep_copy_of_x) # ['a', 'b', ['m', 'd']]
```

문장 3을 수행하고 난 결과는 다음 그림과 같다.

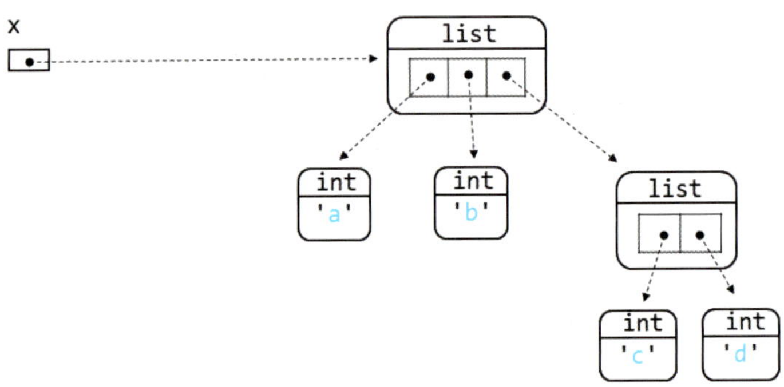

문장 4에서 deepcopy() 함수로 복사를 하면 원본과 별도의 복사본이 다음 그림과 같이 생성된다. 원본과 복사본은 서로 공유하는 객체를 아무 것도 갖지 않는다.

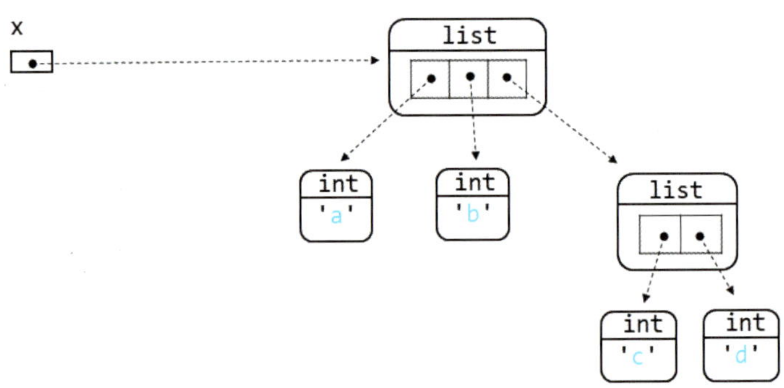

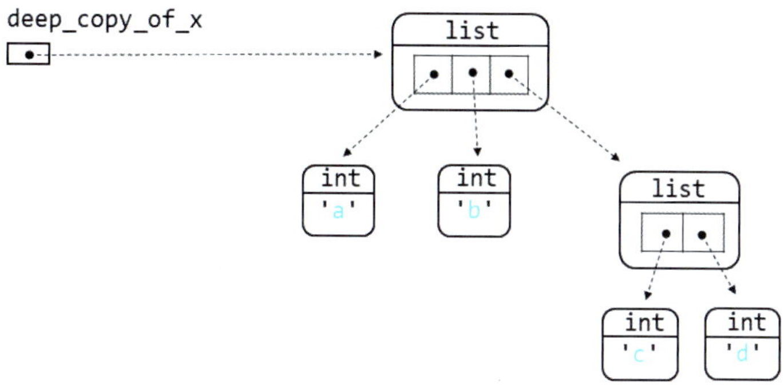

이제 문장 5를 수행하면 deep_copy_of_x의 3번째 원소의 첫 번째 원소의 값이 'c'에서 'm'으로 수정되어 다음과 같은 상태가 된다.

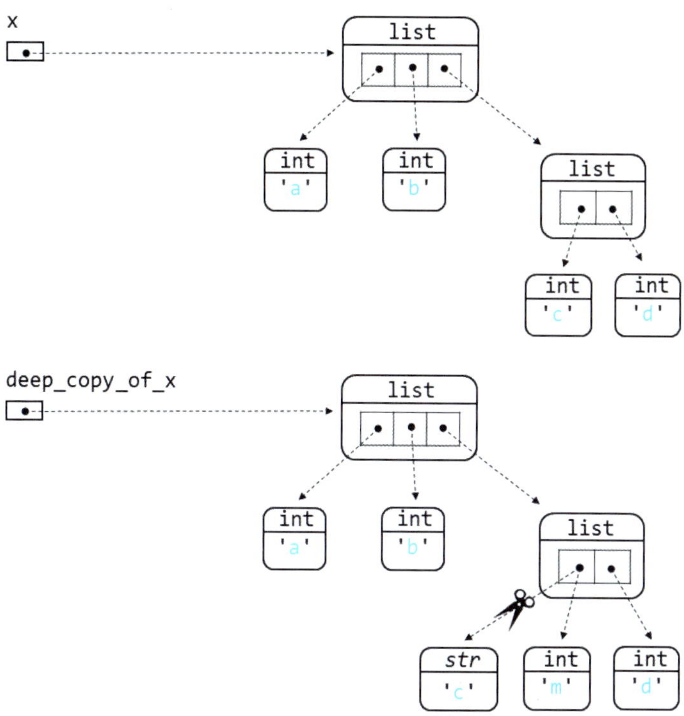

이제, 6번 문장과 7번 문장에서 x와 deep_copy_of_x를 출력해보면 deep_copy_of_x의 수정이 원본 x에 영향을 미치지 않았다는 것을 확인할 수 있다. 깊은 복사는 원본과 복사본이 서로의 수정이 영향을 미치지 않는다는 것을 보장받는 복사 방법이다.

연습문제

1 다음 용어들을 설명하라.

a. 수정 불가 객체(immutable object)와 수정 가능 객체(mutable object)
b. 부수적 영향(side effect)
c. 참조와 객체의 식별 값
d. 객체의 생애(lifetime)
e. 얕은 복사와 깊은 복사

2 다음 코드를 수행한 결과를 적고 10번 문장이 수행되기 직전의 주기억 장치의 상태를 이 장에서 기술된 도식을 이용하여 그려라.

```
1 def updateNumber(n):
2     n += 10
3
4 b = 5
5 id1 = id(b)
6
7 updateNumber(b)
8 id2 = id(b)
9
10 print(id1 == id2)
```

3 다음 코드를 수행한 결과를 적고 12번 문장이 수행되기 직전의 주기억 장치 공간의 상태를 이 장에서 기술된 도식을 이용하여 그려라.

```
1 def updateList(list1):
2     list1 += [10]
3
4 n = [5, 6]
5 print(n)
6 id1 = id(n)
7
8 updateList(n)
```

```
print(n)
id2 = id(n)

print(id1 == id2)
```

4 다음 프로그램을 수행할 때 몇 개의 문자열 객체가 생성되는지 설명하라.

```
text = ['Programming', 'is', 'a' 'team', 'sports.'] # 5개

r = ''
for data in text:
    r = r + ' ' + str(data)

print(r.strip())
```

5 4번 문제의 코드를 문자열의 **join()** 메소드를 이용하여 개선한 코드를 작성하라.

6 다음 예제 코드의 6번 문장이 수행된 직후의 자료 구조의 상태를 도식으로 그려라. 정수 객체 1, 2, 3, 4는 Python 인터프리터가 미리 만들어 두고 사용하는 작은 정수 객체들임에 주의하라.

```
1 import copy
2 
3 x = [1, 2, [3, 4]]
4 
5 copy_of_x = copy.deepcopy(x)
6 copy_of_x[2][0] = 'a'
7 
8 print(x) # [1, 2, [3, 4]]
9 print(copy_of_x) # [1, 2, ['a', 4]]
```

CHAPTER 11

이름 공간

이름 공간(namespace)은 Python 언어를 구성하는 핵심 개념의 하나이다. 이름 공간은 프로그램에서 사용되는 수많은 이름들을 공간별로 분리하여 이름들의 관리를 쉽게 하고 이름들 간의 충돌을 방지하는 역할을 한다. 이름 공간의 개념 이해를 통해 Python 언어에서의 이름의 유효 범위(scope), 모듈의 임포트 방식 등에 관련된 여러 가지 개념들을 보다 명확하게 이해할 수 있다. Python언어뿐 아니라 C++, C# 등의 프로그래밍 언어들도 이름 공간을 지원하고 있다.

11.1 객체와 이름의 결합

객체들을 이름으로 식별하여 사용하기 위해서는 객체에 이름을 결합(binding)시켜야 한다. 다음은 객체에 이름을 결합시키는 대표적인 방법들이다.

- 할당문
- 함수와 메소드의 정의
- 매개 변수를 가진 함수나 메소드의 호출
- 클래스의 정의

(1) 할당문

할당문은 할당 연산자 =를 이용하여 변수 이름과 객체를 결합시킨다. 다음 예제 코드는 할당문을 이용하여 이름 x, y, z에 각각 정수 객체 5, 문자열 객체 'Python', 리스트 객체 [1, 2, 3]을 결합시킨다.

```
>>> x = 5 # 객체 5와 이름 x가 결합됨
>>> y = 'Python' # 객체 'Python'과 이름 y가 결합됨
>>> z = [1, 2, 3] # 객체 [1, 2, 3]과 이름 z가 결합됨
>>> x, y, z
```

```
(5, 'Python', [1, 2, 3])
>>>
```

(2) 함수와 메소드의 정의

다음 예제 코드의 1~2번 문장은 def 키워드를 이용하여 함수 이름 f와 함수 정의 객체를 결합시킨다. 4~5번 문장에서 이름 f에 함수 정의 객체가 결합되어 있음을 확인할 수 있다.

```
1 >>> def f(name):
2         print('Hello', name)
3
4 >>> f
5 <function f at 0x0000028219F46B70>
6 >>> f('Kim')
7 Hello Kim
8 >>>
```

(3) 매개 변수를 가진 함수나 메소드의 호출

바로 위 예제 코드의 6번 문장 f('Kim')이 수행될 때 인자 'Kim'이 매개 변수 name과 결합된다.

(4) 클래스의 정의

다음 예제 코드는 클래스 이름 Dummy와 클래스 정의를 결합시킨다.

```
>>> class Dummy:
        n = 0


>>> Dummy
<class '__main__.Dummy'>
>>>
```

이름과 객체가 결합된 후, 그 이름에 대한 할당문이 다시 나오거나 그 이름에 대한 def 문이나 class 문이 다시 나오면, 그 이름에 결합된 객체가 새로운 객체로 바뀐다. 다음 예제 코드는 이름 x에 결합된 객체를 여러 번 변경한다.

```
1 >>> x = 'Java'
2 >>> x = 'Python'
3 >>> x
4 'Python'
5 >>> def x():
6         print('function x')
7 >>> x
8 <function x at 0x000001291422C1E0>
10 >>> x()
11 function x
12 >>>
```

위 예제 코드의 1번 문장이 수행되면 이름 x에 객체 'Java'가 결합된다. 그리고 2번 문장이 수행되면 이름 x에 결합된 객체가 'Java'에서 'Python' 객체로 바뀐다. 5~6번 문장이 수행되면 이름 x에 결합된 객체는 함수 정의 객체로 바뀐다.

11.2 이름 공간이란

Python에서 이름 공간(namespace)이란 이름과 객체의 결합 정보가 저장되는 공간이다. Python에서 이름 공간은 다음과 같이 이름과 그에 결합된 객체의 쌍들을 담는 딕셔너리 자료 구조로 구현되고 있다.

{이름$_1$: 객체$_1$, 이름$_2$: 객체$_2$, 이름$_3$: 객체$_3$, ..., 이름$_n$: 객체$_n$}

하나의 이름 공간에 들어있는 이름들은 모두 서로 달라야 한다. 하지만 서로 다른 이름 공간들에는 동일한 이름들이 여러 개 존재할 수 있다. 이름 공간의 이름들에 대한 이런 제약은 컴퓨터의 디렉터리 구조에서의 파일 이름들의 제약과 유사하다.

참고

▸ 파일들과 디렉터리 구조

컴퓨터의 디렉터리 구조는 서로 관련된 파일들을 디렉터리 별로 모아둘 수 있도록 하여 파일들의 관리를 쉽게 해준다. 하나의 디렉터리에 들어있는 파일들의 이름은 모두 서로 달라야 한다. 하지만 디렉터리들이 다르면 동일한 이름의 파일들이 여러 개 존재할 수 있다.

만일 디렉터리 구조가 없다면 파일들을 저장하고 관리하는 것이 매우 불편할 것이다. 예를 들어 컴퓨터에 존재하는 수많은 파일들이 모두 C: 드라이브 바로 아래에 서브 디렉터리들 없이 존재해야 한다고 가정하면, 관련된 파일들끼리 한 곳에 모아둘 수도 없고 새로운 프로그램을 설치하거나 새로운 파일을 생성할 때마다 기존의 파일들과 겹치지 않는 새로운 파일 이름을 찾느라고 골치도 아플 것이다.

이름 공간들은 Python 인터프리터에 의해 관리된다. Python 프로그램이 수행되는 동안 여러 개의 이름 공간들이 생성되고 사용되고 소멸될 수 있으며, 여러 개의 이름 공간들이 동시에 존재할 수도 있다. Python은 다음과 같은 이름 공간들을 사용한다. 다음 절부터 각 이름 공간들에 대하여 살펴보자.

- 모듈 이름 공간(module namespace)
- 지역 이름 공간(local namespace)
- 클래스 이름 공간(class namespace)
- 인스턴스 이름 공간(instance namespace)

11.3 모듈 이름 공간

모듈 이름 공간(module namespace)은 모듈에서 정의되는 객체들의 이름 공간이다. 예를 들어 모듈에 나타난 할당문, **def** 문, 또는 **class** 문 등에 의해 변수, 함수, 클래스 객체 등이 모듈 이름 공간에 등록될 수 있다. 다음 [코드 11-1] module1.py를 보자.

```
# module1.py
x = 101

class Animal:
    def __init__(self):
        self.speed = 1
    totals = []

def test(x):
    print(x)
```

| 코드 11-1 | module1.py

모듈을 임포트하거나 직접 수행하면 Python 인터프리터는 그 모듈을 위한 하나의 모듈 이름 공간을 생성한다. 위 모듈을 Python 인터프리터로 직접 수행하면 위 모듈을 위한 하나의 이름 공간이 생성되고 그 이름 공간에는 위 모듈에서 정의된 이름들 'x', 'Animal', 'test'와 그들 각각에 대응하는 정수 객체, 클래스 정의 객체, 함수 정의 객체의 쌍들이 등록될 것이다.

__main__ 모듈과 **builtins** 모듈은 조금 특별한 모듈이다. **__main__** 모듈과 **builtins** 모듈에 대한 내용은 다음 11.3.1절과 11.3.2절에서 설명된다.

__main__ 모듈과 builtins 모듈을 제외한 모듈의 이름 공간은 import 문으로 그 모듈을 임포트할 때 생성되며, 생성된 이름 공간의 이름은 임포트된 모듈의 이름과 같다. 제 11.3.3 절에서 자세한 내용이 설명된다.

생성된 모듈 이름 공간은 Python 인터프리터가 종료할 때까지 기본적으로 존재한다. Python 인터프리터가 여러 개의 모듈들을 임포트하였다면 여러 개의 모듈 이름 공간들이 동시에 존재하게 된다.

11.3.1 __main__ 모듈 이름 공간

Python 인터프리터가 REPL 모드로 수행을 시작하거나 스크립트 모드로 모듈의 수행을 시작할 때 __main__ 모듈 이름 공간이 생성된다. 각 경우에 대하여 살펴보자.

(1) Python 인터프리터가 REPL 모드로 수행을 시작할 때

Python 인터프리터는 REPL 모드로 수행을 시작할 때 __main__ 모듈 이름 공간을 생성하고 REPL 모드에서 입력되는 모든 문장을 __main__ 모듈에 속한 문장으로 취급한다. 다음 예제 코드를 살펴보자.

```
>>> print(__name__)
__main__
>>>
```

__name__ 변수는 Python 인터프리터가 관리하는 현재 모듈의 이름을 저장하는 변수이다. 위 코드에서 __name__ 변수의 값이 __main__이므로 REPL 모드에서 입력된 문장은 __main__ 모듈에 속한 문장으로 취급됨을 확인할 수 있다.

(2) Python 인터프리터가 명령행 인자로 주어진 스크립트 모듈의 수행을 시작할 때

Python 인터프리터가 명령행 인자로 주어진 스크립트의 수행을 시작할 때에도 스크립트의 이름과 무관하게 __main__ 모듈 이름 공간이 생성된다. 예제를 통해 살펴보자. 다음과 같은 간단한 스크립트 모듈 current_module.py를 편집하여 저장하자.

```
# current_module.py
print('current module: ', __name__)
```

위 스크립트 current_module.py를 Python 인터프리터의 명령행 인자로 주어 수행하면 Python 인터프리터가 다음과 같이 스크립트 current_module.py에 들어있는 문장들을 __main__ 모듈의 문장으로 취급하는 것을 볼 수 있다.

__main__ 모듈의 이름 공간에는 REPL 모드에서 입력되거나 Python 인터프리터의 명령행 인자로 주어진 스크립트 파일에 존재하는 할당문, **def** 문, 또는 **class** 문 등에 의해 정의된 이름들과 그에 대응하는 객체들의 쌍이 저장된다.

내장 함수 **locals()**를 사용하면 현재 수행 중인 모듈의 모듈 이름 공간에 어떤 이름들이 등록되어 있는지 확인할 수 있다. 부록 A3의 40번째 내장 함수 **locals()**에 대한 설명을 참고하라. 다음 예제 스크립트 module2.py를 보자.

```
# module2.py
x = 101

class Animal:
    def __init__(self):
        self.speed = 1
    totals = []

def test(x):
    print(x)

print('모듈 {}의 모듈 이름 공간: {}'.format(__name__, locals())
```

| 코드 11-2 | module2.py

위 예제 스크립트는 변수 x, 클래스 **Animal**, 그리고 함수 **test**를 정의한 후에 **locals()** 함수를 호출한다. 위 스크립트를 Python 인터프리터로 수행하면 다음과 같은 결과를 볼 수 있다.

```
D:₩prj₩python3>python module2.py
모듈 __main__의 모듈 이름 공간: {'__name__': '__main__', '__doc__': None, '__pac
kage__': None, '__loader__': <_frozen_importlib_external.SourceFileLoader object
 at 0x00000287642740B8>, '__spec__': None, '__annotations__': {}, '__builtins__'
: <module 'builtins' (built-in)>, '__file__': 'module2.py', '__cached__': None,
'x': 101, 'Animal': <class '__main__.Animal'>, 'test': <function test at 0x00000
2876429C1E0>}

D:₩prj₩python3>_
```

위 화면의 locals() 함수 호출의 결과를 보기 좋게 정리해 보면 다음과 같다.

```
모듈 __main__의 모듈 이름 공간: {

    '__name__': '__main__',
    '__doc__': None,
    '__package__': None,
    '__loader__': <_frozen_importlib_external.SourceFileLoader object at 0x0000016E53
    8840B8>,
    '__spec__': None,
    '__annotations__': {},
    '__builtins__': <module 'builtins' (built-in)>,
    '__file__': 'module2.py',
    '__cached__': None,
    'x': 101,
    'Animal': <class '__main__.Animal'>,
    'test': <function test at 0x0000016E538AC1E0> }
```

locals() 함수가 반환하는 __main__ 모듈 이름 공간에는 변수 x, 클래스 Animal, 그리고 함수 test 뿐 아니라 현재 모듈의 정보를 보여주는 __name__, __package__ 등의 변수와 내장 모듈을 참조하는 __builtins__ 변수 등이 등록되어 있음을 확인할 수 있다.

참고

모든 모듈 이름 공간에는 __로 시작하고 __로 끝나는 '__name__', '__doc__', '__package__', '__builtins__', '__file__' 등의 몇 가지 이름들이 기본적으로 존재한다. 그런 이름들은 Python 인터프리터가 모듈의 관리를 위해 내부적으로 사용하는 이름들이다.

- __name__ : 현재 모듈의 이름
- __doc__ : 현재 모듈의 모듈 주석
- __package__ : 현재 모듈의 소속 패키지
- __builtins__ : builtins 모듈에 대한 참조
- __file__ : 현재 모듈의 스크립트 파일의 이름

11.3.2 builtins 모듈 이름 공간

내장 모듈 이름 공간(built-in module namespace)이란 **builtins** 모듈의 이름 공간을 의미한다. **builtins** 모듈은 Python 인터프리터의 내장 함수들이 정의되어 있는 모듈이다. **builtins** 모듈에는 여러 가지의 기본적인 예외들, 변수들, 그리고 함수들과 그 이름들의 쌍들이 정의되어 있다. **builtins** 모듈은 Python 인터프리터가 시작되어 종료할 때까지 항상 존재한다.

내장 모듈 이름 공간에 어떤 이름들이 존재하는지 확인하기 위하여 **builtins** 모듈의 코드를 고쳐에 **locals()** 함수 호출을 넣을 수는 없다. 내장 모듈 이름 공간에 어떤 이름들이 존재하는지 확인하려면 다음과 같이 모듈 객체의 **__dict__** 속성을 사용하면 된다. 모듈의 속성 **__dict__**는 모듈의 이름 공간을 보여준다.

```
__builtins__.__dict__
```

변수 **__builtins__**는 모든 모듈 이름 공간이 기본으로 가지고 있는 변수이며, **builtins** 모듈을 참조한다. REPL 모드를 사용할 때 전역 이름 공간에 들어있는 **__builtins__** 변수가 **builtins** 모듈을 참조한다는 것을 이미 보았다.

다음 예제 코드는 결과를 간결하게 확인하기 위하여 **__ builtins__.__dict__.keys()**로 내장 모듈 이름 공간의 키들만을 출력하고 있다.

```
>>> __builtins__
<module 'builtins' (built-in)>
>>> __builtins__.__dict__.keys()
dict_keys(['__name__', '__doc__', '__package__', '__loader__', '__spec__',
'__build_class__', '__import__', 'abs', 'all', 'any', 'ascii', 'bin', 'breakpoint',
'callable', 'chr', 'compile', 'delattr', 'dir', 'divmod', 'eval', 'exec', 'format',
'getattr', 'globals', 'hasattr', 'hash', 'hex', 'id', 'input', 'isinstance', 'issubclass',
'iter', 'len', 'locals', 'max', 'min', 'next', 'oct', 'ord', 'pow', 'print', 'repr', 'round',
'setattr', 'sorted', 'sum', 'vars', 'None', 'Ellipsis', 'NotImplemented', 'False', 'True',
'bool', 'memoryview', 'bytearray', 'bytes', 'classmethod', 'complex', 'dict', 'enumerate',
'filter', 'float', 'frozenset', 'property', 'int', 'list', 'map', 'object', 'range',
'reversed', 'set', 'slice', 'staticmethod', 'str', 'super', 'tuple', 'type', 'zip', '__debug_
_', 'BaseException', 'Exception', 'TypeError', 'StopAsyncIteration', 'StopIteration',
'GeneratorExit', 'SystemExit', 'KeyboardInterrupt', 'ImportError', 'ModuleNotFoundError',
'OSError', 'EnvironmentError', 'IOError', 'WindowsError', 'EOFError', 'RuntimeError',
'RecursionError', 'NotImplemented Error', 'NameError', 'UnboundLocalError', 'AttributeError',
'SyntaxError', 'IndentationError', 'TabError', 'LookupError', 'IndexError', 'KeyError', 'ValueError',
'UnicodeError', 'UnicodeEncodeError', 'UnicodeDecodeError',
```

```
'UnicodeTranslateError', 'AssertionError', 'ArithmeticError', 'FloatingPointError', 'OverflowError',
'ZeroDivisionError', 'SystemError', 'ReferenceError', 'MemoryError', 'BufferError', 'Warning',
'UserWarning', 'DeprecationWarning', 'PendingDeprecationWarning', 'SyntaxWarning',
'RuntimeWarning', 'FutureWarning', 'ImportWarning', 'UnicodeWarning', 'BytesWarning',
'ResourceWarning', 'ConnectionError', 'BlockingIOError', 'BrokenPipeError', 'ChildProcessError',
'ConnectionAbortedError', 'ConnectionRefusedError', 'ConnectionResetError', 'FileExists
Error', 'FileNotFoundError', 'IsADirectoryError', 'NotADirectoryError', 'InterruptedError',
'PermissionError', 'ProcessLookupError', 'TimeoutError', 'open', 'quit', 'exit', 'copyright',
'credits', 'license', 'help', '_'])
>>>
```

위 예제 코드의 수식 `__builtins__.__dict__.keys()`의 수행 결과로 출력된 내장 객체들의 종류를 살펴보자.

- **내장 예외들(built-in exceptions):**

  위 출력에서 'ArithmeticError'에서 'ZeroDivisionError'까지가 내장 예외들의 이름들이다. 내장 예외들은 Python 인터프리터가 제공하는 기본적인 오류들을 나타낸다.

- **내장 변수들(built-in variables):**

  _로 시작하는 이름들, 즉 '__name__'에서 '_'까지가 내장 변수들의 이름들이다.

- **내장 함수들(built-in functions):**

  위 출력에서 파랑 글씨로 표현된 'abs' 부터 'help' 까지가 내장 함수들의 이름들이다.

- **내장 상수들(built-in constants):**

  위 출력에서 진한 글씨체로 표현된 **True, False, None, NotImplemented, Ellipsis, __debug__, quit, exit, copyright, credits**, 그리고 **licence**가 내장 상수들이다.

참고

> 내장 상수들 quit, exit, copyright, credits, 그리고 licence는 Python 인터프리터가 수행을 시작할 때 site 모듈로부터 내장 이름 공간으로 추가하는 상수들이다. 그들은 REPL 모드에서만 사용하도록 설계되어 있다.

내장 모듈 이름 공간은 Python 인터프리터가 관리하는 공간이며 내장 이름 공간의 이름들은 Python 코드의 어디서나 임포트없이 모듈 이름을 생략한 약식 이름으로 바로 사용할 수 있다. 다음 예제 코드에서 내장 객체들을 Python 프로그램 어디서나 임포트 없이 바로 사용할 수 있음을 확인할 수 있다.

```
>>> OSError # 내장 예외 OSError
<class 'OSError'>
>>> __name__ # 내장 변수 __name__
__main__
>>> print(abs(-100), max(100, 200), min(100, 200)) # 내장 함수 abs, max, min
100 200 100
>>>
```

11.3.3 import 문으로 임포트되는 모듈의 모듈 이름 공간

import 문이나 from ... import 문으로 파일 모듈이 임포트될 때, 그 파일 모듈의 모듈 이름 공간이 생성된다. 생성된 모듈 이름 공간의 이름은 파일 모듈의 이름과 같다. 다음은 module3.py의 코드이다.

```
# module3.py
x = 101

class Animal:
    def __init__(self):
        self.speed = 1
    totals = []

def test(x):
    print(x)

print('모듈 {}의 모듈 이름 공간의 키들: {}'.format(__name__, locals().keys()))
```

위 모듈을 임포트하는 다음 예제 코드 import_module3.py를 작성하자.

```
# import_module3.py
import module3

print('모듈 {}의 모듈 이름 공간의 키들: {}'.format(__name__, locals().keys()))
```

이제, 위 예제 코드 import_module3.py를 수행하면 다음과 같이 module3의 모듈 이름 공간과 __main__ 모듈 이름 공간에 등록된 이름들을 확인할 수 있다.

```
모듈 module3의 모듈 이름 공간의 키들: dict_keys(['__name__', '__doc__', '__package__',
```

'__loader__', '__spec__', '__file__', '__cached__', '__builtins__', 'x', 'Animal', 'test'])

모듈 __main__의 모듈 이름 공간의 키들: dict_keys(['__name__', '__doc__', '__package__', '__loader__', '__spec__', '__annotations__', '__builtins__', '__file__', 'module3'])

모듈 module3의 모듈 이름 공간에는 module3.py에서 정의한 이름들 'x', 'Animal', 'test'가 등록되어 있으며, __main__ 모듈 이름 공간에는 Python 인터프리터로 직접 수행한 import_module3.py 스크립트에서 임포트한 모듈의 이름 'module3'가 등록되어 있음을 확인할 수 있다.

11.3.4 전역 모듈 이름 공간

전역 모듈 이름 공간이란 현재 수행되고 있는 모듈의 모듈 이름 공간을 의미한다. __main__ 모듈의 이름 공간이 전역 모듈 이름 공간일 수도 있다. 다음 module_namespace.py 모듈을 편집하여 저장하고 직접 수행해 보자.

```
# module_namespace.py
x = 101 # 할당문

# 함수 정의
def test(x):
    print(x)

# class 정의
class Animal:
    def __init__(self):
        self.speed = 1
    totals = 0

print('모듈 {}의 namespace: {}'.format(__name__, locals().keys()))
```

위 module_namespace.py 파일을 Python 인터프리터로 직접 수행한 결과는 다음과 같다. 결과를 보면 module_namespace.py 파일을 직접 수행할 때 생성된 __main__ 모듈 이름 공간에 위 파일에서 정의된 전역 변수 x, 함수 test, 클래스 Animal이 등록되어 있음을 확인할 수 있다.

모듈 __main__의 namespace: dict_keys([

    '__name__',

```
'__doc__',
'__package__',
'__loader__',
'__spec__',
'__annotations__',
'__builtins__',
'__file__',
'x',
'test',
'Animal' ])
```

module_namespace.py를 Python 인터프리터로 직접 수행하지 않고 **import module_namespace** 문으로 수행해도 Python 인터프리터로 직접 수행한 것과 같은 비슷한 결과가 나온다. 다만 __name__ 변수의 값이 module_namespace로 바뀌며, 모듈 이름 공간에 이름 __cached__가 추가 등록된다.

```
>>> import module_namespace
모듈 module_namespace의 namespace: dict_keys(['__name__', '__doc__', '__package__', '__loader__', '__spec__', '__file__', '__cached__', '__builtins__', 'x', 'test', 'Animal'])
>>> module_namespace.__cached__
'C:/Python3\\__pycache__\\module_namespace.cpython-37.pyc'
>>>
```

변수 __cached__에는 **import** 문으로 임포트된 모듈의 바이트코드 파일명이 담긴다. **import** 문이 수행되면 Python 인터프리터는 다음 **import** 문을 수행할 때 재사용하기 위하여 임포트되는 모듈로부터 바이트코드(bytecode) 파일을 생성하여 변수 __cached__ 값에 해당하는 파일에 저장해둔다.

용어

▸ 전역 이름 공간과 전역 모듈 이름 공간

Python 관련 문서들을 읽다보면 전역 이름 공간(global namespace)이라는 표현을 자주 볼 수 있다. 하지만 전역 이름 공간은 모듈 이름 공간들 중 현재 수행되고 있는 모듈의 모듈 이름 공간을 의미하므로 전역 이름 공간보다 전역 모듈 이름 공간(global module namespace)이 더 정확한 표현이라 할 수 있다.

11.4 지역 이름 공간

함수나 메소드가 호출될 때마다 지역 이름 공간이 생성된다. 함수나 메소드가 재귀적으로 호출되는 경우에도 각 재귀 호출마다 새로운 지역 이름 공간(local namespace)이 생성된다. 지역 이름 공간에는 다음과 같은 것들이 담긴다.

- 함수 또는 메소드에서 정의된 매개 변수의 이름과 그 매개 변수에 전달된 인자 객체의 쌍들
- 함수 또는 메소드 내에서 정의된 지역 변수 이름과 그 지역 변수에 결합된 객체의 쌍들
- 함수 또는 메소드 내에서 정의된 중첩 함수 이름과 그 중첩 함수의 함수 정의 객체의 쌍들

지역 이름 공간은 함수나 메소드의 수행이 종료될 때 또는 함수나 메소드가 외부로 예외를 발생시켰을 때 소멸된다.

지금까지 모듈 이름 공간을 확인하는 데 사용하였던 내장 함수 **locals()**는 모듈 이름 공간뿐 아니라 지역 이름 공간을 확인하는 데에도 사용할 수 있다. **locals()**를 함수나 메소드의 정의 밖에서 호출하면 모듈 이름 공간이 반환되고 함수나 메소드 정의 내에서 호출하면 지역 이름 공간이 반환된다. 예제 코드를 통해 살펴보자. 다음 코드를 편집기로 작성하고 locals_test.py 파일로 저장하자.

```
1 # locals_test.py
2 x = 100
3
4 def test(y):
5     z = abs(y) # 매개 변수 y, 지역 변수 z
6     print('함수 호출 test({})의 지역 이름 공간: {}'.format(y, locals()))
7     return z
8
9 print('모듈 {}의 모듈 이름 공간: {}'.format( __name__, locals()))
10 test(-1)
```

위 모듈은 내장 함수 **locals()**를 사용하여 모듈 이름 공간과 지역 이름 공간을 출력한다. Python 인터프리터로 위 모듈을 직접 수행하면 9번 문장은 다음과 같은 결과를 출력한다.

```
모듈 __main__의 모듈 이름 공간: {'__name__': '__main__', '__doc__': None, '__package__': None, '__spec__': None, '__annotations__': {}, '__loader__': <class '_frozen_ importlib.BuiltinImporter'>, '__builtins__': <module 'builtins' (built-in)>, '__file__': 'D:/prj/python3/locals_test.py', 'x': 100, 'test': <function test at 0x000002A09DACC1E0>}
```

__main__ 모듈 이름 공간에는 2번 문장에서 정의된 변수 x와 4~7번 문장에서 정의된 함수 test가 등록되어 있음을 확인할 수 있다.

10번 문장이 수행되면 다음과 같이 함수 호출 test(-1)의 지역 이름 공간이 출력된다. 함수 호출 test(-1)의 지역 이름 공간에는 매개 변수 y와 지역 변수 z가 등록되어 있음을 확인할 수 있다.

```
함수 호출 test(-1)의 지역 이름 공간: {'y': -1, 'z': 1}
```

5번 문장에서 내장 함수 호출 abs(-1)을 위한 지역 이름 공간이 생성되었다가 소멸된다. 내장 이름 공간은 항상 존재하고 있으므로 5번 문장이 수행되는 도중에는 다음과 같은 이름 공간들이 동시에 존재하게 된다.

- 모듈 locals_test의 __main__ 모듈 이름 공간
- 내장 모듈 builtins의 모듈 이름 공간
- 함수 호출 test(-1)을 위한 지역 이름 공간
- 함수 호출 abs(-1)을 위한 지역 이름 공간

11.5 포장 지역 이름 공간과 자유 변수

포장 지역 이름 공간(enclosing local namespace)은 지역 이름 공간의 한 종류이다. Python에서는 함수 정의 안에 함수 정의가 중첩되어 나타날 수 있다. 함수들이 중첩되어 정의되었을 때 바깥쪽 함수의 지역 이름 공간을 포장 지역 이름 공간(enclosing local namespace)이라고 부른다.

다음은 포장 이름 공간을 설명하기 위한 예제 코드이다. 예제 코드의 outer 함수 정의는 inner 함수 정의를 포함하고 있다.

```
# namespace_enclosing.py
def outer():
    x = 'outer x'
    def inner():
        x = 'inner x'
        print('함수 호출 inner()의 지역 이름 공간: {}'.format(locals()))

    print('함수 호출 outer()의 포장 지역 이름 공간: {}'.format(locals()))
    inner()
```

```
10
11 outer()
12 print('모듈 {}의 모듈 이름 공간: {}'.format(__name__, locals()))
```

| 코드 11-3 | namespace_enclosing.py

위 코드가 수행되어 11번 문장 **outer()**가 호출되면 Python 인터프리터는 함수 호출 **outer()**를 위한 포장 지역 이름 공간을 생성하고, 2~9번 문장에 정의된 **outer()** 함수의 수행을 시작한다.

outer() 함수의 수행에 의해 3번 문장이 수행된 직후 함수 호출 **outer()**의 포장 지역 이름 공간에 지역 변수 **x**가 등록된다. 그리고 4~6번 문장이 수행된 직후에는 함수 호출 **outer()**의 포장 지역 이름 공간에 함수 정의 **inner**가 등록된다. 함수 정의 **inner**는 아직 호출되지 않았다. 이제 8번 문장이 수행되면 다음과 같은 내용이 출력된다.

> 함수 호출 outer()의 포장 지역 이름 공간: {
> 'x': 'outer x',
> 'inner': <function outer.<locals>.inner at 0x0000019CB8771E18> }

이제 [코드 11-3]의 9번 문장 **inner()**가 호출되면 Python 인터프리터는 함수 호출 **inner()**를 위한 지역 이름 공간을 생성하고 **inner()** 함수의 수행을 시작한다. 그리고 4~5번 문장이 수행되면 **inner()** 함수 호출을 위한 지역 이름 공간에 **x: 'inner x'**가 저장된다. 따라서 6번 문장 **print('함수 호출 inner()의 지역 이름 공간: {}'.format(locals()))**가 수행되면 다음과 같이 출력된다.

> 함수 호출 inner()의 지역 이름 공간: {'x': 'inner x'}

6번 문장이 수행되기 직전에는 지역 이름 공간과 포장 지역 이름 공간이 다음 그림과 같이 함께 존재하게 된다.

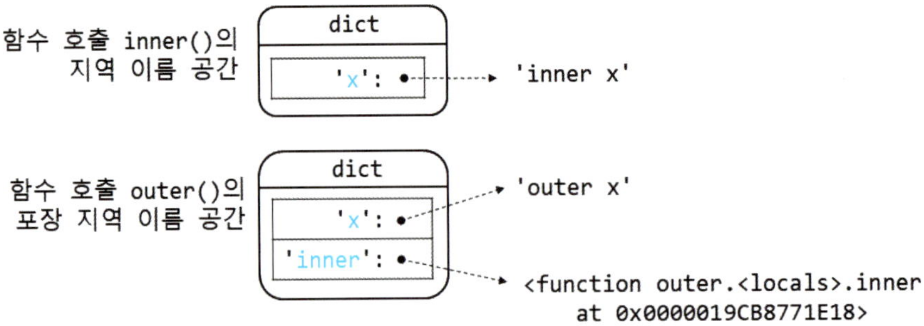

11번 문장 **outer()**의 수행이 완료되고 12번 문장이 수행되면 다음과 같은 결과를 볼 수 있다. **__main__** 모듈의 이름 공간에 다음과 같이 함수 정의 **outer**가 담겨 있음을 확인할 수 있다.

```
모듈 __main__의 모듈 이름 공간: = {
'__name__': '__main__',
'__doc__': None,
'__package__': None,
'__loader__': <class '_frozen_importlib.BuiltinImporter'>,
'__spec__': None,
'__annotations__': {},
'__builtins__': <module 'builtins' (built-in)>,
'__file__': 'D:/prj/python3/namespace_enclosing.py',
'outer': <function outer at 0x0000019CB8771E18> }
```

여기서 자유 변수(free variable)에 대하여 살펴보자. **자유 변수**란 코드 블록에서 사용하고 있지만 그 코드 블록에서 정의되지 않은 변수를 의미한다. 다음 예제 코드를 보자.

```
1  # namespace_enclosing_with_free_variable.py
2  def outer():
3      x = 'outer_x'
4      def inner():
5          y = 'inner_y' # x가 아님
6          print(x, y)
7          print('함수 호출 inner()의 지역 이름 공간: {}'.format(locals()))
8      inner()
9
10 outer()
```

위 예제 코드의 6번 문장 **print(x, y)**의 변수 **x**는 **inner** 함수 블록에서 사용되고 있으나 그 블록에서 정의되지 않았으므로 자유 변수이다. 함수가 중첩되어 정의된 경우 **locals()** 함수는 안쪽 함수의 지역 변수들뿐 아니라 바깥쪽 함수에서 정의된 자유 변수가 포함된 이름 공간을 반환한다. 위 코드의 수행 결과는 다음과 같다.

```
outer_x inner_y
함수 호출 inner()의 지역 이름 공간: {'y': 'inner_y', 'x': 'outer_x'}
```

11.6 클래스와 인스턴스의 이름 공간

키워드 **class**를 사용하여 클래스를 정의하면 그 클래스에 대한 이름 공간이 생성된다. 그리고 생성자를 호출하여 클래스의 인스턴스를 생성하면 그 인스턴스에 대한 이름 공간이 생성된다.

클래스 이름 공간에는 그 클래스에서 정의한 속성들, 즉 클래스 변수들, 생성자, 그리고 메소드들이 등록된다. 클래스의 이름 공간을 확인하려면 클래스의 **__dict__** 속성을 사용하면 된다. 다음 예제 코드를 보자.

```
1  class C:
2      def __init__(self, v):
3          self.r = v # instance variable r
4  
5      x = 1
6      y = 2
7      def f(self):
8          return self.x * self.y
9  
10 print('C.__dict__ = ', C.__dict__) # namespace of class C
11 
12 c1 = C(100)
13 print('c1.__dict__ = ', c1.__dict__) # namespace of instance c1
14 
15 c2 = C(200)
16 print('c2.__dict__ = ', c2.__dict__) # namespace of instance c1
```

| 코드 11-4 | c.py

위 [코드 11-4]의 클래스 C는 속성들로 생성자 **__init__**, 클래스 변수 **x**와 **y**, 그리고 메소드 **f**를 갖는다. 위 코드의 10번 문장의 출력은 다음과 같다.

```
C.__dict__ = {
'__module__':'__main__',
'__init__': <function C.__init at 0x00000281B076C1E0>,
'x': 1,
'y': 2,
'f': <function C.f at 0x00000281B3B36D08>,
'__dict__': <attribute '__dict__' of 'C' objects>,
'__weakref__': <attribute '__weakref__' of 'C' objects>,
'__doc__': None }
```

코드 11-4의 클래스 C의 이름 공간에 생성자 __init__, 클래스 변수 x, y, 그리고 메소드 정의 f가 등록되어 있음을 확인할 수 있다.

참고

모든 클래스 이름 공간에는 __로 시작하고 __로 끝나는 '__module__', '__dict__' '__doc__' 등의 몇 가지 이름들이 기본적으로 존재한다. 그런 이름들은 Python 인터프리터가 모듈의 관리를 위해 사용하는 이름들이다.

- __module__ : 클래스가 소속한 모듈의 이름
- __dict__ : 클래스의 이름 공간
- __doc__ : 클래스 주석

인스턴스 이름 공간에는 그 인스턴스의 인스턴스 변수들이 등록된다. 위 [코드 11-4]의 13번 문장의 출력은 다음과 같다. 인스턴스 c1의 이름 공간에는 클래스 C의 생성자에서 정의된 인스턴스 변수 r이 등록되어 있음을 확인할 수 있다.

```
c1.__dict__ = {'r': 100}
```

위 코드의 15번 문장의 출력은 다음과 같다.

```
c2.__dict__ = {'r': 200}
```

11.7 이름의 유효 범위와 LEGB 규칙

이름의 유효 범위(scope)란 그 이름을 사용할 수 있는 코드 상의 범위를 의미한다. 다음 예제 코드를 보자.

```
x = 'global x'
print(x)

def test():
    x = 'local x'
    print(x)

test()
print(x)
```

위 코드의 1번 문장에서 정의된 x와 5번 문장에서 정의된 x는 서로 다른 객체를 참조한다. 1번 문장에서 정의된 x는 전역 이름 공간에 등록되는 이름이고, 5번 문장에서 정의된 x는 지역 이름 공간에 등록되는 이름이다. 위 예제 코드의 출력은 다음과 같다.

```
global x
local x
global x
```

2번 문장과 9번 문장의 **print(x)**는 1번 문장에서 정의된 x의 값을 출력하고, 6번 문장의 **print(x)**는 5번 문장에서 정의된 x의 값을 출력한다. 코드에 나타난 이름 x의 유효 범위(scope)가 전역 이름 공간의 x인지 지역 이름 공간의 x인지에 따라 다르기 때문이다.

이름의 유효 범위는 다음 두 규칙에 의해 결정된다. LEGB 규칙은 지역 이름 공간, 포장 지역 이름 공간, 전역 모듈 이름 공간, 그리고 내장 모듈 이름 공간에 등록된 이름들의 유효 범위를 규정한다. MRO 규칙은 클래스와 인스턴스의 이름 공간에 등록된 이름들의 유효 범위를 규정한다. LEGB는 다음 절에서 설명된다. MRO는 제 11.9절과 제16.5절에서 설명된다.

- LEGB 규칙
- MRO

정의

동시에 여러 개의 이름 공간들이 존재할 수 있다. 내장 이름 공간은 Python 인터프리터가 수행되는 동안 항상 존재한다. 모듈 이름 공간은 Python 인터프리터에 의해 직접 수행되거나 임포트된 모듈마다 하나씩 존재한다. 전역 모듈 이름 공간은 현재 수행되고 있는 모듈의 모듈 이름 공간을 의미하므로 하나가 존재한다. 지역 이름 공간은 함수가 호출되었을 때 생성되고 함수 호출이 끝났을 때 소멸되며, 함수 호출이 다시 다른 함수를 호출할 수 있으므로 존재하지 않을 수도 있고 여러 개 존재할 수도 있다. 포장 이름 공간은 함수 정의를 포함하는 함수가 없을 수도 있고 함수 정의를 포함하는 함수를 포함하는 함수가 정의될 수도 있으므로 존재하지 않을 수도 있고 여러 개 존재할 수도 있다.

11.7.1 LEGB 규칙

같은 이름이 동시에 여러 개의 이름 공간들에 존재할 수 있으므로, 이름에 결합되어 있는 객체를 찾을 때 어떤 이름 공간을 우선적으로 검색하는가에 대한 기준이 필요하다. Python에서 그 기준은 LEGB 규칙으로 설명된다. LEGB 규칙이란 Python 인터프리터가 이름에 결합된 객체를 찾기 위하여 다음 이름 공간들을 순서대로 검색한다는 것을 의미한다. LEGB는 다음 이름 공간들의 첫 글자들로 구성된 표현이다.

- 지역 이름 공간(Local namespace)
- 포장 지역 이름 공간(Enclosing local namespace)
- 전역 모듈 이름 공간(Global module namespace)
- 내장 모듈 이름 공간(Built-in module namespace)

Python 인터프리터는 LEGB 규칙에 따라 이름 공간들을 순서대로 검색하여 이름 공간에 찾고자 하는 객체의 이름이 존재하면 그 이름에 결합되어 있는 객체를 사용한다. LEGB 규칙에 따라 내장 이름 공간까지 검색하였는데도 찾고자 하는 이름이 존재하지 않으면 그런 이름의 객체가 없다는 **NameError** 오류를 낸다.

다음은 지역 이름 공간에도 없고, 전역 모듈 이름 공간에 없으며, 내장 이름 공간에도 존재하지 않는 변수 **z**를 사용하려고 시도하는 예제 코드이다.

```
1 x = 'global x'
2
3 def test():
4     x = 'local x'
5     print(x) # 지역 변수 x
6     print(z) # NameError 발생
7
8 print(x) # 전역 변수 x
9 test()
```

Python 인터프리터가 위 코드의 수행을 시작하여 8번 문장 **print(x)**가 수행될 때, 전역 이름 공간에는 이름 **x**와 객체 '**global x**'의 쌍이 등록되어 있고, 내장 이름 공간에는 이름 **print**와 내장 함수 **print**의 정의의 쌍이 등록되어 있으므로 x의 값 '**global x**'가 내장 함수 **print**의 인자로 전달되어 **print('global x')**가 호출되어 된다. 따라서 8번 문장 **print(x)**는 다음과 같은 출력을 낸다.

```
global x
```

9번 문장 **test()**의 호출에 의해 3~6번 문장에 정의된 함수 **test**가 수행되는 동안에는 지역 이름 공간과 전역 이름 공간에 이름 x가 동시에 존재한다. 따라서 5번 문장의 **x**는 LEGB 규칙에 따라 지역 이름 공간의 **x**가 되고, 5번 문장의 출력은 다음과 같다.

```
local x
```

5번 문장을 수행한 후 6번 문장 **print(z)**가 수행될 때 **z**는 지역 이름 공간에도 전역 이름 공간에도 존재하지 않는 이름이다. 내장 이름 공간에도 이름 x는 등록되어 있지 않다. 따라서 LEGB 규칙에 따라 모든 이름 공간들을 검색해도 Python 인터프리터는 이름 z를 발견할 수 없으므로 다음과 같은 NameError 오류 메시지를 낸다.

```
Traceback (most recent call last):
  File "C:/Python3/tmp.py", line 10, in <module>
    test()
  File "C:/Python3/tmp.py", line 8, in test
    print(z) // 오류
NameError: name 'z' is not defined
```

LEGB 규칙의 설명을 위한 예제를 하나 더 살펴보자. 다음은 포장 지역 이름 공간을 포함한 모든 종류의 이름 공간들이 사용되는 예제 코드이다.

```
1  # legb.py
2  x = 'global x'
3  y = 'global y'
4
5  def outer():
6      x = 'outer x'
7      y = 'outer y'
8
9      def inner():
10         x = 'inner x'
11         print('locals() of inner() = ', locals()) # 지역 이름 공간 출력
12         print("[1] x=\'{}\', y=\'{}\'".format(x, y)) # y는 free variable
13
14     print('locals() of outer() = ', locals()) # 포장 지역 이름 공간 출력
15     print("[2] x=\'{}\', y=\'{}\'".format(x, y))
16     inner()
17
18 print('locals() of __main__ = ', locals()) # 전역 모듈 이름 공간 출력
19
20 outer()
21 print("[3] x=\'{}\', y=\'{}\'".format(x, y))
```

이 예제 코드의 18번 문장이 수행되면 다음과 같은 전역 모듈 이름 공간이 출력된다. 전역 모듈 이름 공간에는 2번 문장, 3번 문장, 그리고 5~16번 문장에서 각각 정의된 전역 변수 x, y, 그리고 함수 정의 outer가 등록되어 있음을 확인할 수 있다.

```
locals() of __main__ = {
    '__name__': '__main__',
    '__doc__': None,
    '__package__': None,
    '__loader__': <class '_frozen_importlib.BuiltinImporter'>,
    '__spec__': None,
    '__annotations__': {},
    '__builtins__': <module 'builtins' (built-in)>,
    '__file__': 'C:/Python3/legb.py',
    'x': 'global x',
    'y': 'global y',
    'outer': <function outer at 0x0000024B01C5AB70>  }
```

다음으로 20번 문장 outer()가 수행되면 문장 5~16에 정의된 outer 함수가 호출된다. outer 함수의 문장 14가 수행되기 직전에 함수 호출 outer()의 이름 공간에는 6번, 7번, 그리고 9~12번 문장에서 각각 정의된 지역 변수 x, 지역 변수 y, 지역 함수 inner가 등록되어 있다. 따라서 14번 문장이 수행되면 함수 호출 outer()의 지역 이름 공간이 다음과 같이 출력된다. 가독성을 주기 위하여 출력 결과의 줄을 맞추었다.

```
locals() of outer() =  {
    'x': 'outer x',
    'inner': <function outer.<locals>.inner at 0x0000024B7F22C1E0>,
    'y': 'outer y'}
```

이제 15번 문장은 함수 호출 outer()의 포장 지역 이름 공간에 등록된 이름 x, y를 사용하여 다음과 같은 출력을 낸다.

```
[2] x = 'outer x', y = 'outer y'
```

이제, 16번 문장 inner()가 수행되면 9~12번 문장에 정의된 inner 함수가 호출된다. 그래서 9~10번 문장이 수행되고 11번 문장이 수행되어 locals() 함수가 호출되면 다음과 같은 결과가 출력된다. 이 결과의 x는 inner 함수에서 정의된 지역 변수이고, y는 inner 함수에서 정의되지 않았지만 inner 함수 내에서 사용하고 있으므로 제 11.5절에서 기술된 자유 변수이다. locals() 함수는 자유 변수 y를 출력하지만 자유 변수 y는 함수 호출 inner()의 지역 이름 공간이 아니라 포장 지역 이름 공간에서 정의된 이름임에 주의해야 한다.

```
locals() of inner() = {
    'x': 'inner x',
    'y': 'outer y' }
```

12번 문장이 수행되기 직전의 이름 공간들의 상태는 다음 그림과 같다. 다음 그림에서 전역 모듈 이름 공간과 내장 모듈 이름 공간에는 더 많은 이름들이 존재하지만 그림의 간결함을 위하여 코드에 직접 나오지 않는 이름들은 생략하였다.

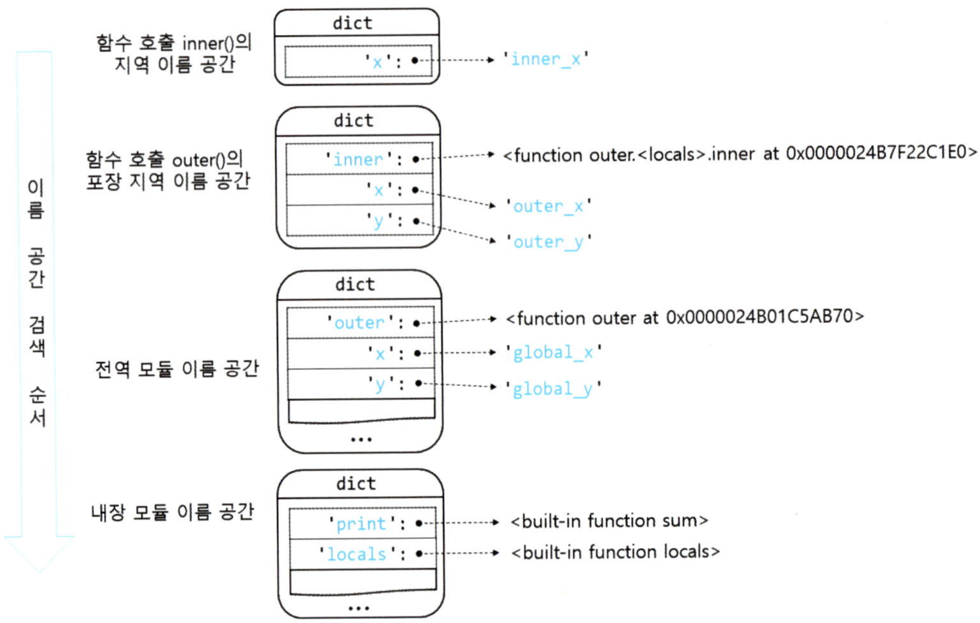

따라서 12번 문장은 다음과 같은 결과를 출력한다.

```
[1] x='inner x', y='outer y'
```

이제 legb.py 모듈의 마지막 문장인 21번 문장은 전역 이름 공간의 x, y를 사용하여 다음과 같은 결과를 출력한다.

```
[3] x='global x', y='global y'
```

위 예제 코드에서 이름 x와 y는 동시에 여러 이름 공간에 존재하는 이름들이다. LEGB 규칙에 의해 그 이름들이 각각 어떤 이름 공간의 이름인지 판정되고 있다.

11.7.2 지역 유효 범위

지역 이름 공간에 등록되어 있는 이름의 유효 범위를 지역 유효 범위(local scope)라고 한다. 함수의 매개 변수들과 함수 내에서 정의된 지역 변수들과 같이 함수 내에서 정의된 이름들은 지역 유효 범위를 갖는다. 지역 유효 범위는 함수 정의의 시작에서 끝까지이다.

```
1 # local_scope.py 모듈
2 x = 'global x'
3
4 def f(y):
5     x = 'Hello'
6     print(x, end=' ') # 지역 변수
7     print(y) # 매개 변수
8
9 f('world!')
```

위 코드를 수행하면 **Hello world!**가 출력된다. 4번 문장의 매개 변수 y와 5번 문장 `x = 'Hello'`에서 정의된 지역 변수 x의 유효 범위는 함수 정의의 시작에서 끝까지 즉 4~7번 문장들이다. 9번 문장의 함수 호출 `f('world!')`에 의하여 위 코드의 7번 문장이 수행될 때 함수 호출 `f('world!')`에 대한 지역 이름 공간과 전역 모듈 이름 공간은 다음 그림과 같다. 전역 모듈 이름 공간에는 실제로 더 많은 이름들이 있으나 다음 그림에서는 간결함을 위해 생략되었다.

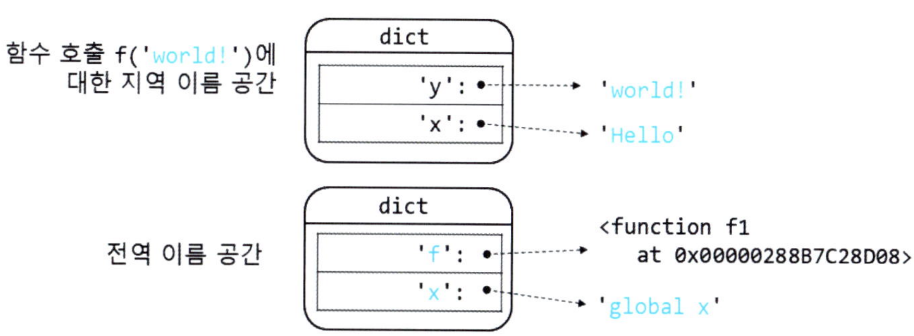

지역 유효 범위를 판정할 때, 함수 내에서 정의된 지역 변수와 동일한 이름의 전역 변수가 그 함수 내에 함께 사용될 수 없다는 사실에 주의해야 한다. 왜냐하면 지역 변수의 유효 범위는 그 지역 변수가 정의된 곳에서 시작되는 것이 아니고 지역 변수가 정의된 위치와 무관하게 함수의 시작에서 시작되기 때문이다. 다음 코드를 보자.

```
1 x = 'global x'
2
3 def f1():
4     print(x) # 전역 변수 x를 출력하는 것으로 오해될 수 있다. error 발생
5     x = 'Hello' # 지역 변수 x의 정의
6     print(x) # 지역 변수 x
7
8 f1() # local x in f2
```

위 예제 코드를 수행하면 4번 문장에서 다음과 같은 UnboundLocalError 오류가 난다. Python 인터프리터는 4번 문장의 x를 지역 변수로 취급한다. 왜냐하면 5번 문장에서 지역 변수 x가 정의되었고 지역 변수의 유효 범위는 함수의 시작에서 끝까지이기 때문이다. 하지만 4번 문장에서는 아직 지역 변수 x에 값이 결합되지 않았기 때문에 UnboundLocalError 오류가 난다.

```
UnboundLocalError: local variable 'x' referenced before assignment
```

11.7.3 포장 지역 유효 범위

포장 지역 이름 공간에 등록되어 있는 이름의 유효 범위를 포장 지역 유효 범위(enclosing local scope)라고 한다. 포장 지역 유효 범위는 기본적으로 포장 함수 정의의 시작에서 끝까지이다. 다만 포장 함수 내부에서 정의된 함수에 동일한 지역 이름이 다시 정의되어 있으면 LEGB 규칙에 따라 그 지역 이름의 유효 범위는 포장 지역 유효 범위에서 제외된다.

```
1  x = 'global x'
2
3  def outer():
4      x = 'outer x'
5
6      def inner():
7          x = 'inner x'
8          print(x)
9
10     inner()
11     print(x)
12
13 outer()
14 print(x)
```

위 예제 코드에서, outer() 함수 정의의 4번 문장에서 정의된 이름 x의 유효 범위는 기본적으로는

`outer()` 함수 정의의 시작에서 끝까지인 3~11번 문장이다. 하지만 `outer()` 함수 내에서 정의된 `inner()` 함수 내에 동일한 이름의 지역 변수 x가 다시 정의되었으므로, `inner()` 함수의 지역 변수 x의 유효 범위인 6~8번 문장이 제외되어야 한다. 결과적으로 `outer()` 함수 정의의 4번 문장에서 정의된 이름 x의 유효 범위는 3~5번 문장과 9~11번 문장이 된다.

11.7.4 모듈 유효 범위

모듈 이름 공간에 등록되어 있는 이름의 유효 범위를 모듈 유효 범위(module scope)라고 한다. 모듈 유효 범위는 *기본적으로* 이름이 정의된 위치에서부터 모듈의 끝까지이다. 예제 코드를 살펴보자. 다음 코드에서 변수 x의 유효 범위는 1번 문장에서 모듈의 끝인 7번 문장까지이다.

```
1 x = 'global x'
2
3 def f1():
4     print(x)
5
6 print(x)
7 f1()
```

다만 모듈 내에 존재하는 함수나 메소드 정의에 동일한 이름의 지역 이름이 정의되어 있으며 LEGB 규칙에 따라 그 지역 이름이 우선하므로 모듈 내에서 정의된 이름은 그 지역 이름의 유효 범위를 제외한 유효 범위를 갖게 된다. 하나의 함수 내에서 동일한 이름의 지역 변수와 전역 변수가 함께 사용될 수 없기 때문이다. 다음 예제 코드를 살펴보자.

```
x = 'global x'
def f1():
    print(x)

def f2():
    x = 'local x in f2'
    print(x)

print(x)
f1()
f2()
```

위 코드의 1번 문장에서 정의된 전역 변수 **x**의 유효 범위는 문장 6~8을 제외한 문장들이다. 왜냐하면 문장 6~8은 지역 변수 **x**의 지역 유효 범위이기 때문이다. 11번 문장 **f1()**의 호출에 의해 4번 문장이 수행되기 직전이 이름 공간들의 상태는 다음과 같다. 따라서 11번 문장은 **global x**를 출력한다.

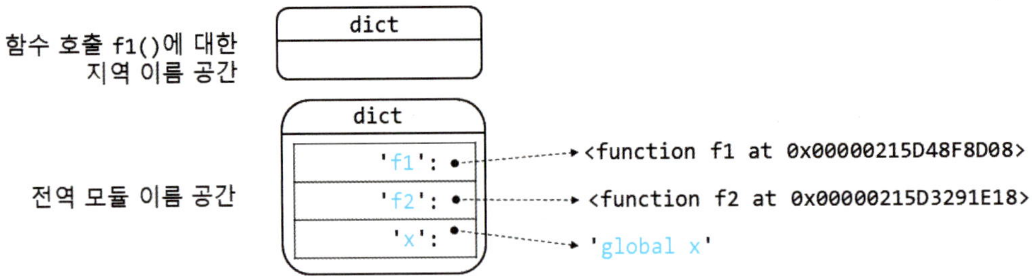

다음은 12번 문장 **f2()**의 호출에 의해 호출하여 6, 7번 문장이 수행된 후 8번 문장이 수행될 때의 이름 공간들의 상태이다. 따라서 12번 문장은 **local x in f2**를 출력한다.

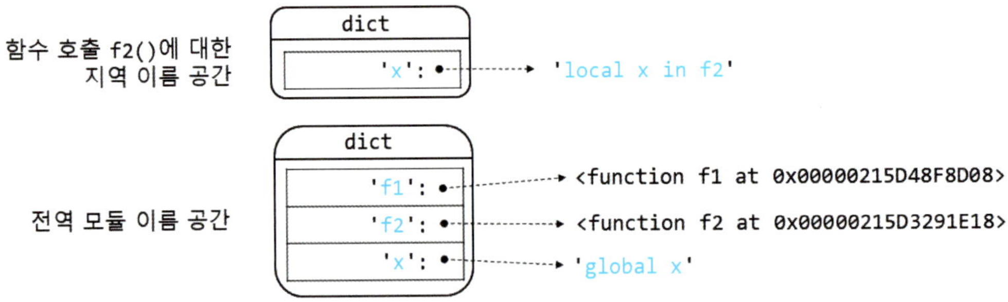

11.7.5 내장 모듈 유효 범위

내장 모듈 이름 공간에 등록된 이름의 유효 범위를 내장 모듈 유효 범위(built-in scope)라고 한다. 내장 이름은 기본적으로 코드의 어디서나 바로 사용이 가능하다. 즉, 내장 이름들의 유효 범위는 기본적으로 코드 상의 모든 범위이다. 다만 내장 이름들은 LEGB 규칙에 따라 내장 이름과 동일한 이름의 지역 유효 범위, 포장 지역 유효 범위, 또는 모듈 유효 범위를 제외한 유효 범위를 갖는다. 예제 코드를 살펴보자.

```
1 x = -2
2 print(abs(x)) # 내장 함수 builtins.abs() 호출
3
4 def abs(x):
5     return x * x
6
7 print(abs(-2)) # 사용자 정의 함수 abs() 호출
```

위 예제 코드는 내장 함수 abs와 동일한 이름의 사용자 정의 함수를 정의하고 있다. 사용자 정의 함수 abs의 유효 범위는 4번에서 문장의 끝까지이므로 내장 함수 abs의 유효 범위는 4~7번 문장을 제외한 문장들이 된다.

11.8 이름의 유효 범위의 세부적 조절 - global 키워드, nonlocal 키워드

키워드 global과 nonlocal은 전역 이름과 포장 지역 이름의 유효 범위를 세부적으로 조절하는 데 사용된다.

11.8.1 global 키워드

모듈에서 정의된 이름의 유효 범위는 그 이름과 같은 지역 이름이나 포장 지역 이름이 정의되어 있지 않다면 그 이름이 정의된 위치에서 모듈의 끝까지이다. 따라서 다음 예제 코드의 함수 read_x()는 전역 변수 x의 값을 성공적으로 출력한다.

```
x = 10 # 전역 변수 x

def read_x():
    print(x) # 전역 변수 x의 값을 읽어 출력

read_x() # 10
```

하지만 함수 내에서 전역 변수의 값을 수정하려고 할 때는 주의해야 한다. 함수 내에서 전역 변수 이름을 갖는 변수에 대한 할당문을 사용하면 전역 변수와 이름이 같은 지역 변수가 생성되기 때문이다. 다음 코드를 보자.

```python
1 x = 10
2
3 def write_x():
4     x = 5 # 지역 변수 x가 정의된다.
5     print(x) # 지역 변수 x의 값을 출력
6
7 write_x()
8 print(x) # 10
```

위 코드의 4번 문장이 전역 변수 **x**의 값을 5로 수정한다고 생각하면 잘못이다. 왜냐하면 4번 문장은 전역 변수 **x**의 값을 5로 수정하는 것이 아니라 값이 5인 지역 변수 **x**를 정의한다. 그리고 5번 문장 **print(x)**는 그 지역 변수 **x**의 값을 출력한다.

함수 내에서 전역 변수의 값을 변경하려면 함수 내에서 사용하려는 전역 이름에 **global** 키워드를 붙여 그 이름을 전역 이름으로 선언해야 한다. 함수 안에서 변수 앞에 **global** 키워드를 사용하면 Python 인터프리터는 그 변수를 지역 이름 공간이 아닌 전역 모듈 이름 공간의 변수로 취급한다. 다음 예제를 보자.

```python
1 x = 10
2
3 def new_write_x():
4     global x
5     x = 5 # global x에 5를 할당한다.
6
7 new_write_x()
8 print(x)
```

위 코드의 5번 문장의 **x**는 4번 문장에서 **global x**로 선언되었으므로 1번 문장에서 정의된 전역 변수 **x**이다. 따라서 5번 문장은 1번 문장에서 정의된 **x**의 값을 5로 변화시킨다. 결과적으로 8번 문장은 5를 출력하게 된다.

11.8.2 nonlocal 키워드

함수가 중첩되어 정의되어 있을 때 안쪽 함수에서 바깥 쪽 함수의 포장 지역 이름 공간의 변수의 값을 수정하고 싶을 때는 그 변수 앞에 **nonlocal** 키워드를 사용한다. 다음 예제 코드를 보자.

```
1 def outer():
2     x = 5
3     def inner():
4         nonlocal x  # x가 2번 문장에서 정의된 x이다.
5         x = 10 # 지역 변수 x를 정의하는 것이 아니라 문장 2에서 정의된 x를 수정
6         print('inner x: ', x)
7
8     inner()
9     print('outer x: ', x)
10
11 outer()
```

위 예제 코드의 출력은 다음과 같다. 9번 문장의 x는 지역 변수이므로 2번 문장에서 정의된 x이다. 그리고 4번 문장 nonlocal x에 의해 5번과 6번 문장의 x도 2번 문장에서 정의된 x로 취급되기 때문이다.

```
inner: 10
outer: 10
```

만일 위 코드의 4번 문장을 지운다면 5번 문장에서 inner() 함수 호출의 지역 이름 공간에 이름 x가 만들어지고 그 값이 10이 되고 2번 문장의 x는 변경되지 않기 때문에 결과는 10과 5일 것이다.

이름의 유효 범위를 이해하는 것은 중요하다. 왜냐하면 이름의 유효 범위는 코드를 작성할 때 어디에서 그 이름을 사용할 수 있고 그 이름에 현재 결합되어 있는 객체가 무엇인가를 결정하기 때문이다. 이름의 유효 범위를 잘 이해하는 것은 좋은 품질의 코드를 작성하는 데 도움이 된다. 유효 범위에 대한 잘못된 이해로 버그들이 만들어질 수 있기 때문이다.

11.9 클래스 속성의 유효 범위와 MRO

지금까지 모듈, 함수, 그리고 메소드의 내부에서 정의된 이름들의 유효 범위에 대하여 살펴보았다. 이 절에서는 클래스의 내부에서 정의된 속성들, 즉 클래스 변수와 메소드의 이름들의 유효 범위에 대하여 살펴본다. 클래스에서 정의된 속성의 유효 범위는 클래스들의 상속 구조와 관련이 있다.

11.9.1 MRO

함수들과 모듈들의 이름 공간 탐색 규칙으로는 LEGB 규칙이 사용되지만, 클래스의 속성들의 이름 공간 탐색 규칙으로는 클래스들 간의 다중 상속 구조를 반영하는 MRO(Method Resolution Order)가 사용된다.

Python 인터프리터는 클래스가 생성될 때마다 그 클래스를 위한 MRO를 생성한다. 클래스의 MRO에는 클래스 자신의 이름과 그 클래스의 모든 조상 클래스들의 이름이 리스트의 형태로 들어있다. MRO의 마지막 원소는 항상 **object**이다. 클래스의 MRO를 확인해 보려면 클래스의 **mro()** 메소드를 사용하면 된다. 다음 예제 코드를 보자.

```
class A(object): pass
class B(A): pass
class C(A): pass
class D(B): pass
class E(B, C): pass

print('A.mro() = ', A.mro())
print('B.mro() = ', B.mro())
print('C.mro() = ', C.mro())
print('D.mro() = ', D.mro())
print('E.mro() = ', E.mro())
```

위 예제 코드는 다음과 같은 상속 구조를 갖는 클래스들을 정의하고 있다.

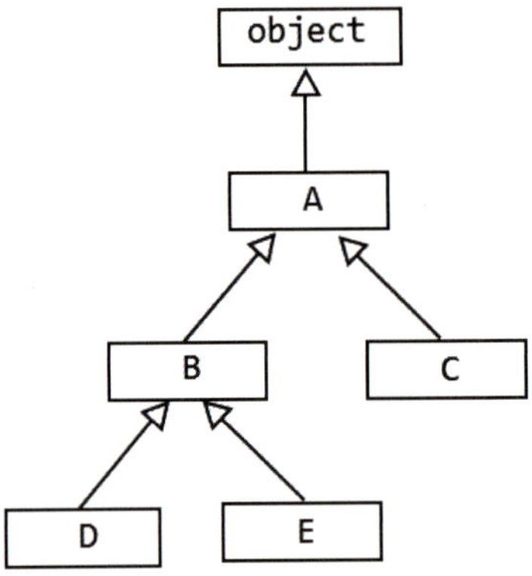

위 코드의 출력 값은 다음과 같다.

```
A.mro() =  [<class '__main__.A'>, <class 'object'>]
B.mro() =  [<class '__main__.B'>, <class '__main__.A'>, <class 'object'>]
C.mro() =  [<class '__main__.C'>, <class '__main__.A'>, <class 'object'>]
D.mro() =  [<class '__main__.D'>, <class '__main__.B'>, <class '__main__.A'>,
<class 'object'>]
E.mro() =  [<class '__main__.E'>, <class '__main__.B'>, <class '__main__.C'>,
<class '__main__.A'>, <class 'object'>]
```

Python 인터프리터는 MRO를 사용하여 클래스 X의 속성 a의 값을 다음과 같은 절차로 검색한다.

(1) X의 MRO의 첫 번째 원소, 즉 클래스 X의 이름 공간에 a가 등록되어 있으면 그 a의 값을 사용한다.

(2) 아니면, MRO의 다음 원소의 이름 공간에 a가 등록되어 있으면 그 a의 값을 사용한다.

(3) a를 발견할 때까지 과정 (2)을 계속 반복한다. 만일 MRO의 마지막 원소인 object 클래스의 이름 공간에도 속성 a가 등록되어 있지 않으면 NameError 예외를 낸다.

다음 예제 코드를 보자. C 클래스는 D 클래스의 슈퍼 클래스이다. 15번 문장과 19번 문장의 출력을 보면 D 클래스의 MRO는 [D, C, object]이고, C 클래스의 MRO는 [C, object]이다.

```
1 class C: # x, y, f 가 정의되어 있음
2     x = 1
3     y = 2
4
5     def f(self, a):
6         return a * a
7
8 class D(C): # x, z, f가 정의되어 있음
9     x = 3
10    z = 4
11
12    def f(self, a):
13        return a + a
14
15 print('C.mro() = ', C.mro()) # [C, object]
16 print('C.__dict__ = ', C.__dict__)
17 print(C.x) # 1
18
19 print('D.mro() = ', D.mro()) # [D, C, object]
20 print('D.__dict__ = ', D.__dict__)
21 print(D.y) # 2
```

16번 문장의 출력 결과를 보면 다음과 같다. 클래스 C에서 정의된 속성 x, y, f가 클래스 C의 이름 공간에 등록되어 있음을 확인할 수 있다.

```
C.__dict__ = {
    '__module__': '__main__',
    'x': 1,
    'y': 2,
    'f': <function C.f at 0x0000021A05C4C1E0>,
    '__dict__': <attribute '__dict__' of 'C' objects>,
    '__weakref__': <attribute '__weakref__' of 'C' objects>,
    '__doc__': None }
```

따라서 17번 문장의 C.x는 C에 정의된 x의 값인 1을 출력한다.

20번 문장의 출력 결과는 다음과 같다. 클래스 D의 이름 공간에는 속성 y가 등록되어 있지 않음을 확인할 수 있다.

```
D.__dict__ = {
    '__module__': '__main__',
    'x': 3,
    'z': 4,
    'f': <function D.f at 0x0000021A07276D08>,
    '__doc__': None}
```

따라서 Python 인터프리터는 21번 문장의 D.y의 값으로 D 클래스의 슈퍼 클래스인 C 클래스의 이름 공간에 등록된 y의 값인 2를 사용한다.

Python은 다중 상속 구조를 지원한다. 하지만 단일 상속 구조만 사용한다고 가정하면 클래스 C의 MRO는 C에서 object까지의 슈퍼 클래스들의 경로, 즉 [C, C의 슈퍼 클래스, C의 슈퍼 클래스의 슈퍼 클래스, ..., object]가 된다. 다중 상속 구조를 포함하는 MRO를 구하는 알고리즘은 제 16.5절에서 자세히 기술된다.

상속 구조와 MRO에 의해 클래스 내에서 정의된 속성의 유효 범위가 결정된다. 속성의 유효 범위는 그 속성이 정의된 클래스에서부터 그 속성이 상속되는 모든 클래스까지이다. 즉, 클래스 내에서 정의된 속성의 유효 범위는 기본적으로 그 클래스 자신 및 그 속성을 실제로 상속받는 모든 클래스들이라고 할 수 있다.

11.9.2 메소드에서 사용되는 이름의 유효 범위에 대한 주의

메소드에서 사용되는 이름의 이름 공간 검색은 함수 내에서 사용되는 이름의 이름 공간 검색과 마찬가지로 LEGB 규칙을 따른다. 메소드 블록을 클래스 블록이 싸고 있지만 메소드 내에서 그 메소드에서 정의되지 않은 이름이 사용될 때 그 이름의 값을 찾기 위하여 클래스의 이름 공간에서부터 검색하지 않고 그 클래스가 정의되어 있는 모듈의 전역 이름 공간부터 검색한다는 점에 주의해야 한다. 다음 예제를 보자.

```
x = 100

class Test:
    x = 200

    def m(self):
        y = x + 200 # Test의 이름 공간의 x가 아니라 전역 이름 공간의 x
        print(y)

test1 = Test()
test1.m()
```

위 예제 코드를 수행한 결과는 400이 아니라 300이다. 메소드 **m** 안에서 사용되는 **x**는 **Test** 클래스의 이름 공간의 **x**가 아니라 전역 이름 공간의 **x**이기 때문이다.

11.10 모듈의 임포트와 이름 공간

import 문과 **from ... import** 문이 모듈을 임포트하는 방식은 이름 공간과 밀접한 관련이 있다.

11.10.1 import 문으로 모듈의 임포트

제 7.2절에서 기술된 **import** *file_module* 문 또는 제 7.8절에서 기술된 **import** *package_path.file_module* 문을 이용하여 파일 모듈을 임포트하면,

- 임포트하는 모듈의 모듈 이름 공간에 임포트되는 *file_module*의 이름이 등록된다.
- 그리고 임포트되는 *file_module*에 대한 모듈 이름 공간이 생성되고, 그 모듈 이름 공간에 *file_module*에 정의되어 있는 이름들이 등록된다.

예제 코드를 통해 **import** 문의 수행에 대하여 살펴보자. 다음과 같은 모듈 m.py을 편집기로 작성하고 저장한다.

```
# module m.py
x = 'x in m'
y = 'y in m'

def f():
   print(x)

print('Global names in m: ', globals().keys())
```

그리고 Python Shell을 수행하여 다음과 같이 4번 문장 `x = 'x in __main__'`과 5번 문장 **import m**을 수행하면 모듈 m에 대한 새로운 모듈 이름 공간이 생성되고, 그 모듈 이름 공간에 m에서 정의된 이름들 x, y, f가 등록되어 있음을 확인할 수 있다. 이제 9번 문장으로 __main__ 모듈에서 함수 globals()를 호출해 보면 __main__ 모듈에서 임포트한 모듈 m이 __main__ 모듈의 모듈 이름 공간에 등록되어 있음을 확인할 수 있다.

```
1 Python 3.6.5 (v3.6.5:f59c0932b4, Mar 28 2018, 17:00:18) [MSC v.1900 64
2 bit (AMD64)] on win32
3 Type "copyright", "credits" or "license()" for more information.
4 >>> x = 'x in __main__'
5 >>> import m
6 Global names in m:  dict_keys(['__name__', '__doc__', '__package__',
7 '__loader__', '__spec__', '__file__', '__cached__', '__builtins__',
8 'x', 'y', 'f'])
9 >>> globals()
10 {'__name__': '__main__', '__doc__': None, '__package__': None,
11 '__loader__': <class '_frozen_importlib.BuiltinImporter'>, '__spec__':
12 None, '__annotations__': {}, '__builtins__': <module 'builtins'
13 (built-in)>, 'x': 'x in __main__', 'm': <module 'm' from
14 'D:\\prj\\python3\\m.py'>}
15 >>> m.f()
16 f() in m
17 >>> m.x
18 'x in m'
19 >>> x
20 'x in __main__'
21 >>>
```

5번 문장 **import m** 문장을 수행하기 직전의 **__main__** 모듈의 모듈 이름 공간의 상태는 다음과 같다. 함수가 수행중인 상태가 아니므로 지역 이름 공간이나 포장 이름 공간은 아직 존재하지 않는다.

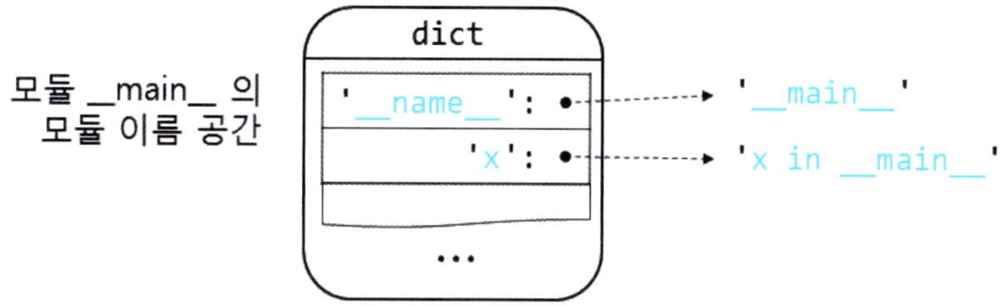

주의

위 도식의 전역 모듈 이름 공간에는 **__name__** 뿐 아니라 __로 시작하고 __로 끝나는 다른 이름들이 존재하지만 도식의 간결함을 위하여 **__name__** 만을 표현하고 있다.

모듈 **__main__**에서 **import m** 문장을 수행하면, 모듈 **__main__**의 이름 공간에 **m**이 등록되고 모듈 **m**의 모듈 이름 공간이 생성된다. 모듈 **__main__**에서 **import m** 문장을 수행한 직후의 모듈 **__main__**과 모듈 **m**의 이름 공간의 상태들은 다음 그림과 같아진다.

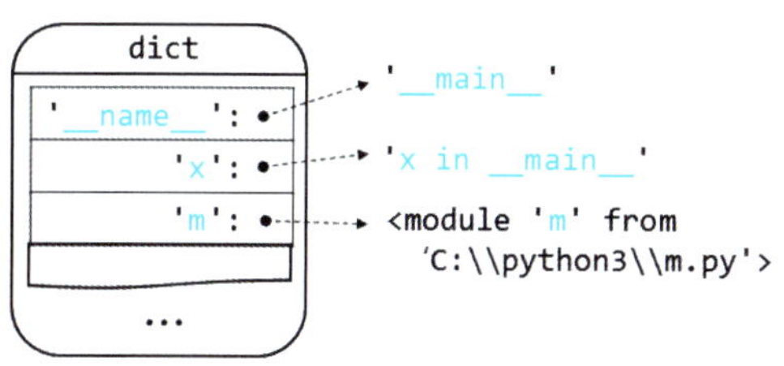

모듈 _main_ 의 모듈 이름 공간

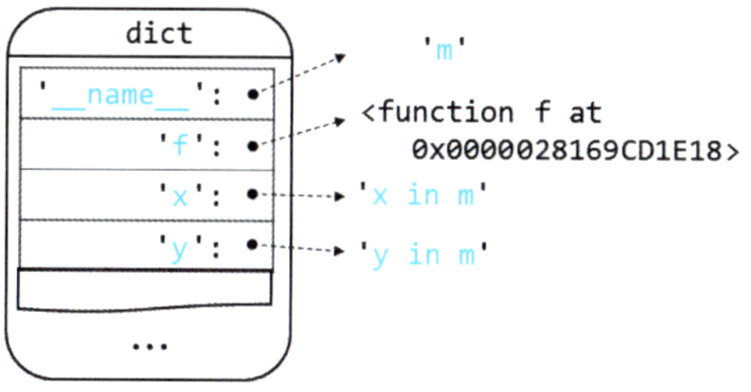

모듈 m의 모듈 이름 공간

모듈 **__main__**에서 모듈 **m**의 **x**, **y**, **f**를 사용하려면, 그들이 **__main__** 모듈의 이름 공간에 등록되어 있는 이름들이 아니므로 모듈 이름 **m**을 붙여 **m.x**, **m.y**, 또는 **m.f()** 식의 표현을 사용해야 한다.

11.10.2 from ... import ... 문으로 임포트

import 문으로 이름들을 임포트하면 임포트되는 이름들을 위한 별도의 이름 공간이 생성된다. 하지만 7.9절에서 기술된 **from ... import ...** 문으로 이름들을 임포트하면 임포트되는 이름들을 위한 별도의 이름 공간이 생성되지 않고 임포트되는 모듈의 이름들이 **from ... import ...** 문이 존재하는 모듈의 모듈 이름 공간에 바로 등록된다.

다음은 Python Shell에서 바로 앞 절에서 사용한 모듈 m.py에 등록된 이름들을 from ... import ... 문으로 임포트하는 것을 보여주는 코드이다.

```
Python 3.6.4 (v3.6.4:d48eceb, Dec 19 2017, 06:54:40) [MSC v.1900 64 bit (AMD64)] on win32
Type "copyright", "credits" or "license()" for more information.
>>> x = 'x in main'
>>> from m import *
Names in m:  dict_keys(['__name__', '__doc__', '__package__', '__loader__', '__spec__', '__file__', '__cached__', '__builtins__', 'x', 'y', 'f'])
>>> locals().keys()
dict_keys(['__name__', '__doc__', '__package__', '__loader__', '__spec__', '__annotations__', '__builtins__', 'x', 'y', 'f'])
>>> x
'x in m'
>>> y
'y in m'
>>> f()
f() in m
>>> m.x
Traceback (most recent call last):
  File "<pyshell#18>", line 1, in <module>
    m.x
NameError: name 'm' is not defined
>>>
```

위 예제 코드를 보면, from m import * 문을 수행하면 모듈 m의 이름들을 담은 이름 공간이 별도로 생성되는 것이 아니라 모듈 m에서 정의되는 이름들이 __main__ 모듈의 이름 공간에 등록되는 것을 확인할 수 있다. from m import * 문을 수행하기 직전의 이름 공간의 상태는 다음과 같다.

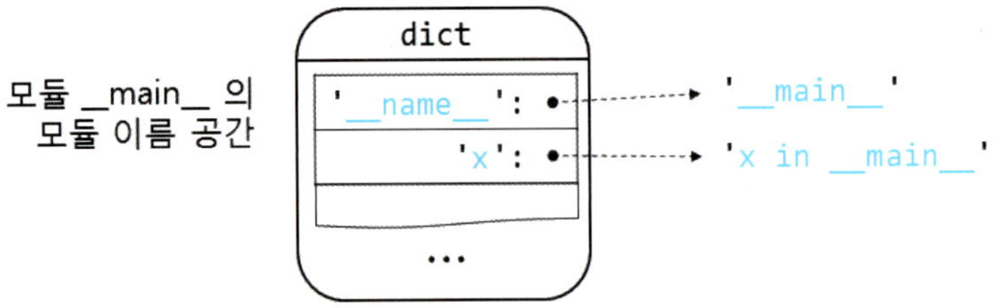

from m import * 문을 수행한 직후의 이름 공간의 상태는 다음과 같다. 모듈 m의 이름들이 모두 __main__ 모듈의 이름 공간에 등록되어 있다.

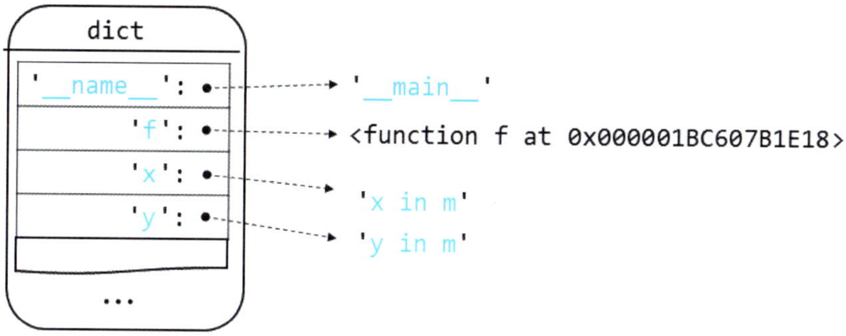

from m import * 문을 수행하기 전에 모듈 __main__에 존재하던 x 변수는 from m import * 문을 수행하고 나면 모듈 m의 x 변수의 값을 갖게 된다. 결과적으로 현재 x의 값은 'x in m'이다.

from m import * 문으로 임포트한 이름들은 __main__ 모듈에서 모듈 이름 m을 붙이지 않고 사용해야 한다. 그들은 m 모듈의 모듈 이름 공간이 아니라 __main__ 모듈의 모듈 이름 공간에 등록되어 있는 이름들이기 때문이다. 만일 from m import * 문을 수행 후 m.x 문을 수행하면 __main__ 모듈의 이름 공간에는 m이란 이름이 등록되어 있지 않으므로 다음과 같은 오류 메시지가 날 것이다.

```
NameError: name 'm' is not defined
```

11.11 for 루프의 루프 변수와 리스트 함축 변수의 유효 범위

Python에서는 for 문에서 사용되는 루프 변수의 유효 범위가 for 문에 지역적인 유효 범위를 갖지 않는다. 이는 C/C++이나 Java 언어에 익숙한 개발자들에게 혼동을 줄 수 있다. 다음 예제를 보자.

```
print('Python loop variable scope test!')
for x in range(1, 11):
    print(x * x)

print(x) # 10
```

위 예제를 Python 3에서 수행해도 오류가 나지 않는다. Python에서는 for 문에서 선언된 루프 변수 x의 유효 범위가 for 문 바깥쪽까지 넘어가는 것을 확인할 수 있다.

for 문과 다르게 리스트 함축에서 사용되는 리스트 함축 변수의 유효 범위는 리스트 함축을 넘어가지 않는다. Python 3에서 다음 예제 코드를 수행하면 코드의 마지막 문장은 오류 메시지 NameError: name 'x' is not defined를 낸다. 리스트 함축에 대한 자세한 내용은 제 13장에 나온다.

```
r = [x*x for x in range(1, 11)]
print(r) # [1, 4, 9, 16, 25, 36, 49, 64, 81, 100]
print(x) # NameError
```

11.12 종합 예제

```
spam = 'global spam'

def scope_test():
    spam = 'enclosing spam'

    def do_local():
        spam = 'local spam'

    def do_nonlocal():
        nonlocal spam
        spam = 'nonlocal spam'

    def do_global():
        global spam
        spam = 'new global spam'

    do_local()
    print('After do_local():', spam) # enclosing spam

    do_nonlocal()
    print('After do_nonlocal():', spam) # nonlocal spam

    do_global()
    print('After do_global():', spam) # nonlocal spam

scope_test()
print('In global scope:', spam) # new global spam
```

위 예제 코드를 수행한 결과는 다음과 같다. 코드의 수행 결과를 예측해 보고 결과와 비교해보자.

```
After do_local(): enclosing spam
After do_nonlocal(): nonlocal spam
After do_global(): nonlocal spam
In global scope: new global spam
```

연습문제

1 다음 코드의 수행 결과를 기술하라

a.

```
a = 2 # 전역 변수
def test():
    a = 3 # 지역 변수
    print('inside test: ', a)

test()
```

b.

```
a = 2 # 전역 변수
def test():
    print('inside test: ', a) # 전역 변수

test()
print(a) # 전역 변수
```

c.

```
# 제 11.3.1 절 참고
a = 2 # 전역 변수
def test():
    print('inside test', a)
    a = 3 # 지역 변수 정의

test()
print(a) # 전역 변수
```

d.

```
a = 2 # 전역 변수
def test():
    global a
    print('inside test', a) # 전역 변수
    a = 3 # 전역 변수

test()
print(a) # 전역 변수
```

2 제11.12절 종합 예제의 26번 문장 `scope_test()`가 호출되어 20번 문장 `do_nonlocal()`가 수행된 직후의 이름 공간들의 상태를 그려라.

3 다음 예제 코드에서 사용된 이름들 outer_function, b, inner_function, c, 그리고 a의 유효 범위를 기술하라.

```
def outer_function():
    b = 20
    def inner_func():
        c = 30
a = 10
```

outer_function:

b:

inner_function:

c:

a:

4 다음 코드의 수행 결과를 적어라.

```
def outer_func():
    c_num = 12
    def inner_func():
        d_num = 13
        print(dir(), ' - names in inner_func')
    e_num = 14
    inner_func()
    print(dir(), ' - names in outer_func')

outer_func()
```

5 다음 코드의 수행 결과를 적어라.

```
x = 42

def foo():
    global x
    def baz():
        print(x)
        print(locals())
    baz()

foo()
```

6 다음 코드의 수행 결과를 적고 그 이유를 설명하라.

```
x = 0 # global variable x

class A(object):
    y = x     # new class variable y is created
    x = x + 1 # new class variable x is created
    z = x     # new class variable z is created

a1 = A()
print(a1.x, a1.y, a1.z, x) # (1, 0, 1, 0)
```

CHAPTER 12

반복자와 발생자

Python 언어의 최고의 강점은 리스트, 튜플, 집합, 딕셔너리, 문자열, **range** 객체와 같은 강력하고 사용하기 편리한 자료 구조들과 그들의 원소들에 대한 효율적인 반복 처리를 위한 반복자(iterator)의 지원이라고 할 수 있다. 반복자의 개념은 다음 개념들과 서로 관련되어 있다.

- 반복 가능 객체(iterable object)
- 발생자 함수(generator function)와 발생자 수식(generator expression)

12.1 반복자

for 문을 이용하면 리스트, 튜플, 집합, 딕셔너리, 문자열, **range** 객체 등의 원소들에 대한 반복 처리를 간결하고 우아하게 할 수 있다. 다음은 다양한 객체들을 사용하는 **for** 문에 대한 예제 코드이다.

```
for e in [1, 2, 3]: # 리스트
    print(e)

for e in (1, 2, 3): # 튜플
    print(e)

for e in {1, 2, 3}: # 집합
    print(e)

for key in {'one':1, 'two':2}: # 딕셔너리
    print (key)

for c in 'hello': # 문자열
    print(c)
```

```
for x in range(10): # range 객체
    print(x)
```

Python의 for 문이 리스트, 튜플, 집합, 딕셔너리, 문자열, range 객체 등의 다양한 종류의 자료 구조에 포함된 원소들을 위와 같이 간결한 방식으로 다룰 수 있는 이유는 for 문이 *내부적으로* 반복자를 사용하기 때문이다.

Python에서 반복자(iterator)란 __next__() 메소드를 갖는 객체를 의미한다. 반복자 객체의 __next__() 메소드는 호출할 때마다 반복자 객체의 다음 원소를 반환하고 더 이상 다음 원소가 없으면 StopIteration 예외를 발생시킨다. 반복자 객체의 메소드 __next__()를 사용하면 내부의 원소들에 일관적이고 순차적인 방식으로 접근할 수 있다.

다음 예제 코드는 리스트 x로부터 반복자 객체를 생성하고 그 반복자 객체의 __next__() 메소드를 반복적으로 호출하여 리스트 x의 원소들을 순차적으로 접근하는 것을 보여준다.

```
>>> x = [1, 2, 3]
>>> iter_x = iter(x) # 내장 함수 iter()를 이용하여 리스트의 반복자를 구함
>>> iter_x.__next__() # 다음 원소
1
>>> iter_x.__next__() # 다음 원소
2
>>> iter_x.__next__() # 다음 원소
3
>>> iter_x.__next__() # 다음 원소
Traceback (most recent call last):
  File "<stdin>", line 1, in <module>
StopIteration
>>>
```

위 코드는 내장 함수 iter(*iterable*)을 이용하여 리스트에 대한 반복자 객체를 생성하고 있다. 내장 함수 iter(*iterable*)는 인자로 주어진 반복 가능 객체 *iterable*에 대한 반복자를 반환한다. 반복 가능 객체에 대한 자세한 설명은 다음 절인 제 12.2절에 나온다.

반복자 객체의 __next__() 메소드 대신 내장 함수 next(*iter*)를 사용할 수 있다. 반복자 객체 *iter*를 인자로 내장 함수 next(*iter*)를 호출하면 그 반복자 객체의 __next__() 메소드가 호출된다. 즉,

*iter*를 반복자 객체라고 할 때 다음 두 표현은 동일하다.

- *iter*.__next__()
- next(*iter*)

다음 코드에서 next(city_iterator) 함수가 호출될 때마다, 리스트 cities의 원소가 순서대로 하나씩 출력되는 것을 볼 수 있다. 그리고 4번째로 next(city_iterator) 함수를 호출하면 StopIteration 예외가 발생하는 것을 볼 수 있다.

```
>>> cities = ['Seoul', 'Pusan', 'Chonan']
>>> city_iterator = iter(cities)
>>> next(city_iterator)
'Seoul'
>>> next(city_iterator)
'Pusan'
>>> next(city_iterator)
'Chonan'
>>> next(city_iterator)
Traceback (most recent call last):
  File "<stdin>", line 1, in <module>
StopIteration
```

12.2 반복 가능 객체

반복 가능 객체(iterable object)란 반복자 객체를 반환하는 __iter__() 메소드를 갖는 객체를 의미한다. 반복 가능 객체의 종류에는 시퀀스 객체(sequence object)와 딕셔너리 객체가 있다. 대표적인 시퀀스 객체의 종류에는 리스트, 튜플, 집합, 문자열, bytes, range 객체 등이 있다.

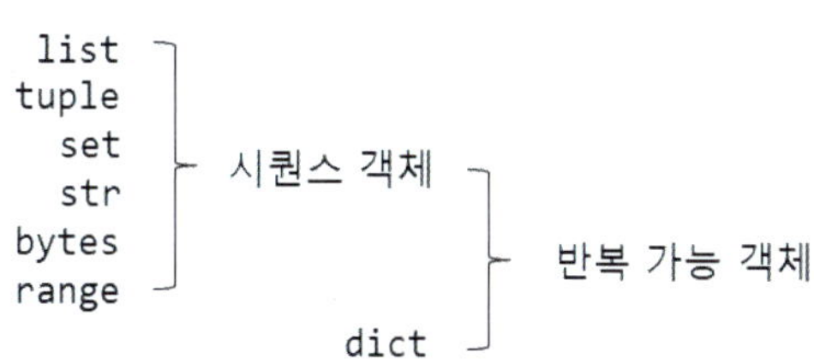

12.2.1 시퀀스 객체

시퀀스 객체(sequence object)란 다음 __getitem__(*index*) 메소드와 __len__() 메소드를 지원하는 객체를 의미한다.

- __getitem__(*index*) 메소드:
  인자로 주어진 정수 형태의 색인 *index*에 해당하는 원소를 반환한다.

- __len__() 메소드:
  원소들의 개수를 반환한다.

다음은 시퀀스 객체에 대한 예제 코드이다. 리스트 객체, 문자열 객체, range 객체에 대한 __getitem__(index) 메소드와 __len__() 메소드의 호출들을 보여준다.

```
>>> x = [1, 2, 3]
>>> x.__getitem__(0) # x의 색인 0에 해당하는 원소
1
>>> y = 'this'
>>> y.__getitem__(1)
'h'
>>> y.__len__()
4
>>> r = range(10)
>>> r.__getitem__(0)
0
>>> r.__len__()
10
>>>
```

딕셔너리 객체는 __iter__() 메소드를 가지므로 반복 가능 객체이지만, 정수 색인을 이용하여 원소에 접근할 수 없으므로 시퀀스 객체는 아니다.

어떤 객체가 어떤 메소드를 갖고 있는지 아닌지를 확인하려면 내장 함수 hasatter()을 사용하면 된다. 다음 예제 코드는 반복 가능 객체의 한 종류인 리스트 객체 x의 메소드 __iter__()가 반환하는 반복자 객체 x_iter를 사용하고 있다.

```
>>> x = [1, 2, 3]
>>> hasattr(x, '__iter__') # 리스트 객체 x가 __iter__ 메소드를 갖고 있는가
True
>>> x_iter = x.__iter__() # 리스트 객체 x에 대한 반복자 x_iter 생성
>>> hasattr(x_iter, '__next__') # 반복자 x_iter가 __next__메소드를 갖고 있는가
True
>>> x_iter.__next__()
1
>>> x_iter.__next__()
2
>>>
```

반복자 iter_x의 __next__() 메소드를 호출할 때마다 리스트 x의 원소가 하나씩 순서대로 반환된다. 리스트 x의 마지막 원소를 반환한 후에 다시 반복자 iter_x의 __next__() 메소드를 호출하면 StopIteration 예외 객체가 발생된다.

12.2.2 내장 함수 iter()

반복 가능 객체의 __iter__() 메소드 대신 내장 함수 iter(*iterable*)를 사용할 수 있다. 반복 가능 객체 *iterable*을 인자로 내장 함수 iter(*iterable*)를 호출하면 객체 *iterable* 객체의 __iter__() 메소드가 호출된다. 즉, *iterable*을 반복자 객체라고 할 때 다음 두 표현은 동일하다.

- *iterable*.__iter__()
- iter(*iterable*)

반복 가능 객체가 아닌 객체를 인자로 iter() 함수를 호출하면 오류가 난다. 예를 들어 반복 가능 객체가 아닌 int 객체를 인자로 iter() 함수를 호출하면 'int' object is not iterable 이라는 오류가 난다. 다음 코드를 보자.

```
>>> str_iter = iter('abc')
>>> next(str_iter)
'a'
>>> next(str_iter)
'b'
>>> tuple_iter = iter((1, 2, 3))
>>> next(tuple_iter)
```

```
1
>>> next(tuple_iter)
2
>>> int_iter = iter(123)
Traceback (most recent call last):
  File "<stdin>", line 1, in <module>
TypeError: 'int' object is not iterable
>>>
```

12.2.3 for 문과 반복자의 사용

이제 간단한 예제 코드를 통하여 for 문의 내부에서 어떻게 반복 가능 객체와 반복자 객체가 사용되는지 알아보자.

```
iterable1 = [1,2,3]
for e in iterable1:
    print(e)
```

for 문의 키워드 in 다음에는 반복자 객체 또는 반복 가능 객체가 나와야 한다. 위 코드를 수행하면 다음과 같은 일들이 단계적으로 수행된다.

① Python 인터프리터는 내장 함수 iter(iterable1)를 호출하여 iterable1에 대한 반복자 객체를 내부적으로 구한다. 구해진 반복자 객체를 편의상 *list_iter*라고 하자.

② Python 인터프리터는 함수 next(*list_iter*)를 호출하여 시퀀스 객체 iterable1의 다음 원소 e를 print(e) 문으로 출력한다. 이 과정은 더 이상 다음 원소가 없을 때까지 반복된다.

③ 만일 더 이상 다음 원소가 없으면 내장 함수 next(*list_iter*)는 StopIteration 예외 객체를 발생시킨다. 그리고 StopIteration 예외 객체가 발생되면 Python 인터프리터는 for 문의 수행을 종료한다.

12.3 반복자를 반환하는 내장 함수들

여러 가지 내장 함수들이 반복자 객체를 반환한다. 다음은 반복자 객체를 반환하는 중요 내장 함수들이다.

- enumerate(*iterable*, *start=0*)
- zip(**iterables*)
- reversed(*seq*)
- open(*file*, *mode*='r', *buffering*=-1, *encoding*=None, *errors*=None, *newline*=None, *closefd*=True, *opener*=None)

enumerate(*sequence*, *start*) 함수는 인자 *start*에서 시작하는 색인과 인자 *sequence*의 원소를 결합한 튜플들을 반환하는 반복자 객체를 반환한다.

```
>>> fruits = ['apple', 'mango', 'pear', 'water melon']
>>> e = enumerate(fruits, start=1)
>>> e
<enumerate object at 0x000002C05C2222D0>
>>> list(e)
[(1, 'apple'), (2, 'mango'), (3, 'pear'), (4, 'water melon')]
>>>
```

zip(**iterables*) 함수는 0개 이상의 반복 가능 객체들을 매개 변수로 사용하여 다음과 같은 객체를 반환한다.

- 인자가 주어지지 않으면 빈 반복자를 반환한다.
- 만일 하나의 반복 가능 객체가 인자로 주어지면, 그 반복 가능 객체의 각 원소를 담은 길이가 1인 튜플들의 반복자를 반환한다.
- 여러 개의 반복 가능 객체 a_1, a_2, ..., an이 인자로 주어지면 ($n > 2$), a_1, a_2, ..., a_n의 원소들을 하나씩 차례대로 담은 튜플들의 반복자를 반환한다. 반환되는 반복자의 길이는 a_1, a_2, ..., a_n 들의 길이들 중 가장 짧은 길이와 같다.

```
>>> x = [1, 2, 3]
>>> y = ['a', 'b']
>>> z = 'Pyhon'
>>> list(zip()) # 빈 반복자
[]
>>> list(zip(x)) # 길이가 1인 튜플들의 반복자
[(1,), (2,), (3,)]
>>> list(zip(x, y))
[(1, 'a'), (2, 'b')]
>>> list(zip(x, y, z))
[(1, 'a', 'P'), (2, 'b', 'y')]
>>>
```

내장 함수 reversed(*seq*)는 시퀀스(sequence) 객체를 인자로 받는다. reversed(*seq*) 함수는 매개변수 *seq*에 전달된 시퀀스 객체의 원소들의 순서를 뒤집는 반복자를 반환한다.

```
>>> fruits = ['apple', 'mango', 'pear', 'water melon']
>>> iter = reversed(fruits)
>>> list(iter)
['water melon', 'pear', 'mango', 'apple']
>>>
```

내장 함수 open(*file*, *mode*='r', *buffering*=-1, *encoding*=None, *errors*=None, *newline*=None, *closefd*=True, *opener*=None)은 첫 번째 인자 *file*에 해당하는 파일을 열고 파일 객체(file object)를 반환한다. 파일 객체는 반복자 객체의 한 종류이다. 인자 *mode*는 파일을 여는 모드를 지정한다.

```
>>> fo = open('foo.txt', 'r')
>>> iter = iter(fo)
>>> next(iter)
'Python is a dynamic language.\n'
>>> next(iter)
'Python is an efficient language.\n'
>>> next(iter)
'Python is easy to learn.\n'
>>> next(iter)
Traceback (most recent call last):
  File "<pyshell#17>", line 1, in <module>
    next(iter)
```

```
StopIteration
>>>
```

위 코드를 수행하기 전에 먼저 다음과 같은 내용을 담은 foo.txt 파일을 sys.path 변수에 들어있는 모듈 탐색 경로들 중 하나에 생성한다. 예를 들어, Python 홈 디렉터리에 foo.txt 파일을 생성한다. 모듈의 탐색 경로에 대한 내용은 제 7.11절에 나온다.

```
Python is a dynamic language.
Python is an efficient language.
Python is easy to learn.
```

12.4 사용자 정의 반복 가능 객체

for 문 등에서 사용할 수 있는 반복 가능 객체의 사용자 정의 클래스를 작성할 수 있다. 반복 가능 객체의 사용자 정의 클래스를 작성한다는 것은 구체적으로는 반복자 객체를 반환하는 메소드 `__iter__(self)` 메소드를 지원하는 사용자 정의 클래스를 정의하는 것을 의미한다.

다음 예제 코드의 Reverse 클래스는 `__iter__(self)` 메소드와 `__next__(self)` 메소드를 지원한다. `__iter__(self)` 메소드는 자기 자신을 반복자로 반환하고 있다. 왜냐하면 Reverse 객체 자체가 `__next__(self)` 메소드를 지원하는 반복자 객체이기 때문이다.

```
class Reverse:
    ''' iterator for looping over a sequence backwards '''
    def __init__(self, data):
        self.data = data
        self.len = len(data)
        self.index = self.len

    # 자기 자신을 반복자로 반환한다.
    def __iter__(self):
        return self

    # data의 원소를 뒤에서부터 하나씩 반환한다.
    def __next__(self):
        if (self.index == 0):
```

```
            raise StopIteration
        self.index = self.index - 1;
        return self.data[self.index]

rev = Reverse('spam') # rev는 반복자를 지원하는 객체이다.

# for 문 내부에서 반복자가 사용된다.
for c in rev:
    print(c, end='')
```

위 예제 코드는 다음과 같이 문자열 'spam'에 포함된 글자들을 거꾸로 한 글자씩 출력한다.

```
maps
```

위 예제 코드 하단의 for 문은 내부적으로 키워드 in 다음에 나오는 반복 가능 객체 rev가 지원하는 rev.__iter__() 메소드를 호출하여 반복자로 자기 자신 rev를 반환 받는다. 그리고 StopIteration 예외가 발생할 때까지 반복자 rev가 지원하는 rev.__next()__ 함수를 반복해 호출한다.

12.5 발생자

반복자 객체를 구현하려면 그 객체의 클래스에 __next__(*self*) 메소드를 구현하는 수고를 해야 한다. 발생자는 반복자의 구현을 쉽게 해주는 방법이라 할 수 있다. 발생자(generator)의 종류에는 발생자 함수(generator function)와 발생자 수식(generator expression)이 있다.

발생자
- 발생자 함수
- 발생자 수식

발생자 함수란 반복자를 반환하는 함수이다. 발생자 함수는 def 키워드를 이용하여 일반 함수처럼 정의된다. 발생자 수식은 평가하면 반복자를 반환하는 수식이다. 발생자 수식의 형태는 리스트 함축(list comprehension)의 형태와 유사하지만 [ ] 대신 ( )을 사용한다. 발생자 수식은 제 13 장 함축과 함수적 프로그래밍에서 자세히 설명된다.

12.5.1 발생자 함수

발생자 함수의 형태는 일반 함수의 형태와 유사하다. 다만 발생자 함수는 **return** 문 대신 적어도 하나의 **yield** 문을 사용한다. 다음 예제를 보자.

```
1 >>> def yield_test():
2         x = 1
3           yield x
4           yield x + 1
5           yield 'Python'
6
7 >>> iter1 = yield_test() # 발생자 함수를 호출하여 반복자 iter를 반환받음
8 >>> next(iter1) # yield 1 문장의 1을 반환
9 1
10 >>> next(iter1) # yield 2 문장의 1을 반환
11 2
12 >>> next(iter1) # yield 'Python' 문장의 'Python'을 반환
13 'Python'
14 >>> next(iter1)
15 Traceback (most recent call last):
16   File "<pyshell#9>", line 1, in <module>
17     next(iter1)
18 StopIteration
19 >>>
```

발생자 함수를 호출하면 Python 인터프리터는 그 발생자 함수에 해당하는 반복자 객체를 생성하여 반환한다. 위 코드의 7번 문장 **iter1 = yield_test()**는 발생자 함수 호출 **yield_test()**이 반환하는 발생자를 변수 **iter1**에 저장한다.

반환된 반복자 객체의 __next__() 메소드를 처음 수행하면 발생자 함수의 첫 번째 **yield** *expression* 문에서 *expression*의 값이 반환되고 그 다음 문장의 위치와 지역 변수들의 값들이 저장된다. 따라서 8번 문장 **next(iter1)**은 3번 문장의 x값을 반환한다.

이후 그 반복자 객체의 __next__() 메소드가 다시 호출되면 저장된 지역 변수들을 사용하여 저장된 위치의 문장에서부터 다음 **yield** *expression* 문을 만날 때까지 수행된다. **yield expression** 문을 만날 때마다 expression의 값이 반환되고 그 다음 문장의 위치와 지역 변수들의 값들이 저장된다. 따라서 10, 12번 문장은 각각 2와 'Python'을 반환한다. 14번 문장을 수행할 때에는 더 이상 수행될 **yield expression** 문이 없으므로 **StopIteration** 예외가 발생한다.

다른 발생자 함수의 예제 코드를 보자. 다음 **reverse()** 함수는 주어진 시퀀스 데이터의 원소를 뒤집어 출력하는 반복자를 반환한다.

```
# 발생자 함수 reverse()
def reverse(data):
    for index in range(len(data)-1, -1, -1): #len-1 에서 -1 간격으로 -1 까지
        yield data[index]

for c in reverse('golf'):
    print(c, end='')
```

위 코드의 출력은 다음과 같다.

```
flog
```

Python 인터프리터는 발생자 함수 정의 내에서 **yield** 키워드를 만나면 그것이 일반 함수가 아니고 발생자 함수임을 알아차린다. 그리고 발생자 함수로부터 자동으로 **__iter__()**와 **__next__()** 메소드를 생성한다.

반복자는 효율적이다. 왜냐하면 요청이 있어야만 다음 원소를 반환하기 때문에 미리 반환될 모든 원소들을 생성할 필요가 없다.

다음은 무한하게 긴 피보나치 수열을 발생자 함수로 정의하는 예제 코드이다. 피보나치 수열(Fibonacci numbers)의 원소들을 차례로 출력하는 발생자 함수를 작성해 보자. 피보나치 수열이란 0, 1 에서 시작하여 이전 원소와 이전 이전의 원소의 합이 현재 원소가 되는 다음과 같은 수열이다.

```
0, 1, 1, 2, 3, 5, 8, 13, 21, ...
```

컴퓨터에서는 메모리의 용량의 한계로 무한하게 긴 피보나치 수열을 리스트와 같은 자료 구조로 표현할 수 없다. 하지만 발생자를 이용하면 필요할 때마다 피보나치 수열의 다음 원소를 무한히 반환하는 반복자를 생성할 수 있다. 다음 예제 코드는 무한 루프를 수행하므로 중단하려면 ^C를 입력해야 한다.

```
# fibonacci_generator.py
def fibonacci(n):
    ''' 무한한 길이의 피보나치 수열을 만드는 발생자 '''
    a, b = 0, 1
    counter = 0
```

```
    while True:
        yield a
        a, b = b, a + b
        counter = counter + 1

fibo_iter = fibonacci(10)

# 피보나치 수열을 무한하게 출력한다. 종료는 ^C
for e in fibo_iter:
    print(e)
```

Python 3부터는 발생자 함수에 return 문이 포함될 수 있다. 발생자 함수 내의 return 문은 다음 문장과 동일하게 취급된다.

```
raise StopIteration()
```

다음 예제 코드를 통해 문장 발생자 코드 안에서의 return 문의 의미를 살펴보자. 다음 예제 코드를 수행하면 1이 출력되고 그 다음에 StopIteration 예외가 발생된다.

```
def gen():
    yield 1
    return

g = gen()
print(next(g)) # 1
print(next(g)) # StopIteration 예외 발생
```

사용자 정의 발생자 함수의 다른 예제 코드를 보자. 만일 내장 함수 enumerate()를 사용자 정의 발생자 함수로 정의한다면 다음과 같을 것이다.

```
def enumerate(sequence, start=0):
    n = start
    for elem in sequence:
        yield n, elem
        n += 1
```

12.5.2 yield from 문

yield from 문을 사용하면 반복 가능 객체의 원소를 yield 의 대상으로 하는 대신 반복 가능 객체 전체를 yield 문의 대상으로 할 수 있어 편리하다. 다음 예제 코드에서 발생자 gen1()과 gen2()는 동일한 기능을 한다. 하지만 yield from 문을 사용한 gen2()의 코드가 더 간결하다.

```
def gen1():
    for char in 'Python':
        yield char
    for i in range(5):
        yield i

def gen2():
    yield from 'Python'
    yield from range(5)

g1 = gen1()
g2 = gen2()

print('g1: ', end = '')
for x in g1:
    print(x, end = ' ')
print()

print('g2: ', end = '')
for x in g2:
    print(x, end = ' ')
print()
```

12.6 반복자 관련 객체들 요약

다음 그림은 반복자와 관련된 객체의 종류들과 그들로부터 어떻게 반복자 객체를 생성하는지 요약하여 보여준다. 그림의 내용을 정리하면 다음과 같다.

- 반복 가능 객체의 `__iter__()` 메소드를 호출하면 반복자 객체를 반환받는다.
- 여러 가지 내장 함수들이 반복자 객체를 반환한다.
- 발생자 함수를 호출하거나 발생자 수식을 평가하면 반복자 객체가 반환된다.

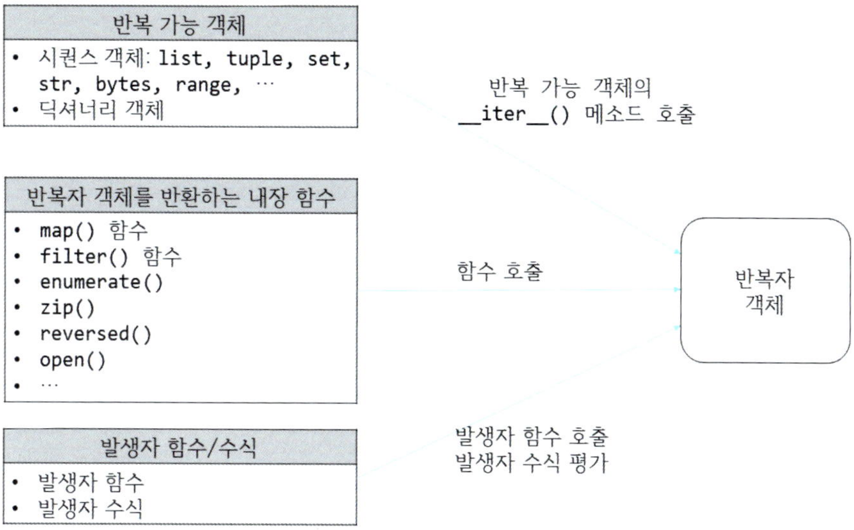

연습문제

1 시퀀스(sequence) 객체의 조건을 기술하고 시퀀스 객체들의 종류를 나열하라.

2 다음 각 요소들이 반복 가능 객체인가 반복자인가 구분하라.

- `[1, 2, 3]`
- `'abc'`
- `range(1, 10)`
- `zip([1, 2, 3], 'Hello world!')`
- `reversed([1, 2, 3])`

3 메소드 `__iter__()`와 내장 함수 `iter(`*`iterable`*`)`의 관계를 설명하라.

4 내장 함수 `next(`*`iterator`*`)`와 메소드 `__next__()`의 관계를 설명하라.

5 등비 수열 1, 4, 9, 16, 25, 36, ... 의 원소를 무한히 생성하는 발생자 함수를 정의하라.

PART 4

심화하기

HTTP://Python.org

You can see further only if you go higher.

CHAPTER 13

함축과 함수적 프로그래밍

Python은 절차적 언어의 특징들과 객체 지향 언어의 특징들뿐 아니라 함수적 언어의 특징들도 갖는다. 이 장에서는 Python의 함수적 언어의 특징들에 대하여 살펴본다.

13.1 lambda, filter(), map() 그리고 reduce()

Python의 **lambda** 수식, 내장 함수 **map()**과 **filter()**, 그리고 **funtools** 모듈에서 제공하는 **reduce()** 함수 등은 함수적 프로그래밍을 지원한다.

용어

▸ 함수적 프로그래밍
순수한 함수적 프로그래밍(pure functional programming)이란 수학적 의미의 함수들, 즉 부수적 효과(side effects)를 갖지 않으며 입력에 의해서만 출력이 결정되는 함수들만을 사용하는 프로그래밍을 의미한다. 수학적 의미의 함수는 입력이 같으면 언제나 같은 출력을 반환한다. 함수적 프로그래밍 방식으로 작성된 프로그램은 인자들의 값이 같으면 언제나 같은 결과를 반환하는 함수들로 구성되므로 프로그램의 동작을 분석하기가 용이하다. 또한 함수적 프로그래밍 방식은 쓰레드 안전성(thread safety) 보장과 프로그램의 병렬적인 수행을 용이하게 한다.

함수적 프로그래밍의 지원 정도는 프로그래밍 언어마다 다르다. 순수 함수적 프로그래밍 언어로는 Haskell이 있다. Haskell은 상업적 소프트웨어 개발보다는 학계에서 많은 관심을 받았다. LISP은 전통적으로 인공 지능 분야에서 많이 사용된 함수적 프로그래밍 언어이다. Python은 함수적 프로그래밍을 지원하지만 순수 함수적 프로그래밍 언어는 아니다.

13.1.1 lambda 수식

lambda 수식은 간단한 함수 정의 대신 사용되곤 한다. **lambda** 수식은 이름을 가질 수도 있고 아닐 수도 있다. **lambda** 수식은 함수적 프로그래밍 언어인 LISP을 좋아하는 프로그래머들의 요구로 Python에 도입되었다고 한다. **lambda** 수식은 다음과 같은 형태를 가지며 *expression*의 값을 반환한다. **lambda** 수식은 키워드 **def**나 **return**을 사용하지 않는다.

lambda *parameters*: *expression*

다음 코드는 plus 라는 이름을 가진 lambda 수식과 이름을 갖지 않는 lambda 수식의 예를 보여준다.

```
>>> plus = lambda x, y: x + y
>>> plus(1, 2)
3
>>> (lambda x, y, z: x * y * z)(2, 3, 4) # 이름이 없는 lambda 수식 사용
24
>>>
```

위 코드의 lambda 수식 **plus**는 다음 일반 함수와 같은 의미를 갖는다.

```
def plus(x, y):
    return x + y
```

다음 예제 코드는 두 수 x, y의 최댓값을 구하는 이름을 갖는 lambda 수식을 보여준다.

```
>>> max = lambda x, y: x if x > y else y
>>> max(2, 3)
3
>>>
```

위 lambda수식 **max**와 동일한 기능을 하는 일반 함수는 다음과 같다. lambda 수식은 짧은 함수 정의를 보다 간결하게 표현할 수 있도록 해준다.

```
>>> def max(x, y):
        if (x > y):
            return x
        else:
            return y

>>> max(2, 3)
3
>>>
```

13.1.2 내장 함수 map()

map(*func*, *iterable*, ...) 함수의 첫 번째 인자 *func*는 함수의 이름, lambda 수식의 이름, 또는 lambda 수식이다. 인자 *func* 이후에는 0개 이상의 반복 가능 객체들이 인자들로 사용될 수 있다. map 함수는 인자로 주어진 반복 가능 객체들 각각에 *func*를 적용한 결과를 담은 map 객체를 반환한다. map 객체는 반복자 객체의 한 종류이다. 다음 예제 코드는 함수 sum을 *func* 인자로 사용하는 map() 함수의 사용을 보여준다.

```
>>> a = [1,2,3,4]
>>> b = [17,12,11,10]
>>> def sum(x, y):
...     return x + y
...
>>> iter1 = map(sum, a, b)
>>> iter1
<map object at 0x000001B4BA2A81D0>
>>> iter1.__next__() # iter1은 반복자 객체
18
>>> r1 = list(map(sum, a, b))
>>> r1
[18, 14, 14, 14]
>>>
```

다음 코드를 수행한 후 변수 r1의 값은 다음과 같이 [18, 14, 14, 14]가 된다.

```
a = [  1,   2,   3,   4 ]
b = [ 17,  12,  11,  10 ]
      sum  sum  sum  sum

     18,  14,  14,  14
```

다음은 이름이 없는 lambda 수식을 사용하여 섭씨의 리스트를 화씨의 리스트로 변환하는 코드이다. 다음 코드의 출력은 [32.0, 97.7, 98.60000000000001, 99.5, 100.4, 102.2] 이다.

```
celsius = [0, 36.5, 37, 37.5, 38, 39] # 섭씨 온도들
fahrenheit = list(map(lambda c: (float(9)/5)*c + 32, celsius))
print(fahrenheit)
```

다음은 문자열을 대문자 문자열로 바꾸는 함수 uppercase()를 인자로 사용하는 map() 함수 코드이다.

```
>>> strings = ['abc', 'def', 'ghi']
>>> def uppercase(string):
        return string.upper()

>>> map(uppercase, strings)
<map object at 0x0000013E94653208>
>>> for i in map(uppercase, strings):
        print(i, end= ' ')

ABC DEF GHI
>>>
```

13.1.3 내장 함수 filter(*func*, *iterable*)

filter() 함수의 첫 번째 인자 *func*에는 함수의 이름, lambda 수식의 이름, 또는 lambda 수식이 사용된다. 두 번째 인자 *iterable*에는 첫 번째 인자로 지정된 함수를 적용할 원소들이 담긴 반복 가능 객체가 사용된다.

filter(*func*, *iterable*) 함수는 첫 번째 인자 *func*가 참을 반환하는 반복 가능 객체 *iterable*의 원소들에 대한 반복자를 반환한다. 다음 예제 코드를 보자.

```
>>> iter1 = filter(lambda x: ((x%2) == 0), [1, 2, 3, 4]) # (2%2 == 0)는 True
>>> iter1
<filter object at 0x000001B4BA2A8240>
>>> list(iter1)
[2, 4]
>>>
```

위 코드의 **lambda** x: ((x%2) == 0) 함수는 인자로 주어진 x 값이 짝수이면 True를 반환하고 아니면 False를 반환한다. 위 코드의 filter 함수 호출은 인자로 주어진 반복 가능 객체 [1, 2, 3, 4]의 원소들 중 인자로 주어진 함수 **lambda** x: ((x%2) == 0)의 값을 True로 만드는 원소들만을 선택한다. 따라서 위 코드의 수행 결과는 [2, 4]이다.

13.1.4 reduce(*func*, *iterable*) 함수

내장 함수인 map() 함수나 filter() 함수와 달리 reduce() 함수는 Python 3에서 내장 함수가 아니고 functools 패키지의 함수이므로 reduce() 함수를 사용하려면 functools 패키지를 임포트해야만 한다. reduce() 함수의 첫 번째 인자 *func*는 함수의 이름, lambda 함수의 이름, 또는 lambda 수식이다. 두 번째 인자 *iterable*은 첫 번째 인자로 지정된 함수를 적용할 원소들을 순차적으로 반환하는 반복 가능 객체이다.

> reduce(func, [s1, s2, s3, s4]) 함수는 다음과 같이 func(func(func(s1, s2), s3), s4)를 반환한다.

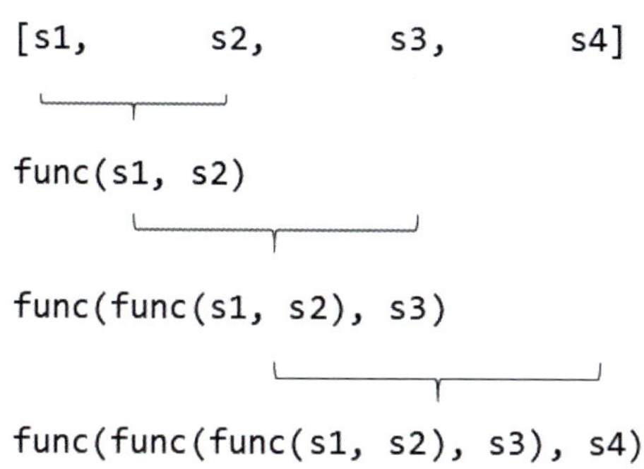

다음은 reduce() 함수를 이용하여 리스트 [1, 2, 3, 4, 5]에 들어있는 모든 숫자들의 합을 구하는 예제 코드이다. 수행 결과는 15이다.

```
import functools
functools.reduce(lambda x, y: x + y, [1, 2, 3, 4, 5])
```

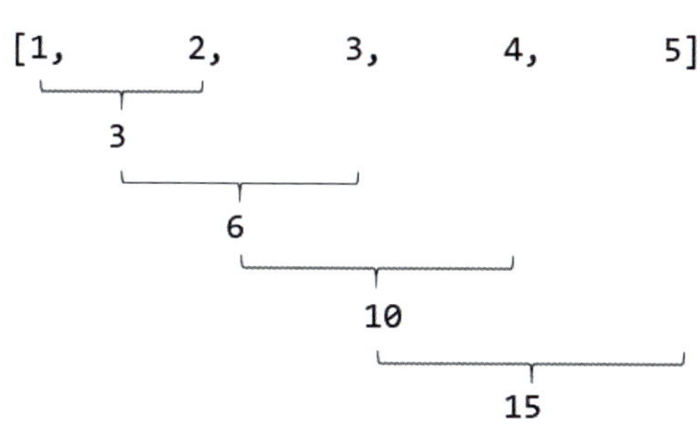

다음은 reduce() 함수를 이용하여 리스트에 들어있는 최댓값을 구하는 코드이다. 코드를 수행하면 102가 출력된다.

```
import functools

sort2 = lambda a, b: a if (a>b) else b
functools.reduce(sort2, [47, 11, 42, 102, 100])
```

다음은 reduce() 함수를 이용하여 factorial을 구하는 코드이다. Python은 무한 정도 정수를 지원하므로 100!의 값도 정확하게 계산할 수 있다.

```
import functools

def factorial(n):
    r = functools.reduce(lambda x, y: x * y, range(1, n+1))
    return r

factorial(5) # 120
factorial(100) # 무한정도 정수로 표시됨
```

13.2 함축

함축(comprehension)에는 리스트 함축, 집합 함축, 딕셔너리 함축 그리고 발생자 함축이 있다. 리스트 함축(list comprehension)은 Python 2.0에서부터 지원되고 있다. 집합 함축과 딕셔너리 함축은 Python 2.7부터 지원되고 있다. 함축을 사용하여 반복적으로 이루어지는 연산을 간결하고 선언적인 형태로 표현할 수 있다.

> **참고** Python 언어를 만든 Guido van Rossum은 **lambda, map(), filter()** 그리고 **reduce()** 함수를 Python 언어에 도입하기 위한 논의가 있을 때 그들을 도입하는 대신 리스트 함축을 사용하는 것이 바람직하다고 주장하였다고 한다.

13.2.1 리스트 함축

함축은 Python의 리스트나 집합과 같은 반복 가능 객체의 원소들을 수학에서 사용되는 선언적인 스타일로 표현한다. 1에서 5까지의 자연수들의 집합 {1, 2, 3, 4, 5}의 원소의 자승들의 집합은 수학적으로 $\{x^2 \mid x \in \{1, 2, 3, 4, 5\}\}$로 표현할 수 있다. 함축문은 수학적 표현과 유사하다. 다음은 리스트 [1, 2, 2, 4, 5]의 원소들의 자승들을 담은 리스트를 반환하는 리스트 함축 문에 대한 예제 코드이다.

```
>>> r = [x*x for x in [1, 2, 2, 4, 5]]
>>> r
[1, 4, 4, 16, 25]
>>>
```

리스트 함축 문의 일반적인 형태는 다음과 같다. 다음 문장에서 *iter*는 반복자 객체 또는 반복 가능 객체이다. 다음 문장에서 **if** *test-condition* 부분은 선택적이다. *test-conditions*는 논리 연산자로 연결되어 표현될 수 있다.

[*expr* **for** *element* **in** *iter* **if** *test-conditions*]

제 13.1.2절에서 소개된 **map()** 함수를 이용하여 섭씨를 화씨로 변환하는 코드 list(map(**lambda** x: (float(9)/5)*c + 32, celsius))는 리스트 함축을 이용하여 다음과 같이 간결하게 표현될 수 있다. 다음 코드는 [32.0, 97.7, 98.60000000000001, 99.5, 100.4, 102.2]를 출력한다.

```
celsius = [0, 36.5, 37, 37.5, 38, 39] # 섭씨 온도들
fahrenheit = [(float(9)/5)*c + 32 for c in celsius] # 리스트함축 표현
print(fahrenheit)
```

다음 예제 코드는 45보다 큰 원소만을 뽑는 리스트 함축 문이다.

```
>>> numbers = [22, 13, 45, 50, 98, 69, 43, 44, 1]
>>> [x for x in numbers if x > 45]
[50, 98, 69]
>>>
```

다른 예제를 보자. 리스트 함축은 다음과 같이 여러 개의 **for** 문들로 정의될 수 있다. 이때 $iter_1$과 $iter_2$는 반복자 객체 또는 반복 가능 객체이다.

[*expr* **for** $element_1$ **in** $iter_1$ **for** $element_2$ **in** $iter_2$]

예제 코드를 보자. colours를 ['red', 'green', 'yellow', 'blue'] 라고 하고 **things**를 ['house', 'car', 'tree'] 라고 할 때, 집합 표현 {(x, y) | x는 colours의 원소이고 y는 things의 원소이다}는 리스트 함축으로 다음과 같이 표현된다.

```
colours = ['red', 'green', 'yellow', 'blue']
things = ['house', 'car', 'tree']
coloured_things = [(x, y) for x in colours for y in things] # 리스트 함축
print(coloured_things)
```

위 코드의 출력은 다음과 같다.

[('red', 'house'), ('red', 'car'), ('red', 'tree'), ('green', 'house'), ('green', 'car'), ('green', 'tree'), ('yellow', 'house'), ('yellow', 'car'), ('yellow', 'tree'), ('blue', 'house'), ('blue', 'car'), ('blue', 'tree')]

다음 예제 코드는 인자로 주어진 리스트의 원소가 45와 같거나 크면 1을 더하고 아니면 5를 더한 값들을 반환한다. [x+1 **if** x >= 45 **else** x+5 **for** x **in** numbers] 문장은 제 5.7절에서 설명된 조건 수식(conditional expression)을 사용하고 있다. 조건 수식 (x+1 **if** x>=45 **else** x+5)를 expr이라고 할 때 [x+1 **if** x >= 45 **else** x+5 **for** x **in** numbers] 문장은 [*expr* **for** x **in** numbers]와 같다.

```
>>> numbers = [22, 13, 45, 50, 98, 69, 43, 44, 1]
>>> x = 10
>>> (x+1 if x>=45 else x+5)
15
>>> [x+1 if x >= 45 else x+5 for x in numbers]
[27, 18, 46, 51, 99, 70, 48, 49, 6]
>>> [(x+1 if x >= 45 else x+5) for x in numbers] # expr은 (x+1 if x >= 45 else x+5)
[27, 18, 46, 51, 99, 70, 48, 49, 6]
>>>
```

다음 예제 코드는 튜플을 사용하는 리스트 함축과 range() 함수를 사용하는 리스트 함축을 보여준다.

```
>>> [x*x for x in range(10)]
[1, 4, 9, 16, 25, 36, 49, 64, 81]
>>> [x/2 for x in (1,2,3,4,5)]
[0.5, 1.0, 1.5, 2.0, 2.5]
>>>
```

13.2.2 집합 함축

집합 함축(set comprehension)은 리스트 함축과 유사하다. 다만 집합 함축 문장은 []가 아니라 {}를 사용하며 리스트가 아닌 집합을 반환한다.

```
>>> {x%3 for x in [1, 2, 3, 4, 5, 6]}
{0, 1, 2}
>>>
```

위 예제 코드는 리스트 [1, 2, 3, 4, 5, 6]의 각 원소를 3으로 나눈 나머지 값들의 집합을 구하는 코드이다.

13.2.3 딕셔너리 함축

딕셔너리 함축(dictionary comprehension)도 리스트 함축과 유사하다. 다만 딕셔너리 함축은 딕셔너리 형태의 값을 반환한다.

```
>>> word = 'comprehension'
>>> letters_counts = {letter: word.count(letter) for letter in word}
>>> letters_counts
{'c': 1, 'o': 2, 'm': 1, 'p': 1, 'r': 1, 'e': 2, 'h': 1, 'n': 2, 's': 1, 'i': 1}
>>>
```

위 딕셔너리 함축 코드는 문자 'o'와 'e'와 'n'에 대하여 두 번씩 반복하여 개수를 세므로 다음과 같이 수정하면 더 효율적인 코드가 된다.

```
letters_counts = {letter: word.count(letter) for letter in set(word)}
```

13.2.4 발생자 함축

이 절에서는 발생자 함축에 대하여 다룬다. 발생자 함축은 발생자 수식이라고도 불린다. 발생자 함축(generator comprehension)도 리스트 함축과 유사하다. 다만 발생자 함축은 []가 아닌 ()를 사용하며 리스트가 아닌 발생자 객체를 반환한다. 발생자의 종류에는 발생자 함수와 발생자 수식이 있다. 발생자 함수에 대한 기술은 제 12.5.1절에 나온다. 발생자 객체는 반복자 객체의 한 종류이다. 다음은 발생자 함축의 예제 코드이다.

```
generator1 = (x **2 for x in range(5))
print(generator1)
print(list(generator1))
```

위 코드를 수행한 결과는 다음과 같다. 발생자 객체를 인자로 `list()` 함수를 수행하면, 인자로 사용된 발생자 객체가 생성하는 원소들의 리스트를 볼 수 있다.

```
<generator1 object <genexpr> at 0x0000024311AEB410>
[0, 1, 4, 9, 16]
```

리스트 함축은 리스트를 반환하지만 발생자 함축은 반복자 객체를 반환한다. 발생자 함축은 반환할 원소들을 미리 모두 생성하지 않으므로 리스트 함축보다 효율적이다.

```
>>> numbers = [1, 2, 3, 4]
>>> [x*x for x in numbers]
[1, 4, 9, 16]
>>> (x*x for x in numbers)
<generator object <genexpr> at 0x00000160976AA308>
>>>
```

`filter(`*func*`,` *iterable*`)` 함수는 *func*가 None이 아닐 때 발생자 수식 `(`*item* **for** *item* **in** *iterable* **if** *func*`(`*item*`))`과 같으며, *func*가 None일 때 `(`*item* **for** *item* **in** *iterable* **if** *item*`)`과 같다.

```
>>> evenp = lambda x: ((x % 2) == 0)
>>> list(filter(evenp, [1, 2, 3, 4]))
[2, 4]
>>> even_iterator = (x for x in [1, 2, 3, 4] if even(x))
>>> list(even_iterator)
[2, 4]
>>> list(filter(None, [1, False, 3, False]))
[1, 3]
```

13.2.5 함축 내에서 사용되는 변수에 대한 Python 버전 간의 차이

함축 내에서 사용되는 변수가 Python 2에서는 지역 변수가 아니었다. 이는 버그가 아니고 함축의 효율을 높이고자 하는 의도로 그렇게 설계했다고 한다. 다음 함축 예제 코드를 Python 2에서 수행한다면 리스트 함축에서 사용된 변수 x의 값을 볼 수 있다.

```
>>> res = [x for x in range(3)]
>>> res
[0, 1, 2]
>>> x
2
>>>
```

하지만 함축 내에서 사용되는 변수가 지역 변수가 아니라는 사실은 개발자들을 혼돈스럽게 하여 버그를 만들 수 있는 여지가 있으므로 Python 3에서는 함축 내에서 사용되는 변수를 지역 변수로 취급하도록 개선되었다. 다음은 Python 3에서 위 코드를 수행한 결과이다. 함축 안에서 사용된 지역 변수 x를 함축 밖에서는 볼 수 없다.

```
>>> res = [x for x in range(3)]
>>> res
[0, 1, 2]
>>> x
Traceback (most recent call last):
  File "<pyshell#2>", line 1, in <module>
    x
NameError: name 'x' is not defined
>>>
```

13.3 함수는 1등급 객체이다

Python이 가진 함수적 언어의 특징의 하나는 Python에서 함수 정의는 1등급 객체(1st class object)라는 것이다. 1등급 객체라는 것은 다음을 의미한다.

- 그 객체를 변수에 할당할 수 있다.
- 그 객체를 자료 구조에 담을 수 있다.
- 그 객체를 함수의 인자로 넘길 수 있다.
- 그 객체를 함수의 반환 값으로 사용할 수 있다.

다음 예제는 함수를 변수에 할당할 수 있음을 보여준다.

```
def square(x)
    return x * x

f = square
square(5) # 25 출력
```

다음 예제 코드는 함수를 리스트 자료 구조에 담을 수 있음을 보여준다.

```
>>> def square(x)
        return x * x

>>> funcs = [abs, square] # 내장 함수 abs와 사용자 정의 함수 square를 담음
>>> funcs[0](-5)
5
>>> funcs[1](-5)
25
>>> for f in funcs:
    f(-5)

5
25
>>>
```

다음 예제는 함수를 함수의 인자로 넘길 수 있음을 보여준다. 다음 예제 코드를 수행하면 -125가 출력된다.

```
def cube(n):
    return n * n * n

def call_func(func, x):
    return func(x)

print(call_func(cube, -5)) # 함수 cube를 함수 call_func의 인자로 사용
```

다음 예제는 함수를 함수의 반환 값으로 사용할 수 있음을 보여준다.

```python
def create_sum(x):
    def sum(y):
        return x+y

    return sum # 함수 sum을 반환

sum_15 = create_sum(15) # sum_15() 함수 생성
print (sum_15(10)) # 15 + 10 출력
```

JavaScript와 같은 언어에서도 함수가 1등급 객체이다. 함수가 1등급이라는 특징을 지원하는 프로그래밍 언어들은 함수를 다루는 데 있어서 유연성을 제공한다.

13.4 클로저

클로저(closure)는 함수가 1등급 객체인 언어인 JavaScript나 Python 등의 언어에서 지원된다. 클로저란 함수 내에 그 함수가 사용하는 환경이 저장되어 있는 함수를 의미한다. 다음 예제 코드를 보자.

```python
def counter_builder(start):
    count = start

    def counter(x):
        nonlocal count
        count = count + x
        return count


    return counter

counter_from_0 = counter_builder(0) # 0부터 시작하는 카운터 클로저 생성
v1 = counter_from_0(1) # 카운터에 1 추가
v2 = counter_from_0(2) # 카운터에 2 추가
print(v1, v2) # 1, 3

counter_from_10 = counter_builder(10) # 10부터 시작하는 카운터 클로저 생성
v3 = counter_from_10(1) # 카운터에 1 추가
v4 = counter_from_10(-2) # 카운터에서 2 뺌
print(v3, v4) # 11, 9
```

위 코드는 중첩 함수를 이용하여 12번 문장과 17번 문장에서 두 개의 클로저 함수 counter_from_0()와 counter_from_10()를 생성하고 있다. 생성된 클로저 함수 각각은 카운터의 현재 값을 저장하는 count 변수를 사용한다. 위 함수의 수행 결과는 다음과 같다.

```
1 3
11 9
```

위 코드는 카운터의 현재 값을 저장하기 위하여 counter_builder() 함수의 지역 변수 count를 사용하고 있다. 클로저를 사용하면 전역 변수처럼 사용해야 하지만 외부로의 노출을 피하고 싶은 변수를 가릴 수 있다.

13.5 종합 예제

다음 예제 코드는 lambda 수식, map() 함수, 리스트 함축, filter() 함수, 그리고 reduce() 함수에 대한 예제들을 보여준다.

```
numbers = [1, 2, 3, 4]

def list_square(x):
    r = []
    for i in x:
        r.append(i*i)
    return r

list_square2 = lambda x: x*x

s1 = list_square(numbers)
s2 = list(map(list_square2, numbers))
s3 = [x*x for x in numbers]
print(s1, s2, s3) # [1, 4, 9, 16] [1, 4, 9, 16] [1, 4, 9, 16]

iter1 = filter(lambda x: x > 2, numbers)
for i in iter1:
    print(i, end=' ') # 3 4
print()
```

```
iter2 = (x*x for x in numbers)
for i in iter2:
    print(i, end=' ') # 1 4 9 16
print()

def over_two(n):
    if (n > 2):
        return True
    return False

iter3 = filter(over_two, numbers)
for i in iter3:
    print(i, end=' ') # 3 4
print()

from functools import reduce
print(reduce(lambda x, y: x * y, numbers)) # ((1 * 2) * 3) * 4 = 24
```

연습문제

1 다음 lambda 수식과 동일한 함수 factorial을 정의하라.

```
factorial = lambda x, y: x * y, range(1, n+1)
```

2 다음 함수와 같은 출력을 내는 코드를 리스트 함축과 발생자 함축으로 표현하라.

```
def square(n):
    r = []
    for x in range(n):
        r.append(x)
    return r

print(square(10)) # [0, 1, 2, 3, 4, 5, 6, 7, 8, 9]
```

3 다음 코드의 출력을 적어라.

```
f = open('test.txt', 'r')
result = [i for i in f if 'line3' in i]
print, result,
```

다음은 test.txt 파일의 내용이다.

```
this is line1
this is line2
this is line3
this is line4
this is line5
```

4 다음 리스트 함축의 결과를 적어라.

a. `[double(x) for x in range(10)]`

b. `[double(x) for x in range(10) if x%2==0]`

c. `[x+y for x in [10,30,50] for y in [20,40,60]]`

CHAPTER 14

Python 다중 쓰레드 프로그래밍

프로그램을 개발하다보면 하나의 프로그램이 여러 개의 작업을 동시에 수행하는 것이 필요할 때가 있다. 그런 경우 다음 방법 중 하나를 사용한다.

- 다중 프로세스 프로그램
- 다중 쓰레드 프로그램

간단한 프로그램은 하나의 프로세스로 수행된다. 예를 들어, 다음 C 언어 코드를 컴파일하여 생성한 수행 파일 hello.exe를 수행하면 하나의 프로세스가 생성되어 "Hello World!"를 화면에 출력하고 종료한다.

```
#include <stdio.h>

int main() {
   printf("Hello, world!\n");
   return 0;
}
```

하지만 복잡하고 큰 프로그램들은 여러 개의 프로세스들 또는 여러 개의 쓰레드들로 수행되는 경우가 많다. 일반적으로, 프로세스나 쓰레드는 수행 중에 프로세스들이나 쓰레드들을 생성할 수 있다.

Python 인터프리터를 수행시키면 Python 인터프리터 프로세스의 수행이 시작된다. Python은 다중 프로세스 프로그래밍과 다중 쓰레드 프로그래밍을 지원한다. Python 인터프리터로 모듈을 수행하면 그 모듈은 쓰레드로 수행된다. Python 인터프리터 프로세스에 의해 수행 중인 Python 모듈이 프로세스나 쓰레드를 다시 생성할 수도 있다.

14.1 프로세스와 쓰레드

프로세스와 쓰레드를 비교하여 살펴보자. 프로세스와 쓰레드는 운영 체계의 입장에서 보면 둘 다 CPU와 메모리 자원을 할당해주어야 하는 단위이다.

14.1.1 다중 프로세스 프로그램

프로세스는 주기억 장치 상에서 코드 영역(code section), 데이터 영역(data section), 그리고 프로세스 구조체(process structure)를 갖게 된다. 코드 영역에는 수행되어야 하는 기계어 명령들이 들어있으며, 데이터 영역에는 그 프로세스가 사용하는 공유 변수 등이 들어있다. 그리고 프로세스 구조체에는 그 프로세스의 수행 문맥(execution context)을 유지하기 위한 데이터와 프로세스의 작업 디렉터리(current working directory) 등의 정보가 저장된다. 수행 문맥이란 현재 이 프로세스가 코드 영역의 기계어 명령을 어디까지 어떤 상태에서 수행하였는가에 대한 정보를 의미한다. 다음 그림은 프로세스의 구조를 보여준다.

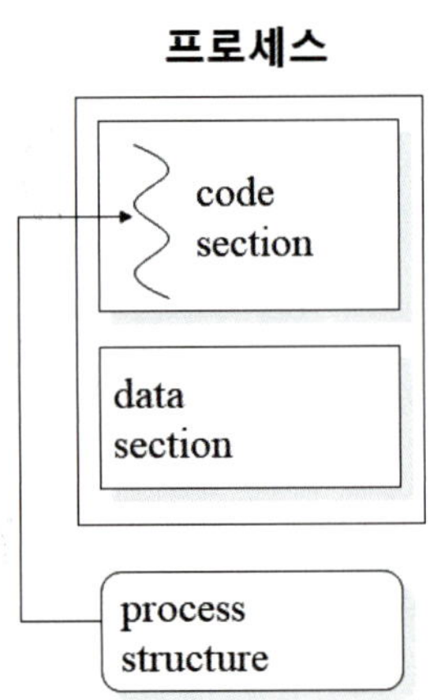

조금전 언급한 hello.exe 프로그램을 수행하면 프로세스가 생성되어 "Hello World!"를 화면에 출력하고 바로 종료한다. hello.exe 프로그램은 다중 프로세스 프로그램도 아니고 다중 쓰레드 프로그램도 아니다. 단일 프로세스 프로그램이다.

다중 프로세스 프로그램이란 수행시키면 복수개의 프로새스들을 생성하는 프로그램을 의미한다. 프로세스는 수행 중에 프로세스를 생성할 수 있다. 프로세스로부터 생성되는 프로세스를 자식 프로세스

(child process)라고 하고 자식 프로세스를 생성한 프로세스를 부모 프로세스(parent process)라고 한다. 다음 그림은 프로세스가 자식 프로세스를 생성하는 것을 보여준다.

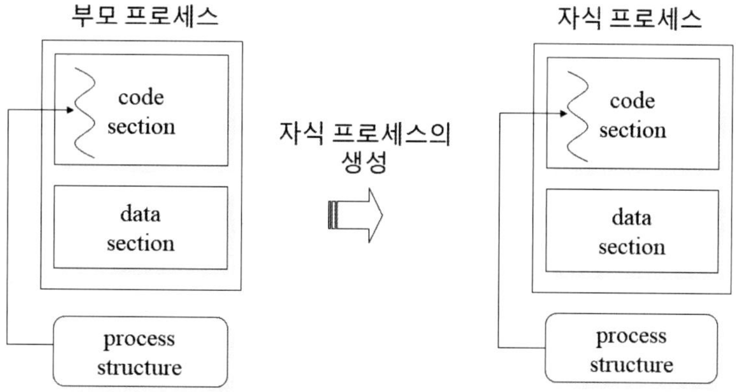

자식 프로세스는 생성 당시의 부모 프로세스의 코드 영역과 데이터 영역을 그대로 복사한 코드 영역과 데이터 영역을 갖게 된다. 따라서 부모 프로세스와 자식 프로세스는 기본적으로 동일한 양의 주기억장치 공간을 차지한다.

하지만 시간이 지나면 부모 프로세스와 자식 프로세스의 데이터 영역의 내용은 서로 달라 질 수 있다. 왜냐하면 부모 프로세스와 자식 프로세스는 각자 운영 체계로부터 CPU를 할당받아 코드 영역의 코드를 수행하므로 코드 영역의 코드의 수행에 의해 데이터 영역의 전역 변수 등의 값이 변경될 수 있기 때문이다. 시간이 흐르면서 부모 프로세스는 CPU 할당을 많이 받고 자식 프로세스는 CPU 할당을 덜 받았을 수 있으며, 그 반대의 경우가 발생될 수도 있다.

다중 프로세스 방식은 동시에 여러 개의 작업을 수행하는 것이 필요한 서버 등에서 전통적으로 사용되어 왔다. 하지만 다중 프로세스 방식이 가진 다음과 같은 문제들을 해결하기 위하여 다중 쓰레드 방식이 개발되었다.

- 다중 프로세스 방식은 부모 프로세스와 자식 프로세스가 각각 자신의 코드 영역과 데이터 영역을 갖게 되므로 주기억 장치 공간을 많이 사용한다.
- 다중 프로세스 방식은 부모 프로세스와 자식 프로세스는 각자 자신의 데이터 영역을 사용하므로 부모 프로세스와 자식 프로세스가 데이터를 공유하는 것이 기본적으로 힘들다. 부모 프로세스와 자식 프로세스가 데이터를 공유하려면 프로세스 간 통신(interprocess communication) 기법들을 사용해야 한다. 프로세스 간 통신 기법들은 난이도가 높다.

14.1.2 다중 쓰레드 프로그램

다중 쓰레드 프로그램이란 수행시키면 복수개의 쓰레드들을 생성하는 프로그램을 의미한다. 다음 그림은 프로세스 P에서 3개의 쓰레드들 MainThread, T1, T2가 생성된 상황을 보여준다.

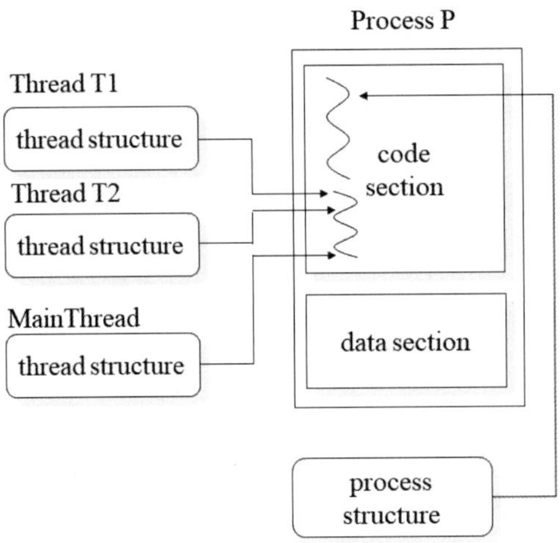

부모 프로세스에서 자식 프로세스가 생성되는 경우와 달리 쓰레드가 생성될 때에는 프로세스의 코드 영역과 데이터 영역이 복사되지 않는다. 다만 쓰레드 마다 하나의 쓰레드 구조체가 생성된다. 그리고 쓰레드 구조체에는 그 프로세스의 수행 문맥(execution context)을 유지하기 위한 정보 등이 저장된다. 수행 중이던 쓰레드가 CPU 자원을 운영 체계에게 반납하거나 빼앗길 때에 그 쓰레드의 수행 문맥 정보가 저장되고 그 쓰레드가 다시 CPU 자원을 받아 수행을 시작할 때 저장된 수행 문맥 정보를 사용하여 코드 영역의 어떤 기계어 명령부터 다시 수행을 해야 하는지가 결정된다.

다중 쓰레드 방식은 다중 프로세스 방식과 마찬가지로 여러 개의 작업을 동시에 수행할 수 있을 뿐 아니라 다중 프로세스 방식에 비해 다음과 같은 장점들을 갖는다.

- 쓰레드는 기존 프로세스나 쓰레드들과 코드 영역과 데이터 영역을 공유하므로 프로세스에 비하여 상대적으로 주기억 장치 자원을 덜 사용한다. 따라서 쓰레드를 경량 프로세스(light-weight process)라고 불리기도 한다.
- 다중 프로세스 방식은 프로세스들 간의 데이터 공유를 위하여 프로세스 간 통신 기법들을 사용해야만 한다. 하지만 쓰레드들은 데이터 영역을 공유하여 사용하므로, 공유하는 데이터 영역을 통하여 자연스럽게 쓰레드들 간의 데이터 공유가 이루어질 수 있다.

Python의 쓰레드들은 선점형 쓰레드 스케줄링(preempted thread scheduling) 방식으로 관리된다. 선점형 쓰레드 스케줄링이란 쓰레드가 수행되고 있는 어떤 시점에서라도 Python 인터프리터가 원하면 쓰레드에 할당한 CPU 자원을 빼앗을 수 있는 스케줄링 방식을 의미한다. 쓰레드가 스스로 원하는 시점에 자신에게 할당된 CPU 자원을 Python 인터프리터에게 반납할 수도 있다.

14.1.3 threading 모듈

Python은 다음 두 표준 모듈을 통해 다중 쓰레드 프로그래밍을 지원한다.

- _thread 모듈
- threading 모듈

_thread 모듈은 다중 쓰레드를 다루기 위한 저수준의 기본적인 쓰레드 프로그래밍 인터페이스를 제공한다. 그리고 threading 모듈은 _thread 모듈을 바탕으로 보다 사용하기 쉽고 고수준의 프로그래밍 인터페이스를 제공한다. _thread 모듈보다는 threading 모듈이 더 사용하기 편리하므로 이후의 내용은 threading 모듈을 중심으로 진행된다.

threading 모듈은 다음과 같은 함수들을 지원한다. 다음 함수들은 이후의 절들에서 나오는 예제 코드들에서 사용된다.

함수	기능
threading.active_count()	현재 활성 상태에 있는 쓰레드들의 수를 반환한다. 반환 값은 threading.enumerate() 함수의 반환 값의 길이와 같은 값이다.
threading.current_thread()	현재 쓰레드 객체를 반환한다.
threading.get_ident()	현재 쓰레드의 쓰레드 id를 반환한다. 쓰레드 id는 0이 아닌 정수이다.
threading.enumerate()	현재 활성 상태에 있는 모든 쓰레드들의 목록을 반환한다. 반환 목록의 길이는 threading.active_count()의 값과 같다.
threading.main_thread()	메인 쓰레드 객체를 반환한다. 메인 쓰레드 객체란 Python 인터프리터가 Python 프로그램을 수행하였을 때 처음 수행을 시작하는 쓰레드를 의미한다.
threading.settrace(*func*)	threading 모듈에서 시작한 모든 쓰레드들을 위한 추적(trace) 함수를 *func*로 설정한다.
threading.setprofile(*func*)	threading 모듈에서 시작한 모든 쓰레드들을 위한 프로파일 함수를 *func*로 설정한다.
threading.stack_size([*size*])	새로운 쓰레드를 생성할 때 사용되는 쓰레드 스택의 크기를 반환한다. *size* 인자는 이후로 생성되는 쓰레드 스택들의 크기를 지정한다. *size* 인자의 값은 0 또는 적어도 32768이어야 한다. *size* 인자의 값이 0이면 기본 쓰레드 스택 크기가 사용된다.
threading.TIMEOUT_MAX	Lock.acquire(), Condition.wait(), 또는 RLock.acquire()와 같은 함수들이 사용하는 *timeout* 매개 변수의 최댓값. *timeout* 매개 변수의 값을 이 값보다 더 크게 설정하려 하면 Overflow 오류가 난다.

14.1.4 GIL

GIL(Global Interpreter Lock)은 CPython 인터프리터가 사용하는 전역적인 락(lock)이다. CPython은 GIL을 이용하여 기본적으로 한 순간에 단 하나의 쓰레드만이 수행될 수 있도록 구현되어 있다. 따라서 Python은 CPU 중심의 작업을 처리할 때 쓰레드들을 여러 개 사용해도 큰 성능 개선이 없다. 다만 I/O 중심의 작업의 처리는 여러 쓰레드들을 사용하여 성능을 개선할 수 있다. 만일 다중 코어 컴퓨터의 성능을 다 사용하고 싶다면 `multiprocessing` 모듈이나 `concurrent.futures. ProcessPoolExecutor`의 사용을 고려하라. 하지만 I/O 중심의 여러 태스크들을 병렬적으로 수행시키기를 원한다면 대부분 `threading` 모듈로 충분하다.

다중 코어 CPU의 성능을 최대한으로 지원하기 위하여 CPython에서 GIL을 제거하고 Java 언어처럼 여러 쓰레드들이 서로 다른 코어들에서 병렬적으로 수행될 수 있도록 하려는 시도들이 있었지만 아직 성공하지 못했다고 한다. 왜냐하면 단일 코어 컴퓨터 환경이나 I/O 중심의 태스크들을 수행하는 환경에서는 GIL을 사용하는 기존의 다중 쓰레드 처리가 오히려 더 높은 성능을 보이는 경우가 있으며, Python이 제공하는 리스트, 딕셔너리와 같은 다양한 자료 구조들에 대한 동시성 제어(concurrency control)의 구현이 너무 복잡하여 구현된 결과의 성능이 오히려 떨어졌기 때문이라고 한다. 하지만 언젠가는 다중 코어 CPU의 성능을 최대한으로 끌어낼 수 있는 다중 쓰레드 방식이 도입될 것이라 예상된다.

14.2 쓰레드의 생성

Python 인터프리터로 Python 프로그램을 수행시키면 Python 인터프리터는 메인 쓰레드를 생성하여 그 프로그램을 수행한다. 메인 쓰레드는 수행 중에 다시 쓰레드들을 생성할 수 있다.

14.2.1 메인 쓰레드

Python 인터프리터로 Python 모듈을 직접 수행시키면 Python 인터프리터 프로세스가 시작되고 그 프로세스는 Python 모듈을 수행하기 위한 쓰레드를 생성한다. 그 쓰레드를 메인 쓰레드라고 한다. 다음과 같은 내용의 main_thread.py 모듈을 편집하고 저장하자.

```
# main_thread.py
import threading

print(threading.current_thread())
```

명령행 창을 열고 python 인터프리터로 위 모듈을 수행하면 다음과 같은 결과를 볼 수 있다. 메인 쓰레드의 이름은 MainThread이다. 현재 쓰레드가 메인 쓰레드임을 확인할 수 있다.

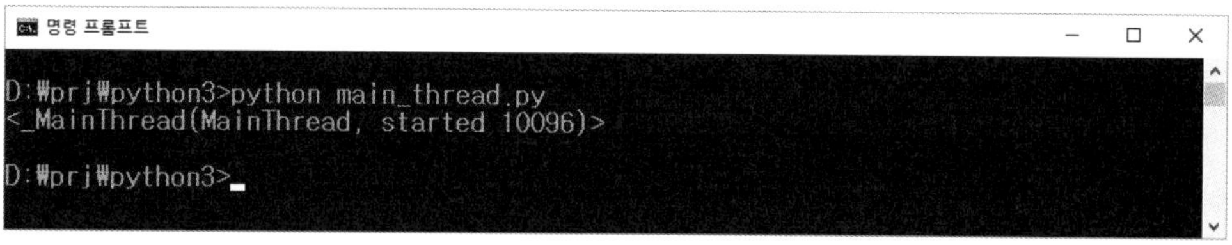

REPL 모드에서 입력되는 문장을 수행하는 것도 메인 쓰레드이다.

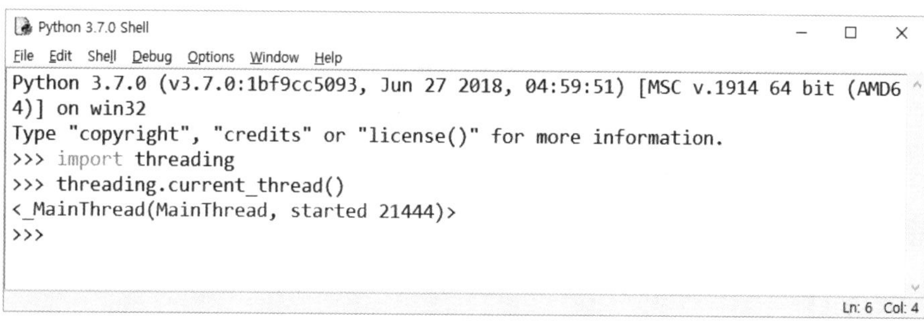

쓰레드는 다른 쓰레드를 생성할 수 있다. 대개의 경우 메인 쓰레드에서 다른 쓰레드들을 생성한다. Python 프로그램이 수행 중에 쓰레드 객체를 생성하는 방법은 다음과 같이 두 가지이다. threading.Thread 클래스 또는 threading.Thread 클래스의 서브 클래스의 객체가 쓰레드 객체가 된다. 다음 절과 그 다음 절에서 쓰레드 객체를 생성하는 방법들을 다룬다.

- Thread 객체의 생성자로 쓰레드 객체를 생성하는 방법
- Thread 클래스를 치환하는 서브 클래스를 정의하고 그 서브 클래스의 생성자로 쓰레드를 생성하는 방법

14.2.2 Thread 객체의 생성자로 쓰레드 객체를 생성

threading Thread 객체의 생성자로 쓰레드 객체를 생성할 수 있다. threading.Thread 객체의 생성자가 사용하는 인자들은 다음과 같다.

```
Thread(
    group=None, # 항상 None 이어야 한다. 미래에 쓰려고 남겨둔 인자.
    target=None,  # 쓰레드가 수행할 호출 가능 객체
    name=None,  # 쓰레드의 이름. None이면 Thread-N 형태의 이름이 자동 부여됨.
    args=(), # target이 사용할 위치 인자들의 튜플
    kwargs={}, # target이 사용할 키워드 인자들의 딕셔너리
    daemon=None # None이 아니면 daemon 쓰레드로 생성
)
```

threading.Thread 객체의 생성자의 인자 **target**은 쓰레드가 실제로 수행할 코드를 담은 호출 가능 객체를 지정하는 데 사용된다. 인자 **args**는 **target**이 사용할 인자들을 지정하는 데 사용된다. 그리고 마지막 인자 **daemon**은 그 값에 따라 생성되는 쓰레드 객체가 데몬 쓰레드(daemon thread)인지 비 데몬 쓰레드(non-daemon thread)인지 지정하는 데 사용된다. 데몬 쓰레드란 메인 쓰레드가 종료할 때 자동으로 함께 종료되는 쓰레드를 의미한다. 데몬 쓰레드에 대한 자세한 설명은 제 14.3.3절에 나온다.

다음은 threading.Thread 객체의 생성자를 사용하여 Hello Thread!을 5번 출력하는 쓰레드를 생성하고 수행하는 예제 코드이다.

```python
import threading
import time

def hello(uname):
    for j in range(5):
        time.sleep(1) # 1초 동안 잔다
        print('Hello', uname)

# hello('Python!')을 수행하는 비 데몬 쓰레드 객체 t를 생성한다.
t = threading.Thread(target=hello, name='Hello_t', args=('Thread!',))

t.start() # 쓰레드 t를 시작시킨다.
t.join() # MainThread가 쓰레드 t의 종료를 기다린다.
print('End of Main')
```

| 코드 14-1 | hello_thread.py 모듈

위 예제 코드를 수행한 결과는 다음과 같다. 결과를 이해하려면 메인 쓰레드의 개념과 Thread.join() 함수를 이해해야 한다.

```
Hello Thread!
Hello Thread!
Hello Thread!
Hello Thread!
Hello Thread!
End of Main
```

메인 쓰레드는 위 코드의 10번 문장에서 함수 hello('Thread!')를 수행하는 Hello_t 쓰레드 객체를 생성한다. 그리고 12번 문장에서 Hello_t 쓰레드의 수행을 시작시킨다.

Thread 클래스의 join() 메소드는 쓰레드의 수행 종료를 기다리기 위한 메소드이다. t가 쓰레드 객체라고 할 때, t.join() 함수는 쓰레드 t의 수행 종료를 기다린다. 메인 쓰레드는 13번 문장 t.join()에서 쓰레드 t 즉 Hello_t 쓰레드의 수행이 끝나기를 기다린다. Hello_t 쓰레드의 수행이 끝나면 메인 쓰레드는 14번 문장에서 End of Main을 출력하고 종료한다.

만일 13번 문장 t.join()이 없다면, 메인 쓰레드는 Hello_t 쓰레드를 생성하고 수행을 시작시킨 후 Hello_t 쓰레드의 종료를 기다리지 않고 바로 마지막 문장 print('End of Main')를 수행하고 종료한다. Hello_t 쓰레드는 메인 쓰레드와 별개로 1초 간격으로 Hello Thread!를 5번 출력하고 종료한다.

다음은 명령행 창에서 t.join() 문장을 없앤 예제 코드를 수행한 결과이다. End of Main이 먼저 출력되었음을 볼 수 있다.

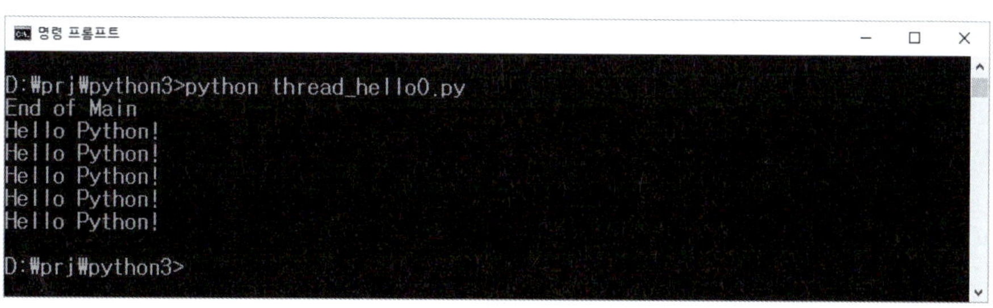

위 [코드 14-1]의 12번 문장이 수행된 직후의 주기억 장치 공간은 다음과 같다. Python 인터프리터 프로세스가 내에 메인 쓰레드 MainThread와 메인 쓰레드가 생성한 Hello_t 쓰레드가 활성 상태로 존재하고 있다.

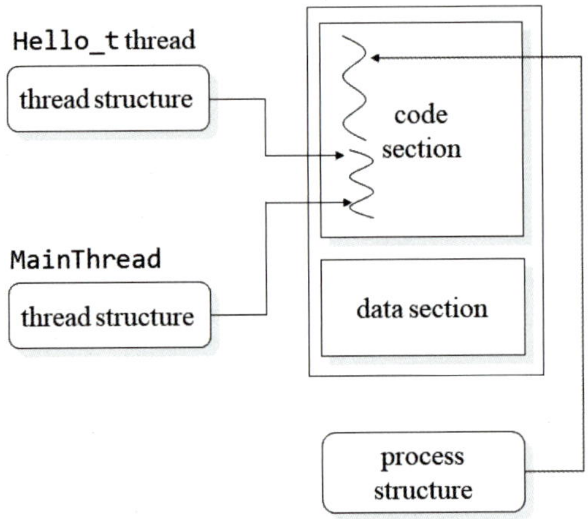

Python Interpreter Process

다음 코드는 [코드 14-1]에 `threading.current_thread()` 문과 `threading.enumerate()` 문의 반환값을 출력하는 문장들을 추가한 것이다.

```
1  import threading
2  import time
3
4  print('current thread: ', threading.current_thread()) # 현재 쓰레드 출력
5
6  def hello(uname):
7      for j in range(5):
8          time.sleep(1) # 1초 동안 잔다
9          print('Hello', uname)
10
11 # hello('Python!')을 수행하는 non-daemon 쓰레드 객체 t를 생성한다.
12 t = threading.Thread(target=hello, name='Hello_t', args=('Python!',))
13 t.start() # 쓰레드 t를 시작시킨다.
14
15 print('all threads: ', threading.enumerate()) # 활성화된 모든 쓰레드 출력
16
17 t.join() # 쓰레드 t가 종료할 때까지 기다린다.
18 print('End of Main')
```

위 코드를 Python IDLE에서 수행한 결과는 다음과 같다. 4번 문장의 출력을 보면 현재 쓰레드가 `MainThread`임을 확인할 수 있다. 15번 문장을 수행할 때 `MainThread` 쓰레드와 `Hello_t` 쓰레드가 활성 상태에 있음을 알 수 있다.

```
current thread:  <_MainThread(MainThread, started 11440)>
all threads:  [<_MainThread(MainThread, started 11440)>, <Thread(SockThread, start-
ed daemon 14400)>, <Thread(Hello_t, started 14368)>]
Hello Python!
Hello Python!
Hello Python!
Hello Python!
Hello Python!
End of Main
```

위 수행 결과는 Pytjon IDLE에서의 수행 결과이다. 위 수행 결과에서 보이는 SockThread는 Python IDLE가 내부적으로 생성하여 사용하는 쓰레드이다. 명령행 창에서 Python 인터프리터로 위 코드를 수행하면 SockThread가 생성되지 않는다.

14.2.3 Thread 클래스를 치환하는 서브 클래스를 정의하여 쓰레드 생성

쓰레드를 생성하는 두 번째 방법은 다음과 같이 Thread 클래스를 치환하는 새로운 쓰레드 클래스를 정의하여 쓰레드 객체를 생성하는 것이다.

① Thread 클래스의 서브 클래스를 생성한다.

② 추가적인 인자들이 필요하다면 Thread 클래스의 생성자 __init__(*self* [, *args*])를 치환한다.

③ Thread 클래스의 메소드 run(*self* [, *args*]) 메소드를 치환한다.

다음은 threading.Thread 클래스를 슈퍼 클래스로 하는 클래스 Hello_Thread 클래스를 정의하여 쓰레드를 생성하는 예제 코드이다.

```
# hello_thread.py
import threading
import time

class Hello_Thread(threading.Thread):
    def __init__(self, uname):
        super().__init__() # 슈퍼 클래스 즉 threading.Thread의 생성자 호출
        self.uname = uname
```

```
    def run(self):
        for j in range(5):
            time.sleep(1) # 1초 동안 잔다
            print('Hello', self.uname)

hello_thread = Hello_Thread('Python')
hello_thread.start()

# 메인 쓰레드가 hello_world 쓰레드가 종료하기를 기다림
hello_thread.join()
```

위 코드를 수행한 결과는 다음과 같다.

```
Hello Python
Hello Python
Hello Python
Hello Python
Hello Python
```

다음은 1초 이내의 임의의 시간 간격으로 화면에 ping을 5번 출력하는 쓰레드와 pong을 5번 출력하는 쓰레드를 사용하는 예제 코드이다. 이 예제 코드는 0과 1 사이의 난수를 생성하는 `random.random()` 함수를 사용하고 있다.

```
import threading
import random
import time

class PingPongThread(threading.Thread):
    def __init__(self, turn):
        super().__init__()
        self.turn = turn # ping 또는 pong

    def run(self):
        for x in range(0, 5):
            time.sleep(random.random()) # 1초 이내의 임의의 시간 동안 잔다
            print(x, self.turn)

ping_thread = PingPongThread('ping') # PingPongThread 생성
pong_thread = PingPongThread('pong') # PingPongThread 생성
```

```
# ping_thread와 pong_thread의 수행을 시작한다.
ping_thread.start()
pong_thread.start()

# MainThread가 ping_thread와 pong_thread가 종료하기를 기다린다.
ping_thread.join()
pong_thread.join()
```

위 코드의 수행 결과는 다음과 같다. random.random() 함수를 사용하고 있으므로 수행할 때마다 조금씩 다른 결과가 나올 수 있다.

```
0 pong
1 pong
2 pong
0 ping
3 pong
1 ping
4 pong
2 ping
3 ping
4 ping
```

14.3 Thread 객체 살펴보기

앞 절에서 Thread 객체의 run(), start(), join() 메소드들을 이미 사용하였다. threading.Thread 클래스는 그 메소드들 이외에도 여러 가지 메소드들과 인스턴스 변수들을 제공한다. 다음은 threading.Thread 객체의 메소드들과 인스턴스 변수들에 대한 요약을 담은 표이다. 편의상 쓰레드 객체를 *t*로 표현한다.

메소드/멤버 변수	설명
t.run()	쓰레드 *t*가 수행하는 코드를 담은 메소드. start()를 호출하면 자동으로 수행된다.
t.start()	이 메소드를 호출하면 결과적으로 *t*.run() 메소드가 수행된다.
t.join(*timeout*= None)	다른 쓰레드가 *t*.join() 메소드를 호출하면 그 쓰레드는 인자 *timeout*에 해당하는 시간동안 쓰레드 *t*의 종료를 기다리며 대기 상태가 된다. *timeout*이 **None**이면 쓰레드 *t*가 종료될 때까지 계속 기다린다. *timeout*이 지나도록 *t*가 종료하지 않으면 대기 상태를 마치고 다음 문장으로 제어가 이동한다. 항상 **None**을 반환한다.
t.isAlive()	쓰레드 *t*가 살아있는 상태이면 **True**를 반환하고, 아니면 **False**를 반환한다.
t.getName()	쓰레드 *t*의 이름을 반환한다.
t.setName()	쓰레드 *t*의 이름을 설정한다. 쓰레드의 이름은 디버깅 등의 용도로 사용된다.
t.name	쓰레드 *t*의 이름을 담는 멤버 변수
t.daemon	쓰레드 *t*의 데몬 쓰레드 여부를 지정하는 불리언 멤버 변수. daemon 값이 **True**이면 데몬 쓰레드이다.

14.3.1 isAlive() 메소드

Thread 객체의 **is_alive()** 메소드를 이용하여 쓰레드가 활성 상태인가 아닌가를 확인할 수 있다. 쓰레드 t가 **t.start()** 메소드 호출에 의해 수행을 시작하여 수행을 종료하기 전까지의 상태를 활성 상태라고 한다. 쓰레드는 정상적으로 종료될 수도 있고 처리되지 않는 예외를 발생시켜서 종료될 수도 있다. 다음 코드는 문장 13, 14, 그리고 17에서 **isAlive()** 메소드를 사용한다.

```
1 import threading
2 import time
3
4 def hello(uname):
5     for j in range(5):
6         time.sleep(1) # 1초 동안 잔다
7         print('Hello', uname)
8
9 # hello('Python!')을 수행하는 비 데몬 쓰레드 객체 t를 생성한다.
10 t = threading.Thread(target=hello, name='Hello_t', args=('Python!',))
11
12 t.start() # 쓰레드 t를 시작시킨다.
13 print(t.is_alive()) # Thread t is alive.
14 print(threading.current_thread().is_alive()) # Main thread is alive.
15
16 t.join() # MainThread가 쓰레드 t의 종료를 기다린다.
17 print(t.is_alive()) # Thread t is not alive now.
18 print('End of Main')
```

위 코드를 수행한 결과는 다음과 같다.

```
True
True
False
```

문장 13은 **True**를 출력한다. 쓰레드 t는 t.start() 문에 의해 수행을 시작하였고 아직 종료하지 않았기 때문이다. 위 코드의 쓰레드 t가 수행을 시작하여 종료하려면 5초쯤 걸린다. 문장 14에서 threading.current_thread()는 메인 스레드를 반환하고 메인 쓰레드는 현재 수행 중이므로 True가 출력된다. 문장 17에서는 **False**가 출력된다. 그 이유는 join() 메소드와 관련이 있다. join() 메소드는 다음 절에서 설명된다.

14.3.2 join() 메소드

Thread 객체의 join() 메소드는 쓰레드의 종료를 기다리기 위한 메소드이다. 여러 개의 쓰레드들을 사용하는 프로그램을 작성할 때 어떤 쓰레드의 종료를 확인하고 다음 문장을 수행해야 할 필요가 종종 생긴다. 그런 경우 Thread 객체의 join() 메소드를 사용한다. 다음은 제 14.2.2 절에서 사용한 [코드 14-1] hello_thread.py 모듈의 코드이다.

```
1 import threading
2 import time
3
4 def hello(uname):
5     for j in range(5):
6         time.sleep(1) # 1초 동안 잔다
7         print('Hello', uname)
8
9 # hello('Python!')을 수행하는 비 데몬 쓰레드 객체 t를 생성한다.
10 t = threading.Thread(target=hello, name='Hello_t', args=('Thread!',))
11
12 t.start() # 쓰레드 t를 시작시킨다.
13 t.join() # MainThread가 쓰레드 t의 종료를 기다린다.
14 print('End of Main')
```

만일 위 코드의 13번 문장을 지우고 명령행 창에서 위 코드를 수행하면 다음과 같은 결과를 볼 수 있을 것이다.

```
명령 프롬프트

D:₩prj₩python3>python hello_thread.py
End of Main
Hello Thread!
Hello Thread!
Hello Thread!
Hello Thread!
Hello Thread!

D:₩prj₩python3>_
```

위 결과를 보면 14번 문장이 먼저 수행되고 그 다음에 Hello Thread!가 5번 출력되었다. 쓰레드 프로그래밍이 처음인 개발자에게는 이런 결과가 낯설 수도 있다. 하지만 위 프로그램은 2개의 쓰레드를 사용하는 다중 쓰레드 프로그램이다. 메인 쓰레드는 12번 문장에서 쓰레드를 t를 시작시키고 12번과 14번 문장을 수행하고 나면 바로 정상 종료된다. 하지만 쓰레드 t는 12번 문장이 수행된 1초 후부터 Hello Thread!를 출력하기 시작한다.

참고

> Python에서 threading 모듈을 사용하여 생성된 쓰레드가 아닌 C 언어로 직접 구현된 쓰레드를 사용할 수 있다. 그런 쓰레드들을 외래 쓰레드(alien thread)라고 한다. 외래 쓰레드들은 당연히 Thread 객체의 join() 함수를 적용할 수 없다.

14.3.3 daemon 변수와 데몬 쓰레드

쓰레드를 데몬 쓰레드와 데몬 쓰레드가 아닌 쓰레드로 구분할 수 있다. 쓰레드 객체의 인스턴스 변수 daemon의 값을 True로 설정하면 그 쓰레드는 데몬 쓰레드가 되고, False로 설정하면 데몬 쓰레드가 아닌 쓰레드가 된다. 쓰레드 객체의 데몬 여부를 지정하려면 쓰레드 객체의 생성자를 호출할 때 인자 daemon의 값을 명시적으로 지정하거나, 쓰레드 객체의 인스턴스 변수 daemon의 값을 명시적으로 지정해주면 된다. 다만 쓰레드 객체의 인스턴스 변수 daemon의 값을 명시적으로 지정하는 것은 쓰레드 객체의 start() 메소드를 호출하기 전이어야 한다. 쓰레드 객체의 start() 메소드를 호출한 뒤에 변수 daemon의 값을 바꾸려면 RuntimeError 예외가 발생한다.

쓰레드를 생성할 때 인스턴스 변수 daemon의 값을 명시적으로 지정하지 않으면, 생성되는 쓰레드의 daemon 여부는 그 쓰레드를 생성한 부모 쓰레드의 daemon 여부에 따라 간다. 메인 쓰레드는 데몬 쓰레드가 아니다. 따라서 메인 쓰레드로부터 생성되는 쓰레드는 명시적으로 변수 daemon의 값을 True로 설정하지 않으면 기본적으로 비 데몬 쓰레드가 된다.

데몬 쓰레드와 데몬 쓰레드가 아닌 쓰레드의 구분이 필요한 이유는 Python 메인 쓰레드가 수행을 종료할 때 Python 메인 쓰레드에서 생성된 쓰레드들의 수행을 종료할 것인지 아닌지를 선택하는 것이 필요할 때가 있기 때문이다. 다음 예제 코드를 보자.

```python
# daemon_non_daemon.py
import threading
import time
import random

def hello(uname):
    while (True):
        time.sleep(random.random())
        print('Hello', uname)

t1 = threading.Thread(target=hello, args=('Daemon!',), daemon=True)
t2 = threading.Thread(target=hello, args=('Non-Daemon!',), daemon=True)

t1.start()
t2.start()

time.sleep(5)
print('End of Main Thread')
```

| 코드 14-2 | daemon_non_daemon.py

메인 쓰레드가 종료할 때 데몬 쓰레드들만 남아있다면 모든 데몬 쓰레드들도 자동 강제 종료된다. 따라서 위 코드를 daemon_non_daemon.py 파일로 저장하고 명령행 창에서 Python 인터프리터로 수행한 결과는 다음과 같다.

[코드 14-2]의 daemon_non_daemon.py 모듈을 수행하면, 메인 쓰레드가 두 개의 데몬 쓰레드 **t1**과 **t2**를 시작시키고 5초 후에 **End of Main Thread**를 출력하고 종료한다. 메인 쓰레드가 종료될 때 남아

있는 쓰레드는 모두 데몬 쓰레드들이므로 그들도 강제 종료된다.

만일 [코드 14-2]의 11번째 문장의 인자 **daemon=True**를 **daemon=False**로 변경하고 수행하면 메인 쓰레드가 종료할 때 데몬 쓰레드가 아닌 **t1** 쓰레드가 존재하므로 메인 쓰레드만 종료하고 **t1** 쓰레드와 **t2** 쓰레드는 계속 수행되게 된다.

쓰레드가 쓰레드를 생성할 때, 쓰레드를 생성하는 쓰레드를 부모 쓰레드(parent thread)라고 부르고 생성되는 쓰레드를 자식 쓰레드(child thread)라고 부른다. 고아 쓰레드(orphan thread)란 부모 쓰레드가 활성 상태가 아닌 쓰레드를 의미한다.

주의

데몬 쓰레드에 관련된 프로그램을 수행 결과를 확인할 때에는 명령행 창에서 직접 Python 인터프리터로 프로그램을 수행하는 것이 바람직하다. 왜냐하면 Python IDLE나 Spyder와 같은 개발 환경들은 내부적으로 필요한 쓰레드들을 생성하여 사용하므로 그들이 프로그램의 종료 방식에 영향을 미칠 수도 있기 때문이다. 예를 들어, Python IDLE는 내부적으로 SockThread라는 데몬 쓰레드가 아닌 쓰레드를 생성하여 사용한다.

14.4 쓰레드들의 동기화 문제 I - 쓰레드들 간의 임계 영역 끼어들기 막기

threading 모듈은 쓰레드들을 동기화하기 위한 클래스들을 제공한다. 쓰레드들의 동기화는 다음과 같은 세 가지 문제들을 해결하는 것을 의미한다.

① 쓰레드들 간의 임계 영역 끼어들기 문제
② 생산자 쓰레드와 소비자 쓰레드 간의 박자 맞추기 문제
③ 교착(deadlock)과 아사(starvation)의 문제

정의

▸ **임계 영역(critical section)**
하나의 프로세스로부터 생성된 쓰레드들은 데이터 영역을 공유할 수 있다. 쓰레드들이 데이터를 공유하는 경우에 쓰레드들 간의 공유의 규칙들이 지켜지지 않으면 문제가 발생한다. 임계 영역이란 쓰레드들(또는 프로세스들)의 공유 데이터에 접근하는 문장들이 존재하는 코드 영역을 의미한다.

이 절에서는 첫 번째 문제인 쓰레드들 간의 임계 영역 끼어들기 문제를 다룬다. 두 번째와 세 번째 문제는 제 14.5절과 14.6절들에서 다뤄진다.

14.4.1 공유 카운터

쓰레드들 간의 임계 영역 끼어들기 문제를 설명하기 위하여 여러 쓰레드들이 공유하여 사용하는 공유 카운터 예제를 소개한다. 다음 예제 프로그램은 **simple_counter** 클래스를 정의하고, **simple_counter** 객체 **counter1**을 생성한다. **counter1** 객체의 초깃값은 0이다. **counter1** 객체의 값을 100000번 증가시키고 100000번 감소시킨 후에 **counter1**의 값을 출력하면 0이 된다.

```
class simple_counter:
    def __init__(self): # 카운터 초기화
        self.c = 0

    def inc(self):  # 카운터 값 1 증가
        self.c = self.c + 1

    def dec(self): # 카운터 값 1 감소
        self.c = self.c - 1

# 인자로 전달한 카운터를 100000번 증가시킴
def up(counter1):
    for x in range(100000):
        counter1.inc()

# 인자로 전달한 카운터를 100000번 감소시킴
def down(counter1):
    for x in range(100000):
        counter1.dec()

counter1 = simple_counter()
up(counter1)
down(counter1)

print('total count = ', counter1.value()) # 최종 카운터 값 출력
```

메인 쓰레드 하나만을 사용하는 위 프로그램은 정상적으로 잘 동작한다. 위 프로그램은 **total count = 0**을 출력한다.

하지만 위 카운터 객체 **counter1**을 두 개 이상의 쓰레드들이 동시에 사용하게 되면 문제가 발생될 수 있다. **counter1** 객체를 두 개의 쓰레드가 동시에 사용하는 다음 예제 코드를 보자.

```python
# simple_counter_demo2.py
import threading

class simple_counter:
    def __init__(self): # 카운터 값 0으로 초기화
        self.c = 0

    def inc(self): # 카운터 값 1 증가
        self.c = self.c + 1

    def dec(self): # 카운터 값 1 감소
        self.c = self.c - 1

    def value(self): # 현재 카운터 값 반환
        return self.c

# 인자로 전달된 카운터를 100000번 증가시킴
def up(counter1):
    for x in range(100000):
        counter1.inc()

# 인자로 전달된 카운터를 100000번 감소시킴
def down(counter1):
    for x in range(100000):
        counter1.dec()

counter1 = simple_counter() # 공유 카운터

# up(counter1)을 호출하는 쓰레드 t1과 down(counter1)을 호출하는 t2를 생성
t1 = threading.Thread(target=up, args=(counter1,), name='t1')
t2 = threading.Thread(target=down, args=(counter1,), name='t2')

t1.start()
t2.start()

t1.join()
t2.join()

print('total count = ', counter1.value())
```

| 코드 14-3 | 두 개의 쓰레드들이 공유하는 카운터 예제

위 코드를 수행하면 쓰레드 **t1**은 카운터를 100000번 증가시키고 쓰레드 **t2**는 카운터를 100000번 감

소시키므로 쓰레드 **t1**과 **t2**가 모두 수행을 종료하였을 때에는 카운터의 값이 다시 0이 된다고 예상할 수도 있으나 위 코드를 수행하면 0이 아닌 다음과 같은 출력 결과를 보게 된다.

```
total count =  54256
```

아주 작은 확률로 0을 출력 결과로 볼 수도 있을 것이다. 사실 위 결과의 카운터 값은 수행할 때마다 달라진다. 이런 현상은 임계 영역(critical section)에 쓰레드들이 끼어드는 문제 때문이다. 위 코드에서 문장 6, 9, 12, 15가 쓰레드들이 공유하는 **c**를 읽거나 쓰므로 임계 영역이라 할 수 있다.

동기화되지 않은 쓰레드들이 임계 영역의 코드들을 수행하면 임계 영역의 공유 데이터의 값이 올바르게 제어되지 않는다. 그런 경우의 예를 들어 보자: 위 코드가 수행 중이고 카운터 **counter1**의 **c**값이 현재 17이라고 하자. 그리고 쓰레드 **t1**이 9번 문장 **self.c = self.c + 1**을 수행하는 도중이라고 하자.

① 쓰레드 **t1**이 **self.c + 1**의 값을 계산하고 그 결과인 18을 **self.c**에 할당하기 직전에 순간 쓰레드 **t1**이 CPU를 빼앗긴다.

② 다음 순간 쓰레드 **t2**가 CPU를 할당 받아 12번 문장 **self.c = self.c - 1**을 수행한다. **self.c** 는 **16**이 되었다.

③ 다음 순간 쓰레드 **t2**가 CPU를 빼앗기고 쓰레드 **t1**이 다시 CPU를 할당받아 **self.c**에 18을 할당하고 **t1.inc()** 함수 호출을 종료한다.

이제, 카운터의 값은 17이었고 쓰레드 **t1**이 **counter1.c** 값을 1만큼 증가시키고 쓰레드 **t2**는 카운터 값을 1만큼 감소시켰으니 **counter1.c**의 값은 17이 되어야 하지만 위와 같은 시나리오로 수행이 일어났다면 **counter1.c**의 값은 18이다.

이런 문제는 쓰레드가 임계 영역을 수행하는 동안 다른 쓰레드가 끼어들어 임계 영역을 수행하면 발생되는 현상으로 쓰레드들 간의 **임계 영역 끼어들기**(interleaving)라고 한다. 공유 데이터가 여러 쓰레드들에 의해 올바르게 사용되려면 쓰레드들 간의 임계 영역 끼어들기가 발생하지 않도록 해야 한다.

쓰레드들 간의 임계 영역 끼어들기 문제는 락(lock)이나 세마포어(semaphore)를 이용하여 하나 또는 제한된 수의 쓰레드들만 배타적으로 임계 영역을 사용하도록 하여 해결할 수 있다.

14.4.2 Lock

threading 모듈의 **Lock** 객체는 쓰레드들이 사용하고 있는 공유 자원에 대한 배타적인 접근 권한을 구현하는 데 사용된다. 여러 쓰레드들이 사용하는 공유 자원은 공정한 공유를 위하여 그 사용이 통제될 필요가 있다. 하나의 쓰레드가 공유 자원 S를 사용하기 시작하면 그 쓰레드가 S의 사용을 마칠 때까지 다른 쓰레드들이 S를 사용하지 못하도록 하고 싶을 때, 다음 그림처럼 하나의 공유 자원 S를 사용하기 직전에 그 공유 자원에 대한 Lock 객체를 획득하도록 하고 공유 자원 S의 사용이 끝난 즉시 그 Lock 객체를 해지하도록 하는 방법을 사용할 수 있다.

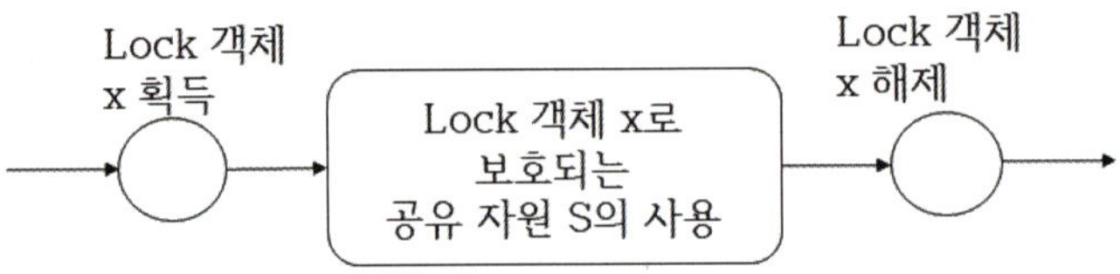

일단 어떤 쓰레드가 Lock 객체를 획득(acquisition)하면 그 쓰레드가 스스로 그 Lock 객체를 해지(release)하기 전에는 어떤 객체도 그 Lock 객체를 획득할 수 없다.

비유

▸ 공유 자원과 화장실

공유 자원은 공용 화장실에 비유될 수 있다. 그리고 Lock 객체는 공용 화장실 열쇠에 비유될 수 있다. 다음과 같은 규칙들이 지켜지면 공용 화장실은 잘 운영된다. 화장실 키는 1개라고 하자.

(1) 화장실 키를 획득(acquisition)한 사람만 화장실을 열고 들어갈 수 있다. 화장실 키를 획득하지 못한 사람은 키가 반납될 때까지 기다려서 키를 획득해야 한다.

(2) 화장실의 사용이 끝난 사람은 지체하지 않고 즉시 키를 반납(release)해야 한다.

Lock 객체는 다음 두 가지 상태만을 갖는다.

- locked
- unlocked

threading.Lock()을 호출하면 Lock 객체가 생성된다. 생성 직후의 Lock 객체의 상태는 unlocked 상태이다. Lock 객체는 그것의 획득과 해지를 위한 다음과 같은 메소드들을 제공한다.

(1) lock.acquire(blocking=True, timeout=-1)

이 메소드는 lock의 획득을 시도한다. lock의 획득에 성공한 lock 객체의 상태는 locked가 된다. 이 함수의 동작은 인자들 blocking과 timeout의 값에 따라 다음과 같이 달라진다. timeout 인자는 Python 3.2에서 도입되었다.

blocking	timeout	동작
True	-1	이 메소드는 lock을 획득할 때까지 무한정 대기 상태가 된다. lock을 획득하면 획득한 lock 객체를 locked 상태로 만들고 대기 상태(blocking state)를 빠져나와 True를 반환한다.
	양의 실수	이 메소드는 timeout 초 동안 lock의 획득을 시도한다. timeout 이내에 lock을 획득하면 바로 대기 상태를 빠져나와 True를 반환한다. timeout 초가 지나도록 lock을 획득하지 못해도 대기 상태를 빠져나와 바로 False를 반환한다.
False	-1	lock을 즉시 획득하면 True를 반환한다. 아니면 False를 반환한다. blocking 값이 False일 때에는 timeout의 값이 항상 기본 값 -1이어야 한다.

(2) lock.release()

lock을 해지한다. 해지된 lock 객체의 상태는 unlocked가 된다. 만일 이 메소드를 호출하였을 때 lock의 상태가 unlock 이라면 RuntimeError 예외가 발생된다. lock을 획득한 쓰레드뿐 아니라 lock을 획득하지 않은 쓰레드도 이 메소드를 호출할 수 있다. lock의 획득을 위해 lock의 해지를 기다리고 있던 쓰레드들 중의 단 하나의 쓰레드만이 해지된 lock을 획득할 수 있다.

참고

▸ **RLock, Semaphore, Event, 그리고 Barrier 객체**

Python은 동기화를 위하여 Lock과 Condition 객체 이외에 RLock, Semaphore, Event 그리고 Barrier 객체 등을 지원한다. 그들에 대한 내용은 다음 사이트를 참고하라.

https://docs.python.org/3/library/threading.html#

본 장에서는 Lock과 Condition 객체, 그리고 동기화 큐(queue) 만을 다룬다. 왜냐하면 그들은 동기화의 핵심 요소이며, 대부분의 동기화 문제들은 그들만으로도 쉽게 해결할 수 있기 때문이다.

14.4.3 동기화된 공유 카운터 프로그램

다음은 코드 14-3을 수정하여 동기화 처리를 한 코드이다. Lock 객체를 이용하여 카운터 객체의 인스턴스 변수 c에 대한 배타적인 접근을 구현하였다.

```
# sync_counter.py
import threading

class sync_counter:
    # 카운터 값을 0으로 초기화하고 카운터가 사용할 Lock 객체를 생성
    def __init__(self):
        self.c = 0
```

```
        self.lock = threading.Lock()

    def inc(self): # 카운터 값 1 증가
        self.lock.acquire()
        self.c = self.c + 1
        self.lock.release()

    def dec(self): # 카운터 값 1 감소
        self.lock.acquire()
        self.c = self.c - 1
        self.lock.release()

    def value(self): # 현재 카운터 값 반환
        self.lock.acquire()
        r = self.c
        self.lock.release()
        return r

# 인자로 전달된 카운터를 100000번 증가시킴
def up(counter1):
    for x in range(100000):
        counter1.inc()

# 인자로 전달된 카운터를 100000번 감소시킴
def down(counter1):
    for x in range(100000):
        counter1.dec()
counter1 = sync_counter() # 카운터 객체 생성

# up(counter1)을 호출하는 쓰레드 t1과 down(counter1)을 호출하는 t2를 생성
t1 = threading.Thread(target=up, args=(counter1,), name='t1')
t2 = threading.Thread(target=down, args=(counter1,), name='t2')

t1.start()
t2.start()

t1.join()
t2.join()

print('total count : ', counter1.value())
```

위 코드를 수행하면 다음과 같은 올바른 결과를 볼 수 있다. 위 코드에서 counter 객체의 메소드들에 들어있는 임계 영역들은 한 순간에 단 하나의 쓰레드만 배타적으로 사용할 수 있도록 Lock 객체에 의해 보호되고 있다.

```
total count :  0
```

위 코드는 쓰레드 생성자에서 쓰레드의 이름을 't1', 't2'로 붙였지만 그 이름을 직접 사용하고 있지 않다. 하지만 일반적으로 쓰레드에 이름을 붙이는 것이 디버깅 등의 작업에 도움이 된다.

14.4.4 with 문

Lock 객체를 with 문과 함께 사용하면 편리하다.

```
with some_lock:
    statement
```

위 with 문장은 다음 문장과 동일한 동작을 한다.

```
some_lock.acquire()
try:
    statement
finally:
    some_lock.release()
```

Lock 객체뿐 아니라 Condition 객체도 with 문과 함께 사용할 수 있다. Lock 객체를 with 문과 함께 사용하는 예제가 다음 절에 나온다.

14.5 쓰레드들의 동기화 II - 쓰레드들의 수행 박자 맞추기

이 절에서는 생산자/소비자 문제를 통하여 락을 이용하여 다른 쓰레드들이 임계 영역에 끼어들기를 막는 것만으로는 풀 수 없는 동기화 문제들이 존재함을 보인다. 그리고 그 동기화 문제들을 푸는 방법을 살펴본다.

14.5.1 생산자/소비자 문제

생산자/소비자 문제는 여러 개의 프로세스들이나 쓰레드들을 어떻게 동기화할 것인가에 관한 고전적인 문제이다. 다음 그림은 하나의 생산자 p, 하나의 소비자 c, 그리고 하나의 데이터를 담을 수 있는 보관함 객체 b로 구성된 생산자/소비자 문제를 보여준다.

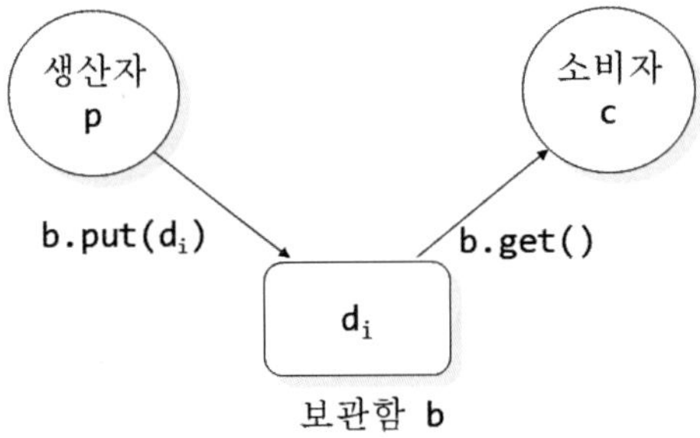

생산자 객체 p와 소비자 객체 c는 프로세스 또는 쓰레드 객체이다. 생산자와 소비자의 수행 속도는 정해져 있지 않다. 생산자는 빠르게 수행되고 소비자는 느리게 수행될 수도 있으며 그 반대일 수도 있다. 생산자가 소비자가 수행되는 속도는 시간의 흐름에 따라 변할 수도 있다고 하자.

보관함 객체 b는 1개의 데이터를 저장할 수 있으며 데이터를 넣고 꺼내기 위해 프로세스 또는 쓰레드들이 사용하는 다음과 같은 메소드들을 제공한다.

- put(*data*)
  보관함이 비어 있으면 *data*를 넣는다.
- get()
  보관함이 비어있지 않으면 보관함에서 데이터를 꺼내어 반환한다. 보관함은 다시 비게 된다.

다음 코드는 생산자/소비자 문제가 다른 쓰레드들이 임계 영역에 끼어들기를 막는 것만으로 해결되지 않는다는 것을 보여주기 위한 것이다. 다음 코드는 `with` *`lock: statement`* 문을 사용하고 있다.

```
# producer_consumer0.py
import threading
import time
import random
```

```
# 생산자는 0~9 까지의 정수를 생산하여 라커 박스에 넣음
class Producer(threading.Thread):
    def run(self):
        for x in range(10):
            time.sleep(random.random())
            box1.put(x)
            print('Producer \"{}\" produces {}.'.format(self.name, x))

# 소비자는 라커 박스에서 정수를 꺼내옴
class Consumer(threading.Thread):
    def run(self):
        for x in range(10):
            time.sleep(random.random())
            r = box1.get()
            print('Consumer \"{}\" consumes {}.'.format(self.name, r))

# 공유 라커 박스. 임계 영역 수행 중에 다른 쓰레드가 끼어들지 못하게 동기화 됨
class LockerBox ():
    def __init__(self):
        self.v = None
        self.lock1 = threading.Lock() # 라커 박스 접근을 제어하기 위한 lock

    def put(self, data): # 라커 박스에 data를 넣음
        with self.lock1:
            self.v = data

    def get(self): # 라커 박스에서 데이터를 꺼냄
        with self.lock1:
            r = self.v
        return r

box1 = LockerBox() # 공유 라커 박스 box1을 생성
producer1 = Producer(name='p1') # 생성자 producer1 생성
consumer1 = Consumer(name='c1') # 소비자 consumer1 생성

producer1.start() # 생산자를 시작시킴
consumer1.start() # 소비자를 시작시킴

producer1.join() # 메인 쓰레드가 생산자 쓰레드가 종료하기를 기다림
consumer1.join() # 메인 쓰레드가 소비자 쓰레드가 종료하기를 기다림
```

위 코드의 LockerBox 클래스의 메소드들은 어떤 쓰레드가 임계 영역을 수행 중에 다른 쓰레드가 끼어들지 못하도록 threading.Lock 객체로 보호되고 있다. 하지만 위 코드를 수행해보면 다음과 같은 결과를 볼 수 있다.

```
Producer "p1" produces 0.
Producer "p1" produces 1.
Consumer "c1" consumes 1.
Producer "p1" produces 2.
Consumer "c1" consumes 2.
Producer "p1" produces 3.
Consumer "c1" consumes 3.
Producer "p1" produces 4.
Producer "p1" produces 5.
Consumer "c1" consumes 5.
Consumer "c1" consumes 5.
Producer "p1" produces 6.
Consumer "c1" consumes 6.
Consumer "c1" consumes 6.
Producer "p1" produces 7.
Consumer "c1" consumes 7.
Producer "p1" produces 8.
Consumer "c1" consumes 8.
Producer "p1" produces 9.
Consumer "c1" consumes 9.
```

위 결과를 보면 생산자가 생산한 4를 소비자가 소비하지 않았다. 또한 생산자가 생산한 6과 7은 소비자가 두 번씩 소비하였다. 생산자/소비자 문제는 임계 영역에 끼어들기 문제만을 해결하는 것으로는 해결할 수 없다. 생산자의 생산과 소비자의 소비의 박자를 맞추는 동기화가 더 필요하다.

생산자와 소비자 쓰레드(또는 프로세스)들은 보관함을 공유하여 사용하므로 보관함의 사용을 동기화하지 않으면 생산자가 생산하여 보관함에 넣은 데이터를 소비자가 빼먹고 소비하지 못하는 경우와 생산자가 생산하지 않은 데이터를 소비자가 생산하는 경우가 발생될 수 있다. 다음 시나리오를 살펴보자.

(t1) 생산자 쓰레드가 수행 상태가 되어 공유 자원에 데이터를 쓴다.

(t2) 소비자 쓰레드가 수행되어 그 데이터를 읽어간다.

(t3) 다시 소비자가 수행되어 다시 그 데이터를 읽어간다.

위 시나리오에서 시점 t3에는 생산자가 수행되어야 한다. 시점 t3에 생산자가 아닌 소비자 쓰레드가 수행되면 소비자는 생산자가 생산한 하나의 값을 두 번 읽어가게 된다. 이런 문제를 해결하려면 생산자는 소비자에게 새 값이 생산되었음을 통보하는 어떤 방법을 가져야 하고, 소비자는 생산자에게 새 값을 생산하였음을 통보받은 후에 소비를 하도록 프로그래밍 되어야 한다. 마찬가지로 소비자가 생산자에게 생산자가 생산한 값을 소비하였음을 통보하는 어떤 방법을 가져야 하고, 생산자는 소비자의 통보를 받은 후에 새로운 값을 생산하도록 프로그래밍 되어야 한다.

14.5.2 Condition 객체 - wait()/notify()/notifyAll()

threading 모듈은 동기화 코드들의 수행 박자의 제어를 지원하기 위한 Condition 클래스를 제공한다. 다음 표는 Condition 객체의 생성자와 메소드들을 보여준다. 편의상 Condition 객체의 이름으로 *cv*를 사용하고 있다.

생성자와 메소드	설명
cv = Condition(lock=None)	Condition 객체는 내부적으로 하나의 락을 사용한다. Condition 객체의 생성자의 인자로 내부적으로 사용할 Lock 객체 또는 RLock 객체를 지정할 수 있다. 지정하지 않는 경우 Condition 객체는 내부적으로 RLock 객체를 생성하여 사용한다.
cv.acquire(*args)	Condition 객체 *cv*가 내부적으로 사용하는 락을 획득한다.
cv.release()	Condition 객체 *cv*가 내부적으로 사용하는 락을 양도한다.
cv.wait(timeout=**None**)	주어진 timeout 시간 동안 *cv*.notify() 또는 *cv*.notify_all()에 의한 통보를 기다린다. timeout 시간이 지나도록 통보가 오지 않으면 False를 반환하고, timeout 시간 내에 통보가 오면 즉시 True를 반환한다.
cv.wait_for(*predicate*, timeout=None)	인자로 주어진 불리언 조건 *predicate*가 True가 될 때까지 기다린다. 인자로 timeout이 실수로 주어지면 그 시간 동안 인자로 주어진 불리언 조건 *predicate*가 True가 되기를 기다린다.
cv.notify(n=1)	*cv*.wait()나 *cv*.wait_for()를 수행하며 기다리고 있는 쓰레드들 중의 하나를 깨운다.
cv.notify_all() *cv*.notifyAll()	*cv*.wait()나 *cv*.wait_for()를 수행하며 기다리고 있는 모든 쓰레드들을 깨운다.

cv.wait_for(*predicate*) 문은 다음 코드와 같은 동작을 수행한다.

```
while not predicate():
    cv.wait()
```

14.5.3 동기화된 최종 생산자/소비자 프로그램

다음은 Condition 객체를 사용하는 최종 생산자/소비자 프로그램이다.

```
# producer_consumer.py
import threading
import time
import random

# 0~9 까지의 정수를 생산하여 라커 박스에 넣음
class Producer(threading.Thread):
    def run(self):
        for x in range(10):
            time.sleep(random.random())
            box1.put(x)
            print('Producer \"{}\" produces {}.'.format(self.name, x))

# 라커 박스에서 정수를 꺼내옴
class Consumer(threading.Thread):
    def run(self):
        for x in range(10):
            time.sleep(random.random())
            r = box1.get()
            print('Consumer \"{}\" consumes {}.'.format(self.name, r))

# 공유 라커 박스. 임계 영역 수행 중에 다른 쓰레드가 끼어들지 못하게 동기화 됨
class LockerBox ():
    def __init__(self):
        self.v = None
        self.available = False
        self.condition1 = threading.Condition()

    def put(self, data): # 라커 박스에 data를 넣음
        self.condition1.acquire()
        while (self.available == True):
            self.condition1.wait() # 박스에 data가 이미 있으므로 소비를 기다림

        self.v = data
        self.available = True
```

```
        self.condition1.notifyAll()
        self.condition1.release()

    def get(self): # 라커 박스에서 데이터를 꺼냄
        self.condition1.acquire()
        while (self.available == False):
            self.condition1.wait() # 박스가 비어있으므로 생산자가 쓰기를 기다림

        data = self.v
        self.available = False
        self.condition1.notifyAll()
        self.condition1.release()
        return data

box1 = LockerBox() # 생성자와 소비자가 함께 공유하는 라커 박스 box1을 생성
producer1 = Producer(name='producer1') # 생성자 producer1 생성
consumer1 = Consumer(name='consumer1') # 소비자 consumer1 생성

# 생산자와 소비자를 시작시킴
producer1.start()
consumer1.start()

# 메인 쓰레드가 생산자와 소비지 쓰레드가 종료하기를 기다림
producer1.join()
consumer1.join()
print('End of producer/consumer problem')
```

위 코드를 수행하면 다음과 같이 생산자가 생산한 순서로 소비자가 소비하는 것을 볼 수 있다.

```
Producer "p1" produces 0.
Consumer "c1" consumes 0.
Producer "p1" produces 1.
Consumer "c1" consumes 1.
Producer "p1" produces 2.
Consumer "c1" consumes 2.
Producer "p1" produces 3.
Consumer "c1" consumes 3.
Producer "p1" produces 4.
Consumer "c1" consumes 4.
```

```
Producer "p1" produces 5.
Consumer "c1" consumes 5.
Producer "p1" produces 6.
Consumer "c1" consumes 6.
Producer "p1" produces 7.
Consumer "c1" consumes 7.
Producer "p1" produces 8.
Consumer "c1" consumes 8.
Producer "p1" produces 9.
Consumer "c1" consumes 9.
End of producer/consumer problem
```

다음은 위 코드의 LockerBox 클래스를 with 문으로 작성한 것이다.

```
class LockerBox ():
    def __init__(self):
        self.v = None
        self.available = False
        self.condition1 = threading.Condition()

    def put(self, data): # 라커 박스에 data를 넣음
        with self.condition1:
            while (self.available == True):
                self.condition1.wait() # 소비를 기다림

            self.v = data
            self.available = True
            self.condition1.notifyAll()

    def get(self): # 라커 박스에서 데이터를 꺼냄
        with self.condition1:
            while (self.available == False):
                self.condition1.wait() # 생산을 기다림
            data = self.v
            self.available = False
            self.condition1.notifyAll()

            return data
```

14.6 쓰레드들의 동기화 III - 교착과 아사의 문제

다중 쓰레드 프로그램이나 다중 프로세스 프로그래밍을 작성할 때에는 쓰레드들이나 프로세스들에게 자원이 공정하고 원활하게 배분되도록 해야 한다. 그렇지 않으면 아사나 교착의 문제를 만날 수 있다. 이 절에서는 식사하는 철학자들의 문제(dining philosophers problem)란 잘 알려진 동기화 문제를 통해 아사와 교착을 설명한다.

14.6.1 식사하는 철학자들 문제의 소개

다음 그림은 식사하는 철학자들의 문제를 표현한다. 원탁의 가운데에는 맛난 요리가 준비되어 있으며 5명의 철학자들 P1, P2, P3, P4, P5가 원탁에 둘러 앉아 있다.

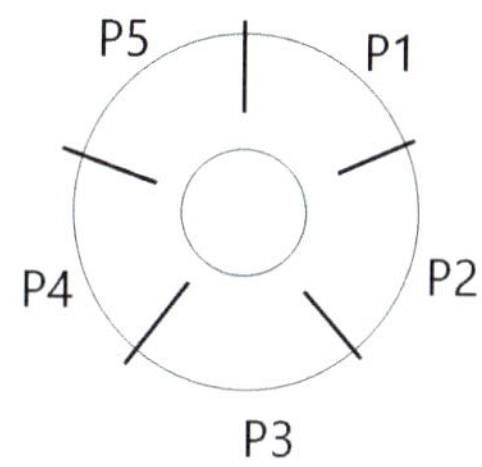

철학자는 잠시 철학의 어려운 문제들을 고민하다가(사실은 졸고 있다), 자신의 왼쪽과 오른쪽에 놓여 있는 두 개의 젓가락들을 들고 요리를 한번 먹고 식탁에 젓가락들을 내려놓고 다시 잠시 철학의 어려운 문제들을 고민하는 동작을 반복한다. 이때 다음 조건들이 지켜져야 한다고 하자.

- 젓가락의 개수는 철학자의 수와 같다. 총 5개이다.
- 다른 철학자가 들고 있는 젓가락은 사용할 수 없다. 옆의 철학자가 젓가락을 내려놓아야 그 젓가락을 들 수 있다.
- 젓가락을 하나만 들고 있는 경우에는 다른 하나의 젓가락도 획득할 수 있을 때까지 계속 기다려야 한다.

철학자들이 모두 골고루 음식을 먹으며 어려운 철학적 문제들을 풀 수 있도록 하는 것이 이 문제를 해결하는 것이다. 철학자들은 쓰레드들이나 프로세스들을 표현하고, 젓가락은 쓰레드들이나 프로세스들이 공동으로 사용해야 하는 공유 자원을 상징한다.

14.6.2 교착

교착(deadlock)이란 두 개 이상의 쓰레드들이 어떤 만족될 수 없는 조건이 만족되기를 기다리며 더 이상 수행이 진전되지 못하는 것을 의미한다.

식사하는 철학자들의 문제에서 교착이 발생하는 예를 들 수 있다. 예를 들어, 식사가 시작되자마자 철학자들이 각자 자신의 왼쪽에 놓여있는 젓가락을 들게 되면 철학자들이 아무도 더 이상 아무도 요리를 먹지 못하는 교착 상태가 된다. 왜냐하면 모두 오른쪽 젓가락이 없으므로 먹지도 못하고 다른 철학자가 오른쪽 젓가락을 내려놓기를 영원히 기다리는 상태가 되기 때문이다.

다중 프로세스나 다중 쓰레드 프로그램은 교착의 문제를 극복할 수 있어야 한다. 교착 상태를 극복하는 방법에는 다음과 같은 것들이 있다.

- **교착 회피(deadlock avoidance)**
  교착이 아예 일어날 수 없도록 하는 알고리즘을 사용한다.
- **교착 탐지(deadlock detection) 및 해결**
  교착이 일어나는 것을 원천적으로 방지하는 것은 매우 어려운 일이므로 교착이 일어날 때 그것을 바로 탐지하고 교착 상태를 푸는 어떤 알고리즘을 사용한다.

식사하는 철학자들의 문제의 경우 젓가락에 우선 순위를 붙여 교착을 회피할 수 있다. 젓가락에 번호 1~5를 붙이고 철학자가 젓가락을 들 때 번호가 작은 젓가락을 우선적으로 들도록 하자.

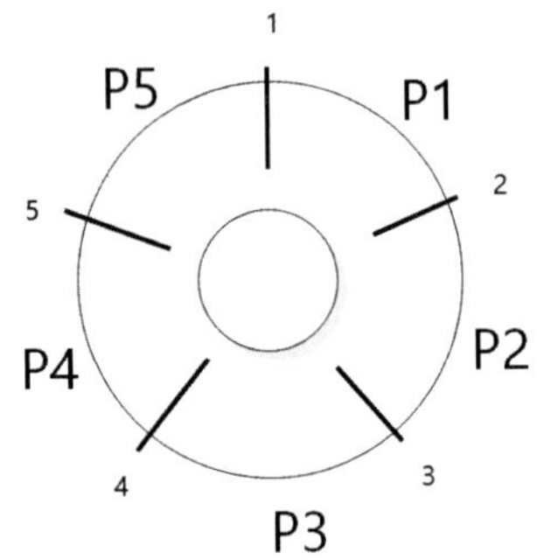

식사가 시작된 직후 철학자들이 동시에 젓가락을 들려고 한다. P1은 1을, P2는 2를, P3은 3을, 그리고 P4는 젓가락 4를 든다. 하지만 P5는 1을 들 수 없으므로 5를 들지 못하고 결과적으로 P4는 젓가락 4와 5를 확보하여 식사를 하게 된다.

14.6.3 아사

아사(餓死, starvation)란 프로그램 내의 어떤 쓰레드나 프로세스만 오랫동안 계속 자원을 받지 못하여 결과적으로 혼자만 수행이 거의 진전되지 못하는 것을 의미한다. 아사란 자원의 불공평한 배분을 의미한다. 운영 체계들은 프로세스나 쓰레드에게 아사가 발생되지 않도록 하는 공평한 자원 배분 알고리즘들을 사용해야 한다.

14.7 쓰레드 안전성을 보장하는 queue의 사용

쓰레드 안전성(thread safety)을 갖는 객체란 그 객체가 제공하는 API를 여러 쓰레드들이 언제 어떻게 사용해도 동기화의 문제가 발생하지 않도록 설계된 객체를 의미한다.

14.7.1 동기화 queue

`queue` 모듈은 다음과 같은 큐 클래스들을 제공한다. 다음 큐들은 생산자/소비자 문제 등의 다중 쓰레드들의 동기화 문제에 사용할 수 있는 쓰레드 안정성을 갖는 큐들이다.

- `queue.Queue`
  FIFO((first-in-first-out) 방식의 큐를 지원한다.
- `queue.LifoQueue`
  LIFO(last-in-first-out) 방식의 큐를 지원한다.
- `queue.PriorityQueue`
  우선 순위를 갖는 큐를 지원한다.
- `queue.SimpleQueue`
  무한 용량을 갖는 FIFO 큐를 지원한다. `SimpleQueue`는 트래킹(tracking)과 같은 고급 기능을 지원하지 않는 단순한 큐이다.

큐 객체들의 생성자는 다음 표와 같다. 큐가 담을 수 있는 최대 원소의 수를 큐의 용량(capacity)이라고 한다. 큐의 용량은 큐 생성자의 `maxsize` 인자에 의해 초기화된다.

queue 모듈의 생성자들과 예외들	설명
queue.Queue(*maxsize*=0)	*maxsize*에 해당하는 용량을 가진 FIFO 큐(first-in-first-out queue)가 생성된다. *maxsize*가 0 이하이면 무한 용량을 갖는 큐가 생성된다.
queue.LifoQueue(*maxsize*=0)	*maxsize*에 해당하는 용량을 가진 LIFO 큐(last-in-first-out queue)가 생성된다. *maxsize*가 0 이하이면 무한 용량을 갖는 큐가 생성된다.
queue.PriorityQueue(*maxsize*=0)	(priority_number, data) 형태의 원소가 사용되는 큐이다. 가장 우선 순위(priority)가 높은 원소를 구하는 수식은 sorted(list(entries))[0])과 같다.
queue.SimpleQueue()	무한 용량을 갖는 FIFO 큐를 생성한다. SimpleQueue는 트래킹(tracking)과 같은 고급 기능을 지원하지 않는 단순한 큐이다.

queue 모듈은 다음과 같은 예외들을 사용한다.

queue.Empty	비어있는 큐로부터 원소를 꺼내려고 하면 발생하는 예외이다.
queue.Full	큐가 꽉 차있는 데 새로운 원소를 넣으려고 하면 발생하는 예외이다.

위에서 기술된 Queue, LifoQueue, 그리고 PriorityQueue 객체는 다음과 같은 공용 메소드들을 제공한다.

메소드	설명
get()	큐에서 원소를 하나 꺼내어 반환한다. 큐가 비어있으면 원소(들)가 넣어지기를 기다렸다가 큐에서 원소를 하나 꺼내어 반환한다.
put(*data*)	큐에 *data*를 넣는다. 큐가 가득 차 있으면 큐에 빈 자리가 하나 이상 생길 때까지 기다렸다가 큐에 *data*를 넣는다.
qsize()	현재 큐에 들어있는 원소들의 개수를 반환한다.
empty()	현재 큐가 비어있으면 True를 반환하고 아니면 False를 반환한다.
full()	현재 큐에 큐의 용량만큼 원소가 가득 차있으면 True를 반환하고 아니면 False를 반환한다.

14.7.2 동기화 queue를 이용한 최종 생산자/소비자 코드

다음은 queue 모듈의 Queue 클래스를 이용하는 최종 생산자/소비자 코드이다.

```
# producer_consumer_with_queue.py
import threading
import time
import random
import queue
```

```
# 0~9 까지의 정수들을 순서대로 생산하여 동기화 큐 queue1에 넣음
class Producer(threading.Thread):
    def run(self):
        for x in range(10):
            time.sleep(random.random())
            queue1.put(x)
            print('Producer produces {}.'.format(x))

# 동기화 큐 queue1에서 정수를 꺼내옴
class Consumer(threading.Thread):
    def run(self):
        for x in range(10):
            time.sleep(random.random())
            r = queue1.get()
            print('Consumer consumes {}.'.format(r))

queue1 = queue.Queue(4) # 용량이 4인 동기화 큐 queue1 생성
producer1 = Producer() # 생성자 producer1 생성
consumer1 = Consumer() # 소비자 consumer1 생성

# 생산자와 소비자를 시작시킴
producer1.start()
consumer1.start()

# 메인 쓰레드가 생산자와 소비자 쓰레드가 종료하기를 기다림
producer1.join()
consumer1.join()
```

위 코드를 수행한 결과는 다음과 같다.

```
Producer produces 0.
Consumer consumes 0.
Producer produces 1.
Consumer consumes 1.
Producer produces 2.
Producer produces 3.
Consumer consumes 2.
Producer produces 4.
Consumer consumes 3.
```

```
Producer produces 5.
Producer produces 6.
Consumer consumes 4.
Producer produces 7.
Producer produces 8.
Consumer consumes 5.
Producer produces 9.
Consumer consumes 6.
Consumer consumes 7.
Consumer consumes 8.
Consumer consumes 9.
```

위 코드를 수행한 결과는 수행 때마다 달라진다. 하지만 항상 생산자가 생산한 정수들 0, 1, 2, 3, 4, 5, 6, 7, 8, 9를 생산된 순서대로 소비자가 소비하는 것을 확인할 수 있다.

위 코드는 큐의 용량을 4로 하고 있지만 다른 숫자로 바꾸어도 된다. 큐의 용량을 1로 하면 다음과 같이 생산자와 소비자가 교대로 동작하는 결과를 볼 수 있다.

```
Producer produces 0.
Consumer consumes 0.
Producer produces 1.
Consumer consumes 1.
Producer produces 2.
Consumer consumes 2.
Producer produces 3.
Consumer consumes 3.
Producer produces 4.
Consumer consumes 4.
Producer produces 5.
Consumer consumes 5.
Producer produces 6.
Consumer consumes 6.
Producer produces 7.
Consumer consumes 7.
Producer produces 8.
Consumer consumes 8.
Producer produces 9.
```

```
Consumer consumes 9.
```

Lock 객체 또는 Condition 객체를 올바르게 사용하는 것은 상당한 실력을 필요로 한다. 그들 대신 threading.queue 모듈의 동기화 큐들을 사용하는 것은 다음과 같은 장점이 있다.

- 큐의 용량을 조정하면 생산자와 소비자의 속도 차이에 의한 성능 저하를 어느 정도 줄일 수 있다.
- Lock이나 Condition 객체를 사용하는 것보다 코드가 쉽고 간결해진다.

14.8 종합 예제 - 식사하는 철학자들 문제

다음 예제 코드는 교착을 막기 위하여 우선 순위를 가진 젓가락들을 사용하는 식사하는 철학자들 문제에 대한 것이다.

```
# dining_philosophers.py
import threading
import random
import time

class Chopstick:
    def __init__(self, n):
        self.priority = n # 젓가락의 우선 순위
        self.lock = threading.Lock() # 젓가락 접근 제어 락

class Philosopher(threading.Thread):
    keep_running = True

    # 철학자를 생성한다. 생성되는 철학자 좌우의 젓가락들도 지정한다.
    def __init__(self, philosopher_name, chopstick1, chopstick2):
        threading.Thread.__init__(self, daemon=True)
        self.name = philosopher_name
        self.cs_on_left = chopstick1
        self.cs_on_right = chopstick2
        print('Philosopher \"{}\" with chopsticks {} and {} has created!'.
format(self.name, self.cs_on_left.priority, self.cs_on_right.priority))
```

```
    def run(self):
        while (Philosopher.keep_running):
            # Philosopher is thinking (but really is sleeping).
            time.sleep(random.random())
            self.dine()

    def dine(self):
        # 먼저 획득해야 하는 젓가락과 다음에 획득해야 하는 젓가락을 정한다.
        if (self.cs_on_left.priority > self.cs_on_right.priority):
            first_chopstick = self.cs_on_right
            second_chopstick = self.cs_on_left
        else:
            first_chopstick = self.cs_on_left
            second_chopstick = self.cs_on_right

        # 젓가락을 획득한다.
        first_chopstick.lock.acquire()
          second_chopstick.lock.acquire()

        print('Philosopher \"{}\" eats a bite.'.format(self.name))

        # 한 젓가락 먹었으니 젓가락을 내려놓는다.
        second_chopstick.lock.release()
        first_chopstick.lock.release()

if __name__ == '__main__':
    num_of_philosophers = 5

    # 리스트 함축문으로 젓가락들을 생성한다.
    chopsticks = [Chopstick(n) for n in range(num_of_philosophers )]

    # 리스트 함축문으로 철학자들을 생성한다.
    philosophers = [Philosopher('P'+str(i), chopsticks[i], chopsticks[(i+1) %
num_of_philosophers]) for i in range(num_of_philosophers)]

    # 철학자들의 만찬을 시작한다.
    Philosopher.keep_running = True
    for p in philosophers:
        p.start()
```

```
    # 3초 후에 만찬을 종료한다
    time.sleep(3)
    Philosopher.keep_running = False

    # 모든 철학자 쓰레드들이 종료하기를 기다린다.
    for p in philosophers:
        p.join()

    print('[End of Dining Philosophers]')
```

위 코드를 수행한 결과는 다음과 같다. 코드 상의 num_of_philosophers 변수의 값을 바꾸어서 수행해 보라.

```
Philosopher "P0" with chopsticks 0 and 1 has created!
Philosopher "P1" with chopsticks 1 and 2 has created!
Philosopher "P2" with chopsticks 2 and 3 has created!
Philosopher "P3" with chopsticks 3 and 4 has created!
Philosopher "P4" with chopsticks 4 and 0 has created!
Philosopher "P3" eats a bite.
Philosopher "P4" eats a bite.
Philosopher "P4" eats a bite.
Philosopher "P3" eats a bite.
Philosopher "P2" eats a bite.
Philosopher "P3" eats a bite.
Philosopher "P1" eats a bite.
Philosopher "P0" eats a bite.
Philosopher "P3" eats a bite.
Philosopher "P4" eats a bite.
Philosopher "P1" eats a bite.
Philosopher "P0" eats a bite.
Philosopher "P2" eats a bite.
Philosopher "P3" eats a bite.
Philosopher "P1" eats a bite.
Philosopher "P0" eats a bite.
Philosopher "P2" eats a bite.
Philosopher "P4" eats a bite.
Philosopher "P1" eats a bite.
Philosopher "P1" eats a bite.
Philosopher "P0" eats a bite.
```

```
Philosopher "P3" eats a bite.
Philosopher "P4" eats a bite.
Philosopher "P3" eats a bite.
Philosopher "P2" eats a bite.
Philosopher "P3" eats a bite.
Philosopher "P1" eats a bite.
Philosopher "P4" eats a bite.
Philosopher "P0" eats a bite.
[End of Dining Philosophers]
```

연습문제

1 다음 용어들의 의미를 설명하라.

a. 임계 영역
b. 아사
c. 교착
d. GIL(global Interpreter Lock)

2 프로세스와 쓰레드를 비교 설명하라.

3 Python IDLE에서 쓰레드를 2개 생성하고, 총 몇 개의 쓰레드들이 존재하는지 `threading.enumerate()` 메소드를 사용하여 확인하라.

4 제 14.4.3절의 동기화된 공유 카운터 프로그램을 수정하여 5개의 쓰레드들이 하나의 카운터를 공유하도록 하여 동기화가 잘 되는지 확인하라.

5 공유 box에 들어있는 'Ping'을 소비하면 'Pong'을 생산하고 'Pong'을 소비하면 'Ping'을 생산하는 생산자/소비자 프로그램을 작성하라. 메인 쓰레드가 처음에 공유 박스에 'Ping'을 생산하여 넣는다고 하자.

CHAPTER 15

네트워크 프로그래밍

이 장에서는 Python 표준 라이브러리인 **socket** 모듈의 **socket** 객체를 사용하는 네트워크 프로그래밍에 대하여 살펴본다.

15.1 소켓 프로그래밍 기본

15.1.1 Python의 socket 모듈

Python의 **socket** 모듈은 BSD 소켓을 기반으로 구현되었다. BSD 소켓은 현대의 모든 Unix 시스템들과, Windows, MacOS 등의 운영 체계들에서 지원된다. 다음은 소켓에 관련된 기본 용어들이다.

용어	의미
도메인 (domain)	소켓이 사용할 수 있는 주소들의 영역(domain)을 의미한다. 소켓의 도메인은 socket.AF_INET, socket.AF_INET6, socket.AF_UNIX, 또는 socket.AF_BLUETOOTH 등의 값으로 표현된다. 도메인의 기본 값은 socket.AF_INET이다.
타입 (type)	두 소켓 간의 통신의 타입을 의미한다. 소켓의 타입은 SOCK_STREAM, SOCK_DGRAM 등의 값으로 표현된다. SOCK_STREAM은 TCP 통신용 소켓의 타입이다. SOCK_DGRAM은 UDP 통신용 소켓의 타입이다. 타입의 기본 값은 SOCK_STREAM이다.
프로토콜 (protocol)	소켓의 도메인과 타입이 표현하는 통신 프로토콜의 세부 변종(variant)을 지정하는 용도로 사용한다. 보통 기본 값 0으로 둔다.
포트(port)	소켓이 사용하는 포트이다.

이 장에서는 주로 **AF_INET** 도메인을 사용한다. Python 소켓이 사용할 수 있는 중요 도메인들의 의미는 다음과 같다.

- **socket.AF_UNIX**: 동일 호스트 상의 두 프로세스들 간의 통신에 사용되는 유닉스 도메인 소켓(unix domain socket)의 도메인이다. 유닉스 도메인 소켓은 파일 기반의 통신을 사용하며 네트워크 기반 통신보다 효율적이다.

- `socket.AF_INET`: 32 비트 주소 체계인 IPv4를 사용하는 소켓들의 도메인이다.
- `socket.AF_INET6`: 64 비트 주소 체계인 IPv6를 사용하는 소켓들의 도메인이다.
- `socket.AF_BLUTOOTH`:는 Python 3에서부터 지원되며 블루투스 주소 체계를 사용하는 소켓들의 도메인이다.

15.1.2 OSI 7 계층 구조와 소켓

OSI 7 계층 구조를 기준으로 표현할 때 Python은 응용 계층의 프로토콜들에 대한 프로그래밍 인터페이스뿐 아니라 보다 하위 계층인 세션 계층에서 지원하는 소켓에 대한 프로그래밍 인터페이스도 제공한다. OSI 7 계층 구조란 1974년에 OSI(Open Systems Interconnection)에서 표준으로 규정한 네트워크 계층 구조를 의미한다.

OSI 7 계층 구조는 다음 그림과 같이 7개의 계층들로 구성되어 있으며, 계층 구조에서 상위 계층은 하위 계층을 기능을 바탕으로 보다 고수준의 기능을 제공한다. 상단의 계층들인 응용 계층(application layer), 표현 계층(presentation layer), 세션 계층(session layer)은 소프트웨어 적인 계층이며, 가장 하단의 계층인 물리 계층(physical layer)은 물리적인 네트워크 케이블을 통해 신호를 전송하고 수신하는 계층이다. 세션 계층과 물리 계층 사이에 전송 계층(transport layer), 네트워크 계층(network layer), 데이터 링크 계층(data link layer)이 존재한다.

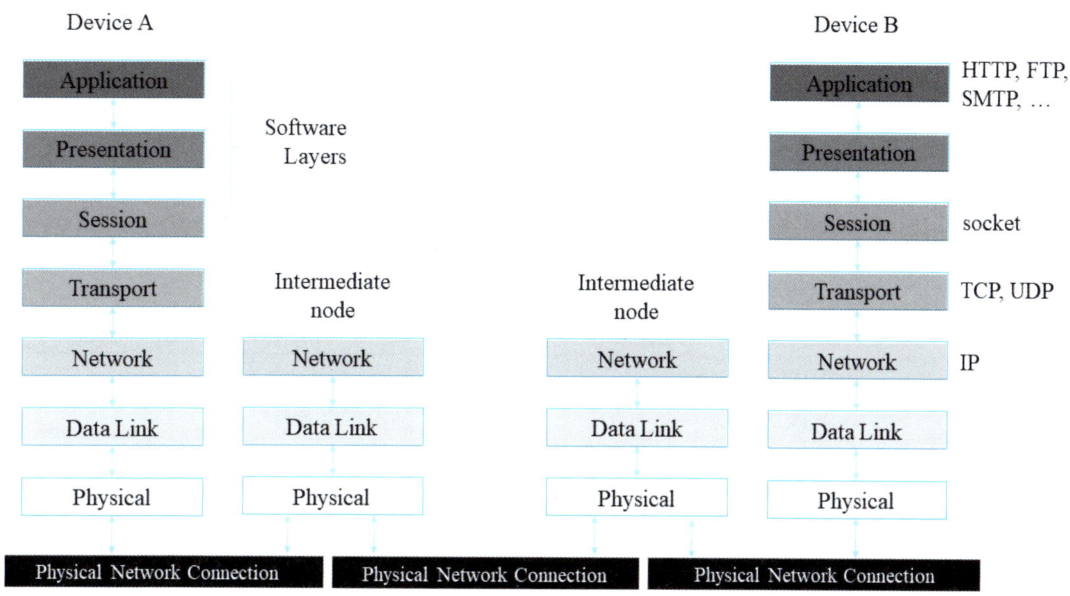

위 그림은 OSI 7 계층 구조의 관점에서의 장비 A의 응용 계층과 장비 B의 응용 계층 간의 통신을 표현한다. 응용 계층에서 전송하는 데이터는 하위 계층으로 전달되며 최종적으로는 물리 계층에 전달되어 다른 장비로의 전송이 일어난다. 장비 A와 장비 B 사이에는 데이터의 전송을 담당하는 라우터들과 같은 중간 장비들(intermediate devices)이 존재할 수 있다.

응용 계층은 HTTP, FTP, SMTP와 같은 고수준의 네트워크 프로토콜들을 제공한다. 전송 계층은 TCP(Transmission Control Protocol)와 UDP(User Datagram Protocol)를 제공한다. 이 장에서 다루는 소켓(socket)은 세션 계층에서 지원한다. 소켓을 사용하면 바로 아래 계층인 전송 계층에서 지원하는 TCP나 UDP 기반의 클라이언트/서버를 쉽게 구현할 수 있다. 소켓은 다음과 같은 종류의 통신을 지원한다.

- 프로세스 내 통신(intra process communication)
- 프로세스 간 통신(interprocess communication)
- 호스트 간 통신

프로세스 내 통신이란 같은 프로세스 상에 존재하는 두 소켓들 간의 통신을 의미한다. 프로세스 간 통신이란 프로세스는 다르지만 같은 호스트에 존재하는 두 소켓들 간의 통신을 의미한다. 호스트 간 통신이란 서로 다른 호스트에 존재하는 소켓들 간의 통신을 의미한다.

15.1.3 TCP와 UDP

TCP와 UDP는 모두 OSI 7 계층 구조상의 전송 계층(transport layer)에서 지원하는 양방향 네트워크 통신 프로토콜이다. 다음은 TCP와 UDP의 속성들을 비교한 표이다.

비교 속성	TCP	UDP
연결 방식	연결 지향 프로토콜 (connection-oriented protocol)	비연결 프로토콜 (connection-less protocol)
메시지 전송 방식	스트림	패킷 단위로 전송
메시지 도착 순서	보낸 순서대로의 수신을 보장	보낸 순서대로의 수신을 보장하지 않음
전송의 신뢰성	메시지 손실 없음	메시지 손실 가능
속도	상대적으로 느림	상대적으로 빠름

TCP는 연결 지향 프로토콜이다. TCP 소켓들 간에 메시지를 전송하려면 먼저 소켓들 간의 연결을 확보해야 한다. 먼저 소켓들 간의 연결이 확보되어야 양방향으로 메시지의 전송이 가능하다. 반면에 UDP 소켓들은 메시지의 전송을 위하여 소켓들 간의 연결 확보를 필요로 하지 않는 비연결 프로토콜이다.

TCP에서는 메시지들의 전송이 스트림 방식으로 이루어진다. 즉 전송되는 메시지들은 서로 구분이 없이 연속으로 이어져서 스트림의 형태로 전송된다. 반면에 UDP의 경우 메시지들 간의 구분은 자동으로 이루어진다. TCP의 경우 메시지들 간의 구분은 소프트웨어 개발자의 부담이다. TCP의 경우 메시지들을 서로 구분하기 위하여 개발자는 메시지의 앞에 메시지의 길이 정보를 붙여 보내는 방식 등을 사용하기도 한다.

TCP에서는 메시지의 전송이 스트림 방식으로 이루어지며 메시지들의 도착의 순서는 전송의 순서와 동일함이 보장된다. 반면에 UDP의 경우 나중에 보낸 메시지가 먼저 보낸 메시지보다 먼저 도착할 수 있다.

TCP는 소켓 간에 내부적인 핸드셰이킹(handshaking)을 통해 메시지가 잘 전송되었는가를 확인하여 메시지의 손실이 일어나지 않도록 한다. 핸드셰이킹 과정에서 송신 메시지의 수신이 확인되지 않으면 그 메시지는 내부적으로 다시 전송된다. 반면에 UDP는 아무런 핸드셰이킹을 수행하지 않으며 메시지 전송 중에 메시지가 손실되지 않는다는 보장이 없다.

TCP는 메시지의 손실이 일어나지 않도록 하며 메시지의 순서를 보존해야 하는 부담을 가지므로 상대적으로 속도가 느리다. 반면에 UDP는 그런 부담을 지지 않으므로 메시지 전송 송도가 상대적으로 빠르다.

TCP와 UDP는 고유한 장점들과 단점들을 가지므로 용도에 맞게 사용되어야 한다. 응용 계층의 프로토콜들 HTTP, HTTPs, FTP, SMTP, Telnet은 TCP를 사용하고, DNS, DHCP, TFTP, SNMP, RIP, VOIP 등은 UDP를 사용한다.

15.2 TCP 기반 소켓 통신

Python **socket** 모듈을 이용하여 간단한 TCP 서버와 TCP 클라이언트를 만들어보자. IPv4 주소를 사용하는 TCP 소켓 객체를 사용한다.

15.2.1 간단한 TCP 메아리 서버

다음 코드는 50000번 포트를 사용하는 간단한 TCP 메아리 서버이다. 메아리 서버라고 이름을 붙인 이유는 이 서버는 클라이언트로부터 메시지를 받으면 즉시 그 메시지를 그대로 클라이언트에게 되돌려 보내기 때문이다.

```
# simple_tcp_server.py
import socket
import time

server_addr = ('localhost', 50000)
MAX_BUF_SIZE = 1024

# 서버 소켓 s를 생성하고, 주소를 바인딩하고, 옵션을 설정한다.
s = socket.socket(socket.AF_INET, socket.SOCK_STREAM)
s.setsockopt(socket.SOL_SOCKET, socket.SO_REUSEADDR, 1)
s.bind(server_addr) # bind to the PORT

# 서버 소켓 s를 시작한다.
s.listen()
print('TCP 서버가 (\'%s\', %d)에서 수행을 시작함.' % server_addr)

while True:
    # 클라이언트의 접속 요청을 수락하고
    # 클라이언트 주소 client_addr과 그것에 연결된 클라이언트 소켓 c2 반환
    c2, client_addr = s.accept()
    print('TCP 클라이언트 %s의 접속 요청을 수락함.' % str(client_addr))

    # c2를 통해 클라이언트와 양방향 통신
    while True:
        msg = c2.recv(MAX_BUF_SIZE)
        if msg:
            print('TCP 클라이언트 %s가 보낸 메시지 \'%s\'를 수신함.' %
              (client_addr, msg.decode('utf-8')))
```

```
29
30            # c2를 통해 클라이언트에게 msg를 되돌려 보냄
31            echo_msg = msg
32            c2.send(echo_msg)
33        else:
34            break # msg == b''이면 양방향 통신 while 루프를 빠져나감
35
36    # 1초의 여유를 두고 클라이언트에 연결된 c2를 닫음
37    print('TCP 클라이언트 %s와의 연결을 종료함.' % str(client_addr))
38    time.sleep(1)
39    c2.close()
```

| 코드 15-1 | 간단한 TCP 메아리서버

위 간단한 TCP 메아리 서버의 코드를 수행하면 다음과 같은 출력을 볼 수 있다. 아직 이 서버에 아무런 클라이언트도 접속하지 않았다.

```
TCP 서버가 ('localhost', 50000)에서 수행을 시작함.
```

코드를 세부적으로 살펴보자. 다음 1번 ~ 9번 문장들은 socket 패키지와 time 패키지를 임포트하고 소켓 객체 s를 생성한다.

```
# simple_tcp_server.py
import socket
import time

server_addr = ('localhost', 50000)
MAX_BUF_SIZE = 1024

# 서버 소켓 s를 생성하고, 주소를 바인딩하고, 옵션을 설정한다.
s = socket.socket(socket.AF_INET, socket.SOCK_STREAM)
```

위 간단한 TCP 메아리 서버가 사용하는 소켓 객체 s의 생성자의 첫 번째 인자는 socket.AF_INET이고 두 번째 인자는 socket.SOCK_STREAM이다. 따라서 s는 IPv4 주소와 TCP를 사용하는 소켓 객체가 된다.

다음 10번 문장은 setsockopt() 메소드로 소켓 s의 socket.SO_REUSEADDR 옵션을 1로 설정한다.

```
s.setsockopt(socket.SOL_SOCKET, socket.SO_REUSEADDR, 1)
```

10번 문장은 소켓 s에 결합된 포트의 즉각적인 재사용을 가능하도록 한다. socket.SO_REUSEADDR 옵션을 1로 설정하지 않으면, 서버에 접속되어 있는 클라이언트가 자신의 소켓을 정상적으로 close()

하지 않은 상황에서 디버깅 등의 이유로 서버를 먼저 종료시키면 서버의 소켓에 결합된 포트가 즉시 반납되지 않고 얼마간 사용 상태에 있게 된다. 따라서 **socket.SO_REUSEADDR** 옵션을 1로 설정하지 않으면 소켓을 사용하는 서버를 종료시킨 후 즉시 서버를 다시 시작시키면 해당 주소가 아직 사용 중이라는 다음과 같은 오류를 보게 된다.

```
Address Already in use
```

서버의 소켓이 사용하던 포트를 즉시 재사용할 수 없는 이런 상황은 서버 프로그램의 개발 과정을 불편하게 만들 수 있다. 서버 소켓을 사용하는 프로그램을 개발할 때는 서버 소켓의 **socket.SO_REUSEADDR** 옵션을 1로 설정하는 것이 바람직하다.

다음 11번 문장은 소켓 객체 **s**를 서버 소켓으로 사용하기 위하여 소켓 객체에 주소, 즉 호스트와 포트를 결합시킨다.

```
s.bind(server_addr) # bind to the HOST, PORT
```

다음 14번 문장은 서버 소켓이 클라이언트들의 접속 요청을 받아들일 수 있는 상태로 만든다.

```
s.listen()
```

이후 문장 17에서 마지막 문장까지의 코드는 클라이언트의 접속 요청을 수락하고, 접속된 클라이언트가 메시지를 보내면 그 메시지를 그대로 클라이언트에게 돌려보내는 동작을 반복한다.

다음 문장 20은 간단한 TCP 메아리 서버의 코드에서 내부적으로 가장 복잡한 일을 한다. 서버 소켓 **s**의 **accept()** 메소드는 클라이언트 소켓으로부터 접속 요청이 있으면 새로운 클라이언트 소켓을 생성하고 생성된 클라이언트 소켓과 접속 요청을 보낸 클라이언트의 소켓 간의 연결을 확보한다. 그리고 생성된 클라이언트 소켓과 그 소켓의 주소 **client_addr**을 반환한다.

```
c2, client_addr = s.accept()
```

이후 서버와 클라이언트는 클라이언트 소켓들 간에 확보된 연결을 사용하여 양방향 통신을 할 수 있게 된다. 다음 그림은 클라이언트가 서버에게 접속 요청을 보내 클라이언트와 서버가 연결되는 과정을 보여준다.

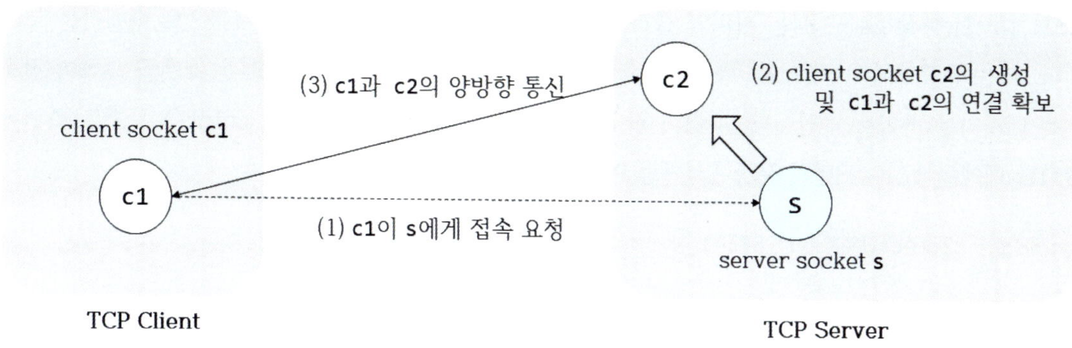

TCP 서버의 서버 소켓은 TCP 클라이언트의 접속 요청을 수락하고 처리하는 일만을 수행하며, TCP 서버 쪽에는 새로운 TCP 클라이언트의 접속 요청이 있을 때마다 그 클라이언트의 소켓과 연결된 새로운 클라이언트 소켓이 하나씩 생성된다. 위 그림은 클라이언트의 소켓 c1이 서버 소켓 s에게 접속 요청을 하면 서버는 새로운 클라이언트 소켓 c2를 생성하고 c2와 c1간의 연결을 확보하는 절차를 보여준다.

만일 TCP 클라이언트 T1, T2가 차례로 서버에 접속을 요청한다면 서버 쪽에는 다음 그림과 같이 2개의 클라이언트 소켓이 생성된다.

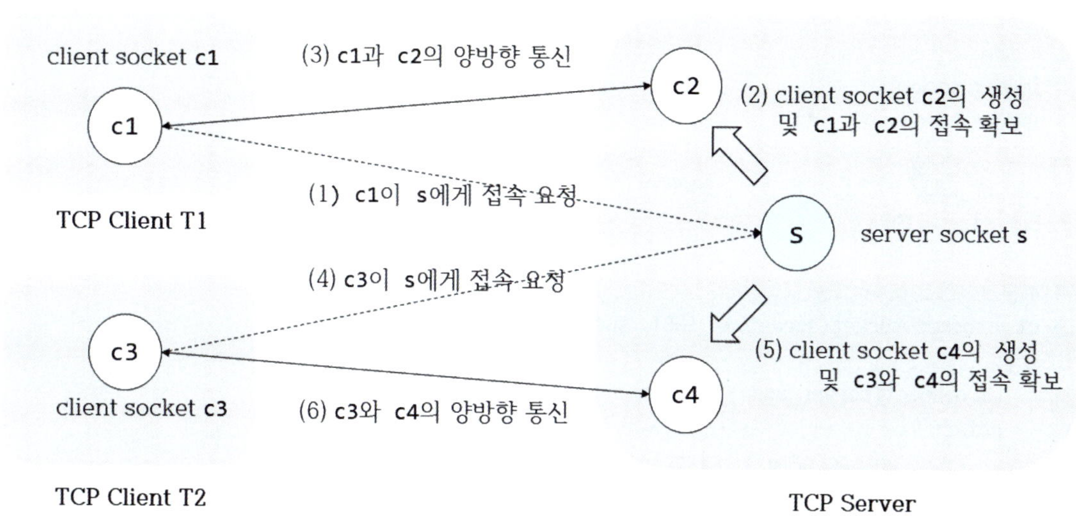

이런 서버 소켓의 accept() 메소드의 방식은 하나의 서버 주소에 여러 클라이언트들이 접속하여 서비스를 받을 수 있도록 한다.

[코드 15-1] 문장 24 ~ 34는 서버와 클라이언트가 양방향 메시지 전송을 반복적으로 수행하는 코드이다. 다음 문장 25는 소켓 c2를 통하여 클라이언트가 보내는 메시지를 수신한다. 소켓을 통하여 전송되는 메시지는 바이트 타입이다. 따라서 한글이 들어있는 메시지를 수신하여 print() 문으로 화면에 출력할 때에는 27 ~ 28번의 문장에서처럼 먼저 디코딩을 해야 한다.

```
msg = c2.recv(MAX_BUF_SIZE)
```

만일 25번 문장에서 수신된 메시지가 b''이면 34번 break 문이 수행되어 클라이언트와 서버간의 양방향 통신이 종료된다. 왜냐하면 25번 문장에서 수신된 메시지 b''는 클라이언트가 서버에 연결된 소켓을 닫았다는 것을 의미하기 때문이다. 문장 37 ~ 39는 1초의 여유를 두고 서버 쪽에 생성된 클라이언트 소켓을 닫는다. 소켓을 닫기 전 1초의 시간은 소켓에게 늦게 도착한 메시지를 수신할 여지를 갖도록 한다.

15.2.2 간단한 TCP 클라이언트

다음은 앞 절의 간단한 TCP 메아리 서버에 접속하여 동작하는 간단한 TCP 클라이언트의 코드이다. 이 클라이언트는 TCP 메아리 서버에 연결되면 서버에게 '안녕 Server!' 메시지를 보내고, 서버의 응답 메시지를 수신하여 출력한다. 코드를 살펴보자.

```
# simple_tcp_client.py
import socket
import time

server_addr = ('localhost', 50000)
buf_size = 1024

# 클라이언트 소켓 c1을 생성한다.
c1 = socket.socket(socket.AF_INET, socket.SOCK_STREAM)
try:
    c1.connect(server_addr) # 서버에 접속을 요청
    print('TCP 클라이언트 %s가 TCP 서버 %s에 연결됨.' %
         (c1.getsockname(), c1.getpeername()))

    # 서버에게 메시지를  보낸다.
    msg = '안녕 Server!'
    c1.send(msg.encode('utf-8'))

    echo_msg = client_socket.recv(buf_size) # 서버의 응답 메시지를 받는다.
```

```
20     print('서버의 응답 \'%s\'를 수신함.' % echo_msg.decode('utf-8'))
21 except:
22     # 서버에 접속할 수 없으면 오류 메시지를 내고 종료한다.
23     print('서버 {}에 접속할 수 없어서 종료함.'.format(server_addr))
24 finally:
25     time.sleep(1) # 소켓을 닫고 종료하기 전에 1초의 여유를 둔다.
26     c1.close()
```

| 코드 15-2 | 간단한 TCP 클라이언트

제 15.1.2절의 [코드 15-1]의 간단한 TCP 메아리 서버를 수행한 상태에서, 위 간단한 TCP 클라이언트를 수행하면 TCP 클라이언트 쪽에서는 다음과 같은 수행 결과를 볼 수 있다. 참고로 IP 주소 '127.0.0.1'는 호스트 자기 자신으로 가는 주소를 나타내는 특별한 목적의 IPv4 주소이다. IP 주소 '127.0.0.1'는 루프백 주소(loopback address)라고 불리기도 한다.

```
TCP 클라이언트 ('127.0.0.1', 57380)가 TCP 서버 ('127.0.0.1', 50000)에 연결됨.
TCP 서버의 응답 '안녕 Server!'를 수신함.
```

TCP 메아리 서버 쪽에서는 다음과 같은 결과를 볼 수 있다.

```
TCP 서버가 ('localhost', 50000)에서 수행을 시작함.
TCP 클라이언트 ('127.0.0.1', 57380)의 연결 요청을 수락함.
TCP 클라이언트가 보낸 메시지 '안녕 Server!'를 수신함.]
```

위 코드의 다음 9번 문장은 IPv4를 사용하는 TCP 클라이언트 소켓 **c1**을 생성한다.

```
c1 = socket.socket(socket.AF_INET, socket.SOCK_STREAM)
```

다음 11번 문장은 서버에 접속을 요청한다. 클라이언트의 소켓은 서버 소켓과 달리 **bind()** 메소드로 주소를 결합하지 않는다. 클라이언트 소켓의 주소는 서버에의 접속 요청이 처리되는 동안 자동으로 결정된다.

```
c1.connect(server_addr) # 서버에 접속을 요청
```

다음 문 번호 12 ~ 13의 문장은 클라이언트의 소켓 c1의 **getsockname()** 메소드와 **getpeername()** 메소드를 사용한다. **c1.getsockname()**은 클라이언트 소켓 **c1**의 주소를 반환한다. **c1.getpeername()**은 클라이언트 소켓 **c1**이 접속한 서버 쪽의 서버 소켓의 주소를 반환한다.

```
print('TCP 클라이언트 %s가 TCP 서버 %s에 연결됨.' %
  (c1.getsockname(), c1.getpeername()))
```

문 번호 **12 ~ 13**의 문장의 수행 결과는 다음과 같다. 수행 결과에서 **('127.0.0.1', 57380)**는 TCP 클라이언트 소켓 **c1**의 주소이고, **('127.0.0.1', 50000)**는 **c1**에 접속된 TCP 서버의 서버 소켓의 주소이다.

```
TCP 클라이언트 ('127.0.0.1', 51574)가 TCP 서버 ('127.0.0.1', 50000)에 연결됨.
```

문장 17은 문자열 '안녕 Server!'를 바이트 배열로 변환하여 서버에게 송신한다. 문장 19는 서버가 돌려주는 응답을 수신한다.

문장 21 ~ 23은 서버의 주소를 잘못 사용하거나 서버가 수행되고 있지 않을 때 발생하는 예외를 처리한다. 문장 25, 26은 예외가 발생하였던 아니던 1초의 여유를 두고 클라이언트를 클라이언트의 소켓을 닫는다.

15.2.3 TCP 서버와 클라이언트의 기본 동작

다음은 15.2.1절에서 기술된 [코드 15-1]의 간단한 TCP 메아리 서버와 15.2.2절에서 기술된 [코드 15-2]의 간단한 TCP 클라이언트의 기본 동작을 설명하기 위한 다이어그램이다.

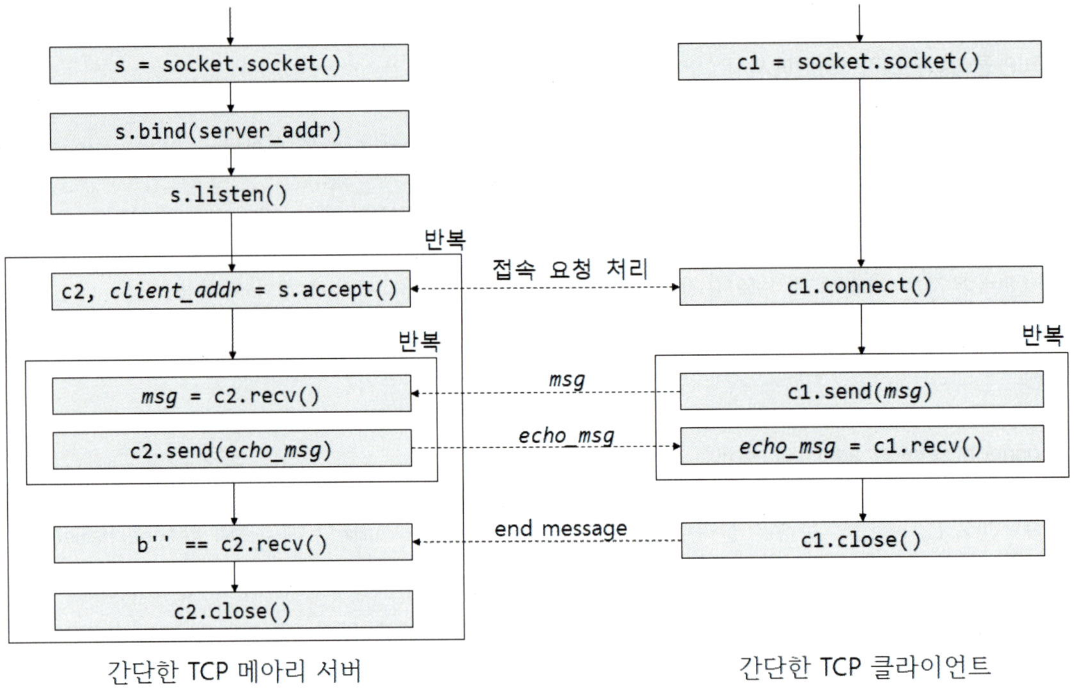

일반적으로 TCP 서버는 클라이언트들의 접속 요청을 수락하고 클라이언트들과 메시지들을 송신하고 수신하는 과정을 여러 번 반복한다. 만일 클라이언트 쪽에서 소켓을 닫으면 서버 쪽 클라이언트 소켓에는 b''가 도착한다. 서버와 클라이언트가 통신을 마치려면 클라이언트가 먼저 소켓을 닫는 것이 정상적인 절차이다.

15.3 UDP 기반 소켓 통신

UDP 통신은 비 연결 프로토콜이며 클라이언트와 서버 간에 미리 연결을 확보하는 절차나 메시지들을 구분하여 읽는 절차를 필요로 하지 않으므로 TCP 통신에 비교하여 상대적으로 코드가 간결하다.

15.3.1 간단한 UDP 메아리 서버

다음은 UDP 클라이언트가 메시지를 보내면 그 메시지를 그대로 클라이언트에게 돌려보내는 UDP 메아리 서버의 코드이다.

```
# simple_udp_server.py
import socket

server_addr = ('localhost', 10000)
MAX_MSG_SIZE = 1024

# UDP 소켓 생성
s1 = socket.socket(socket.AF_INET, socket.SOCK_DGRAM)

# UDP 소켓에 서버 주소 바인딩
s1.bind(server_addr)
print('UDP 서버 (\'%s\', %d)가 시작됨.' % server_addr)

# 클라이언트가 보낸 메시지를 그대로 되돌려 보냄
while True:
    print('UDP 클라이언트의 메시지를 기다림.')
    msg, client_addr = s1.recvfrom(MAX_MSG_SIZE)
    print('메시지 \'%s\'가  %s로부터 도착함.' %
          (msg.decode('utf-8'), client_addr))

    echo_msg = msg
```

```
22     bytes_sent = s.sendto(echo_msg, client_addr)
23     print('수신 메시지 \'%s\'(%d bytes)를 클라이언트에게 되돌려 보냄.' %
24         (echo_msg.decode('utf-8'), bytes_sent))
```

| 코드 15-3 | 간단한 UDP 메아리 서버

위 간단한 UDP 메아리 서버를 수행하면 다음과 같은 출력을 볼 수 있다.

```
UDP 서버 ('localhost', 10000)가 시작됨.
UDP 클라이언트의 메시지를 기다림.
```

위 코드의 문장 8은 IPv4 주소를 사용하는 UDP 소켓 객체 **s1**을 생성한다. 문장 11은 소켓 **s1**에 주소 (**'localhost', 10000**)을 결합한다. 문장 15 ~ 24는 클라이언트가 보내는 메시지를 수신하면 그대로 클라이언트에게 돌려보내는 동작을 반복한다.

UDP 서버와 UDP 클라이언트는 메시지를 송수신하기 전에 미리 연결을 확보하지 않는다. 즉, UDP 서버와 클라이언트는 TCP의 경우와 달리 **accept()** 메소드와 **connect()** 메소드를 사용하지 않는다. 또한 TCP의 경우 소켓들 간에 스트림 방식으로 메시지가 전달되지만 UDP는 메시지마다 자동으로 구분되어 전송되므로 개발자가 메시지들 간의 구분에 대한 부담을 질 필요가 없다.

문장 17은 **s1**에 연결된 UDP 클라이언트의 소켓으로부터 전송된 메시지 **msg**를 수신한다. 반환 값 **client_addr**은 UDP 클라이언트 소켓의 주소이다. 만일 소켓의 주소가 (**'192.168.0.4', 61466**)인 UDP 클라이언트가 접속하여 메시지를 보낸다면 반환 값 **client_addr**은 (**'192.168.0.4', 61466**)이 된다.

UDP도 **bytes** 객체의 형태로 메시지를 전송하므로 수신된 메시지를 **print()** 문으로 출력하려면 메시지를 다시 문자열로 디코딩해야 한다. Python은 UTF-8을 기본 인코딩 방식으로 사용한다.

15.3.2 간단한 UDP 클라이언트

다음은 앞 절의 [코드 15-3]의 간단한 UDP 메아리 서버의 짝이 되는 간단한 UDP 클라이언트의 코드이다.

```
# simple_udp_client.py
import socket
import time

MAX_MSG_SIZE = 1024
```

```
 6 server_addr = ('localhost', 10000)
 7
 8 # UDP 클라이언트 소켓 생성
 9 s2 = socket.socket(socket.AF_INET, socket.SOCK_DGRAM)
10
11 try:
12     msg = '안녕 UDP server!'
13
14     num_bytes_sent = s2.sendto(msg.encode('utf-8'), server_addr)
15     print('UDP 서버 %s에게 %d 바이트의 메시지 \'%s\'를 보냄.' %
16         (server_addr, num_bytes_sent, msg))
17
18     echo_msg, server = s2.recvfrom(MAX_MSG_SIZE)
19     print('메시지 \'%s\'가 클라이언트 %s로부터 도착함.' %
20         (echo_msg.decode('utf-8'), client_addr))
21
22 except ConnectionResetError:
23     print('Error: UDP 서버 (%s, %d)에서 메시지를 수신할 수 없어 종료함.' %
24         server_addr)
25
26 finally:
27     time.sleep(1)  # 소켓을 닫기 전에 1초의 여유를 둔다.
28     s2.close()
```

| 코드 15-4 | 간단한 UDP 클라이언트

[코드 15-3]의 간단한 UDP 메아리 서버를 수행시키고, 이 간단한 UDP 클라이언트를 수행하면 UDP 클라이언트 쪽에서 다음과 같은 출력을 볼 수 있다.

```
UDP 서버 ('localhost', 10000)에게 18 바이트의 메시지 '안녕 UDP server!'를 보냄.
메시지 '안녕 UDP server!'가 ('127.0.0.1', 10000)로부터 도착함.
```

UDP 서버 쪽에서는 다음과 같은 출력을 볼 수 있다.

```
UDP 서버 ('localhost', 10000)가 시작됨.
UDP 클라이언트의 메시지를 기다림.
메시지 '안녕 UDP server!'가 클라이언트 ('127.0.0.1', 61466)로부터 도착함.
수신 메시지 '안녕 UDP server!'(18 bytes)를 클라이언트에게 되돌려 보냄.
UDP 클라이언트의 메시지를 기다림.
```

위 코드의 문장 9는 UDP 소켓 객체 **s2**를 생성한다. 14번 문장은 메시지 '안녕 UDP server!'를 UTF-8로 인코딩하여 생성된 **bytes** 객체를 UDP 메아리 서버에게 전송한다. 18번 문장은 UDP 서버가 응답으로 되돌려 보낸 바이트 메시지를 수신하여 디코딩하여 출력한다. 서버와의 통신 중에 예외가 발생하면 문장 23에서 오류 메시지가 출력된다. 서버와의 통신을 종료하면 클라이언트는 사용하던 소켓 s2를 닫는다.

15.3.3 UDP 서버와 클라이언트의 기본 동작

다음 순차 다이어그램은 [코드 15-3]의 간단한 UDP 메아리 서버와 [코드 15-4]의 간단한 UDP 클라이언트가 상호 작용하는 절차를 보여준다. TCP와 달리 UDP는 연결을 확보하는 절차나 메시지들을 구분하여 읽는 절차를 필요로 하지 않으므로 UDP 서버와 클라이언트의 상호 작용은 상대적으로 간단하다.

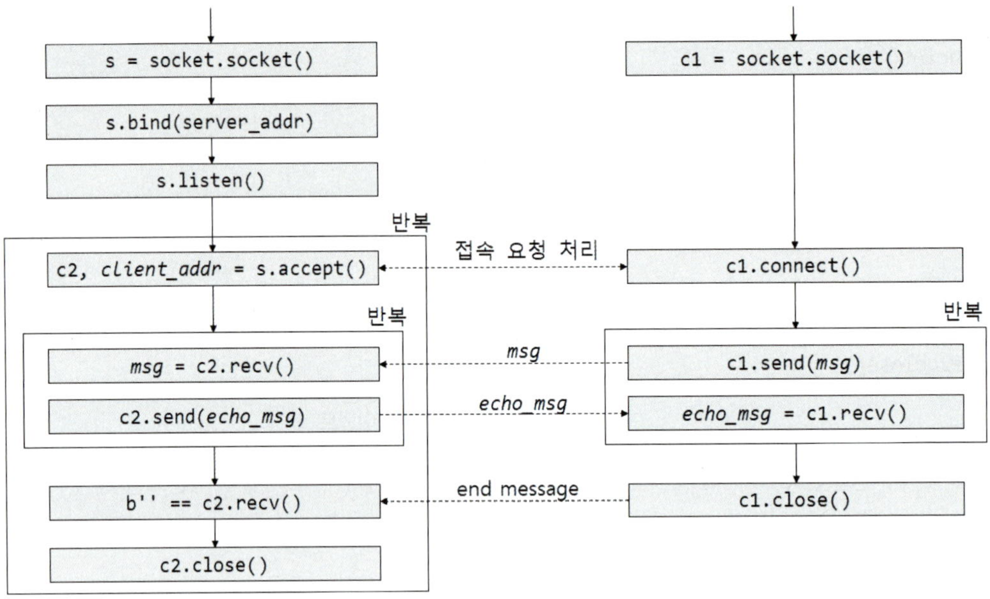

간단한 TCP 메아리 서버　　　　간단한 TCP 클라이언트

15.4 소켓 객체의 API

이 절은 앞 절의 예제 코드들에서 사용된 TCP 및 UDP socket 객체들의 중요 API들을 정리한다. socket 객체의 API에 대한 보다 자세한 내용은 다음 사이트를 참고하라.

https://docs.python.org/3/library/socket.html

다음은 TCP 서버 소켓을 위한 메소드들을 설명하는 표이다. 이 절에서는 편의상 소켓 객체를 s로 표현하고 있다.

메소드	설명
socket.socket(family=AF_INET, type=SOCK_STREAM, proto=0, fileno=None)	IPv4 도메인을 사용하는 TCP 소켓 객체를 생성한다. family 인자의 값으로 AF_UNIX, AF_INET6 등을 사용할 수 있다. type 인자의 값으로 SOCK_DGRAM 등을 사용할 수 있다. proto 인자와 fileno 인자는 대부분의 경우 기본 값을 사용한다.
s.bind(*addr*)	서버 소켓에 주소 *addr*을 결합한다.
s.listen()	TCP 클라이언트의 접속 요청을 기다린다.
s.accept()	TCP 클라이언트의 접속 요청을 처리한다. (*client_sock, addr*)를 반환한다. *client_sock*은 접속 요청을 보낸 클라이언트에 연결된 소켓이고, *addr*은 접속 요청을 보낸 클라이언트의 주소이다.

다음은 TCP 클라이언트 소켓을 위한 메소드들이다.

메소드	설명
s.connect(*addr*)	주소가 *addr*인 원격 소켓에 접속함.

다음은 TCP 또는 UDP의 서버 소켓과 클라이언트 소켓이 공통으로 사용하는 메소드들이다.

메소드	설명
s.recv(*bufsize*)	TCP 메시지를 수신함. 인자 *bufsize*는 한 번에 수신할 수 있는 메시지의 최대 길이를 한정한다. 반환 값은 수신한 메시지의 바이트 수이다.
s.send(*bytes*)	TCP로 소켓 s에 연결된 원격 소켓에 인자 *bytes*를 송신한다. 반환 값은 송신한 바이트 수.
s.recvfrom(*bufsize*)	UDP로 바이트 메시지를 수신함. 반환 값은 (*bytes, addr*) 이다. 여기서 *bytes*는 수신 bytes 객체이고 *addr*은 메시지를 보낸 소켓의 주소이다.
s.sendto(*bytes*, *address*)	UDP로 *bytes*를 송신함. *addr*은 목적지 소켓의 주소이다.
s.close()	소켓을 닫음
s.setblocking(*flag*)	flag가 False이면 소켓 s는 논블로킹 모드(non-blocking mode)가 되고, True이면 블로킹 모드(blocking mode)가 된다. s.setblocking(True) 문은 s.settimeout(None) 문과 효과가 같고, s.setblocking(False) 문은 s.settimeout(0.0) 문과 효과가 같다.
s.setsockopt(*level*, *optname*, *value*)	소켓의 옵션을 설정한다. 예를 들어, 어떤 소켓 s를 사용하는 프로그램이 종료된 후 즉시 s와 같은 주소를 사용하는 소켓을 사용할 수 있도록 설정하려면, s.setsockopt(socket.SOL_SOCKET, socket.SO_REUSEADDR, 1) 문장을 사용한다.
s.getpeername()	소켓 s와 연결된 원격 소켓의 주소를 반환한다.
s.getsockname()	소켓 s의 주소를 반환한다.
socket.gethostname()	Python 인터프리터가 수행되고 있는 호스트 이름을 반환한다. 이 메소드는 socket 클래스의 클래스 메소드이다.

15.5 단순 TCP 메아리 서버의 제약

제 15.1.2절에서 소개된 단순한 TCP 메아리 서버의 코드는 TCP 소켓을 설명하기 위해 작성된 것으로 실무에서 사용되는 TCP 서버와 비교하면 다음과 같은 문제점들을 갖고 있다.

① **메시지들 간의 구분 문제**

TCP는 스트림 기반의 통신 프로토콜이다. 따라서 서버나 클라이언트가 연속으로 보낸 두 메시지를 클라이언트나 서버가 하나의 메시지로 수신할 수도 있고, 길이가 긴 메시지를 송신하면 메시지의 일부분만을 먼저 수신하는 경우도 발생할 수 있다.

② **복수 개의 클라이언트들의 동시 접속 지원 문제**

간단한 TCP 메아리 서버는 여러 클라이언트들이 동시에 접속하는 상황을 고려하지 않고 있다.

③ **빠짐없는 예외 처리의 문제**

간단한 TCP 메아리 서버는 기본적인 예외 처리를 하고 있지만 갑자기 코드의 수행을 중단시킬 수 있는 모든 예외들에 대한 세부적인 처리가 완벽하다고 할 수 없다.

위 문제점들에 대하여 각각 살펴보자.

15.5.1 TCP 메시지들 간의 구분 문제

다음 코드는 하나의 메시지만을 송신하는 제 15.2.2절의 [코드 15-2]의 간단한 TCP 클라이언트의 코드에 문장 19 ~ 30을 추가한 것이다. 다음 코드의 간단한 클라이언트는 두 개의 메시지들을 연속하여 송신한 후 23번 문장으로 1초 동안 기다렸다가 서버의 응답을 받고 다시 하나의 메시지를 송신한 후 서버의 응답을 받는다.

```
1 # simple_tcp_client2.py
2 import socket
3 import time
4
5 server_addr = ('localhost', 50000)
6 BUF_SIZE = 1024
7
8 # 클라이언트 소켓 c1을 생성한다.
9 c1 = socket.socket(socket.AF_INET, socket.SOCK_STREAM)
```

```
try:
    c1.connect(server_addr) # 서버에 접속을 요청
    print('TCP 클라이언트 %s가 TCP 서버 %s에 연결됨.' %
          (c1.getsockname(), c1.getpeername()))

    # 서버에게 메시지를 보낸다.
    msg = '안녕 Server!'
    c1.send(msg.encode('utf-8'))

    # 서버에게 또 메시지를 보낸다.
    msg = '나는 클라이언트야.'
    c1.send(msg.encode('utf-8'))

    time.sleep(1) # 1초 기다림

    echo_msg = c1.recv(BUF_SIZE) # 서버의 응답 메시지를 받는다.
    print('서버의 응답 \'%s\'를 수신함.' % echo_msg.decode('utf-8'))

    # 서버에게 또 메시지를 보낸다.
    msg = '반가워'
    c1.send(msg.encode('utf-8'))

    echo_msg = c1.recv(BUF_SIZE) # 서버의 응답 메시지를 받는다.
    print('서버의 응답 \'%s\'를 수신함.' % echo_msg.decode('utf-8'))
except:
    # 서버에 접속할 수 없으면 오류 메시지를 내고 종료한다.
    print('서버 {}에 접속할 수 없어서 종료함.'.format(server_addr))
finally:
    time.sleep(1) # 소켓을 닫고 종료하기 전에 1초의 여유를 둔다.
    c1.close()
```

15.2.1절의 [코드 15-1]의 간단한 TCP 메아리 서버를 수행하고, 위 수정된 클라이언트 코드를 수행하면 클라이언트의 화면에 다음과 같은 결과가 출력된다.

```
TCP 클라이언트 ('127.0.0.1', 50621)가 TCP 서버 ('127.0.0.1', 50000)에 연결됨.
서버의 응답 '안녕 Server!나는 클라이언트야.'를 수신함.
서버의 응답 '반가워'를 수신함.
```

결과를 보면 TCP 클라이언트가 보낸 메시지들 '안녕 Server!'와 '나는 클라이언트야.'가 서버에서 합쳐져서 다시 클라이언트에게 되돌려 보냈다는 것을 확인할 수 있다. 이런 결과가 나오는 이유는 TCP 프로토콜은 스트림 기반의 통신이기 때문이다.

실무에서 사용되는 TCP 서버를 개발할 때에는 클라이언트가 아주 짧은 시간 간격으로 여러 개의 메시지들을 보내더라도 그것을 다 구분하여 읽을 수 있도록 해야 한다. 그렇게 하는 방법의 하나는 각 메시지 앞에 메시지의 길이를 붙여서 송신하는 것이다. 예를 들어 다음 그림과 같이 메시지의 내용(payload)앞에 내용의 길이에 해당하는 4 바이트 길이의 정수를 붙여 송신하고, 수신하는 쪽에서는 메시지의 내용의 길이를 먼저 읽은 다음 그 길이만큼을 하나의 메시지로 구분하여 읽는 방법이 사용될 수 있다.

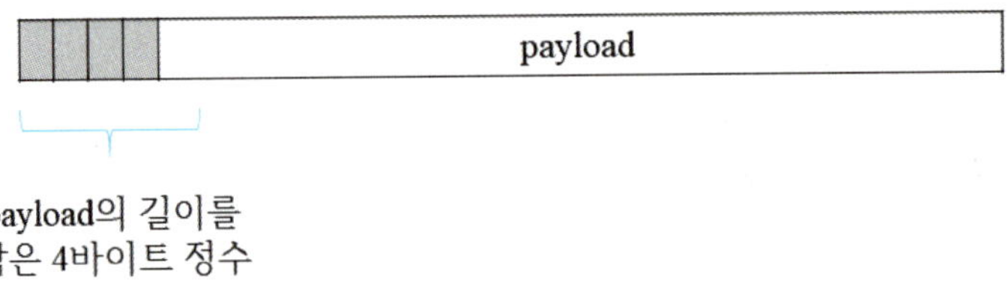

15.5.2 복수 개의 클라이언트들의 동시 접속 지원 문제

15.2.1절의 간단한 TCP 메아리 서버는 한 순간에 하나의 클라이언트만을 서비스할 수 있도록 되어 있다. 하지만 조금 더 실용적인 서버가 되려면 동시에 여러 클라이언트들의 접속할 수 있어야 한다. 동시에 여러 클라이언트들이 접속할 수 있는 서버를 만드는 방식들에는 다음과 같은 것들이 있다.

① **다중 쓰레드 방식**

새로운 클라이언트가 접속할 때마다 그 클라이언트의 서비스를 쓰레드가 담당하게 한다. 이 방식은 쓰레드들의 수만큼의 클라이언트들이 동시에 서비스를 받는 것이 가능하다.

② **select 모듈을 이용한 비동기적 I/O 방식**

이 방식은 데이터가 이미 도착되어 있는 소켓들과 데이터를 쓸 수 있는 준비가 되어 있는 소켓들의 목록을 운영 체계가 탐지하여 통보해주는 방식을 사용한다. `select` 모듈의 `select()` 함수 또는 `poll()` 함수가 그런 기능을 제공한다. 이 방식은 하나의 쓰레드만으로도 여러 클라이언트들을 서비스할 수 있다.

다음은 다중 쓰레드 버전의 TCP 메아리 서버이다. 비동기적 I/O 방식은 다음 절에서 살펴본다.

```python
# simple_tcp_thread_server.py
import socket, time, threading

server_addr = ('localhost', 50000)
MAX_BUF_SIZE = 1024

```

```
 7 def service(sock, client_addr):
 8     # c2를 통해 클라이언트가 보낸 메시지 수신
 9     msg = sock.recv(MAX_BUF_SIZE)
10     print('TCP 클라이언트 {}가 보낸 메시지 {}를 수신함.'.format(
11         client_addr, msg.decode('utf-8')))
12 
13     # c2를 통해 클라이언트에게 msg를 되돌려 보내고 c2를 닫음.
14     reply = msg
15     sock.send(reply)
16 
17     # 클라이언트에 연결된 c2를 닫음
18     print('TCP 클라이언트 {}가 접속을 종료함.'.format(client_addr))
19     time.sleep(1) # 소켓을 닫기 전에 1초의 여유를 둔다.
20     c2.close()
21 
22 # 서버 소켓 s를 생성하고, 주소를 바인딩하고, 옵션을 설정한다.
23 s = socket.socket(socket.AF_INET, socket.SOCK_STREAM)
24 s.bind(server_addr) # bind to the PORT
25 s.setsockopt(socket.SOL_SOCKET, socket.SO_REUSEADDR, 1)
26 
27 # 서버 소켓 s을 시작한다.
28 s.listen()
29 print('TCP 다중 쓰레드 서버 {}가 수행을 시작함.'.format(server_addr))
30 
31 while True:
32     # 클라이언트가 연결 요청을 수락하고
33     # 클라이언트 주소 client_addr과 그것에 연결된 클라이언트 소켓 c2 반환
34     c2, client_addr = s.accept()
35     print('TCP 클라이언트 {}의 연결 요청을 수락함.'.format(client_addr))
36 
37     service_t = threading.Thread(target=service, args=(c2, client_addr))
38     service_t.start()
```

| 코드 15-5 | 다중 쓰레드 버전 TCP 메아리 서버

이 다중 쓰레드 버전 TCP 메아리 서버의 동작은 제 15.2.1 절의 간단한 TCP 메아리 서버와 유사하지만 이 서버는 다중 쓰레드 기법을 사용하여 여러 TCP 클라이언트들을 동시에 서비스할 수 있다. 위 코드를 수행하면 다음과 같은 화면 출력을 볼 수 있다. 아직 클라이언트는 수행하지 않았다.

```
TCP 다중 쓰레드 서버 ('localhost', 50000)가 수행을 시작함.
```

문장 7 ~ 20에 정의된 **service(sock, client_addr)** 함수는 인자로 주어진 소켓 객체 **sock**에 수신되는 메시지를 인자 **client_addr**에 해당하는 클라이언트에게 돌려보내는 함수이다. 문장 37은 **service()**

함수를 수행할 쓰레드 객체를 만들고, 문장 38은 그 쓰레드의 수행을 시작시킨다.

다음은 다중 쓰레드 버전 TCP 메아리 서버를 테스트하기 위하여 제15.2.2절의 [코드 15-2]의 간단한 TCP 클라이언트 코드를 다중 쓰레드를 사용하는 버전으로 개정한 코드이다. 다음 코드는 다중 쓰레드를 사용하는 다중 쓰레드 버전 TCP 메아리 서버에 접속하는 5개의 클라이언트 쓰레드들을 생성하고 수행한다.

```
# simple_tcp_multiple_client.py
import socket, threading, time

server_addr = ('localhost', 50000)
BUF_SIZE = 1024

def request(server_addr):
    # 클라이언트 소켓 c1을 생성한다.
    c1 = socket.socket(socket.AF_INET, socket.SOCK_STREAM)
    try:
        c1.connect(server_addr) # 서버에 접속을 요청
        print('클라이언트 {}가 쓰레드 서버 {}에 연결됨.'.format(
            c1.getsockname(), c1.getpeername()))

        # 서버에게 메시지를 보낸다.
        msg = '안녕 Server!'
        c1.send(msg.encode('utf-8'))
        print('클라이언트 {}가 다중 쓰레드 서버에게 \'{}\'를 보냄.'.format(
            c1.getsockname(), msg))

        reply = c1.recv(BUF_SIZE) # 서버로부터 응답 메시지를 받는다.
        print('클라이언트 {}가 서버의 응답 \'{}\'를 수신함.'.format(
            c1.getsockname(), reply.decode()))
    except:
        # 서버에 접속할 수 없으면 오류 메시지를 내고 종료한다.
        print('클라이언트가 서버 {}에 접속할 수 없어서 종료함.'.format(
            c1.getsockname(), server_addr))
    finally:
        time.sleep(1) # 소켓을 닫기 전에 1초의 여유를 둔다.
        c1.close()

for x in range(5):
    request_t = threading.Thread(target=request, args=(server_addr,))
    request_t.start()
```

| 코드 15-6 | 다중 쓰레드 버전 TCP 클라이언트

위 코드의 문장 번호 7 ~ 30에 정의된 **request()** 함수는 클라이언트 소켓 **c1**을 생성하고, 서버에 접속한 후, 서버에게 메시지를 보내고, 서버가 되돌려 보낸 메시지를 수신한 후 1초 뒤에 TCP 서버와 연결된 클라이언트 소켓 **c1**을 닫는다.

문장 32 ~ 34는 **request()** 함수를 5개의 쓰레드로 수행한다. 다중 쓰레드 버전의 TCP 메아리 서버를 수행 시킨 후, 위 다중 쓰레드 버전 클라이언트 코드를 수행하면 서버 쪽에서는 다음과 같은 출력을 볼 수 있다.

```
TCP 다중 쓰레드 서버 ('localhost', 50000)가 수행을 시작함.
TCP 클라이언트  ('127.0.0.1', 55432)의 접속 요청을 수락함.
TCP 클라이언트  ('127.0.0.1', 55432)가 보낸 메시지 안녕 Server!를 수신함.
TCP 클라이언트  ('127.0.0.1', 55436)의 접속 요청을 수락함.
TCP 클라이언트  ('127.0.0.1', 55432)가 접속을 종료함.
TCP 클라이언트  ('127.0.0.1', 55433)의 접속 요청을 수락함.
TCP 클라이언트  ('127.0.0.1', 55436)가 보낸 메시지 안녕 Server!를 수신함.
TCP 클라이언트  ('127.0.0.1', 55436)가 접속을 종료함.
TCP 클라이언트  ('127.0.0.1', 55434)의 접속 요청을 수락함.
TCP 클라이언트  ('127.0.0.1', 55433)가 보낸 메시지 안녕 Server!를 수신함.
TCP 클라이언트  ('127.0.0.1', 55433)가 접속을 종료함.
TCP 클라이언트  ('127.0.0.1', 55435)의 접속 요청을 수락함.
TCP 클라이언트  ('127.0.0.1', 55435)가 보낸 메시지 안녕 Server!를 수신함.
TCP 클라이언트  ('127.0.0.1', 55435)가 접속을 종료함.
TCP 클라이언트  ('127.0.0.1', 55434)가 보낸 메시지 안녕 Server!를 수신함.
TCP 클라이언트  ('127.0.0.1', 55434)가 접속을 종료함.
```

쓰레드 버전의 메아리 서버가 총 5개의 클라이언트들의 연결 요청을 수락하고, 클라이언트들이 보낸 메시지를 수신하여 처리하였음을 확인할 수 있다. 다중 쓰레드 버전 클라이언트 쪽의 출력은 다음과 같다.

```
클라이언트 ('127.0.0.1', 55432)가 쓰레드 서버 ('127.0.0.1', 50000)에 연결됨.
클라이언트 ('127.0.0.1', 55436)가 쓰레드 서버 ('127.0.0.1', 50000)에 연결됨.
클라이언트 ('127.0.0.1', 55432)가 다중 쓰레드 서버에게 '안녕 Server!'를 보냄.
클라이언트 ('127.0.0.1', 55433)가 쓰레드 서버 ('127.0.0.1', 50000)에 연결됨.
클라이언트 ('127.0.0.1', 55436)가 다중 쓰레드 서버에게 '안녕 Server!'를 보냄.
클라이언트 ('127.0.0.1', 55432)가 서버의 응답 '안녕 Server!'를 수신함.
클라이언트 ('127.0.0.1', 55434)가 쓰레드 서버 ('127.0.0.1', 50000)에 연결됨.
클라이언트 ('127.0.0.1', 55436)가 서버의 응답 '안녕 Server!'를 수신함.
클라이언트 ('127.0.0.1', 55435)가 쓰레드 서버 ('127.0.0.1', 50000)에 연결됨.
클라이언트 ('127.0.0.1', 55433)가 다중 쓰레드 서버에게 '안녕 Server!'를 보냄.
```

```
클라이언트 ('127.0.0.1', 55435)가 다중 쓰레드 서버에게 '안녕 Server!'를 보냄.
클라이언트 ('127.0.0.1', 55433)가 서버의 응답 '안녕 Server!'를 수신함.
클라이언트 ('127.0.0.1', 55434)가 다중 쓰레드 서버에게 '안녕 Server!'를 보냄.
클라이언트 ('127.0.0.1', 55435)가 서버의 응답 '안녕 Server!'를 수신함.
클라이언트 ('127.0.0.1', 55434)가 서버의 응답 '안녕 Server!'를 수신함.
```

총 5개의 클라이언트가 생성되고, 각 클라이언트가 서버에 접속하여 자신이 보낸 메시지 '안녕 Server!'를 되돌려 받았음을 확인할 수 있다. 클라이언트들의 수행 순서는 매번 조금씩 다를 수 있다. 왜냐하면 운영 체계의 쓰레드 스케줄링에 의해 어떤 쓰레드가 먼저 수행될지 정해지기 때문이다.

다중 쓰레드 방식은 여러 클라이언트들이 동시에 서비스를 받을 수 있도록 하지만 동시에 접속한 클라이언트들을 서비스하기 위한 쓰레드의 개수가 매우 많아지면 쓰레드들 간의 콘텍스트 스위칭(context switching)에 많은 CPU 자원이 소모될 수 있으며, 쓰레드들이 소켓에 데이터가 도착하기를 기다리거나 소켓에 데이터를 쓸 준비가 되기를 기다리는 I/O 대기 시간이 길어질 수 있다는 문제가 있다.

15.5.3 빠짐없는 예외 처리의 문제

TCP 서버 코드를 작성하다 보면 여러 가지 다양한 종류의 예외들이 발생할 수 있다. 예를 들어, **bind()** 문장으로 소켓에 결합시키려는 주소가 이미 사용 중일 수도 있고, **send()** 문장으로 메시지를 보내려고 하거나 **recv()** 문장으로 메시지를 수신하려는 소켓이 원격 소켓과의 연결이 끊어져 있을 수도 있다.

클라이언트도 수행 중에 예외로 인해 수행이 갑자기 종료되지 않아야 하지만, 특히 서버는 일 년 365일 내내 무한 루프를 돌며 클라이언트들을 서비스해야하므로 서버의 코드는 발생할 가능성이 있는 모든 종류의 예외들을 잘 처리하여야만 한다.

15.6 select 모듈을 이용한 비동기 I/O

Python **select** 모듈의 **select()** 함수나 **poll()** 함수를 이용하면 읽기 준비가 된 소켓들의 목록과 쓰기 준비가 된 소켓들의 목록을 반환받을 수 있다. **poll()** 함수가 더 확장성(scalability)이 좋지만 **poll()** 함수는 Unix 시스템들에서만 지원된다. **select()** 함수는 Windows를 포함하는 다양한 플랫폼에서 지원된다. 이 절에서는 **select()** 함수를 사용하는 비동기 I/O를 다룬다.

select 모듈의 select() 함수는 다음과 같은 호출 형태를 갖는다. 설명의 편의상 select() 함수의 반환 값들을 readables, writables, 그리고 exceptionals라고 표현하였다.

```
readables, writables, exceptionals = \
    select.select(rlist, wlist, xlist[, timeout])
```

인자로 주어진 rlist, wlist, 그리고 xlist는 모두 소켓들의 리스트이다. 마지막 인자 timeout은 선택적 인자이며 초 단위의 시간 간격을 표현하는 실수이다. 반환 값 readables, writables, 그리고 exceptionals는 인자로 주어진 소켓들의 리스트들 rlist, wlist, 그리고 xlist들 각각의 부분 리스트들이다.

- readables

  rlist의 소켓들 중 읽을 수 있는 소켓들의 리스트. 소켓에 데이터가 도착되어 있으면 그 소켓은 읽을 수 있는 소켓이 된다.

- writables

  wlist의 소켓들 중 데이터를 쓸 수 있는 소켓들의 리스트. 소켓의 송신 버퍼가 가득 차있으면 그 소켓은 송신 버퍼가 비워질 때까지 더 이상 쓸 수 없는 상태가 된다.

- exceptionals

  xlist의 소켓들 중 예외적인 조건(exceptional condition)이 발생된 소켓들의 리스트.

select() 함수는 rlist, wlist, 또는 xlist의 원소 소켓들 중에 새롭게 읽기 준비가 되거나 쓰기 준비가 되거나 예외 처리가 필요한 소켓들이 생기면 그 소켓들이 담긴 readables, writables, 또는 exceptionals를 반환한다. 만일 timeout 인자가 주어지지 않으면, select() 함수는 새롭게 읽기 준비가 되거나 쓰기 준비가 되거나 예외 처리가 필요한 소켓들이 생길 때까지 계속 기다린다. 만일 timeout 인자가 주어지면 select() 함수는 readables, writables, 그리고 exceptionals의 원소가 될 소켓들이 생기지 않아도 timeout 만큼의 시간이 지나면 빈 리스트들인 [], [], []를 반환한다.

다음은 select() 함수를 사용하여 비동기적 I/O를 수행하는 TCP 서버의 코드이다. select() 함수는 운영 체계의 내부 기능을 사용하여 구현되며, TCP 서버를 구성하는 코드를 수행하는 사용자 쓰레드는 소켓에 데이터가 도착하였는가를 확인하거나 소켓에 데이터를 쓸 준비가 되었는가를 확인하는 작업을 할 필요가 없어진다. 따라서 select() 함수를 사용하면 단 하나의 쓰레드만으로도 여러 클라이언트들을 효과적으로 서비스할 수 있다.

```
# select_server.py
import socket, select

MSG_BUF_SIZE = 1024
server_addr = ('localhost', 50000)

server_sock = socket.socket(socket.AF_INET, socket.SOCK_STREAM)
server_sock.bind(server_addr)
server_sock.listen()
print('Select를 사용하는 TCP 서버가 {}에서 시작함.'.format(server_addr))

rlist = [server_sock]

while rlist:
    readables, _, _ = select.select(rlist, [], [])
    for s in readables:
        if s is server_sock:
            client_sock, client_addr = s.accept()
            print('클라이언트 {}의 접속 요청을 수락함.'.format(client_addr))
            rlist.append(client_sock)
        else:
            msg = s.recv(MSG_BUF_SIZE) # s는 클라이언트 소켓
            if msg:
                print('클라이언트 {}가 보낸 메시지 \'{}\'를 수신함.'.format(
                    s.getpeername(), msg.decode()))
                echo_msg = msg
                s.send(echo_msg)
            else:
                print('클라이언트  {}와의 연결이 끊김.'.format(
                    s.getpeername()))
                rlist.remove(s) # s를 readable의 대상에서 제외
                s.close()
```

| 코드 15-7 | select()를 사용하는 TCP 메아리 서버

select 모듈의 select()를 사용하는 위 TCP 메아리 서버 코드를 수행하면 다음과 같은 출력을 볼 수 있다.

```
Select를 사용하는 TCP 서버가 ('localhost', 50000)에서 시작함.
```

이 서버는 여러 클라이언트들의 동시적 접속을 지원한다. 이 서버를 수행시켜 놓고 제 15.5.2절의 [코드 15-6]에 기술된 다중 쓰레드 버전 TCP 클라이언트 프로그램을 수행하면 서버 쪽에서는 다음과 같은 출력을 볼 수 있다.

```
SELECT를 사용하는 TCP 서버가 ('localhost', 50000)에서 시작함.
클라이언트 ('127.0.0.1', 56545)의 접속 요청을 수락함.
클라이언트 ('127.0.0.1', 56549)의 접속 요청을 수락함.
클라이언트 ('127.0.0.1', 56545)가 보낸 메시지 '안녕 Server!'를 수신함.
클라이언트 ('127.0.0.1', 56546)의 접속 요청을 수락함.
클라이언트 ('127.0.0.1', 56549)가 보낸 메시지 '안녕 Server!'를 수신함.
클라이언트 ('127.0.0.1', 56547)의 접속 요청을 수락함.
클라이언트 ('127.0.0.1', 56548)의 접속 요청을 수락함.
클라이언트 ('127.0.0.1', 56546)가 보낸 메시지 '안녕 Server!'를 수신함.
클라이언트 ('127.0.0.1', 56547)가 보낸 메시지 '안녕 Server!'를 수신함.
클라이언트 ('127.0.0.1', 56548)가 보낸 메시지 '안녕 Server!'를 수신함.
클라이언트 ('127.0.0.1', 56545)와의 연결이 끊김.
클라이언트 ('127.0.0.1', 56549)와의 연결이 끊김.
클라이언트 ('127.0.0.1', 56546)와의 연결이 끊김.
클라이언트 ('127.0.0.1', 56548)와의 연결이 끊김.
클라이언트 ('127.0.0.1', 56547)와의 연결이 끊김.
```

클라이언트 쪽에서는 다음과 같은 결과를 볼 수 있다.

```
클라이언트 ('127.0.0.1', 56545)가 쓰레드 서버 ('127.0.0.1', 50000)에 연결됨.
클라이언트 ('127.0.0.1', 56549)가 쓰레드 서버 ('127.0.0.1', 50000)에 연결됨.
클라이언트 ('127.0.0.1', 56545)가 다중 쓰레드 서버에게 '안녕 Server!'를 보냄.
클라이언트 ('127.0.0.1', 56546)가 쓰레드 서버 ('127.0.0.1', 50000)에 연결됨.
클라이언트 ('127.0.0.1', 56547)가 쓰레드 서버 ('127.0.0.1', 50000)에 연결됨.
클라이언트 ('127.0.0.1', 56545)가 서버의 응답 '안녕 Server!'를 수신함.
클라이언트 ('127.0.0.1', 56549)가 다중 쓰레드 서버에게 '안녕 Server!'를 보냄.
클라이언트 ('127.0.0.1', 56548)가 쓰레드 서버 ('127.0.0.1', 50000)에 연결됨.
클라이언트 ('127.0.0.1', 56546)가 다중 쓰레드 서버에게 '안녕 Server!'를 보냄.
클라이언트 ('127.0.0.1', 56549)가 서버의 응답 '안녕 Server!'를 수신함.
클라이언트 ('127.0.0.1', 56548)가 다중 쓰레드 서버에게 '안녕 Server!'를 보냄.
클라이언트 ('127.0.0.1', 56546)가 서버의 응답 '안녕 Server!'를 수신함.
클라이언트 ('127.0.0.1', 56547)가 다중 쓰레드 서버에게 '안녕 Server!'를 보냄.
클라이언트 ('127.0.0.1', 56548)가 서버의 응답 '안녕 Server!'를 수신함.
클라이언트 ('127.0.0.1', 56547)가 서버의 응답 '안녕 Server!'를 수신함.
```

위 서버 코드의 문장 1 ~ 8까지는 소켓을 생성하고 소켓에 서버의 주소를 결합한다. 다음 문장 9는 서버 소켓이 클라이언트들의 접속 요청을 받아들일 수 있는 상태로 만든다.

```
server_sock.listen()
```

문장 12는 메시지가 도착될 수 있는 소켓들의 목록 `rlist`를 `[server_sock]`으로 초기화한다. 서버 소켓은 지속적으로 클라이언트의 접속 요청이 담긴 메시지를 수신해야하기 때문이다. 문장 14 ~ 34는 while 문으로 무한 반복된다.

문장 15를 수행하면 인자로 주어진 rlist의 원소들 중에서 읽기 준비가 된 소켓들이 생겼을 때 그 소켓들을 담은 readables가 반환된다. 그리고 문장 16에서 끝까지는 readables의 각 원소를 for 루프를 돌면서 처리한다.

readables의 원소 s가 서버 소켓 server_sock 인 경우에 문장 18 ~ 20이 수행된다. 그렇지 않은 경우에 문장 22 ~ 32가 수행된다.

문장 18 ~ 20은 클라이언트의 접속 요청을 받아 클라이언트의 소켓과 연결하는 클라이언트 소켓 client_sock을 생성하여 rlist의 원소로 추가한다. 이후 클라이언트가 메시지를 보내는 것을 select() 함수에서 탐지해야하기 때문이다.

문장 22는 읽기 준비가 된 클라이언트 소켓 s로부터 메시지를 읽어 msg 변수에 담는다. 이 때 만일 소켓 s와 연결되어 있던 클라이언트가 연결이 끊어졌다면 msg에는 빈 바이트 b''가 담긴다.

문장 24 ~ 27은 소켓 s를 통해 s에 연결된 클라이언트가 보낸 메시지를 수신하고, 수신한 메시지를 클라이언트에게 그대로 돌려보낸다.

문장 29 ~ 33은 클라이언트와의 연결이 끊어진 소켓 s를 rlist에서 제거하고 소켓 s를 닫는다. 사용이 끝난 소켓은 닫아서 소켓이 사용하던 자원들이 반납되도록 해야 한다.

select()를 사용하는 방식은 실무에서 사용되는 서버들에서 많이 사용되고 있다. 단 하나의 쓰레드만으로도 여러 클라이언트들을 서비스할 수 있으며, 필요하다면 다중 쓰레드 버전으로 확장할 여지도 있기 때문이다.

연습문제

1 다음 용어들을 설명하라.

a. IPv4와 IPv6

b. OSI 7 계층 구조

c. 서버 소켓과 클라이언트 소켓

d. 소켓 객체의 `getsockname()` 메소드와 `getpeername()` 메소드

2 프로세스내 통신(intra-process communication)과 프로세스간 통신(interprocess communication)을 비교 설명하라.

3 TCP와 UDP를 비교하여 설명하라.

4 TCP와 UDP를 사용하는 응용 계층의 프로토콜들을 각각 5가지씩 나열하라.

5 TCP 클라이언트 소켓이 TCP 서버 소켓에 접속하여 연결 요청을 보내고, 서버가 연결 요청을 수락하는 과정을 설명하라.

6 리틀 엔디언(little endian), 빅 엔디언(big endian)에 대하여 설명하고 TCP 클라이언트와 TCP 서버 간에 정수 값을 전송하는 코드를 작성하라. (힌트: 호스트마다 사용하는 엔디언 방식은 다를 수 있지만 네트워크에서는 빅 엔디언 형태로 정수를 전송한다.)

CHAPTER 16

Python 언어의 기타 기능

이 장에서는 지금까지 다루지 못한 Python 언어의 다음과 같은 중요한 기능들에 대하여 소개한다.

- 호출 가능 객체
- 데코레이터
- 프로퍼티 속성
- assert 문
- 다중 상속과 MRO

16.1 호출 가능 객체

호출 가능 객체(callable object)란 `__call__()` 메소드를 지원하는 객체를 의미한다. 모든 함수는 `__call__()` 메소드를 갖는 대표적인 호출 가능 객체이다.

```
>>> def foo():
        print('foo!')

>>> foo()
foo!
>>> foo.__call__() # 함수 객체는 __call__() 메소드를 갖는다.
foo!
>>> abs(-1)
1
>>> abs.__call__(-1) # 내장 함수 객체 abs는 호출 가능 객체이다.
1
>>> int('123')
123
>>> int.__call__('123') # 생성자 int()도 호출 가능 객체이다.
```

```
123
>>>
```

클래스에 __call__() 메소드를 정의하면 그 클래스의 객체들도 호출 가능 객체가 된다. 예를 들어 다음 예제 코드의 foo1 객체는 호출 가능 객체이다.

```
>>> class Foo:
        def __call__(self, *args, *kwargs):
            print(args, kwargs)

>>> foo1 = Foo()
>>> foo1(1, 2, 3) # foo1 객체는 callable object이다.
(1, 2, 3) {}
>>> foo1(3, 4, x=11, y=12)
(3, 4) {'x': 11, 'y': 12}
>>>
```

피보나치 수열을 위한 클래스를 __call__() 메소드를 사용하는 버전으로 작성해 보자. 다음 코드에서 fibo 객체는 호출 가능 객체이다.

```
class Fibonacci:
    def __init__(self, n): # n은 피보나치 수열의 길이
        self.length = n
        self.cache = [] # 길이가 n인 피보나치 수열이 담기는 리스트
        for x in range(n):
            if (x == 0):
                self.cache.append(0)
            elif (x == 1):
                self.cache.append(1)
            else:
                self.cache.append(self.cache[x-2] + self.cache[x-1])

    def __call__(self, x):
        return self.cache[x]

fibo = Fibonacci(10) # 길이가 10인 피보나치 수열 객체 생성

for x in range(fibo.length):
    print(fibo(x), end= ' ') # fibo(x)는 fibo.__call__(x)호출
```

위 코드는 길이가 10인 피보나치 수열 0 1 1 2 3 5 8 13 21 34를 출력한다.

16.2 데코레이터

Python에서 데코레이터(decorator)란 함수를 인자로 사용하는 호출 가능 객체이다. 데코레이터의 목적은 함수나 클래스의 코드의 *수정 없이* 그것의 동작에 추가적인 기능을 하는 장식 코드를 붙이는 것이다. Python은 다음 두 종류의 데코레이터를 지원한다.

- 함수 데코레이터
- 클래스 데코레이터

16.2.1 함수 데코레이터

다음 코드를 살펴보자. 다음 코드는 함수 정의들을 담고 있다. 코드의 성능 향상을 위하여 그 함수들의 수행 시간을 측정하는 것이 필요한 상황이라고 하자.

```
def calc_sum(r):
    sum = 0
    for i in range(r+1):
        sum = sum + i
    return sum

def factorial(x):
    r = 1
    for i in range(x):
        r = r * (i+1)

    return r

def sum2(x, y):
    r = x + y
    return r
```

함수의 수행 시간을 측정하는 가장 단순한 방법은 함수마다 함수 호출을 시작한 시각과 함수 호출을 마친 시각을 측정하는 코드를 추가하는 것이다. 시각을 재는 함수로는 `time.perf_counter_ns()` 함수를 사용할 수 있다. time 모듈이 제공하는 time.perf_ counter_ns() 함수는 나노초 단위의 현재 시각을 반환한다.

다음 코드는 time.perf_counter_ns() 함수를 사용하여 calc_sum(r) 함수의 수행 시간을 측정하는 코드이다.

```
import time

def calc_sum(r):
    start_time = time.perf_counter_ns()
    sum = 0
    for i in range(r+1):
        sum = sum + I

    elapsed_time = time.perf_counter_ns() - start_time
    print('elapsed time : {} ns.'.format(elapsed_time))
    return sum

r = calc_sum(100)
print(r)
```

위 코드를 수행하면 다음과 같은 결과를 볼 수 있다. calc_sum(100)의 수행 시간 23436 나노초와 결과 5050이 출력되어 있다.

```
elapsed time : 23436 ns.
5050
```

이런 수행시간 측정 방법은 단순하다. 하지만 수행 시간을 측정해야 하는 함수들이 여러개라면 함수마다 위와 같은 코드를 추가하여 사용하는 것은 번거롭다. 이제 일반 함수에 수행 시간을 재는 장식을 붙이는 데코레이터 함수를 정의하고 그것을 이용하여 calc_sum() 함수의 수행 시간을 측정해보자.

```
import time

# 인자로 주어진 함수 func에 시간을 재는 장식을 붙이는 데코레이터 함수
def time_decorator(func, *args):
    def _decorator(*args):
        start_time = time.perf_counter_ns() # 나노 단위 시각 반환
        r = func(*args)
        elapsed_time = time.perf_counter_ns() - start_time
```

```
9
10         print('\nelapsed time of {}(): {} ns.'.
11             format(func.__name__, elapsed_time))
12         return r
13
14     return _decorator
15
16 def calc_sum(r):
17     sum = 0
18     for i in range(r+1):
19         sum = sum + i
20     return sum
21
22 # calc_sum() 함수에 수행 시간을 재는 장식을 붙인 decorated_calc_sum() 생성
23 decorated_calc_sum = time_decorator(calc_sum)
24 r = decorated_calc_sum(100)
25 print(r)
```

위 코드의 **time_decorator(func, *args)** 함수는 함수 **func**에 시간을 재는 장식 코드를 붙이는 데코레이터 함수이다. **time_decorator(func, *args)** 함수는 **func** 함수가 가변 길이의 위치 인자를 가질 수 있도록 가변 길이 인자를 표현하는 매개 변수 ***arg**를 사용하고 있다. 가변 길이 인자는 제 6.4절에서 설명되었다.

time_decorator(func, *args) 함수는 내부에서 함수 **_decorator()**를 정의하고 그것을 반환한다. 함수가 함수를 인자로 사용하거나 함수를 반환할 수 있는 것은 Python에서 함수는 1등급 객체이기 때문이다.

위 코드의 문장 23의 함수 호출 **time_decorator(calc_sum)**은 7번 문장 **r = func(*args)**에 수행 시각들을 측정하고 출력하는 코드가 앞뒤로 장식된 함수를 변환한다. 문장 6이 앞 장식이고 문장 8~11이 뒷 장식이다. 따라서 문장 14에서 함수 호출 **decorated_calc_sum(100)**은 **calc_sum(100)**의 수행 시간을 측정하여 출력하고 반환 값 5050을 반환한다.

여기서 주목해야 하는 점은 수행 시간을 측정하기 위해서 **calc_sum(r)** 함수의 정의는 전혀 수정되지 않았다는 것이다. 또한 작성한 데코레이터 **time_decorator()**는 다른 함수들에게도 적용하여 사용할 수 있다는 것이다. 다음 코드를 보자.

```python
import time

def time_decorator(func, *args):
    def _decorator(*args):
        start_time = time.perf_counter_ns() # 나노 단위 시각 반환
        r = func(*args)
        elapsed_time = time.perf_counter_ns() - start_time

        print('\nelapsed time of {}(): {} ns.'.
            format(func.__name__, elapsed_time))
        return r

    return _decorator

def calc_sum(r):
    sum = 0
    for i in range(r+1):
        sum = sum + i
    return sum

def factorial(x):
    r = 1
    for i in range(x):
        r = r * (i+1)
    return r

def sum2(x, y):
    r = x + y
    return r

r1 = time_decorator(calc_sum)(100) # time_decorator를 calc_sum에 적용
print(r1)

r2= time_decorator(factorial)(5) # time_decorator를 factorial에 적용
print(r2)

func = time_decorator(sum2) # time_decorator를 sum2에 적용
r3 = func(100, 200)
print(r3)
```

위 코드는 함수들 calc_sum(r), factorial(x), sum2(x, y)의 정의 코드를 전혀 건드리지 않고 데코레이터 함수 time_decorator()를 사용하여 각 함수들의 수행 시간을 측정하고 있다. 위 코드를 수행한 결과는 다음과 같다.

```
elapsed time of calc_sum(): 22235 ns.
5050

elapsed time of factorial(): 3306 ns.
120

elapsed time of sum2(): 1202 ns.
300
```

위 코드는 데코레이터 함수를 정의하고 직접 수행하여 반환되는 함수를 수행하는 방식을 사용하였다. 그런데 Python은 더 편리한 데코레이터 사용 방법을 제공한다. 그것은 *@decorator_name*의 형태의 데코레이터 부착 선언을 사용하는 것이다. 다음 코드를 보자. 다음 코드는 위 코드와 동일한 결과를 출력한다.

```
import time

def time_decorator(func, *args):
    def _decorator(*args):
        start_time = time.perf_counter_ns() # 나노 단위 시각 반환
        r = func(*args)
            elapsed_time = time.perf_counter_ns() - start_time

        print('\nelapsed time of {}(): {} ns.'.
            format(func.__name__, elapsed_time))
        return r

    return _decorator

@time_decorator
def calc_sum(r):
    sum = 0
    for i in range(r+1):
        sum = sum + I
    return sum
```

```
@time_decorator
def factorial(x):
    r = 1
    for i in range(x):
        r = r * (i+1)

    return r

@time_decorator
def sum2(x, y):
    r = x + y
    return r

r1 = calc_sum(100) # @ time_decorator가 부착되어 있음
print(r1)

r2 = factorial(5)
print(r2)

r3 = sum2(10, 20)
print(r3)
```

위 코드는 데코레이터 함수의 반환 값을 호출하는 방법을 사용하지 않고 수행 시간을 측정할 함수들의 정의 앞에 **@time_decorator** 문을 붙이고 있다. **@time_decorator** 문이 나타나면 Python 컴파일러는 내부적으로 그 다음에 나오는 함수 정의를 데코레이터 **time_decorator()**로 장식하고 함수 호출을 장식된 함수 호출로 변환하여 수행한다. 만일 함수들의 수행 시간 측정이 필요가 없어지면 **@time_decorator** 문만을 지우면 되므로 이런 방식은 매우 편리하다.

16.2.2 클래스 데코레이터

데코레이터를 클래스의 형태로 정의할 수도 있다. 그런 데코레이터를 클래스 데코레이터라고 한다. 클래스 데코레이터는 **__call__()** 메소드를 이용하여 정의한다. 다음 예제 코드는 앞 절에서 소개한 함수 데코레이터 **time_decorator**의 클래스 데코레이터 버전이다.

```python
# decorator_class_demo.py
import time

class time_decorator:
    def __init__(self, func):
        self.func = func

    def __call__(self, *args, **kwargs):
        start_time = time.perf_counter_ns() # 나노 단위 시각 반환
        r = self.func(*args, **kwargs)
        elapsed_time = time.perf_counter_ns() - start_time

        print('elapsed time of {}(): {} ns.'.
            format(self.func.__name__, elapsed_time))
        return r

@time_decorator
def sum3(x, y=0, z=0):
    r = x + y + z
    return r

r1 = sum3(100, y=200, z=300)
print(r1)
```

위 코드의 time_decorator는 어떤 형태의 인자들을 사용하는 함수라도 장식할 수 있는 데코레이터가 될 수 있도록 __call__() 메소드의 인자로 *args와 **kwargs를 사용하고 있다. 위 코드의 수행 결과는 다음과 같다.

```
elapsed time of sum3(): 5108 ns.
600
```

16.3 프로퍼티 속성

Python은 프로퍼티 속성을 지원한다. 프로퍼티 속성(property attribute)은 *getter*, *setter* 또는 *deleter*로 지정되는 메소드들에 의해 그 속성에 대한 읽기, 쓰기 및 소멸 방식이 각각 관리되는 속성이다. 그래서 프로퍼트 속성을 관리 속성(managed attribute)라고 부르기도 한다. 프로퍼티 속성은 내장 함수 **property()** 또는 **@property** 데코레이터를 사용하여 정의된다.

다음 예제 코드는 프로퍼티 속성을 사용한다. 예제 코드의 클래스 **Celsius**는 온도에 관련된 클래스로 저장된 섭씨 온도를 화씨로 변환하는 **to_fahrenheit()** 메소드를 제공한다.

```
class Celsius:
    ''' Celsius Class '''
    def __init__(self, temperature=0):
        self.temperature = temperature # 섭씨 온도

    def to_fahrenheit(self): # 섭씨를 화씨로 변환
        return (self.temperature * 1.8) + 32

c1 = Celsius()

c1.temperature = 37 # 섭씨 37도
print(c1.temperature) # 37
print(c1.to_fahrenheit()) # 98.60000000000001

c1.temperature = -274 # 절대 온도 0도인 섭씨 -273.16도 보다 작은 값이다.
print(c1.temperature) # -274
print(c1.to_fahrenheit()) # -461.2
```

위 코드의 수행 결과는 다음과 같다.

```
37
98.60000000000001
-274
-461.2
```

위 코드는 잘 수행되지만 **c1.temperature** 의 값으로 절대 온도 0도인 섭씨 -273.16도 보다 낮은 온도의 입력이 허용된다는 문제가 있다. 절대 온도 0도인 섭씨 -273.16도 보다 낮은 온도는 존재하지 않으

므로 -273.16도 보다 낮은 온도를 입력하지 못하도록 **Celsius** 클래스의 코드를 개선하는 것이 필요하다고 하자.

16.3.1 내장 함수 property(*fget*=None, *fset*=None, *fdel*=None, *doc*=None)

Celsius 클래스의 코드를 내장 함수 **property()**를 이용하여 프로퍼티 속성을 사용하는 버전으로 개선해 보자. 먼저 **property()** 함수에 대하여 살펴보자. **property()** 함수의 형태는 다음과 같다.

property_attribute = property(*fget*=**None**, *fset*=**None**, *fdel*=**None**, *doc*=**None**)

property() 함수는 인자들에 의해 정의되는 프로퍼티 속성(property attribute)을 반환한다. 함수 **property()**의 인자 ***fget***은 프로퍼티 속성의 값을 읽을 때 자동으로 수행되는 함수이고, 인자 ***fset***은 프로퍼티 속성의 값을 설정할 때 자동으로 수행되는 함수이고, 인자 ***fdel***은 프로퍼티 속성을 소멸할 때 자동으로 수행되는 함수이다. 인자 *doc*은 프로퍼티 속성에 대한 주석 문자열이다.

다음은 **Celsius** 클래스를 **property()** 함수를 이용하여 개선한 코드이다. -273.16도 보다 낮은 온도는 자동으로 -273.16도로 입력되도록 개선되어 있다.

```
# Celsius_property.py
class Celsius:
    def __init__(self):
        self._temperature = 0

    def to_fahrenheit(self):
        return (self._temperature * 1.8) + 32

    def get_temperature(self): # getter
        return self._temperature

    def set_temperature(self, value): # setter
        if (value < -273.16):
            print('Warning: -273.16 보다 낮은 온도를 -273.16으로 설정함.')
            value = -273.16 # 절대 온도 0도
        self._temperature = value

    temperature = property(fget=get_temperature, fset=set_temperature)

c1 = Celsius()

```

```
22 c1.temperature = 37
23 print(c1.temperature) # 37
24 print(c1.to_fahrenheit()) # 98.60000000000001
25
26 c1.temperature = -274 # -273.16도 보다 작은 값 설정하려 함
27 print(c1.temperature) # -273.16로 설정됨
28 print(c1.to_fahrenheit()) # -459.68800000000005
```

위 코드의 18번 문장은 *getter*가 get_temperature() 이고 *setter*가 set_temperature()이고 *deleter*와 *doc*은 None인 프로퍼티 속성 temperature를 정의하고 있다. 26번 c1.temperature = -274를 수행하면 프로퍼티 속성 temperature의 *setter*인 c1.set_temperature(-274)가 수행된다. 따라서 27번 문장에서 c1._temperature의 값은 -273.16이 된다.

16.3.2 @property 데코레이터와 @*name*.setter, @*name*.deleter

이제 내장 함수 property() 대신 @property 데코레이터를 이용하여 프로퍼티 속성을 정의해보자. 다음 코드는 바로 앞 절의 코드를 @property 데코레이터를 이용하여 작성한 버전이다. 이 코드를 수행한 결과는 property() 함수를 사용하는 바로 앞 절의 코드의 수행 결과와 동일하다.

```
# Celsius_property_decorator.py
class Celsius:
    def __init__(self):
        self._temperature = 0

    def to_fahrenheit(self):
        return (self._temperature * 1.8) + 32

    @property
    def temperature(self): # getter
        ''' property temperature '''
        return self._temperature

    @temperature.setter
    def temperature(self, value): # setter
        if (value < -273.16):
            print('Warning: -273.16 보다 낮은 온도를 -273.16 으로 설정함.')
            value = -273.16 # 절대 온도 0도
        self._temperature = value

```

```
c1 = Celsius()

c1.temperature = 37
print(c1.temperature) # 37
print(c1.to_fahrenheit()) # 98.60000000000001

c1.temperature = -274 # -273.16도 보다 작은 값 설정하려 함.
print(c1.temperature) # -273.16로 설정됨
print(c1.to_fahrenheit()) # -459.68800000000005
```

위 코드에서 데코레이터 @property로 장식된 메소드와 데코레이터 @temperature.setter로 장식된 메소드의 이름이 모두 프로퍼티의 이름인 temperature 임에 주의하라. Python 인터프리터는 코드를 컴파일 할 때 데코레이터 @property와 @temperature.setter 정보를 이용하여 내부적으로 이름을 변환하여 컴파일한다. 이 코드를 보고 Python에서 메소드 중복(method overloading)이 지원된다고 생각하면 안된다.

부록 A3의 52번째 내장 함수로 property(fget=None, fset=None, fdel=None, doc=None)에 대한 설명이 나온다. 프로퍼티 속성을 사용하면 다음과 같은 경우에 이점이 있을 수 있다.

- 속성 값을 읽을 때마다 그 속성 값이 계산에 의해 구해지는 것이 필요한 경우 프로퍼티 속성을 사용하면 좋다.
- 프로퍼티 속성 값을 읽기 전용으로 만드는 것이 가능하다. property() 함수를 호출할때 두 번째 인자 fget을 None으로 주거나 @*name*.setter 데코레이터를 사용하지 않으면 된다.

16.4 assert 문장

assert 문장은 프로그램의 오류를 쉽게 찾을 수 있도록 한다. assert 문장의 형태는 다음과 같다.

- assert *boolean-expression*
- assert *boolean-expression error-message*

assert 문장은 불리언 값을 반환하는 수식 *boolean-expression*을 사용한다. 만일 그 수식의 값이 True이면 제어는 즉시 assert 문장의 다음 문장으로 제어가 넘어간다. 하지만 수식의 값이 False이면 assert 문장은 AssertionError 예외를 발생시키고 결과적으로 프로그램의 수행은 중단된다.

다음은 리스트의 원소들의 평균을 구하는 코드에 assert 문을 사용하는 예제이다. 평균을 구할 리스트가 비어있지 않아야 한다는 조건을 담은 assert 문이 사용되고 있다.

```
1 def avg(numbers):
2     assert len(numbers) != 0
3     return sum(numbers)/len(numbers)
4
5 numbers1 = [1, 2, 3]
6 print('Average of {}: {}'.format(numbers1, avg(numbers1))) # 2.0
7
8 numbers2 = [] # AssertionError
9 print('Average of {}: {}'.format(numbers2, avg(numbers2)))
```

위 코드를 수행하면 numbers1이 빈 리스트가 아니므로 6번 문장의 avg(numbers1) 호출은 아무런 문제없이 잘 수행되어 Average of [1, 2, 3]: 2.0을 출력한다. 하지만 8번 문장의 avg(numbers2) 호출은 빈 리스트를 인자로 사용하고 있으므로 2번 assert 문장은 AssertionError 예외를 발생하고 결과적으로 프로그램의 수행은 중단된다. 다음은 위 코드를 수행한 결과이다.

```
Average of [1, 2, 3]: 2.0
Traceback (most recent call last):
    File "D:\prj\python3\deepL\assert_test1.py", line 9, in <module>
    print('Average of {}: {}'.format(numbers2, avg(numbers2)))
    File "D:\prj\python3\deepL\assert_test1.py", line 2, in avg
    assert len(numbers) != 0
AssertionError
```

assert 문을 사용할 때 사용자 정의 오류 메시지를 출력하도록 할 수 있다. 다음 예제 코드를 보자.

```
def avg(numbers):
    assert len(numbers) != 0, '빈 리스트가 avg() 함수의 인자로 사용됨.'
    return sum(numbers)/len(numbers)

numbers1 = [1, 2, 3]
print('Average of {}: {}'.format(numbers1, avg(numbers1))) # 2.0

numbers2 = [] # AssertionError
print('Average of {}: {}'.format(numbers2, avg(numbers2)))
```

위 코드를 수행하면 다음과 같이 사용자 정의 오류 메시지가 출력되는 것을 확인할 수 있다.

```
Average of [1, 2, 3]: 2.0
Traceback (most recent call last):
  File "D:/prj/python3/deepL/assert_test2.py", line 9, in <module>
    print('Average of {}: {}'.format(numbers2, avg(numbers2)))
  File "D:/prj/python3/deepL/assert_test2.py", line 2, in avg
    assert len(numbers) != 0, '빈 리스트가 avg() 함수의 인자로 사용됨.'
AssertionError: 빈 리스트가 avg() 함수의 인자로 사용됨.
```

assert 문장은 주어진 조건이 만족되지 않을 때에는 AssertionError 예외를 출력하고 프로그램의 수행이 중단되도록 하지만 주어진 조건이 만족될 때에는 코드의 수행에 영향을 미치지 않으므로 코드의 효과적인 개발 및 디버깅을 위한 좋은 도구로 사용될 수 있다.

16.5 다중 상속 메커니즘과 MRO

Python 버전 3은 C3 슈퍼 클래스 선형화 알고리즘(C3 superclass linearization algorithm)에 기반을 둔 다중 상속 메커니즘을 사용하고 있다. 제 11.9절에서 MRO가 소개되었다.

16.5.1 단일 상속의 경우

단일 상속의 경우 객체의 메소드를 찾기 위해 탐색해야 하는 클래스들의 순서는 명확하다. 그 객체의 소속 클래스에서 시작하여 object 클래스까지 슈퍼 클래스들을 차례대로 탐색하면 된다. 예를 들어 다음과 같은 상속 구조를 고려해 보자.

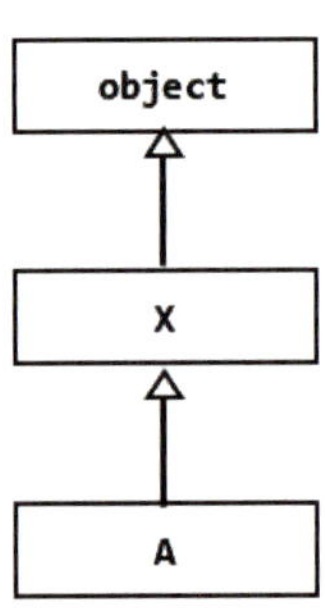

객체 a1이 클래스 A의 인스턴스라고 하자. 그리고 메소드 a1.m()이 호출되었다고 하자. 그러면 Python 인터프리터는 먼저 a1의 소속 클래스인 A를 탐색하여 A가 메소드 m()을 가지고 있으면 그 m()을 수행하고, 아니면 메소드 m()을 찾기 위하여 A의 슈퍼 클래스를 탐색한다. 이런 탐색은 상속 구조에서 메소드 m()을 가지고 있는 클래스를 찾을 때까지 계속된다. 만일 object 클래스까지 탐색했는데도 메소드 m()을 가진 클래스를 찾지 못하면 Python 인터프리터는 AttributeError 예외를 발생시킨다.

16.5.2 다중 상속의 경우

다중 상속의 경우 클래스는 여러 개의 슈퍼 클래스들을 가질 수 있다. 다중 상속의 경우를 살펴보기 전에 먼저 왼쪽 슈퍼 클래스와 오른쪽 슈퍼 클래스의 개념을 살펴보자. 클래스 정의에서 기술된 슈퍼 클래스들의 위치에 따라 왼쪽 슈퍼 클래스와 오른쪽 슈퍼 클래스가 결정된다. 예를 들어, 다음 클래스 정의에서 A의 슈퍼 클래스 X는 슈퍼 클래스 Y보다 왼쪽 슈퍼 클래스이다.

```
class A(X, Y): pass
```

다음 그림 16-1은 클래스 A의 슈퍼 클래스 선언부에서 클래스 X가 클래스 Y의 왼쪽에 나온 상속 구조를 표현하고 있다.

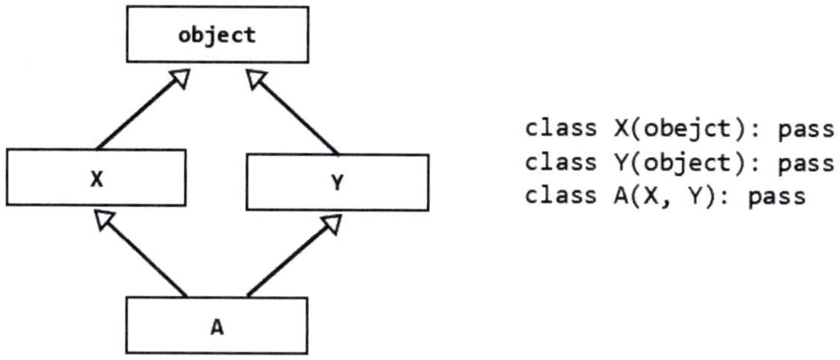

| 그림 16-1 | 다중 상속 구조의 예

만일 클래스 A의 슈퍼 클래스 선언부에서 클래스 Y가 클래스 X의 왼쪽에 나온다면 상속 구조는 다음 그림과 같이 Y가 X의 왼쪽에 표현되어야 한다.

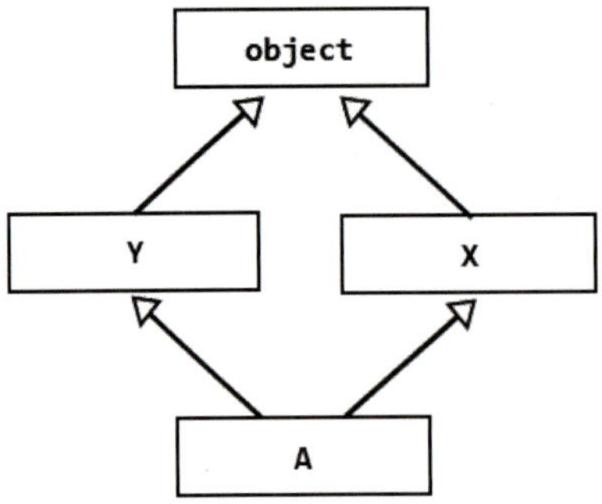


```
class X(obejct): pass
class Y(object): pass
class A(Y, X): pass
```

이제 다중 상속의 문제를 살펴보자. 다중 상속의 경우 슈퍼 클래스가 여러 개 존재하므로 객체의 메소드를 찾기 위해 탐색하는 방법에 대한 의견이 여러 가지 있을 수 있다. 다중 상속의 문제는 객체 지향 프로그래밍 언어의 원리를 연구하는 학자들에게 골칫거리이다. Java와 같은 언어는 클래스들의 다중 상속을 아예 금지하고 있다.

다음 그림 16-2와 같은 격자 형태의 상속 구조를 통해 다중 상속에 관련된 문제들을 살펴보자. 클래스 A의 인스턴스 a1의 메소드 a1.m()이 호출되어 Python 인터프리터가 상속 구조에서 m의 정의를 찾아야 하는 상황이라고 하자.

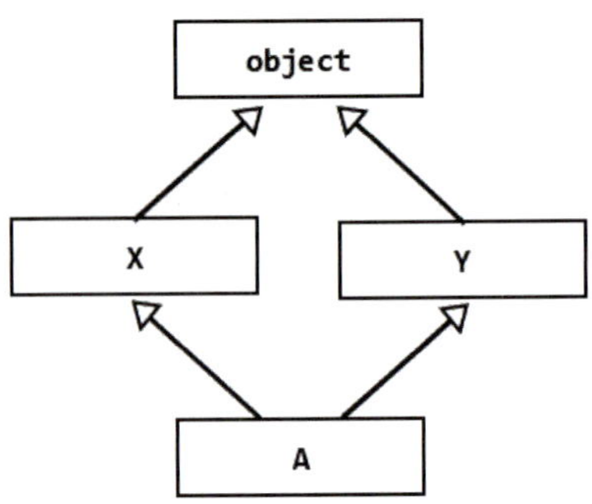


```
a1 = A()
...
a1.m()
```

| 그림 16-2 | 다중 상속 구조에서의 메소드 호출

만일 클래스 A에 메소드 m이 정의되어 있다면 Python 인터프리터는 그 m을 수행하면 된다. 하지만 클래스 A에 메소드 m이 정의되어 있지 않다면 Python 인터프리터는 위 격자 형태의 상속 구조에서 메소드 m의 정의를 찾아야 한다. 하지만, 메소드 m의 정의를 찾으려다 보면 다음과 같은 문제들을 만날 수 있다.

문제 1 왼쪽 슈퍼 클래스 우선 탐색인가? 아니면 오른쪽 슈퍼 클래스 우선 탐색인가?

만일 메소드 m이 클래스 X와 클래스 Y 양쪽에 정의되어 있다면 a1.m()은 클래스 X에 정의된 m을 호출해야 하는가 아니면 클래스 Y에 정의된 m을 호출해야 하는가? 왼쪽 우선 원칙을 적용하면 위 그림의 X의 m이 호출되고, 오른쪽 우선이라는 원칙을 적용한다면 Y의 m이 호출된다.

문제 2 깊이 우선 탐색을 해야 하는가? 아니면 너비 우선 탐색을 해야 하는가?

만일 메소드 m이 object와 Y 클래스에만 정의되어 있다면 object의 m을 호출해야 하는가, 아니면 Y의 m을 호출해야 하는가? 왼쪽 우선을 사용하고 깊이 우선 탐색을 한다면 object의 m을 호출해야 하고, 왼쪽 우선을 사용하고 너비 우선 탐색을 한다면 Y의 m을 호출해야 한다.

위와 같은 다중 상속의 문제들을 정리하려면, 다중 상속의 경우 메소드를 찾기 위하여 클래스들을 검색하는 방식에 대한 명확한 기준이 필요하다는 것을 알 수 있다. 이제 다중 상속의 문제를 풀기 위하여 Python이 실제로 사용하고 있는 기준을 살펴보자.

16.5.3 다중 상속의 기준

위와 같은 다중 상속의 문제를 풀기 위하여 Python 2.2까지는 클래스들의 격자 구조에서 조상 클래스들을 왼쪽에서 오른쪽으로 그리고 깊이 우선 방식으로 탐색하는 알고리즘이 사용되었다. 단 이미 탐색한 클래스는 다시 탐색하지 않는다. 그림 16-2의 경우 Python 2.2에서는 a1의 메소드를 호출하면 Python 인터프리터는 A, X, object, B 순으로 클래스들을 탐색할 것이다. 따라서 만일 m()이 클래스 A에는 정의되어 있지 않고, 클래스 X와 Y에만 각각 정의되어 있다면 메소드 호출 a1.m()은 왼쪽 클래스 X의 m()을 사용할 것이다. 만일 m()이 object와 Y에만 정의되어 있다면 object의 m()이 사용될 것이다.

Python 2.2까지 사용된 "왼쪽 우선, 깊이 우선" 탐색 방법은 간단하지만 단조성(monotonicity)이 지켜지지 않는 문제 등이 있어 Python 2.3에서 메소드를 찾기 위해 검색해야 하는 클래스들의 순서인 MRO(Method Resolution Order)를 계산하는 새로운 알고리즘인 C3 슈퍼 클래스 선형화(C3 superclass linearization) 알고리즘이 도입되었다. MRO는 클래스들이 일렬로 들어있는 튜플이나 리스트로 표현된다. C3 슈퍼 클래스 선형화 알고리즘은 제 16.5.6절에서 기술된다.

참고

> Python 3에서는 MRO(Method Resolution Order)의 계산을 위해 C3 슈퍼 클래스 선형화 알고리즘만 지원된다. 하지만 Python 2.3~2.7에서는 호환성의 문제 때문에 이전 "왼쪽 우선 깊이 우선" 알고리즘과 C3 슈퍼 클래스 선형화 알고리즘이 둘 다 지원된다. Python 2.3~2.7에서 클래스 정의 코드에 명시적으로 object를 슈퍼 클래스로 선언하면 C3 슈퍼 클래스 선형화 알고리즘이 사용된다. 아니면 "왼쪽 우선 깊이 우선" 알고리즘이 사용된다.

16.5.4 __mro__ 속성

__mro__ 속성은 Python 인터프리터에 의해 관리된다. Python 인터프리터는 클래스가 생성될 때마다 그 클래스를 위한 MRO를 계산하여 튜플의 형태로 __mro__ 속성에 저장한다. 그리고 어떤 클래스의 메소드를 찾으려 할 때 Python 인터프리터는 그 메소드를 찾을 때까지 그 클래스의 __mro__ 속성의 원소들을 차례로 검색한다. 클래스의 MRO의 첫 번째 원소는 항상 클래스 자신이고 마지막 원소는 object이다.

클래스의 MRO를 확인하려면 __mro__ 속성이나 mro() 메소드를 이용하면 된다. __mro__ 속성의 값과 mro() 메소드의 반환 값은 동일한 클래스들의 순서를 담는다. 다만 __mro__ 속성의 값은 튜플이지만 mro() 메소드는 __mro__ 속성의 값을 리스트의 형태로 반환한다. 다음 코드는 제 16.5.2절의 그림 16-1의 상속 구조를 반영하는 코드이다. 다음 코드에서 클래스 X의 __mro__가 (X, object)이고, 클래스 A의 __mro__가 (A, X, Y, object) 임을 확인할 수 있다.

```
>>> class X(object): pass

>>> class Y(object): pass

>>> class A(X, Y): pass

>>> X.__mro__
(<class '__main__.X'>, <class 'object'>)
>>> X.mro()
[<class '__main__.X'>, <class 'object'>]
>>> A.__mro__
(<class '__main__.A'>, <class '__main__.X'>, <class '__main__.Y'>, <class 'object'>)
>>>
```

16.5.5 MRO의 단조성 보장

C3 슈퍼 클래스 선형화 알고리즘은 MRO들의 단조성(monotonicity)을 보장한다. C3 슈퍼 클래스 선형화 알고리즘을 자세히 설명하기 전에 MRO의 단조성 보장이 필요한 이유에 대하여 살펴보자.

만일 새로운 클래스를 추가했을 때 새로 추가된 클래스에 의해 기존 클래스들의 MRO(Method Resolution Order)가 변한다면 새로운 클래스를 추가하기 전에 호출한 메소드를 새로운 클래스를 추가한 후에 다시 호출하면 이름은 같지만 다른 메소드가 호출되는 상당히 미묘한 버그가 만들어질 수도 있다. 단조성은 그런 버그를 피하기 위하기 위한 조건이다.

MRO의 단조성이 지켜지면, 클래스의 생성 시점에 계산된 MRO는 이후에 상속 구조 내에 새로운 클래스들이 생성되더라도 그 클래스 자체를 수정하지 않는 한 MRO를 다시 계산할 필요가 없어진다. MRO의 단조성에 대한 정의는 다음과 같다.

정의

▸ MRO의 단조성

다음 조건이 만족되면 MRO의 단조성이 만족된다고 한다: 임의의 클래스 C에 대하여, 만일 C의 MRO에서 클래스 C1이 클래스 C2보다 앞에 있으면, C의 모든 서브 클래스의 MRO에서도 C1이 C2의 앞에 있어야 한다.

예제 코드를 통해 각 클래스의 MRO의 단조성에 대하여 살펴보자.

```
class X(object): pass
class Y(object): pass
class A(X, Y): pass
class B(Y, X): pass

print(object.__mro__) # (object, )
print(X.__mro__) # (X, object)
print(Y.__mro__) # (Y, object)
print(A.__mro__) # (A, X, Y, object)
print(B.__mro__) # (B, Y, X, object)
```

다음 그림은 위 예제 코드의 클래스들의 상속 구조와 MRO 값들을 보여준다. 클래스 B의 슈퍼 클래스 Y가 X 보다 왼쪽 슈퍼 클래스임을 표현하기 위하여 슈퍼 클래스를 나타내는 화살표의 위치가 왼쪽 슈퍼 클래스부터 차례로 표현되어 있음에 주의하라.

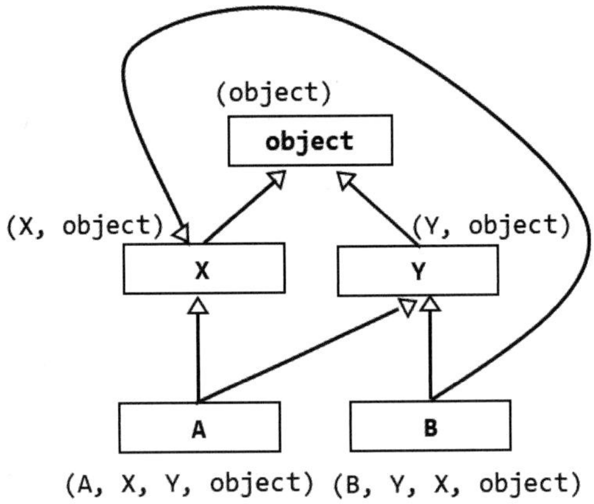

이 예제 코드의 모든 클래스들은 MRO의 단조성을 지키고 있다. 왜냐하면, 서브 클래스를 갖는 클래스들인 X와 Y가 다음 조건들을 만족하기 때문이다.

- 클래스 X의 MRO에서의 X와 object의 순서는 클래스 X의 모든 서브 클래스들 A와 B에서도 지켜지고 있다.
- 클래스 Y의 MRO에서의 Y와 object의 순서는 클래스 Y의 모든 서브 클래스들 A와 B에서도 지켜지고 있다.

이제, 위 상속 구조에 클래스 A와 B를 슈퍼 클래스로 하는 클래스 C를 추가해 보자. 만일 클래스 C가 MRO의 단조성을 지키며 추가될 수 있다면 결과적인 상속 구조는 다음과 같을 것이다.

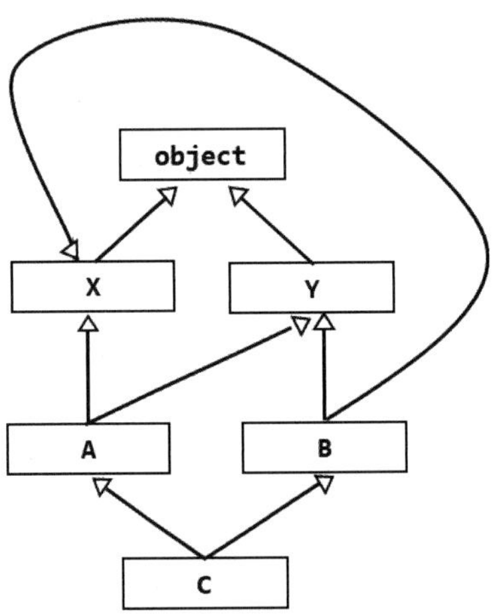

하지만 클래스 A와 B를 슈퍼 클래스로 하는 클래스 C는 MRO의 단조성을 만족할 수 없으므로 상속 구조에 추가될 수 없다. 이유를 살펴보기 전에 먼저 다음 코드를 보자.

```
>>> class X(object): pass

>>> class Y(object): pass

>>> class A(X, Y): pass

>>> class B(Y, X): pass

>>> A.mro()
[<class '__main__.A'>, <class '__main__.X'>, <class '__main__.Y'>, <class 'object'>]
>>> B.mro()
[<class '__main__.B'>, <class '__main__.Y'>, <class '__main__.X'>, <class 'object'>]
>>> class C(A, B): pass

Traceback (most recent call last):
  File "<pyshell#30>", line 1, in <module>
    class D(A, B): pass
TypeError: Cannot create a consistent method resolution
order (MRO) for bases X, Y
>>>
```

Python 인터프리터는 위 코드의 클래스 C의 MRO를 계산할 수 없다. 왜냐하면 다음 두 조건이 서로 충돌하기 때문이다.

- C는 A의 서브 클래스이고, A의 MRO에서 X가 Y보다 앞에 있으므로 단조성의 보장에 따라 D의 MRO에서도 X가 Y보다 앞에 있어야 한다.
- C는 B의 서브 클래스이고, B의 MRO에서 Y가 X보다 앞에 있으므로 단조성의 보장에 따라 D의 MRO에서도 Y가 X보다 앞에 있어야 한다.

위 코드는 Python 3에서 MRO의 단조성을 보장할 수 없는 클래스의 추가를 시도할 때 TypeError 예외가 나는 것을 보여준다. Python 2.7에서 클래스 A와 B를 슈퍼 클래스로 하는 클래스 C를 추가하는 다음 코드는 오류가 나지 않는다. 왜냐하면 Python 2.7에서 다음 코드는 "왼쪽 우선, 깊이 우선" 탐색을 사용하기 때문이다.

```
class X: pass
class Y: pass
class A(X, Y): pass
class B(Y, X): pass
class D(A, B): pass
```

Python 2.3~2.7에서는 "왼쪽 우선 깊이 우선" 탐색과 C3 슈퍼 클래스 선형화 알고리즘이 둘다 지원된다. Python 2.3~2.7에서 Python 인터프리터가 "왼쪽 우선 깊이 우선" 탐색이 아니라 C3 슈퍼 클래스 선형화 알고리즘을 사용하도록 하려면, 클래스를 정의할 때 다음과 같이 object 클래스를 명시적으로 슈퍼 클래스로 선언하면 된다.

```
class X(object): pass
class Y(object): pass
class A(X, Y): pass
class B(Y, X): pass
class D(A, B): pass
```

object 클래스를 명시적으로 슈퍼 클래스로 선언한 코드를 Python 2.7에서 수행하면 마지막 문장에서 다시 다음과 같이 TypeError 예외가 난다.

```
TypeError: Error when calling the metaclass bases
    Cannot create a consistent method resolution order (MRO) for bases Y, X
```

16.5.6 C3 슈퍼 클래스 선형화 알고리즘

C3 슈퍼 클래스 선형화 알고리즘을 설명하기 전에 설명의 편의를 위하여 몇 가지 용어와 연산자를 정의한다.

정의

▸ 리스트 X의 머리 head(X)와 꼬리 tail(X)

X를 하나 이상의 원소를 담은 리스트라고 할 때, X의 첫 번째 원소를 X의 머리 또는 head(X)라고 한다. 그리고 X의 두 번째 원소에서부터 마지막 원소까지를 담은 리스트를 X의 꼬리 또는 tail(X)라고 한다.

예를 들어, head([1, 2, 2, 3])은 1이고, tail([1, 2, 2, 3])는 [2, 2, 3] 이다. head(X)는 리스트의 첫 번째 원소인 X[0]과 동일하다.

앞 리스트와 뒤 리스트의 원소들의 순서를 보존하면서 결합하는 연산 +와 앞 리스트에서 뒤 리스트의 원소들을 빼는 연산 -의 정의는 다음과 같다.

정의

▸ 순서 보존 리스트 결합 연산 +

j와 k를 1 이상의 정수라고 할 때 두 개의 리스트 $[x_1, \ldots, x_j]$와 리스트 $[y_1, \ldots, y_k]$의 순서 보존 결합 연산 $[x_1, \ldots, x_j] + [y_1, \ldots, y_k]$는 리스트 $[x_1, \ldots, x_j, y_1, \ldots, y_k]$와 같다.

정의

▸ 순서 보존 리스트 빼기 연산 –

j와 k를 1 이상의 정수라고 할 때, 리스트 [x_1, ..., x_j]에서 리스트 [y_1, ..., y_k]의 순서 보존 리스트 빼기 연산 [x_1, ..., x_j] – [y_1, ..., y_k]는 리스트 함축 `[x for x in [x₁, ..., xⱼ] if x not in [y₁, ..., yₖ]]`와 같다.

다음은 순서 보존 리스트 결합 연산 +의 예제이다. head(X), tail(X), 그리고 연산 +의 정의에 따르면 리스트 X는 [head(X)] + tail(X)와 같다. 순서 보존 리스트 결합 연산 +는 Python의 리스트 결합 연산자 +와 같다.

- [] + [1, 2, 3] = [1, 2, 3]
- [1, 2, 3] + [1, 2, 3, 4] = [1, 2, 3, 1, 2, 3, 4]
- [1, 2, 2, 3] = [head([1, 2, 2, 3])] + tail([1, 2, 3, 4])

다음은 순서 보존 리스트 빼기 연산 –의 예제이다. 정의에 따르면 [1, 2, 3] – [2, 2, 3] 은 Python 리스트 함축 `[x for x in [1, 2, 3] if x not in [2, 2, 3]]`이다.

- [1, 2, 3] – [2, 2, 3] = [1]
- [1, 2, 3] – [4, 5, 6, 7] = [1, 2, 3]
- [1, 2, 2, 3] – [2] = [1, 3]

마지막으로 MRO의 계산에 관련된 굿 헤드(good head)의 개념 정의는 다음과 같다. 굿 헤드를 번역하기가 너무 곤란해 그대로 한글로 표현하였다.

정의

▸ 리스트들의 굿 헤드 H

H가 다음 조건을 만족하면 리스트들 X1, X2, ..., Xn의 굿 헤드라고 한다.
(1) H가 리스트들의 머리들 X1[0], X2[0], ..., Xn[0] 중의 하나이다.
(2) H가 리스트들의 꼬리들 tail(X1), tail(X2), ..., tail(Xn) 중 어떤 것의 원소도 아니다.

C3 슈퍼 클래스 선형화 알고리즘은 현재 생성할 클래스와 현재의 클래스 상속 구조를 입력으로 사용하여 새로 생성할 클래스의 MRO를 계산한다. 이후 설명의 간결함을 위해 C3 슈퍼 클래스 선형화 알고리즘을 L() 라는 함수로 표현한다.

이제 알고리즘 L()을 살펴보자. 먼저 모든 클래스의 조상 클래스인 `object`는 슈퍼 클래스를 갖지 않으므로 `object` 클래스의 메소드를 호출하면 그 메소드를 찾기 위해 `object`만 검색하면 된다. 따라서 다음 식이 성립한다.

L(object) = [object]

이제 일반적인 경우를 살펴보자. 일반적으로 B_1, B_2, …, B_n들을 슈퍼 클래스로 갖는 클래스 C(B_1, B_2, …, B_n)의 MRO를 구하는 함수 L()은 다음과 같이 재귀적으로 표현된다.

L(C(B_1, B_2, …, B_n))
  = [C] + merge(L(B_1), …, L(B_n), [B_1, B_2, …, B_n])

여기서 merge() 함수의 인자들이 모두 빈 리스트 []가 될 때까지 다음 과정을 반복한다.

merge() 함수의 인자들 L(B_1), …, L(B_n), [B_1, B_2, …, B_n]의 머리들인 L(B_1)[0], …, L(B_n)[0], [B_1] 중에서 굿 헤드(H라고 하자)를 발견하면 [H]를 수식 상의 현재 MRO [C]에 순서 보존 결합하고 인자들 각각에서 [H]를 순서 보존 리스트 빼기를 한다. 수식으로 표현하면 다음과 같다.

L(C(B_1, B_2, …, B_n))
  = [C] + merge(L(B_1), …, L(B_n), [B_1, B_2, …, B_n])
  = [C, H] + merge(L(B_1)−[H], …, L(B_n)−[H], [B_1, B_2, …, B_n] − [H])

만일 L(B_1), …, L(B_n), [B_1, B_2, …, B_n] 들의 굿 헤드를 발견할 수 없으면 Python 인터프리터는 TypeError 예외를 발생시킨다.

위 과정을 반복하여 merge() 함수의 인자들이 모두 빈 리스트 []가 되면 그 때의 MRO가 L(C)의 결과가 된다. 알고리즘 L을 계산하는 예를 들어보자.

단일 상속의 경우 알고리즘 L은 간단하다. 예를 들어 다음과 같은 클래스 계층 구조가 존재한다고 하자.

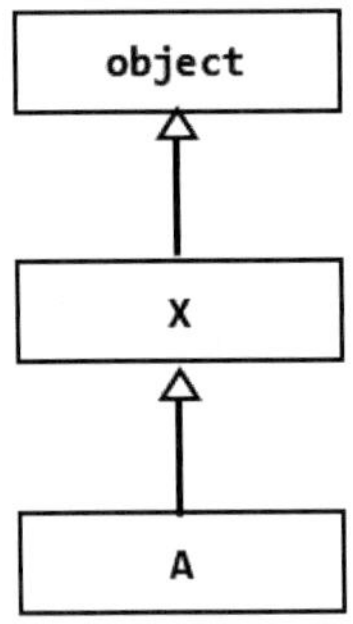

클래스 계층 구조가 위와 같은 경우 L(A)는 다음과 같이 계산된다.

L(A(X))
    = [A] + merge(L(X), [X])
    = [A, X] + merge(L(object), [])   ∵ L(X) = [X] + merge(L(object), [])
    = [A, X, object] + merge([], [])
    = [A, X, object]

클래스 계층 구조가 다음과 같은 경우 L(A)는 다음과 같이 계산된다.

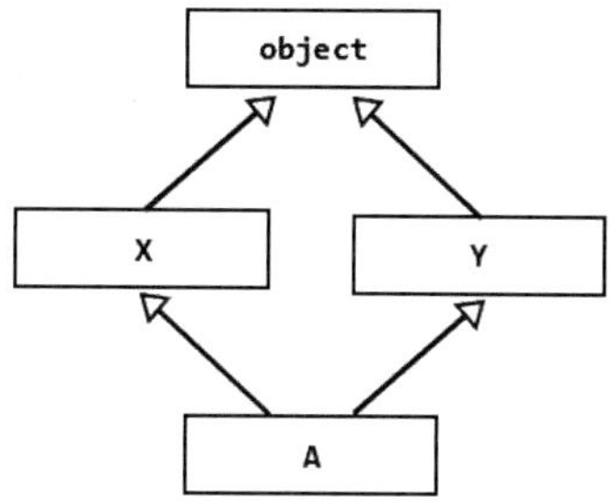

L(A(X, Y))
    = [A] + merge(L(X), L(Y), [X, Y])
    = [A] + merge([X, object], [Y, object], [X, Y]) # 이제 X가 good head
    = [A, X] + merge([object], [Y, object], [Y]) # 이제 Y가 good head
    = [A, X, Y] + merge([object], [object], []) # 이제 object가 good head
    = [A, X, Y, object] + merge([], [], [])
    = [A, X, Y, object]

기존 상속 구조에 클래스 C를 추가하여 클래스 계층 구조가 다음과 같아지는 경우 L(C)의 값을 계산해 보자.

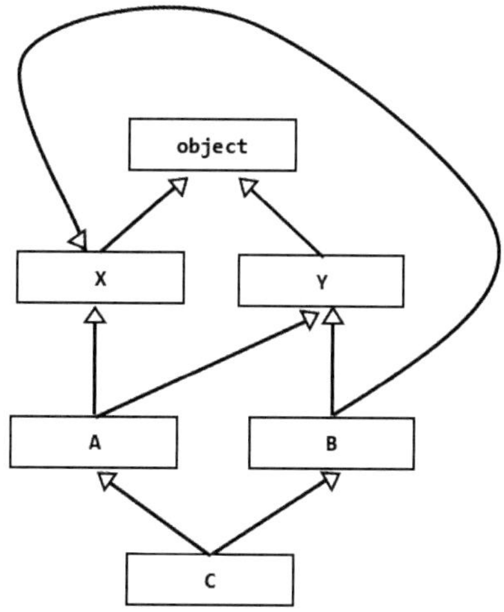

```
L(A) = [A] + merge(L(X), L(Y), [X, Y])
     = [A, X, Y, object]

L(B) = [B] + merge(L(Y), L(X), [Y, X])
     = [A, Y, X, object]

L(C(A, B))
     = [C] + merge(L(A), L(B), [A, B])
     = [C] + merge([A, X, Y, object], [B, Y, X, object], [A, B]) # A가 good head
     = [C, A] + merge([X, Y, object], [B, Y, X, object], [B]) # B가 good head
     = [C, A, B] + merge([X, Y, object], [Y, X, object], [])
     = ...
```

여기서 다음 굿 헤드를 찾을 수 없으므로 알고리즘은 더 이상 진행될 수 없고 `TypeError` 예외가 발생된다. 즉 C3 슈퍼 클래스 선형화 알고리즘은 위와 같은 클래스 `C`를 포함하는 상속 구조를 허용하지 않는다.

연습문제

1 다음 용어들의 의미를 설명하라.

a. 호출 가능 객체
b. 함수 데코레이터
c. 클래스 데코레이터
d. 프로퍼티 속성
e. MRO

2 `assert` 문장의 기능과 용도를 예제 코드와 함께 설명하라.

3 다음 다중 상속 구조상의 클래스들의 MRO를 구하라.

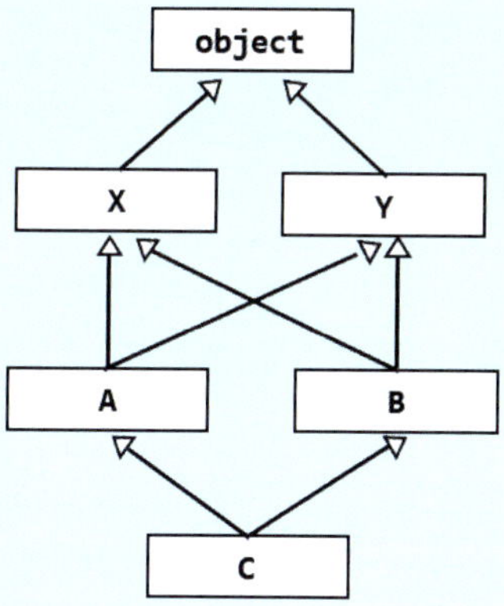

4 다중 상속의 일반적인 문제점을 2가지 이상 나열하고 설명하라.

APPENDIX

부록

HTTP://Python.org

APPENDIX

A1 Python 키워드

프로그래밍 언어에서 키워드란 이미 어떤 정해진 뜻을 가지고 있는 단어를 의미한다. 키워드는 변수 이름, 함수 이름 또는 어떤 다른 이름으로 사용할 수 없다. Python 3.7의 키워드는 다음과 같이 35개이다.

False	await	else	import	pass
None	break	except	in	raise
True	class	finally	is	return
and	continue	for	lambda	try
as	def	from	nonlocal	while
assert	del	global	not	with
async	elif	if	or	yield

Python 키워드는 Python 버전 마다 약간씩 다르다.

참고

Python 3.6에는 Python 3.7에 있는 **async**와 **await** 키워드가 없다.

참고

Python 2에서는 **print**가 키워드이다. 하지만 Python 3에서는 **print**가 키워드가 아니고 내장 함수가 되었다. 따라서 Python 3에서는 다음 문장이 오류가 난다. Python 3에서는 **print(33)**과 같이 함수 형태로 사용해야만 한다.

```
>>> print 33
  File "<stdin>", line 1
  print 33
         ^
SyntaxError: Missing parentheses in call to 'print'. Did you mean print(33)?
>>>
```

사용하고 있는 Python 인터프리터가 제공하고 있는 키워드는 다음과 같이 확인해볼 수 있다. 아래 문장들은 Python 3.7에서 수행되었다.

```
>>> import sys
>>> sys.version
'3.7.0 (v3.7.0:1bf9cc5093, Jun 27 2018, 04:59:51) [MSC v.1914 64 bit (AMD64)]'
>>> import keyword
>>> print(keyword.kwlist)
['False', 'None', 'True', 'and', 'as', 'assert', 'async', 'await', 'break', 'class',
'continue', 'def', 'del', 'elif', 'else', 'except', 'finally', 'for', 'from', 'global',
'if', 'import', 'in', 'is', 'lambda', 'nonlocal', 'not', 'or', 'pass', 'raise', 'return',
'try', 'while', 'with', 'yield']
>>>
```

APPENDIX

A2 pip 명령 요약

A2.1 pip란

pip는 Python 외부 라이브러리의 설치를 도와주는 프로그램이다. Python을 설치하면 Python 표준 라이브러리가 기본으로 설치된다. Python을 처음 배울 때에는 표준 라이브러리만으로 충분할 수 있다. 하지만 Python 프로그래밍을 하다보면 표준 라이브러리에 없는 기능들이 종종 필요하게 된다. Python의 강점의 하나는 품질이 좋은 Python 외부 라이브러리 패키지들이 풍부하게 인터넷에 공개되어 있다는 것이다.

pip 명령은 라이브러리 패키지를 설치할 때 라이브러리들 간의 종속성을 자동으로 파악하여 설치를 해준다. 예를 들어 라이브러리 A를 설치하라고 하면 A가 사용하는 B 라이브러리 패키지도 설치해주고, B 라이브러리가 C 라이브러리를 사용한다면 알아서 C 라이브러리 패키지도 설치해주는 식이다. 예를 들어, Python에서 그래프를 그리는 데 필요한 **matplotlib**라는 라이브러리는 내부에서 라이브러리 **six**, **numpy**, **setuptools** 등을 사용하고 있는 데 사용자가 그런 라이브러리들간의 종속성을 파악하여 설치하는 것은 너무 번거로운 일이다. 하지만 다음과 같은 pip 명령을 사용하면 **matplotlib** 라이브러리와 그것이 사용하는 모든 라이브러리들이 자동으로 한 번에 설치된다.

```
pip install matplotlib
```

pip 명령을 수행하는 pip.exe 프로그램은 Python이 설치된 디렉터리의 Scripts 디렉터리에 설치된다. 예를 들어, Python을 C:\Program Files\Python37에 설치하였다면 C:\Program Files\Python37\Scripts 디렉터리에 pip.exe가 있을 것이다.

A2.2 환경 변수 Path에의 등록

pip.exe 명령을 임의의 디렉터리에서 수행할 수 있도록 하려면 pip.exe 파일이 존재하는 Scripts 디렉터리를 환경 변수 Path에 등록해야 한다. Windows 10의 경우 "제어판" 〉 "시스템" 〉 "고급 시스템 설정" 〉 "환경 변수(N)..."을 선택한 후 시스템 변수 Path에 pip.exe 파일이 존재하는 위치를 등록하면 된다.

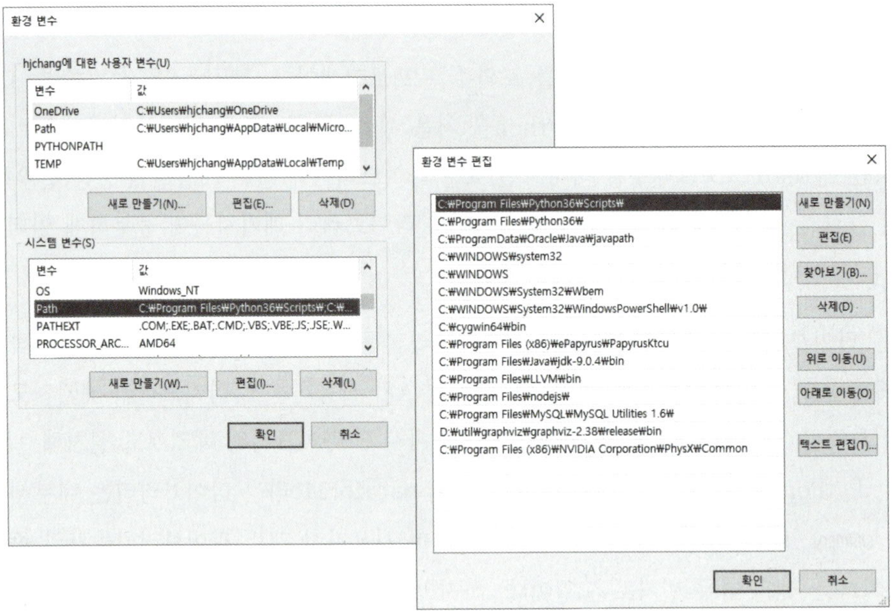

pip 수행파일의 위치가 환경 변수 Path에 등록이 되면 명령 프롬프트 창을 열고 어느 디렉터리에서나 편하게 pip 명령을 수행할 수 있게 된다.

A2.3 pip 명령 사용하기

pip 명령을 인자 없이 호출하거나 **pip –help**로 호출하면 pip 명령에 대한 간단한 도움말을 볼 수 있다. pip 명령의 일반적인 형태는 다음과 같다.

```
pip <command> [options]
```

> **주의**
> pip 명령을 사용하기 위하여 명령 프롬프트 창을 열 때 "관리자 권한으로 실행"을 하는 것이 필요할 수도 있다.

패키지의 설치에는 install 명령(command)을 사용한다. 다음은 pip install 명령으로 **matplotlib** 패키지를 설치하는 것을 보여준다.

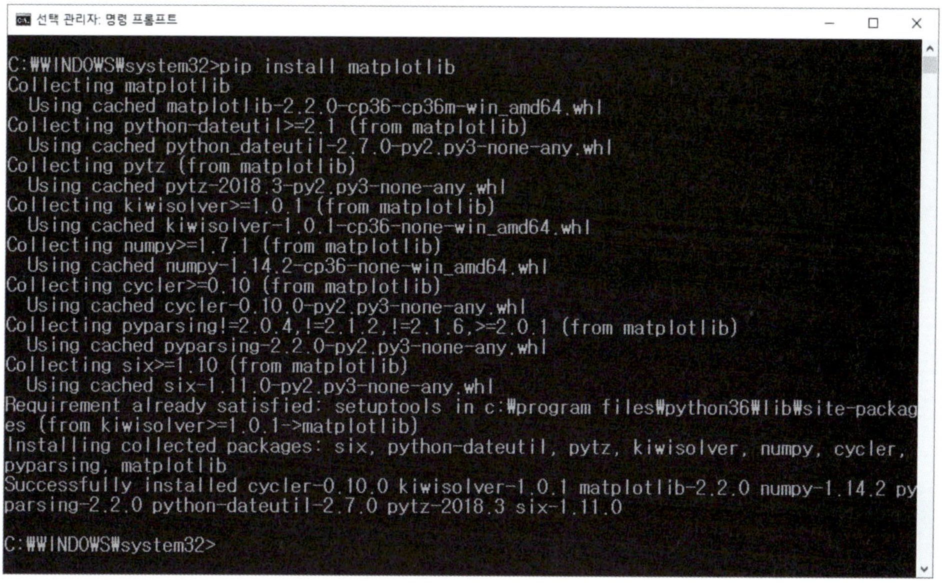

설치된 패키지를 지우고 싶을 때에는 uninstall 명령을 사용한다. 다음은 설치된 matplotlib 패키지를 지우는 명령이다.

```
pip uninstall matplotlib
```

설치되어 있는 패키지들의 목록을 보고 싶으면 list 명령을 사용한다. 다음은 list 명령을 사용한 화면이다. **matplotlib** 패키지를 비롯한 여러 외부 패키지들이 설치되어 있음을 알 수 있다.

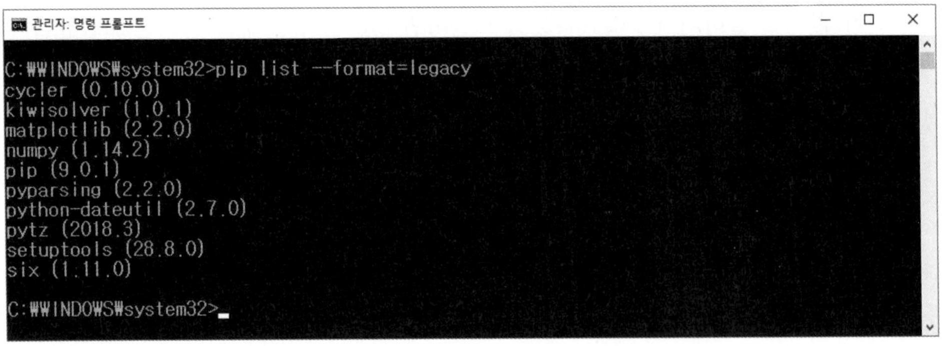

APPENDIX A3

Python 내장 함수들의 요약

다음은 Python 3.7의 내장 함수들(built-in functions)의 목록이다. 내장 함수란 말 그대로 Python 인터프리터에 내장되어 있는 함수들을 의미한다. 내장 함수들을 사용하기 위하여 아무런 모듈이나 패키지도 임포트할 필요가 없다.

abs()	delattr()	hash()	memoryview()	set()
all()	dict()	help()	min()	setattr()
any()	dir()	hex()	next()	slice()
ascii()	divmod()	id()	object()	sorted()
bin()	enumerate()	input()	oct()	staticmethod()
bool()	eval()	int()	open()	str()
breakpoint()	exec()	isinstance()	ord()	sum()
bytearray()	filter()	issubclass()	pow()	super()
bytes()	float()	iter()	print()	tuple()
callable()	format()	len()	property()	type()
chr()	frozenset()	list()	range()	vars()
classmethod()	getattr()	locals()	repr()	zip()
compile()	globals()	map()	reversed()	__import__()
complex()	hasattr()	max()	round()	

사이트 https://docs.python.org/3/library/functions.html에서 Python 내장 함수들에 대한 간결한 설명을 볼 수 있다. 함수 명 앞에 *class*가 붙은 함수는 클래스의 생성자가 내장 함수인 경우이다.

위 사이트의 한글판이 https://docs.python.org/ko/3/library/functions.html에 있다. 하지만 번역이 아직 만족스럽지 않다.

(1) abs(*number*)

이 함수는 인자 *number*의 절댓값을 반환한다. 인자 *number*로 정수, 실수, 또는 복소수를 사용한다. number가 복소수 x + yj이면 복소수의 크기(magnitude) (x**2 + y**2)**(1/2) 가 반환된다.

```
>>> abs(-7)
7
>>> abs(3 + 4j)
5.0
>>>
```

(2) all(*iterable*)

이 함수의 인자 *iterable*은 반복 가능 객체(iterable object)이어야 한다. 이 함수는 인자 *iterable*의 모든 원소들이 참이거나 *iterable*이 비어있으면 True를 반환하고 아니면 False를 반환한다. 반복 가능 객체 대한 설명은 제 12장을 참고하라.

```
>>> 1 == True
True
>>> x = [1, 2, 3] # 1, 2, 3 모두 참인 원소
>>> all(x)
True
>>> all({})
False
>>>
```

(3) any(*iterable*)

이 함수의 인자 *iterable*은 반복 가능 객체(iterable object)이어야 한다. 이 함수는 인자 *iterable* 내에 참인 원소가 하나 이상 존재하면 True를 반환하고 아니면 False를 반환한다. 인자 *iterable*이 비어있으면 False를 반환한다.

```
>>> 0 == True
False
>>> any([0, 1, 2]) # 1이 참인 원소
True
>>> any([0, 0, 0])
False
>>> any([])
False
>>>
```

(4) ascii(*object*)

내장 함수 repr()처럼 인자 *object*의 출력 가능한 표현(printable representation)을 담은 문자열을 반환한다. 인자 *object*로 임의의 객체가 사용될 수 있다. 단 내장 함수 repr()과 달리 반환되는 문자열에 ASCII 글자가 아닌 글자가 있는 경우 그 글자는 x, \u, 또는 \U와 같은 이스케이프 시퀀스로 표현된다.

```
>>> ascii('hangul')
"'hangul'"
>>> ascii('Pythön is interesting')
"'Pyth\\xf6n is interesting'"
>>> ascii('한글')
"'\\ud55c\\uae00'"
>>> repr('hangul')
"'hangul'"
>>> repr('한글')
"'한글'"
>>>
```

(5) bin(*x*)

정수 x를 접두사 0b로 시작하는 이진 문자열로 변환한다. 참고로 접두사 0b의 출력을 내장 함수 format()으로 조정할 수 있다.

```
>>> bin(3)
'0b11'
>>> bin(-10)
'-0b1010'
>>>  format(14, '#b'), format(14, 'b')
('0b1110', '1110')
>>> f'{14:#b}', f'{14:b}'
('0b1110', '1110')
>>>
```

(6) *class* bool([*x*])

bool 클래스의 생성자이다. 인자가 없으면 False를 반환한다. 인자가 주어지면 다음과 같은 표준 진위 값 판정 절차(standard truth testing procedure)에 따라 True 또는 False를 반환한다.

표준 진위 값 판정 절차: 인자 x가 다음과 같은 값이면 False이고 아니면 True이다.

- 상수 None과 False
- 0에 해당하는 숫자들: 0, 0.0, 0j, Decimal(0), Fraction(0, 1)
- 빈 시퀀스. 예를 들어 [], (), {}, '', range(0, 0), b''
- 빈 딕셔너리 {}
- __bool__() 메소드를 가지며 그 반환 값이 False이거나 또는 __len__() 메소드를 가지며 그 반환 값이 0인 객체

```
>>> bool([])
False
>>> bool(None)
False
>>> bool(0.0)
False
>>> bool(range(0,0))
False
>>> x = ''
>>> bool(x)
False
>>>
```

(7) breakpoint(**args*, ***kws*)

Python 3.7 이후에만 지원되는 기능이다. 이 함수를 수행하는 즉시 디버깅 모드로 들어간다. 다음 코드를 수행해 보자.

```
def divide(divisor, dividend):
    breakpoint()
    return dividend / divisor

if __name__ == '__main__':
    print(divide(0, 4000))
```

그러면 다음과 같은 Pdb(Python debugger) 모드 화면이 나올 것이다. 프롬프트 (Pdb) 에 디버거 명령을 입력하여 디버깅을 할 수 있다.

```
> c:\python3\breakpoint.py(3)divide()
-> return dividend / divisor
(Pdb) args
divisor = 0
dividend = 4000
(Pdb)
```

(8) *class* **bytearray**([*source*[, *encoding*[, *errors*]]])

새로운 bytearray 객체를 생성해 반환한다. 다음과 같은 3개의 선택적 인자들을 사용한다. 인자들이 아무 것도 주어지지 않으면 크기가 0인 빈 bytearray 객체가 반환된다.

- *source*: 인자 *source*로 문자열, 정수, 버퍼 인터페이스(buffer interface)를 갖는 객체 또는 반복 가능 객체를 사용할 수 있다. 인자 *source*의 종류에 따라 다음과 같은 반환 값을 갖는다.

*source*의 종류	반환 값
문자열	인자 *source*가 문자열인 경우, 두 번째 인자 *encoding*이 꼭 지정되어야 하며, *source*.encode(*encoding*, *errors*)의 결과가 반환된다.
정수	인자 *source*가 정수인 경우, 크기가 *source*이고 ''들이 들어있는 bytearray 객체가 반환된다.
버퍼 인터페이스를 갖는 객체	인자 *source*가 버퍼 인터페이스를 갖는 객체인 경우, *source* 객체의 읽기 전용 버퍼가 반환된 bytearray 객체를 초기화하는데 사용될 것이다.
정수 x들의 반복 가능 객체	정수 x는 조건 0 <= x <= 256을 만족해야만 한다. 정수 x들로 초기화된 bytearrray 객체가 반환된다.

- *encoding*: 인자 *source*가 문자열인 경우 *source*.encode(*encoding*, *errors*)에서 사용할 인코딩 방식을 표현한다.
- *errors*: 인자 *source*가 문자열인 경우 *source*.encode(*encoding*, *errors*)에서 사용할 오류 처리 방식을 표현한다.

```
>>> s1 = 'Python'
>>> byte_array1 = bytearray(s1, 'utf-8')
>>> byte_array1
bytearray(b'Python')
>>> byte_array2 = bytearray()
>>> byte_array2
```

```
bytearray(b'')
>>> byte_array3 = bytearray(5)
>>> byte_array3
bytearray(b'\x00\x00\x00\x00\x00')
>>>
```

(9) *class* bytes([*source*[, *encoding*[, *errors*]]])

인자들에 따라 bytes 객체를 생성해 반환한다. bytes 객체는 bytearray 객체의 수정 불가 버전이라고 할 수 있다. 인자의 종류와 반환 값은 bytearray 객체에 준한다.

```
>>> s1 = 'Python'
>>> bytes1 = bytes(s1, 'utf-8')
>>> bytes1
b'Python'
>>> bytes2 = bytes(5)
>>> bytes2
b'\x00\x00\x00\x00\x00'
>>> bytes3 = bytes([1, 2, 3])
>>> bytes3
b'\x01\x02\x03'
>>>
```

(10) callable(*object*)

인자로 주어진 객체가 호출 가능 객체(callable object)이면 True를 반환하고 아니면 False를 반환한다. 호출 가능 객체란 __call__() 메소드를 지원하는 객체를 의미한다.

```
>>> x = 5
>>> callable(x)
False
>>> def f():
        pass

>>> callable(f) # 함수는 callable object이다.
True
>>> class Foo:
        def __call__(self):
            print('Hello!')
```

```
>>> foo1 = Foo()
>>> callable(foo1) # __call__() 메소드를 지원하는 객체는 callable 이다.
True
>>> foo1()
Hello!
>>>
```

(11) chr(*i*)

인자로 유니코드 코드 포인트(codepoint) 값을 나타내는 정수 *i*를 사용한다. *i*에 대응하는 유니코드 문자를 반환한다. ord() 함수와 역 함수 관계를 갖는다.

```
>>> chr(97)
'a'
>>> chr(65)
'A'
>>> chr(0xac00)
'가'
>>>
```

(12) classmethod(*method*)

인자로 주어지는 *method*를 클래스 메소드로 만든다. 클래스 메소드란 메소드의 첫 번째 파라미터로 현재 클래스가 자동으로 전달되는 메소드이다. 다음은 Mammal 클래스의 print_legs() 메소드를 클래스 메소드로 만드는 예제 코드이다.

```
class Mammal:
    legs = 4 # class variable

    def print_legs(cls):
        print(cls.legs)

Mammal.print_legs = classmethod(Mammal.print_legs)

m2 = Mammal()
m2.print_legs()
```

이 classmethod(*method*) 함수는 Python 스타일에 걸맞지 않는 함수라는 평이 있으며, 다음 예제 코드에서와 같이 classmethod(*method*) 함수 대신 함수 데코레이터 @classmethod를 사용하는 방법이 권장된다. 함수 데코레이터는 제 16.2절에서 기술된다.

```
>>> class Mammal:
        legs = 4 # class variable

        @classmethod
        def print_legs(cls):
           print(cls.legs)


>>> Mammal.print_legs() # print_legs의 cls에 Mammal이 전달된다.
4
>>>
```

⒀ **compile(*source*, *filename*, *mode*, *flags*=0, *dont_inherit*=False, *optimize*=-1)**

주어진 *source*를 코드 또는 AST(Abstract Syntax Tree) 객체로 컴파일 한다. 인자 *source*의 값은 문자열, 바이트 문자열 또는 AST 객체이다.

*source*를 파일로부터 읽는 경우 인자 *filename*의 값으로 파일 이름을 사용한다. 파일이 아니라 문자열로 *source*가 주어지는 경우 *filename*의 값을 파일에서 읽는 것이 아니라는 적당한 표시가 되는 값 예를 들어 '<string>'으로 준다.

인자 *mode*에 대한 값으로 다음과 같은 값을 줄 수 있다.

- 'exec': *source* 인자로 여러 개의 문장들이 주어질 때
- 'eval': *source* 인자로 하나의 수식이 주어질 때
- 'single': *source* 인자로 하나의 대화형 문장이 주어질 때

선택적인 인자인 *flags*와 *dont_inherit*는 미래의 문장들이 *source*의 컴파일에 영향을 미칠 것인가를 제어한다.

선택적인 인자인 *optimize*는 그 값에 따라 다음과 같이 컴파일러의 최적화 수준을 결정한다. 기본값은 -1이다.

```
>>> code = 'a = 5\nb=6\nsum=a+b\nprint("sum =",sum)'
>>> code_object = compile(code, '<string>', 'exec')
>>> exec(code_object)
sum = 11
>>>
```

(14) *class* complex([*real*[, *imag*]])

실수부가 *real*이고 허수부가 *imag*인 복소수 객체를 생성한다. 인자 *real*이 생략되면 기본 값 0이 주어진다. 인자 *imag*가 생략되면 기본 값 0이 주어진다.

```
>>> complex(2, -3)
(2-3j)
>>> complex(2)
(2+0j)
>>> complex(0)
0j
>>> complex('5-9j')
(5-9j)
>>>
```

(15) delattr(*object*, *name*)

인자로 주어진 *object*의 속성 *name*을 지운다. delattr(x, 'foobar')는 del x.foobar와 같다.

```
>>> class X:
        name = ''
        age = 0

>>> dir(X)
['__class__', '__delattr__', '__dict__', '__dir__', '__doc__', '__eq__',
'__format__', '__ge__', '__getattribute__', '__gt__', '__hash__', '__init__',
'__init_subclass__', '__le__', '__lt__', '__module__', '__ne__', '__new__',
'__reduce__', '__reduce_ex__', '__repr__', '__setattr__', '__sizeof__', '__str__',
'__subclasshook__', '__weakref__', 'age', 'name']
>>> delattr(X, 'age')
>>> dir(X)
['__class__', '__delattr__', '__dict__', '__dir__', '__doc__', '__eq__',
'__format__', '__ge__', '__getattribute__', '__gt__', '__hash__', '__init__',
```

```
'__init_subclass__', '__le__', '__lt__', '__module__', '__ne__', '__new__',
'__reduce__', '__reduce_ex__', '__repr__', '__setattr__', '__sizeof__',
'__str__', '__subclasshook__', '__weakref__', 'name']
>>>
```

(16) *class* **dict**(***kwarg*)

class **dict**(*mapping*, ***kwarg*)

class **dict**(*iterable*, ***kwarg*)

딕셔너리 객체를 생성한다. 다음 예제의 a, b, c, d, e는 모두 딕셔너리 {'one': 1, 'two': 2, 'three': 3}이다.

```
>>> a = dict(one=1, two=2, three=3)
>>> b = {'one': 1, 'two': 2, 'three': 3}
>>> c = dict(zip(['one', 'two', 'three'], [1, 2, 3]))
>>> d = dict([('two', 2), ('one', 1), ('three', 3)])
>>> e = dict({'three': 3, 'one': 1, 'two': 2})
>>> a == b == c == d == e
True
>>>
```

(17) **dir**([*object*])

인자가 없을 때에는 현재의 지역 유효 범위의 이름들의 리스트를 반환한다. 인자로 모듈이 주어지면 그 모듈의 이름 공간의 이름들의 리스트를 반환한다. 인자로 클래스가 주어지면 그 클래스와 그 클래스의 조상 클래스들의 속성들의 이름들의 리스트를 반환한다. 인자로 객체가 주어지만 객체, 그 객체의 클래스, 그리고 그 클래스의 조상 클래스들의 속성들의 이름들의 리스트를 반환한다.

객체 *object*에 __dir__() 메소드가 존재하면 그 반환 값을 반환한다. 아니면 객체의 __ dict__ 속성과 타입 정보로부터 이름 정보를 수집하여 반환한다.

```
>>> dir()   # show the names in the module namespace
['__annotations__', '__builtins__', '__doc__', '__file__', '__loader__',
'__name__', '__package__', '__spec__', 'divide', 'struct']
>>> import struct
>>> dir(struct)   # show the names in the struct module
```

```
['Struct', '__all__', '__builtins__', '__cached__', '__doc__', '__file__',
'__loader__', '__name__', '__package__', '__spec__', '_clearcache',
'calcsize', 'error', 'iter_unpack', 'pack', 'pack_into', 'unpack', 'unpack_from']
>>> class Shape:
        def __dir__(self):
            return ['area', 'location', 'perimeter']

>>> s = Shape()
>>> dir(s)
['area', 'location', 'perimeter']
>>>
```

(18) divmod(*a*, *b*)

복소수가 아닌 두 개의 숫자 a, b를 인자로 취하고 정수 나누기를 사용할 때의 몫과 나머지로 구성된 한 쌍의 숫자를 반환한다. 인자들이 모두 정수인 경우 결과는 (a // b, a % b) 와 같다.

```
>>> divmod(33, 7)
(4, 5)
>>> divmod(33.0, 7)
(4.0, 5.0)
>>>
```

(19) enumerate(*iterable*, *start*=0)

반복 가능 객체 *iterable*로부터 enumerate 객체를 생성해 반환한다. enumerate 객체는 반복자(iterator) 객체이다.

```
>>> seasons = ['Spring', 'Summer', 'Fall', 'Winter']
>>> enumerate(seasons)
<enumerate object at 0x000002285AD06CA8>
>>> for x in enumerate(seasons):
        print(x, end=' ')

(0, 'Spring') (1, 'Summer') (2, 'Fall') (3, 'Winter')
>>> type(enumerate(seasons))
<class 'enumerate'>
>>> list(enumerate(seasons, start=1))
[(1, 'Spring'), (2, 'Summer'), (3, 'Fall'), (4, 'Winter')]
>>>
```

(20) **eval(*expression*, *globals*=None, *locals*=None)**

이 내장 함수는 인자 *expression*을 평가한 결과를 반환한다. 인자 *expression*은 Python 수식이 담긴 문자열이다. *expression*을 평가할 때 인자 *locals*가 지역 이름 공간으로 사용되고 인자 *globals*가 전역 이름 공간으로 사용된다. 만일 인자 globals에 '__ builtins__'키를 갖는 원소가 없다면 내장 이름 공간을 값으로 갖는 __builtins__ 원소가 자동 삽입된다. 따라서 eval() 함수는 내장 이름 공간의 이름들을 기본으로 사용할 수 있다.

인자 *locals*와 *globals*에 동일한 이름이 존재하면 *locals*의 이름이 먼저 사용된다. 인자 *locals*가 None이면 *locals* 인자는 *globals* 인자의 값과 같은 값을 갖는 것으로 취급된다. 인자 *globals*와 *locals*가 모두 None이면, eval()이 호출되었을 때의 전역 및 지역 이름 공간이 사용된다.

```
>>> x = 1
>>> eval('x+1') # 현재의 지역 및 전역 이름 공간이 사용된다.
2
>>> eval('x+1', globals(), locals()) # eval('x+1')와 같다
2
>>> eval('x+1', {'x':10}, {'x':20}) # 이름 공간 {'x':20}의 x가 먼저 사용된다.
21
>>> eval('abs(-1)', None, None) # 내장 이름 공간은 기본으로 사용된다.
1
>>> eval('abs(x+1)', {'x':10}) # eval('abs(x+1)',{'x':10},{'x':10})과 동일
11
>>> eval('x+y', {'x':10}, {'y':20})
30
>>> eval('abs(-1)', {'__builtins__': None})
Traceback (most recent call last):
  File "<pyshell#60>", line 1, in <module>
    eval('abs(-1)', {'__builtins__': None})
  File "<string>", line 1, in <module>
TypeError: 'NoneType' object is not subscriptable
>>>
```

만일 인자 globals에 '__builtins__': None 원소를 넣는다면 내장 공간의 이름들이 보이지 않게 되므로 eval('abs(-1)', {'__builtins__': None}) 문은 오류를 낸다. 참고로, 내장 함수 locals()는 현재의 지역 이름 공간을 반환한다. 내장 함수 globals()는 현재의 전역 이름 공간을 반영한다.

(21) **exec**(*object* [, *globals* [, *locals*]])

이 내장 함수는 인자 *object*로 주어진 Python 코드를 동적으로 실행한다. 인자 *object*는 코드를 담은 문자열 또는 코드 객체이다. eval()은 반환 값을 갖지만 exec()는 반환 값이 None이다.

인자 *globals*와 *locals* 및 내장 이름에 대한 사항은 eval() 함수와 같다.

```
>>> code = "a = 5\nb = 10\nprint('Sum = ', a+b)"
>>> r = exec(code) # 내장 함수 print 사용
Sum =  15
>>> r
>>> import math
>>> exec('print(sqrt(9))', {'sqrt': math.sqrt})
3.0
>>>
```

(22) **filter**(*func*, *iterable*)

이 함수는 인자 *func*가 참을 반환하는 *iterable*의 원소들에 대한 filter 객체를 반환한다. filter 객체는 반복자 객체의 한 종류이다. 매개 변수 *func*에는 함수의 이름, lambda 수식의 이름, 또는 lambda 수식이 사용된다. 두 번째 매개 변수 *iterable*에는 첫 번째 인자로 지정된 함수를 적용할 원소들이 담긴 반복 가능 객체가 사용된다.

```
>>> alphabets = ['a', 'b', 'c', 'd', 'e', 'f', 'g', 'h', 'i', 'j', 'k']
>>> def isvowel(alpha):
        if alpha in ['a', 'e', 'i', 'o', 'u']:
            return True
        return False

>>> filter(isvowel, alphabets)
<filter object at 0x00000223B2D33BA8>
>>> list(filter(isvowel, alphabets))
['a', 'e', 'i']
>>>
```

제 13.1.3절에서 이 함수에 대한 다른 예제를 볼 수 있다.

(23) *class* **float([*x*])**

이 함수는 인자로 주어진 x에 해당하는 실수를 반환한다. 인자가 주어지지 않으면 0.0을 반환한다. x는 실수를 표현하는 문자열이거나 대소문자 구분이 없는 'inf', '-inf', 'infinity' 또는 'NaN'이다. 제 2.1절에 이 함수에 대한 설명이 나온다.

```
>>> float('+1.23')
1.23
>>> float('   -12345\n')
-12345.0
>>> float('1e-003')
0.001
>>> float('+1E6')
1000000.0
>>> float('-Infinity')
-inf
>>> float('NaN')
nan
>>>
```

(24) **format([*value* [, *format_spec*])**

이 함수는 인자로 주어진 *value*를 *format_spec*에 맞는 문자열로 표현한다. format(*value*, *format_spec*)은 type(*value*).__format__(*value*, *format_spec*)으로 해석된다. format (*value*)는 str(*value*)와 같다.

```
>>> format(123, 'd')
'123'
>>> format(123.456789, 'f')
'123.456789'
>>> format(13, 'b')
'1101'
>>> format(1234, '*>+7,d')
' +1,234'
>>> format(123.4567, '^-09.3f')
'0123.4570'
>>>
```

포맷 지정자 '*>+7,d'의 의미는 다음과 같다.

- `*` - 빈 공간을 채울 글자
- `>` - 우측 정렬
- `+` - 부호
- `7` - 폭
- `d` - 정수

포맷 지정자 '^-09.3f'의 의미는 다음과 같다.

- `^` - 중앙 정렬
- `-` - 음수만 부호를 표시
- `0` - 빈 공간에 채워질 글자
- `9` - 폭
- `.3` - 소숫점 아래 정밀도(precision)
- `f` - 실수(float)

(25) *class* **frozenset([*iterable*])**

이 함수는 인자로 주어진 반복 가능 객체 *iterable*로부터 frozenset 객체를 반환한다. frozenset은 set의 수정 불가 버전이다. frozenset 객체의 원소들은 생성된 후 수정될 수 없다. frozenset도 set과 마찬가지로 합집합, 교집합 등의 연산을 지원하며 원소의 순서는 중요하지 않다.

```
>>> vowels = ('a', 'e', 'i', 'o', 'u')
>>> fset = frozenset(vowels)
>>> fset
frozenset({'e', 'a', 'o', 'u', 'i'})
>>> frozenset()
frozenset()
>>>
```

(26) **getattr(*object*, *name* [, *default*])**

이 함수는 인자로 주어진 *object*의 *name* 속성의 값을 반환한다. 만일 *object*의 *name* 속성이 존재하지 않지만 *default*가 주어졌으면 *default*를 반환하고 *default*가 주어지지 않았으면 AttributeError 예외를 발생시킨다.

```
# getattr_demo.py
class Person:
    total = 0
    def __init__(self):
        self.total = self.total + 1

p1 = Person()

print(getattr(p1, 'total')) # 1
print(getattr(p1, 'sex', 'm')) # m
```

위 예제는 1과 m을 출력한다. 객체 p1은 속성 sex를 갖지 않지만 getattr(p1, 'sex', 'm')는 주어진 기본 값 'm'을 반환한다.

(27) globals()

이 함수 호출이 포함된 모듈의 모듈 이름 공간 즉 전역 이름 공간(global namespace)을 반환한다. 다음 예제 코드는 __main__ 모듈의 전역 이름 공간을 보여준다.

```
>>> globals()
{'__name__': '__main__', '__doc__': None, '__package__': None, '__loader__': <class '_frozen_importlib.BuiltinImporter'>, '__spec__': None, '__annotations__': {}, '__builtins__': <module 'builtins' (built-in)>}
>>>
```

(28) hasattr(*object*, *name*)

이 함수는 인자로 주어진 *object*가 속성 *name*을 가지고 있으면 True를 아니면 False를 반환한다. *name*은 문자열이다. 이 함수는 내장 함수 호출 getattr(*object*, *name*)을 이용하여 구현된다. 즉, 내장 함수 호출 getattr(*object*, *name*)이 AttributeError 예외를 발생시키면 False, 아니면 True를 반환한다.

```
class Mammal:
    totals = 0
    def move(self):
        print('A Mammal moves.')

m1 = Mammal()
```

```
print(hasattr(m1, 'totals')) # True
print(hasattr(m1, 'move')) # True
print(hasattr(m1, 'fly')) # False
```

(29) hash(*object*)

이 함수는 인자로 주어진 *object*의 해시(hash) 값을 반환한다. *object*는 수정 불가 객체(immutable object)이어야만 한다.

```
>>> hash(181.3)
691752902764134581
>>> hash('abc')
-767940632889492 60
>>> hash([1, 2])
Traceback (most recent call last):
  File "<pyshell#23>", line 1, in <module>
    hash([1, 2])
TypeError: unhashable type: 'list'
>>> hash((1, 2))
3713081631934410656
>>>
```

(30) help([*object*])

이 함수는 도움말을 보여준다. 이 함수는 REPL 모드에서 사용하게 되어 있다. 문자열 인자를 사용하여 호출하면 그 문자열에 관련된 도움말이 나온다. 인자로 문자열이 아닌 객체를 사용하면 그 객체에 대한 도움말을 반환한다.

```
>>> help('print')
Help on built-in function print in module builtins:

print(...)
    print(value, ..., sep=' ', end='\n', file=sys.stdout, flush=False)

    Prints the values to a stream, or to sys.stdout by default.
    Optional keyword arguments:
    file:  a file-like object (stream); defaults to the current sys.stdout.
    sep:   string inserted between values, default a space.
```

```
    end:   string appended after the last value, default a newline.
    flush: whether to forcibly flush the stream.

>>> help(abs)
Help on built-in function abs in module builtins:

abs(x, /)
    Return the absolute value of the argument.

>>>
```

이 함수를 인자 없이 호출하면 Python 도움말 시스템이 시작된다. Python 도움말 시스템은 **quit** 명령으로 종료한다.

```
>>> help()

Welcome to Python 3.7's help utility!

If this is your first time using Python, you should definitely check out
the tutorial on the Internet at https://docs.python.org/3.7/tutorial/.

Enter the name of any module, keyword, or topic to get help on writing
Python programs and using Python modules.  To quit this help utility and
return to the interpreter, just type "quit".

To get a list of available modules, keywords, symbols, or topics, type
"modules", "keywords", "symbols", or "topics".  Each module also comes
with a one-line summary of what it does; to list the modules whose name
or summary contain a given string such as "spam", type "modules spam".

help> abs
Help on built-in function abs in module builtins:

abs(x, /)
    Return the absolute value of the argument.

help> quit

You are now leaving help and returning to the Python interpreter.
```

```
If you want to ask for help on a particular object directly from the
interpreter, you can type "help(object)".  Executing "help('string')"
has the same effect as typing a particular string at the help> prompt.
>>>
```

(31) **hex(*x*)**

이 함수는 인자로 주어진 정수 *x*를 0x로 시작하는 16진수 문자열로 변환하여 반환한다.

```
>>> hex(16)
'0x10'
>>> hex(128)
'0x80'
>>> hex(-16)
'-0x10'
>>>
```

(32) **id(*object*)**

이 함수는 인자 ***object***의 식별 값(identity)을 돌려준다. 객체의 식별 값은 객체가 생성될 때 부여받으며 그 객체가 소멸할 때까지 변하지 않는다는 것을 보장받는 상수 정수이다. 만일 생명 주기가 겹치는 두 객체가 식별 값이 같다면 그 객체들은 동일한 하나의 객체이다. CPython에서는 객체의 식별 값으로 그 객체의 주기억 장치 주소를 사용한다.

```
x = 65536
y = 65536
print(id(x) == id(y)) # true
```

이 함수에 대한 자세한 설명이 제 10.3절과 10.4절에 나온다.

(33) **input([*prompt*])**

이 함수는 표준 입력 장치로부터 한 줄의 입력을 받아 문자열로 반환한다. 반환된 문자열에는 줄 바꿈 문자 '\n'가 포함되지 않는다. 표준 입력 장치로부터 EOF가 입력되면 EOFError 예외를 발생시킨다. 표준 입력 장치를 별도로 지정하지 않으면 키보드가 표준 입력 장치가 된다. 제 3.1절에 이 함수에 대한 자세한 설명이 나온다.

```
>>> s = input('$ ')
$ hello Python!
>>> s
'hello Python!'
>>>
```

(34) *class* **int**(*x=0*)

class **int**(*x*, *base=10*)

이 함수는 인자로 주어진 숫자나 문자열 *x*로부터 정수를 생성하여 반환한다. 인자가 주어지지 않으면 0을 반환하며, 선택적 인자로 *base*가 주어지면 인자를 *base* 진수로 해석한다.

```
>>> int('123')
123
>>> int(12.3)
12
>>> int('123', 8) # 8진수 123은 10진수 83
83
>>> int('10001000', 2) # 2진수 10001000은 10진수 136
136
>>>
```

(35) **isinstance**(*object*, *classinfo*)

이 함수는 *classinfo* 인자로 클래스 또는 클래스들의 튜플을 사용한다. 이 함수는 인자로 주어진 *object*가 *classinfo* 또는 *classinfo* 원소의 클래스 또는 자손 클래스의 인스턴스이면 True를 반환한다.

```
>>> isinstance(1, int)
True
>>> isinstance('abc', str)
True
>>> class Animal:
        pass

>>> class Dog (Animal):
        pass

```

```
>>> pluto = Dog()
>>> isinstance(pluto, Animal) # pluto는 Animal 클래스의 자손 클래스의 인스턴스
True
>>> isinstance(pluto, Dog)
True
>>> isinstance(1, (int, Dog)) # classinfo는 튜플 (int, Dog)
True
>>> isinstance(1.1, (int, Dog))
False
>>>
```

(36) **issubclass(*class*, *classinfo*)**

이 함수는 *classinfo* 매개 변수의 인자로 클래스 또는 클래스들의 튜플을 사용한다. 이 함수는 인자로 주어진 *class*가 *classinfo* 또는 *classinfo* 원소의 클래스 또는 자손 클래스이면 True를 반환한다. 만일 *classinfo*가 클래스 또는 클래스들의 튜플이 아니면 TypeError 예외가 발생된다.

```
>>> class Animal:
        pass

>>> class Dog (Animal):
        pass

>>> class Puddle(Dog):
        pass

>>> issubclass(Dog, Animal)
True
>>> issubclass(Puddle, Animal)
True
>>>
```

(37) **iter(*iterable*)**
iter(*callable*, *sentinel*)

첫 번째 인자는 두 번째 인자의 존재 여부에 따라 다르게 해석된다. (1) 두 번째 인자 *sentinel*이 주어지지 않으면, 인자 *iterable*은 반복 가능 객체(iterable object)이어야 한다. 인자 *iterable*이 반복 가능 객체이면 이 함수는 그에 대한 반복자를 반환하고, 아니면 TypeError 예외를 발생시킨다. (2) 두

번째 인자 *sentinel*이 주어지면, 인자 *callable*은 호출 가능 객체(callable object)이어야 한다. 인자 *callable*이 호출 가능 객체이면 이 함수는 *callable*을 호출한 반환 값이 *sentinel*과 같으면 StopIteration 예외를 발생시키고 아니면 그 반환 값을 그대로 반환한다.

```
x = [1, 2, 3]
iter1 = iter(x)

for i in iter1:
    print(i)

with open('temp.txt') as fp:
    for line in iter(fp.readline, 'Pretty\n'):
        print('line = ', line)
```

위 코드의 수행 결과는 다음과 같다.

```
1
2
3
line =  Hello
```

위 코드가 사용하는 temp.txt 파일의 내용은 다음과 같다. temp.txt 파일의 두 번째 줄의 내용이 인자 *sentinel*의 값 'Pretty\n'와 같으므로 위 코드가 temp.txt 파일의 두 번째 줄을 읽을 때 StopIteration 예외가 발생되어 for 루프가 종료된다.

```
Hello
Pretty
Python!
```

(38) len(*s*)

이 함수는 인자 *s*의 길이를 반환한다. 인자 *s*는 시퀀스 객체(sequence object)이거나 딕셔너리 객체이어야 한다. 아니면 TypeError 예외가 발생된다. 시퀀스 객체와 딕셔너리 객체는 원소들의 길이를 반환하는 __len__() 메소드를 지원한다. len(s)는 *s*.__len__()과 같다.

```
>>> x = [1, 2, 3]
>>> y = {'name': 'kim', 'age': 23}
```

```
>>> len(x)
3
>>> len(y)
2
>>>
```

(39) *class* **list([*iterable*])**

이 함수는 인자에 대한 리스트 객체를 반환한다. 인자가 주어지지 않으면 빈 리스트를 반환한다. 인자 *iterable*은 반복 가능 객체이어야 한다. 아니면 TypeError 예외가 발생한다.

```
>>> list((1, 2, 3)) # 튜플을 리스트로
[1, 2, 3]
>>> x = 'abc'
>>> list(x) # 문자열을 리스트로
['a', 'b', 'c']
>>> list(range(10)) # range를 리스트로
[0, 1, 2, 3, 4, 5, 6, 7, 8, 9]
>>>
```

(40) **locals()**

현재의 이름 공간을 반환한다. 함수나 클래스의 밖에서 locals()가 호출되면 전역 이름 공간이 반환된다. 그리고 함수나 메소드 안에서 locals()가 호출되면 그 함수나 메소드의 지역 이름 공간이 반환된다. 다만 함수 내에서 locals()가 호출되었을 때에는 그 함수의 자유 변수들(free variables)도 결과에 포함된다. 자유 변수에 대한 설명은 제 11.5절에 나온다.

함수의 안과 밖에서 locals()를 호출하는 다음 예제 코드를 보자.

```
def f(x):
    y = x + 200
    print('locals() in f() = ', locals())

f(100)
print('locals() out f() = ', locals())
```

위 코드를 직접 수행한 결과는 다음과 같다. 함수 f의 지역 이름 공간과 __main__ 모듈의 전역 이름

공간이 출력되는 것을 확인할 수 있다.

```
locals() in f() = {'x': 100, 'y': 300}
locals() out f() = {'__name__': '__main__', '__doc__': None, '__package__': None, '__loader__': <class '_frozen_importlib.BuiltinImporter'>, '__spec__': None, '__annotations__': {}, '__builtins__': <module 'builtins' (built-in)>, '__file__': 'C:/Python3/namespace_method.py', 'f': <function f at 0x00000201D43EAB70>}
```

함수나 메소드의 밖에서 **locals()**가 호출되면 전역 모듈 이름 공간의 복사본이 반환된다. 그리고 함수나 메소드 안에서 **locals()**가 호출되면 그 함수나 메소드의 지역 이름 공간의 복사본이 반환된다. 다만 함수들이 중첩되어 정의되어 있을 때 안쪽 함수 내에서 **locals()**가 호출되면 그 반환 값에는 안쪽 함수에서 정의된 이름들 뿐 아니라 안쪽 함수에서 사용하는 바깥 쪽 함수에서 정의된 이름들도 포함된다. 다음 예제 코드를 보자.

```
x = 42

def foo():
    x = 55
    def baz():
        nonlocal x
        y = 105
        print('in baz:', locals()) # {'y':105, 'x':55}, free variable x 포함
    baz()

    def biz():
        y = x # 바깥 함수에서 정의된 이름 x를 사용
        print('in biz:', locals()) # {'y':55, 'x':55}, free variable x 포함
    biz()

def boo():
    global x
    y = 300
    print('in boo:', locals()) # {'y': 300}

foo()
boo()
```

위 예제 코드의 수행 결과는 다음과 같다.

```
    in baz: {'y': 105, 'x': 55}
    in biz: {'y': 55, 'x': 55}
    in boo: {'y': 300}
```

locals() 함수의 반환 값은 복사본이므로 반환 값의 원소의 수정은 이름 공간에 영향을 주지 않는다.

(41) map(*func*, *iterable*, ...)

이 함수는 인자로 주어진 반복 가능 객체들 각각에 *func*를 적용한 결과를 담은 map 객체를 반환한다. map 객체는 반복자 객체의 한 종류이다. *func*는 이 함수의 인자로 주어지는 *iterable*의 수만큼의 인자를 가진 함수 또는 lambda 함수이어야 한다. 여러 개의 *iterable*이 인자로 주어지는 경우 가장 짧은 길이의 *iterable*의 길이에 맞추어 *func*가 적용된다.

```
>>> def square(x):
        return x*x

>>> r1 = map(square, [1, 2, 3, 4])
>>> r1
<map object at 0x000001D2EE234C18>
>>> list(r1)
[1, 4, 9, 16]
>>> r2 = map(lambda x, y: (x + y), [1, 2, 3, 4], [10, 20, 30]) # 인자의 길이가 4와 3
>>> list(r2)
[11, 22, 33]
>>>
```

(42) max(*iterable*, *[*key*, *defalut*])
max(*arg1*, *arg2*, **args*[, *key*])

만일 하나의 위치 인자가 주어진다면, 그 인자 *iterable*은 반복 가능 객체이어야 하며, 그 반복 가능 객체의 원소들 중 가장 큰 원소가 반환된다. 만일 두 개 이상의 위치 인자들이 주어진다면 그들 중에 가장 큰 인자가 반환된다.

선택적인 키워드 인자 *key*는 크기 기준 함수이다. 인자 *iterable*이 빈 객체일 때 선택적인 키워드 인자 *default*가 반환된다. 인자 *iterable*이 빈 객체일 때 키워드 인자 *default*가 주어지지 않으면 ValueError 예외가 발생된다.

```
>>> max(1, 3, 2, 5, 4) # 두 개 이상의 위치 인자들
5
>>> max([1, 3, 2, 8, 5, 10, 6]) # 하나의 위치 인자
10
>>> max([1, 2, 3, 4], [5, 6], [7, 8, 9], key=len) # len 함수로 인자들 비교
[1, 2, 3, 4]
>>> max([], default=0)
0
>>> max([])
Traceback (most recent call last):
  File "<pyshell#20>", line 1, in <module>
    max([])
ValueError: max() arg is an empty sequence
>>>
```

(43) **memoryview(*object*)**

이 함수는 인자 ***object***를 참조하는 **memoryview** 객체를 반환한다. 인자 ***object***는 버퍼 프로토콜(buffer protocol)을 지원하는 객체이어야 한다. **bytes** 객체와 **bytearray** 객체 등이 버퍼 프로토콜을 지원한다.

bytes 객체로 표현된 이진 이미지 데이터와 같은 커다란 데이터 객체에 접근할 때 그 객체 전체 또는 부분에 대한 복사가 발생할 수 있으며 결과적으로 많은 메모리와 CPU 자원이 소모될 수 있다. **memoryview** 객체는 그것이 참조하는 ***object***의 내용에 대한 복사에 대한 부담을 피하면서 ***object***의 내용에 효율적으로 접근할 수 있도록 한다.

다음 코드는 **bytes** 객체에 대한 슬라이싱 연산을 적용하는 예제이다. 슬라이싱 연산은 원본 객체 또는 객체의 일부에 대한 복사를 수행한다.

```
>>> b = b'this is a very long bytes string.'
>>> b1 = b[0:14]
>>> b1
b'this is a very'
>>>
```

위 코드를 수행하면 주기억 장치 공간에 다음과 같이 두개의 ***bytes*** 객체 ***b***와 ***b1***이 생성된다.

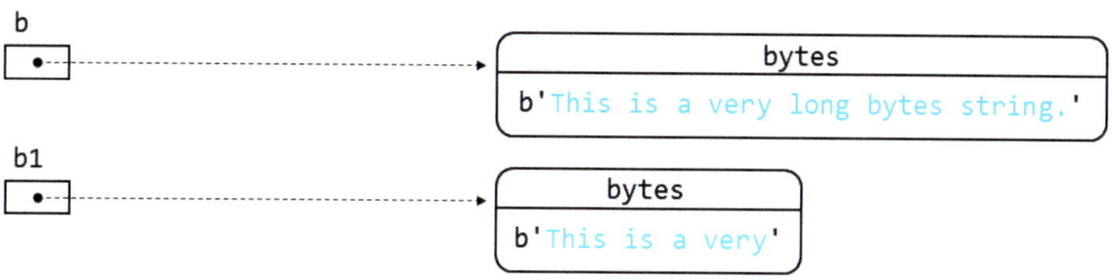

위 예제는 다만 14개의 바이트를 복사할 뿐이지만 매우 긴 **bytes** 객체에 대한 슬라이싱이 매우 많은 바이트들을 복사하게 되는 경우가 있을 것이다. **memoryview** 객체는 슬라이싱 할 때 원래 객체의 내용을 복사하지 않는다.

```
>>> b = b'this is a very long bytes string.'
>>> view_b = memoryview(b)
>>> b2 = view_b[0:14]
>>> b2
<memory at 0x000002CF730AC108>
>>> for x in b2:
        print(chr(x), end='')

this is a very
>>>
```

다음 예제 코드는 **bytes**를 직접 다루는 것과 **bytes**에 대한 **memoryview** 객체를 통해 다루는 성능의 차이를 보여주기 위한 것이다.

```
import time

for n in (100000, 200000, 300000, 400000):
    data = 'x' * n
    start = time.time()
    b = data

    while b:
        b = b[1:]

    print ('bytes: {:d} {:f}'.format(n, time.time() - start))
```

```
for n in (100000, 200000, 300000, 400000):
    data = b'x' * n
    start = time.time()
    b = memoryview(data)

    while b:
        b = b[1:]

    print ('memoryview: {:d} {:f}'.format(n, time.time() - start))
```

위 코드의 수행 결과는 다음과 같다. 위 코드의 경우 *memoryview* 객체를 사용하는 슬라이싱 코드가 *bytes* 객체를 그대로 사용하는 슬라이싱 코드보다 약 48~98배 빠르다.

```
bytes: 100000 0.627316
bytes: 200000 1.482038
bytes: 300000 3.075776
bytes: 400000 5.258968
memoryview: 100000 0.012991
memoryview: 200000 0.026962
memoryview: 300000 0.040895
memoryview: 400000 0.053857
```

(44) **min(*iterable*, *[*key*, *defalut*])**

min(*arg1*, *arg2*, **args*[, *key*])

만일 하나의 위치 인자가 주어진다면, 그 인자 *iterable*은 반복 가능 객체이어야 하며, 그 반복 가능 객체의 원소들 중 가장 작은 원소가 반환된다. 만일 두 개 이상의 위치 인자들이 주어진다면 그들 중에 가장 작은 인자가 반환된다.

선택적인 키워드 인자 *key*는 크기 기준 함수이다. 인자 *iterable*이 빈 객체일 때 선택적인 키워드 인자 *default*가 반환된다. 인자 *iterable*이 빈 객체일 때 키워드 인자 *default*가 주어지지 않으면 ValueError 예외가 발생된다.

```
>>> min(1, 3, 2, 5, 4) # 두 개 이상의 위치 인자들
1
>>> min([1, 3, 2, 8, 5, 10, 6]) # 하나의 위치 인자
1
```

```
>>> min([1, 2, 3, 4], [5, 6], [7, 8, 9], key=len) # len 함수로 인자들 비교
[5, 6]
>>> min([], default=0)
0
>>> min([])
Traceback (most recent call last):
  File "<pyshell#20>", line 1, in <module>
    min([])
ValueError: min() arg is an empty sequence
>>>
```

(45) **next(*iterator* [, *defalut*])**

인자로 주어진 반복자 객체 *iterator*의 __next__() 메소드를 호출하여 *iterator* 객체의 다음 원소를 반환한다. *default* 인자가 주어지면 반복자 객체 *iterator*의 다음 원소가 없을 때 *default* 인자가 반환되고, 아니면 StopIteration 예외 객체가 발생된다.

```
>>> x = [1, 2, 3]
>>> x_iter = x.__iter__()
>>> next(x_iter, ())
1
>>> next(x_iter, ())
2
>>> next(x_iter, ())
3
>>> next(x_iter, ())
()
>>>
```

(46) *class* **object()**

object 클래스의 인스턴스를 반환한다. object는 모든 클래스의 조상 클래스이다. object 클래스는 __dict__ 속성을 갖지 않으며 따라서 object 클래스의 인스턴스에 새로운 속성을 추가할 수 없다.

```
>>> object
<class 'object'>
>>> object()
<object object at 0x0000023BF6D5E360>
```

```
>>> dir(object())
['__class__', '__delattr__', '__dir__', '__doc__', '__eq__', '__format__',
'__ge__', '__getattribute__', '__gt__', '__hash__', '__init__',
'__init_subclass__', '__le__', '__lt__', '__ne__', '__new__', '__reduce__',
'__reduce_ex__', '__repr__', '__setattr__', '__sizeof__', '__str__',
'__subclasshook__']
>>>
```

(47) **oct(*x*)**

이 함수는 인자 x를 '0o'로 시작되는 8진수 문자열로 변환한다. 인자 *x*는 정수 또는 정수를 반환하는 __index__() 메소드를 가진 객체이어야 한다.

```
print(oct(10), oct(0b101), oct(0xA)) # 0o12 0o5 0o12

class Dog:
    legs = 4

    def __init__(self, name):
        self.name = name

    def __index__(self):
        return Dog.legs

fido = Dog('Fido')
print(oct(fido)) # 0o4
```

위 코드의 수행 결과는 다음과 같다.

```
0o12 0o5 0o12
0o4
```

(48) **open(*filename*, mode='r', buffering=-1, encoding=None, errors=None, newline=None, closefd=True, opener=None)**

파일을 읽거나 파일에 쓰려면 먼저 파일을 열어야 한다. 이 함수는 인자 *filename*에 해당하는 파일에 대한 파일 객체를 반환한다. *filename* 인자 이외의 인자들은 생략이 가능하다.

mode 인자의 값에 따라 파일을 여는 모드가 달라진다. mode 인자가 가질 수 있는 값들은 다음 표와 같다. 이진 모드(binary mode)로 파일을 열고 파일을 읽으면 파일 내용이 bytes 형태로 반환된다. 텍스트 모드로 파일을 열고 파일을 읽으면 파일 내용이 str 형태로 반환된다.

글자	의미
'r'	읽기 모드로 파일을 연다. 기본 모드이다. 파일이 열린 직후 파일 포인터는 파일의 시작 부분에 위치하게 된다.
'w'	쓰기 모드로 파일을 연다. 만일 열어야 하는 파일이 존재하지 않으면 빈 파일이 새로 생성된다. 열어야 할 파일이 이미 존재하면 기존 파일의 내용이 비워진다.
'x'	배타적으로 파일을 생성한다. 즉, 생성해야 하는 파일이 이미 존재하면 오류를 낸다.
'a'	*filename*에 해당하는 파일이 없으면 쓰기 모드로 파일을 연다. *filename*에 해당하는 파일이 이미 존재하면 덧붙여 쓰기 모드(append mode)로 기존 파일을 연다. 기존 파일을 열은 직후 파일 포인터는 기존 파일의 끝에 위치하게 된다.
'b'	이진 모드로 파일을 읽거나 쓰겠다는 의미
't'	텍스트 모드로 파일을 읽거나 쓰겠다는 의미. 기본 모드이다.
'+'	파일을 갱신(updating) 모드로 연다. 갱신 모드란 읽기와 쓰기가 모두 일어나는 모드를 의미한다.

** 파일 포인터에 대한 내용은 제 3.4.5절에 나온다.

mode 인자의 값이 'w+b'이면 이진 파일을 읽고 쓰기 모드로 열며, 만일 기존 파일이 존재하면 그 파일의 내용 이 모두 지워진다. 'r+b'이면 이진 파일을 읽고 쓰기 모드로 열지만 기존 파일이 존재해도 내용을 지우지 않는다.

buffering 인자는 버퍼링 정책을 지정한다. 이진 모드에서 버퍼링을 끄려면 0을 (이진 모드에서만 허용됨), 라인 버퍼링을 하려면 1을 (텍스트 모드에서만 허용됨), 버퍼 크기를 지정하려면 1보다 큰 정수를 buffering 인자로 사용한다. buffering 인자의 기본 값 −1은 다음과 같은 기본 버퍼링 정책을 지정한다.

- 이진 파일의 경우, io.DEFAULT_BUFFER_SIZE 값에 준하는 크기의 버퍼가 사용된다. 많은 시스템에서 io.DEFAULT_BUFFER_SIZE 값은 4096 또는 8192이다.
- 텍스트 파일의 경우 satty() 메소드가 True이면 라인 버퍼링 정책을 사용하고, 아니면 이진 파일에서 사용되는 버퍼링 정책을 사용한다.

```
>>> f = open('test.txt') # test.txt 파일이 존재하는 경우
>>> f.isatty()
False
>>> import io
>>> io.DEFAULT_BUFFER_SIZE
8192
>>>
```

encoding 인자는 텍스트 모드에서만 사용되어야 한다. 다음은 UTF-8 인코딩을 사용한 한글 문자열을 담고 있는 utf8_text.txt 파일을 열고 내용을 읽는 코드이다. 윈도우에서는 UTF-8로 텍스트 파일을 작성하면 파일의 가장 첫 부분에 bom(byte order mask) \ufeff를 자동으로 붙인다. 인코딩을 UTF-8-SIG로 하면 \ufeff를 없앨 수 있다.

```
>>> f = open('utf8_text.txt', encoding='utf-8', newline=None)
>>> f.read()
'\ufeffPython is beautiful.\n파이썬은 아름답다.\n'
>>> f = open('utf8_text.txt', encoding='utf-8-sig')
>>> f
<_io.TextIOWrapper name='utf8_text.txt' mode='r' encoding='utf-8-sig'>
>>> txt = f.read()
>>> txt
'Python is beautiful.\n파이썬은 아름답다.\n'
>>> f.close()
>>>
```

errors 인자는 인코딩 및 디코딩 오류를 처리하는 방법을 지정하는 선택적 문자열이다. 이진 모드에서는 사용할 수 없다. 예를 들어, errors 인자로 'strict'를 사용하면 인코딩 오류가 있는 경우 ValueError 예외가 발생된다. 기본 값 None은 같은 효과를 낸다.

newline 인자는 텍스트 모드에서만 사용되며 유니버설 줄 바꿈 모드를 지정한다. 줄 바꿈을 위하여 사용하는 글자는 운영 체계마다 다르다. 예를 들어 Unix에서는 '\n'이 사용되지만 윈도우에서는 '\r\n'이 사용된다. newline 인자의 값은 None, '', '\n', '\r', 또는 '\n\r'일 수 있다. 파일을 읽기 모드로 열었을 때 newline 인자의 값이 None이면 유니버설 줄 바꿈 모드가 활성화되어 줄 바꿈 문자는 '\n'으로 변환되어 반환된다.

```
>>> f = open('utf8_text.txt', encoding='utf-8-sig', newline=None)
>>> f.read()
'Python is beautiful.\n파이썬은 아름답다.\n'
>>> f.close()
>>> f = open('utf8_text.txt', encoding='utf-8-sig', newline='\r\n')
>>> f.read()
'Python is beautiful.\r\n파이썬은 아름답다.\r\n'
>>>
```

filename 인자로 파일 이름이 주어졌을 때에는 closefd 인자는 True이어야만 한다. 아니면 오류가 난다. *filename* 인자로 파일 디스크립터가 주어졌을 때에는 closefd 인자가 True이면 파일이 닫힐 때 그 파일 디스크립터가 닫히고, closefd 인자가 False이면 파일이 닫힐 때 그 파일 디스크립터가 그대로 열려 있게 된다.

opener 인자는 파일 디스크립터를 반환하는 호출 가능 객체(callable object)이어야 한다.

(49) **ord(*c*)**

하나의 유니코드 문자를 나타내는 문자열 c에 대한 유니코드 코드 포인트(code point) 값을 반환한다. chr() 함수의 역함수이다.

```
>>> ord('5')
53
>>> ord('A')
65
>>> ord('한')
54620
>>> chr(ord('한'))
'한'
>>>
```

(50) **pow(*x*, *y*[, *z*])**

*x*의 *y*승을 반환한다. *z*가 주어지만 *x*의 *y*승의 모듈로 *z*를 반환한다. 인자들은 숫자이어야만 한다.

```
>>> pow(2, 3)
8
>>> pow(10, -2)
0.01
>>> pow(2, 10, 16)
0
>>>
```

(51) **print(*objects, sep=' ', end='\n', file=sys.stdout, flush=False)**

인자로 주어진 객체들 *objects*를 file 인자가 지정하는 파일 또는 장치에 출력한다. 출력되는 객체들 사이에는 구분자 글자 sep이 들어간다. 그리고 출력의 끝에는 end가 출력된다. flush 인자는 운영 체제의 버퍼링(buffering) 기법과 관련이 있다. flush 인자가 기본 값 False이면 입출력 효율을 위하여 인자로 주어진 객체들을 file에 실제로 쓰는 시점을 운영 체제가 결정하게 된다. 아니면 print() 함수를 수행할 때마다 인자로 주어진 객체들이 파일에 즉시 써진다. 제 3.2절에 print() 함수에 대한 추가적인 설명이 나온다.

```
>>> obj1 = 'Python'
>>> obj2 = 'is'
>>> obj3 = 'beautiful.'
>>> print(obj1, obj2, obj3, sep=':', end='\n-------- \n')
Python:is:beautiful.
--------
>>>
```

(52) *class* **property(fget=None, fset=None, fdel=None, doc=None)**

이 함수는 프로퍼티 속성(property attribute)을 반환한다. 인자 fget은 프로퍼티 속성의 값을 읽을 때 수행되는 함수이고, 인자 fset은 프로퍼티 속성에 값을 할당할 때 수행되는 함수이고, 인자 fdel은 프로퍼티 속성을 소멸시킬 때 수행되는 함수이다. 인자 doc은 프로퍼티 속성에 대한 주석 문자열이다.

프로퍼티 속성을 관리 속성(managed attribute)라고 표현하기도 한다. 다음은 클래스에 관리 속성 *x*를 정의하는 예제 코드이다.

```
class C:
    ''' class C to explain property '''
    def __init__(self):
        self._x = None

    def getx(self): # getter
        ''' getter method of class C '''
        return self._x
```

```
    def setx(self, value): # setter
        self._x = value

    def delx(self): # deleter
        del self._x
        print('_x has deleted')

    x = property(getx, setx, delx, "I'm the 'x' property.")
    # x = property(getx, setx, delx)

c1 = C()

c1.x = 100 # c1.setx(100)
print(c1.x) # c1.getx()
print(C.x.__doc__) # I'm the 'x' property.
del c1.x  # c1.delx()
```

위 예제 코드의 출력은 다음과 같다.

```
100
I'm the 'x' property.
_x has deleted
```

프로퍼티 속성을 읽거나 쓰거나 소멸시키면 그에 대응되는 *getter*, *setter*, *deleter* 메소드들이 각각 호출된다. 예를 들어 객체 c1의 프로퍼티 속성 x에 대한 할당문 `c1.x = 100`을 수행하면 `c1.setx(100)`이 호출되고, `print(c1.x)`의 `c1.x`를 수행하면 `c1.getx()`가 호출되고, `del c1.x`를 수행하면 `c1.delx()`가 호출된다.

만일 `property()` 함수 호출시 *doc* 인자의 값이 주어지면 그 값이 프로퍼티 속성에 대한 주석 문자열이 된다. 아니면 *getter* 메소드의 주석 문자열이 프로퍼티 속성에 대한 주석 문자열이 된다. 위 코드의 경우 `property()` 함수 호출시 *doc* 인자로 주석 문자열 "I'm the 'x' property."이 주어졌으므로 `C.x.__doc__`의 값은 "I'm the 'x' property."가 된다.

`property()` 함수를 사용하는 대신 데코레이터 `@property`와 `@`*<property name>*`.setter`, `@`*<property name>*`.deleter`를 사용할 수 있다. `@property`가 장식된 메소드가 *getter*가 된다. 코드 상에 장식자 `@property`가 장식자 `@`*<property name>*`.setter` 또는 `@`*<property name>*`.deleter` 보다 먼저 나와야 한다. 데코레이터들을 사용하는 다음 코드는 위 코드와 동일한 결과를 출력한다.

```
class C:
    ''' class C to explain property '''
    def __init__(self):
        self._x = None

    @property
    def x(self): # getter method
        ''' getter method of class C '''
        return self._x

    @x.setter
    def x(self, value): # setter method
        self._x = value

    @x.deleter
    def x(self): # deleter method
        del self._x
        print('_x has deleted')

c1 = C()

c1.x = 100 # c1.setx(100) 호출
print(c1.x) # c1.getx() 호출
print(C.x.__doc__) # I'm the 'x' property.
del c1.x # c1.delx() 호출
```

property() 함수와 *getter*, *setter*, *deleter* 메소드를 사용하는 것보다 데코레이터 @property와 @<property name>.*setter*, @<property name>.*getter*를 사용하는 것이 더 Python 스타일답다고 평가된다. Python 데코레이터에 비교되는 것으로 Java 어노테이션(annotation)이 있다.

(53) **range**(*stop*)
range(*start*, *stop*[, *step*])

이 함수는 수정불가의 시퀀스 객체(immutable sequence object)를 반환한다. 그 시퀀스 객체는 인자 *start*에서 (*stop* - 1)까지의 정수들의 시퀀스 객체이다. *step* 인자가 주어지는 경우 시퀀스 내의 정수들의 간격으로 사용된다. *stop* 인자만 주어지는 경우 0에서 (*stop* - 1)까지의 정수들의 시퀀스 객체가 반환된다. 만일 *stop* 인자가 0이거나 음의 정수이면 빈 시퀀스 객체가 반환된다. 시퀀스 객체에 대한 설명은 제 12.2.1절에 나온다.

```
>>> list(range(10))
[0, 1, 2, 3, 4, 5, 6, 7, 8, 9]
>>> list(range(0, 10, 2))
[0, 2, 4, 6, 8]
>>> list(range(0))
[]
>>>
```

(54) **repr(*object*)**

이 함수는 인자로 주어진 ***object***의 인쇄 가능 표현(printable representation)을 담은 문자열을 반환한다. 그 문자열은 ***eval()*** 함수의 인자로 사용했을 때 인자 ***object***와 같은 값을 갖는 객체인 경우가 많으나 인자로 주어진 ***object***의 타입 이름과 ***object***의 이름과 주소를 포함하는 추가적 정보를 〈와 〉로 둘러싼 문자열일 수도 있다.

```
>>> repr(1)
'1'
>>> eval(repr(1))
1
>>> repr('python')
"'python'"
>>> eval(repr('python'))
'python'
>>> class X:
        pass

>>> x1 = X()
>>> repr(x1)
'<__main__.X object at 0x0000022B3C6863C8>'
>>>
```

클래스에 **__repr__()** 메소드가 정의되어 있으면, 그 클래스의 객체 *x*를 인자로 **repr(*x*)** 함수를 호출하였을 때 메소드 ***x*.__repr__()** 의 반환 값이 반환된다.

```
>>> class Y:
        def __repr__(self):
            return 'instance of Y'

>>> y1 = Y()
>>> repr(y1)
'instance of Y'
>>>
```

(55) reversed(*seq*)

인자 *seq*는 시퀀스 객체이거나 __reversed__() 메소드를 가진 객체이어야 한다. 인자 *seq*가 시퀀스 객체이면 *seq*의 원소들의 순서를 뒤집은 시퀀스 객체를 반환한다. 아니면 *seq*.__reversed__()의 반환 값을 반환한다.

```
>>> s1 = 'Python'
>>> reversed(s1)
<reversed object at 0x0000022B3C5FA390>
>>> list(reversed(s1))
['n', 'o', 'h', 't', 'y', 'P']
>>> r = range(10)
>>> reversed(r)
<range_iterator object at 0x0000022B3C69AD90>
>>> list(reversed(r))
[9, 8, 7, 6, 5, 4, 3, 2, 1, 0]
>>>
```

(56) round(*number*[, *ndigits*])

인자로 주어진 숫자 *number*를 소수점 (*ndigits* + 1) 째 자리에서 반올림한 결과를 반환한다. *ndigits* 인자가 주어지지 않으면 소수점 첫째 자리에서 반올림된 정수가 반환된다.

```
>>> import math
>>> math.pi
3.141592653589793
>>> round(math.pi)
3
>>> round(math.pi, 3)
3.142
>>>
```

(57) *class* **set([*iterable*])**

내장 클래스 set의 생성자이다. 인자로 주어진 ***iterable***의 원소들을 담은 새로운 set 객체를 반환한다. 인자가 주어지지 않으면 빈 set 객체를 반환한다.

```
>>> set('Python')
{'P', 'n', 'y', 't', 'h', 'o'}
>>> set([1, 3, 5, 7, 5, 3])
{1, 3, 5, 7}
>>> set()
set()
>>> set({'a':1, 'e': 2, 'i':3, 'o':4, 'u':5})
{'e', 'a', 'u', 'i', 'o'}
>>>
```

(58) **setattr(*object*, *name*, *value*)**

내장 함수 getattr()에 대응되는 함수이다. 인자로 객체 ***object***, 속성 이름 ***name***, 임의의 값 ***value***를 받는다. 객체 ***object***의 속성 ***name***에 값 ***value***를 할당한다. 만일 ***object***에 속성 ***name***이 없으면 새로 만들어진다. 예를 들어 setattr(x, 'foobar', 123)는 할당문 x.foobar = 123와 같다.

```
>>> class Dog:
        total = 0

>>> pluto = Dog()
>>> pluto.total = pluto.total + 1
>>> pluto.name = 'Pluto'
>>> pluto.total
1
>>> pluto.name # name은 pluto의 새로운 속성
'Pluto'
>>>
```

(59) *class* **slice(*stop*)**

class **slice(*start*, *stop*[, *step*])**

range(*start*, *stop*, *step*)에 의해 지정된 색인들을 표현하는 slice 객체를 반환한다. ***start***와 ***step***의 기본 값은 None이다. slice 객체는 시퀀스 객체의 슬라이싱을 표현하는 인자로 사용될 수 있다.

```
>>> x = 'Python' # 시퀀스 객체
>>> x[slice(3)]
'Pyt'
>>> x[0:3]
'Pyt'
>>> s = slice(0, 5, 2) # 색인 0, 2, 4
>>> x[s]
'Pto'
>>> x[0:5:2]
'Pto'
>>>
```

(60) sorted(*iterable*, key=None, reverse=False)

인자로 주어진 *iterable*의 원소들을 key 인자로 오름차 정렬한 결과를 리스트로 반환한다. key 인자는 정렬에 사용되는 함수이다. reverse 인자가 True이면 내림차 정렬을 수행한다.

```
>>> v1 = ['e', 'a', 'u', 'o', 'i']
>>> sorted(v1)
['a', 'e', 'i', 'o', 'u']
>>> sorted(v1, reverse=True)
['u', 'o', 'i', 'e', 'a']
>>> v2 = [(2, 2), (1, 2, 3), (5, ), (2, 3, 4, 5)]
>>> sorted(v2, key=sum)
[(2, 2), (5,), (1, 2, 3), (2, 3, 4, 5)] # sum() 함수로 합의 크기순으로 정렬
>>> sorted(v2, key=len)
[(5,), (2, 2), (1, 2, 3), (2, 3, 4, 5)] # len() 함수로 길이 순으로 정렬
>>>
```

(61) staticmethod(*func*)

인자로 주어진 메소드 *func*를 정적 메소드로 변환한다.

```
class Util:
    def multiply(x, y):
        return x * y

Util.multiply = staticmethod(Util.multiply)
print(Util.multiply(10, 20)) # 200
```

메소드를 정적 메소드로 변환하기 위하여 staticmethod(*func*) 함수를 사용하는 것 보다 데코레이터 @staticmethod를 사용하는 것이 더 Python 스타일에 가깝다고 평가된다. 다음은 위와 동일한 동작을 하는 코드이다.

```
class Util:
    @staticmethod
    def multiply(x, y):
        return x * y

print(Util.multiply(10, 20)) # 200
```

(62) *class* str(*object*='')

class str(*object*=b'', encoding='utf-8', errors='strict')

이 함수는 인자 *object*의 문자열 표현(str 표현)을 반환한다. 인자 *object*가 주어지지 않으면 빈 문자열을 반환한다.

encoding 인자와 errors 인자가 모두 주어지지 않으면 이 함수는 object.__str__() 메소드를 호출하여 그 반환 값을 반환한다. 만일 object.__str__() 메소드가 존재하지 않으면 repr(object)의 반환 값을 반환한다.

```
>>> str()
''
>>> x = 10
>>> str(x) # x.__str__()과 같음
'10'
>>> x.__str__()
'10'
>>> str('Python')
'Python'
>>>
```

encoding 인자와 errors 인자중 적어도 하나가 주어지면 인자 object는 bytes 또는 bytearray 객체이어야 한다. 이 경우 str(bytes, encoding, errors)는 bytes.decode (encoding, errors)와 동일하고 str(bytearray, encoding, errors)는 bytearray. decode(encoding, errors)와 동일하다.

```
>>> ba = bytearray(b'Python')
>>> ba
bytearray(b'Python')
>>> str(ba, encoding='utf-8', errors='strict')
'Python'
>>>  ba.decode('utf-8', errors='strict')
'Python'
>>>
```

encoding 인자와 errors 인자가 모두 주어지면 errors 인자에 따라 encoding 인자 값으로 인코딩된 인자 object의 디코딩이 실패할 때의 반응이 다음과 같이 지정된다.

- 'strict': 디코딩이 실패할 때 UnicodeDecodeError 예외를 발생시킨다. 기본 값이다.
- 'ignore': 디코딩 할 수 없는 글자들을 반환 값에서 제외한다.
- 'replace': 디코딩 할 수 없는 글자들을 ?로 표현한다.

errors 인자로 'xmlcharrefreplace', 'backslashreplace' 또는 'namereplace'도 사용이 가능하다.

```
>>> b = bytes('한글', encoding='utf-8')
>>> str(b, encoding='utf-8')        # utf-8로 인코딩된 b를 문자열로 디코딩
'한글'
>>> b = bytes('pythön', encoding='utf-8')
>>> str(b, encoding='ascii', errors='ignore')
'pythn'
>>> str(b, encoding='ascii', errors='replace')
'pythön'
>>> str(b, encoding='ascii', errors='strict')
Traceback (most recent call last):
  File "<pyshell#5>", line 1, in <module>
    str(b, encoding='ascii', errors='strict')
UnicodeDecodeError: 'ascii' codec can't decode byte 0xc3 in position 4: ordinal not in
range(128)
>>>
```

(63) **sum(*iterable*[, *start*])**

이 함수는 인자 ***start***와 반복 가능 객체 인자 ***iterable***의 원소 숫자들의 합을 반환한다. ***start*** 인자가 생략되면 0과 같다.

```
>>> x = [1, 2, 3]
>>> sum(x)
6
>>> sum(x, 10)
16
>>>
```

(64) **super([*type*[, *object-or-type*]])**

이 함수의 인자 ***type***에는 클래스를 사용하고, 인자 ***object-or-type***에는 ***type*** 또는 ***type***의 자손 클래스를 사용하거나, ***type*** 또는 ***type***의 자손 클래스의 인스턴스를 사용해야 한다. 이 함수의 목적은, 상속 구조에서 클래스 ***type***의 상위에 존재하는 클래스의 메소드를 호출하기 위하여, 인자로 주어진 클래스 ***type***의 MRO(Method Resolution Order)에서 클래스 ***type***의 바로 다음 클래스의 메소드 호출을 대리할 수 있는 대리자 객체를 반환받는 것이다. 단일 상속의 경우 클래스 ***type***의 다음 클래스는 클래스 ***type***의 슈퍼 클래스이다. 다중 상속의 경우 MRO에서 클래스 ***type***의 다음 클래스는 클래스 ***type***의 형제 클래스이거나 슈퍼 클래스이다. MRO에 대한 자세한 설명은 제 11.9절과 제 16.5절에 나온다.

이 함수가 메소드 내에서 사용될 때에는 인자 없이 사용될 수 있는 데 그런 경우 Python 인터프리터가 ***type*** 인자의 값으로 해당 메소드의 클래스를 사용하고 ***object-or-type*** 인자의 값으로 메소드 정의의 첫 번째 인자로 사용되는 ***self*** 또는 ***cls***를 사용한다. 인자가 없는 형식의 super()는 메소드 외부에서 사용할 수 없다.

다음 예제 코드는 클래스 격자 구조를 이루고 있는 클래스들 A, B, C를 보여준다. C의 MRO는 (C, B, A, object) 이다. 따라서 마지막 문장 c1.act()는 c1의 소속 클래스인 C의 슈퍼 클래스인 A의 act()를 호출하여 'A'를 출력한다.

```
class A:
    def act(self): print('A')
```

```
class B:
    def act(self): print('B')

class C(A, B):
    def act(self): super().act()

print(C.__mro__) # C의 MRO는 (C, A, B, object)

c1 = C()
c1.act() # A의 act() 호출됨
```

다음은 서브 클래스의 생성자에서 super() 함수를 이용하여 슈퍼 클래스의 생성자를 호출하여 슈퍼 클래스의 생성자에서 정의한 인스턴스 변수들을 초기화하는 예제이다. 다음 코드의 마지막 문장 s1.show()의 호출 결과는 다음과 같다: id:1, name:kim, age:22

```
class Person:
    def __init__(self, name, age): # 생성자
        self.name = name
        self.age = age

class Student(Person):
    def __init__(self, student_id, name, age): # 생성자
        self.student_id = student_id # 학번
        super().__init__(name, age)

    def show(self):
        print('id:{}, name:{}, age:{}'.format(self.student_id, self.name, self.age))

s1 = Student(1, 'kim', 22)
s1.show()
```

서브 클래스에서 직접 슈퍼 클래스 이름을 이용하여 슈퍼 클래스의 생성자를 호출하는 것보다 super() 함수를 이용하여 슈퍼 클래스의 생성자를 호출하는 것이 서브 클래스의 재사용성에 유리하다.

(65) **tuple([*iterable*])**

인자로 주어진 반복 가능 객체 *iterable*로부터 튜플 객체를 생성하여 반환한다.

```
>>> t1 = tuple()
>>> t1
()
>>> t2 = tuple([1, 2, 3])
>>> t2
(1, 2, 3)
>>> t3 = tuple(range(10))
>>> t3
(0, 1, 2, 3, 4, 5, 6, 7, 8, 9)
>>> t4 = tuple('Python')
>>> t4
('P', 'y', 't', 'h', 'o', 'n')
>>> t5 = tuple({'name': 'kim', 'age': 23})
>>> t5
('name', 'age')
>>>
```

(66) *class* **type(***object***)**

class **type(***name*, *bases*, *dict***)**

이 함수는 인자 *object*만 주어지는 경우 *object*의 자료형을 반환한다. 이 함수는 3개의 인자가 주어지는 경우 새로운 type 객체를 생성한다. type 클래스는 메타 클래스이며, type 클래스의 인스턴스는 클래스이다.

```
>>> type([1, 2, 3])
<class 'list'>
>>> type(1)
<class 'int'>
>>> type({'name': 'kim', 'age': 23})
<class 'dict'>
>>> class Foo:
        pass


>>> type(Foo())
```

```
<class '__main__.Foo'>
>>>
```

3개의 인자가 주어지는 경우 첫 번째 인자는 새로운 클래스의 이름이며 새로운 클래스의 __name__ 속성의 값이 된다. 두 번째 인자는 새로운 클래스의 슈퍼 클래스들이며, 새로운 클래스의 __bases__ 속성의 값이 된다. 세 번째 인자는 새로운 클래스의 이름 공간을 표현하는 딕셔너리 객체이며 새로운 클래스의 __dict__ 속성의 값이 된다.

```
>>> Mammal = type('Mammal', (object, ), dict(total=0, legs=4))
>>> Mammal
<class '__main__.Mammal'>
>>> type(Mammal)
<class 'type'>
>>> Dog = type('Dog', (Mammal, ), {'skills': []})
>>> Dog
<class '__main__.Dog'>
>>> type(Dog)
<class 'type'>
>>> Dog.__dict__
mappingproxy({'skills': [], '__module__': '__main__', '__doc__': None})
>>> Mammal.__dict__
mappingproxy({'total': 0, 'legs': 4, '__module__': '__main__', '__dict__': <attribute
'__dict__' of 'Mammal' objects>, '__weakref__': <attribute '__weakref__' of 'Mammal'
objects>, '__doc__': None})
>>>
```

(67) vars([*object*])

이 함수는 만일 인자 *object*가 __dict__ 속성을 가지고 있으면 그 속성 값을 반환한다. 인자 *object*가 __dict__ 속성을 가지고 있지 않으면 TypeError 예외가 난다. 모듈, 클래스, 인스턴스 또는 어떤 객체도 인자가 될 수 있다. 아 함수는 인자를 주어지지 않으면 locals()와 동일한 값을 반환한다.

```
>>> class Foo:
        def __init__(self, a = 5, b = 10):
            self.a = a
            self.b = b
```

```
>>> vars(Foo)
mappingproxy({'__module__': '__main__', '__init__': <function Foo.__init__
at 0x0000020EF212C1E0>, '__dict__': <attribute '__dict__' of 'Foo' objects>,
'__weakref__': <attribute '__weakref__' of 'Foo' objects>, '__doc__': None})
>>> foo1 = Foo()
>>> vars(foo1)
{'a': 5, 'b': 10}
>>> vars()
{'__name__': '__main__', '__doc__': None, '__package__': None, '__loader__': <class
'_frozen_importlib.BuiltinImporter'>, '__spec__': None, '__annotations__': {}, '_
_builtins__': <module 'builtins' (built-in)>, 'Foo': <class '__main__.Foo'>, 'foo1': <_
_main__.Foo object at 0x0000020EF545DDD8>}
>>>
```

(68) **zip(*iterables*)**

복수 개의 반복 가능 객체를 인자로 갖는다. 인자가 주어지지 않으면 빈 반복자를 반환한다. 만일 하나의 반복 가능 객체가 인자로 주어지면 그 반복 가능 객체의 각 원소를 담은 길이가 1인 튜플들의 반복자를 반환한다. 여러 개의 반복 가능 객체 a_1, a_2, …, a_n이 인자로 주어지면 ($n > 2$), a_1, a_2, …, a_n의 원소들을 하나씩 차례대로 담은 튜플들의 반복자를 반환한다. 반환되는 반복자의 길이는 a_1, a_2, …, a_n의 길이들 중 가장 짧은 길이와 같다. 반복 가능 객체와 반복자에 대한 설명은 제 12장에 나온다.

```
>>> list(zip())
[]
>>> list(zip(['a', 'bc', 'c', 'd']))
[('a',), ('bc',), ('c',), ('d',)]
>>> x = [1, 2, 3] # 길이 3
>>> y = ['a', 'bc', 'c', 'd'] # 길이 4
>>> >>> z = ('hello', 'python') # 길이 2
>>> zip(x, y, z)
<zip object at 0x0000020EF54EA908>
>>> list(zip(x, y, z))
[(1, 'a', 'hello'), (2, 'bc', 'python')] # 길이는 min(3, 4, 2)
>>> [(1, 'a', 'hello'), (2, 'bc', 'python')]
>>>
```

(69) **__imported__**(*name*, globals=**None**, locals=**None**, fromlist=**()**, level=**0**)

이 함수는 import 문에 의해 내부적으로 호출되는 함수이다. 이 함수의 인자 *name*은 임포트할 모듈의 이름을 의미한다. 인자 **globals**와 **locals**는 패키지 문맥에서 *name*을 해석하는 방법을 결정한다. **fromlist**는 *name*에 의해 임포트되어야 하는 객체 또는 서브 모듈을 지정한다. 인자 **level**은 절대 임포트를 사용할지 상대 임포트를 사용할지를 지정한다.

import 문장의 의미를 바꾸기 위하여 이 함수를 사용할 수 있으나 특별한 이유가 없는 한 이 함수의 사용을 피하는 것을 권장한다. 이름으로 모듈을 임포트하기를 원한다면 **importlib. import_module()** 함수를 사용하라.

찾아보기

저자약력

장혜진

1987년 ~ 1989년: 한국전자통신연구원 재직

1994년 : 서울대학교 계산통계학과 졸업 (박사)

1994년 ~ 현재 : 상명대학교 소프트웨어학과 교수

관심 분야

인공 지능, 에이전트 프로그래밍, 사물 인터넷 프로그래밍

프로그래밍 분야 저서

- 자바 튜토리얼 (홍릉과학출판사)
- 예제 활용 자바 튜토리얼 (홍릉과학출판사)

정가 32,000원

파이썬 튜토리얼 – 개발자를 위한 파이썬 –

2019년 2월 18일 초판 인쇄
2019년 2월 25일 초판 발행
저 자 : 장혜진
발행자 : 송 준
발행처 : 홍릉과학출판사
주 소 : 서울시 강북구 인수봉로 50길 10
01093
등 록 : 1976년 10월 21일 제5-66호
전 화 : (02) 999-2274~5, 903-7037
팩 스 : (02) 905-6729
e-mail: hongpub@hongpub.co.kr
http://www.hongpub.co.kr
ISBN: 979-11-5600-647-3

저자와의 협의하에 인지생략